行政過程論・計画行政法

行政法研究 Ⅱ

遠藤博也

行政過程論・計画行政法

行政法研究 II

学術選書
72
行政法

信山社

目　次

◆第一部　行政過程論

行政過程論・計画行政法

第一部　行政過程論

1 行政権限の競合と融合

一 はじめに

現代国家における行政機能の拡大、行政事務の増大は、当然に行政権限の増大と行政手段の多様化をもたらす。行政権限の増大も、それが、法律の根拠に基づき、法律上の要件に従って行使されるかぎりでは、あまり問題もないといえる。それは、ただ、たんに行政権限の量的な増大を意味するにすぎないからである。しかしながら、行政権限の増大と行政手段の多様化は、行政のもとにおける行政手段の適当なる組み合わせによって、新たなる行政機能を創出するという現象を生み出すにいたった。相関連する事項について、行政権限が競合するのみならず、ついにはこれが融合し、行政権限が質的に強化されるという結果が生じているのである。このような現象は、今後ふえこそすれ、減少する気づかいはない。このような現象に対して行政法学は如何に対処すべきであろうか。本稿は、これを問題とする。

二　わが国における問題の現状
――水攻めとキャッチ・ボール――

(1)　水攻め　わが国において、行政権限の競合の結果を利用し、行政手段が不当に融通されたのではないのかが問題となったものとして、近時、違法建築物居住者に対する水道給水停止の事例がある。周知のように、昨今の住宅不足から大都市郊外などにおける違法建築物の続出には目に余るものがある。これに業をにやした取締当局は、都市計画法建築基準法等に違反する建築物については、水道の給水申込みに応じない、現在給水しているものを停止するなどの「水攻め」によって違法建築物の抑制排除を行おうとした。これについては、建設省の賛成と厚生省の反対があるなど賛否両論があり、社会的にも問題となったが、法律的には、つぎの三つの形で問題となった。

(a)　水道法の解釈の問題として、都市計画法等の違反の事実が、同法一五条一項と三項に、給水申込拒否事由および給水停止事由として規定する「正当な理由」に該当するかどうかが問題とされた。大阪地方裁判所昭和四二年二月二八日判決（判例時報四七五号二八頁）[1]は「水道法は、清浄にして豊富低廉な水の供給を図り、もって公衆衛生の向上と生活環境の改善とに寄与すること等を目的とする（同法一条）給付行政に関する法規である。同法一五条にいう給水を拒否できる正当な理由が何であるかも、前記公共目的にのみしたがって解釈されるべきものであって」「給水申込者が右法令（都市計画法・同施行令）の違反を犯しているものであっても、水道事業者は、そのことを理由に給水申込みを拒絶することは許されない。都市計画法等の法令の企図する行政目的と、水道法の企図する行政目的とは全く別個のものであり、水道法一五条にいう給水を拒否できる正当な理由とは、もっぱら水道法自体の有する行政目的に従ってのみ判断されるべきもので、たとえ両法令の実施主体が同一であるからといって、一方の手段をもって他方の目的を達しようとすることは許されないところである。この理は、給水申込者が建築基準法に違反する建築物の所有者である場合にも、また同様である」として、これを否定した。

(b) 地方公共団体の中には、水道法に基づく行政事務条例ないし条例施行規則の中に、給水申込みについて建築確認書の添付を要するものとし、添付のないときには、給水申込みを受理せず（大阪府池田市）、または、一応受理するものの、建築確認書を受けるように指導し、かつ府建築指導課に連絡した上で、建築指導課より工事中止・是正の命令などの発せられた建築物について市は給水工事を延期する（豊中市）などの規定を置くものが現われた。[2] 水道法の解釈が、上記判決のとるようなものである以上は、このような条例の規定は、水道法と抵触するのではないかが問題とされている。

(c) 最後に、立法論として、違法建築に対する給水拒否を水道法または建築関係法の中に織り込もうとする主張がみられる。特に、宮沢弘氏を中心とする土地利用研究会の手になる土地利用計画基本法案要綱（第二次案）一二条には、「電気、ガスまたは水の供給事業を行なう地方公共団体または公益事業者などは、土地利用実施計画に違反して建設された施設に対しては、電気、ガスまたは水の供給を行なってはならない」との規定が置かれている。このような立法に対する立法政策の当否に関する議論があったが、[3] ついに、この趣旨は、建設省が昨年一一月一五日発表した建築基準法改正の基本方針の中にほぼそのままとりいれられるにいたった。[4] あれだけ厳しい内容をもった新都市計画法が成立したことからみて、この内容の建築基準法の改正は、それ程困難とは思われない。とすれば、最早時間の問題であり、今さら法律に反する行政権限の融合を論ずる実益はないかにみえる。けだし、法律によって行政権限の融合が認められようとしているからであり、積極的に憲法違反でもいわぬかぎり、法解釈の任にある行政法学としては、なんらなすすべがないようだからである。

(2) キャッチ・ボール　行政権限の競合は、本来行使すべきではない行政権限の積極的な行使という事態を招来するのみならず、消極的に本来行使すべき行政権限の不行使という事態をも招来することがある。

特に、ある行政権限の行使について補償をなすべき旨の規定のある場合には、行政指導などの他の行政権限を使用することによって、補償を免れつつ、しかも、実際には、補償を要する場合の行政権限と同様の機能を発揮することがある。また、相関連する事項について、異なる省に属する行政庁の権限が競合する場合に、補償問題回避のため、事案の処理が、省の間を往来し、キャッチ・ボールの観を呈することすらないではない。前者の例として、東京地方裁判所昭和四一年六月二七日判決（判例時報四六八号九頁）の取扱った事案、後者の例として、東京地方裁判所昭和四二年七月五日判決（判例時報五一〇号二四頁）の取扱った事案がある。いずれも、鉱業法の適用に関するものであるが、同法五三条に基づく鉱区減少・鉱業権取消処分をなすと、同法五三条の二により補償をしなければならないため、前者においては、行政指導の形で施業案につき修正を要求し、または採掘禁止の指示をしたものであり、後者においては、すでに、鉱業法一五条に基づき、土地調整委員会が、鉱区禁止地域に指定するとともに、通産局長に対し、自然公園法に基づく特別保護地区等指定の時には鉱業法五三条による減区等の措置をとる旨勧告をしていたにもかかわらず、その指定後も減区等の処分をせず、自然公園法八条による不許可の場合の補償規定（同法三五条一項）もあるところから、事案は通産省と厚生省との間を往来し、ついには、衆議院商工委員会でも問題となった事案である。

後者は、いわゆる行政庁のセクショナリズムの問題であり、行政権限の融合とは正に逆の現象のようにみえるかもしれない。しかしながら、ここでも、行政庁は、他の行政庁の行政権限の行使を当てにして、本来行使すべき自己の行政権限を行使しない結果、消極的な形ではあれ、異なる行政権限が不当に相関連せしめられ、行政権限が競合しているために私人が通常よりも劣悪な地位に置かれるという現象が生じているのである。前者における行政指導は、もちろん強制的な処分を背後にひかえた行政指導であり、行政指導の権限それだけを純粋に単独に取り出して考察すべきではなく、営業停止や鉱業権の取消等々の各種多様の行政権限が融合した継続的な地位、あるいは単なる個別的権限の集合以上の公権力発動に基づくものであることはいうまでもないところである。昭和四〇年通産省の行政指導による勧告操短が行われた際、粗鉱減産指示を拒否した住友金属に対し、通産省が輸入貿易管理令九条に基づき原料炭輸入外貨割当の削減を示唆したことは著名な出来事であるが、これまた行政権限の競合が融合と化した一例であろう。

(3)　行政権限の競合や融合の現象は、それ自体決して珍しいものではないし、また、必ずしも常に違法不当なものというわけのものではない。行政権限行使の対象となる社会現象も複雑多岐にわたるし、行政権限の分配の仕方も単純ではない。場合によっては、行政庁が相互に密接に連絡協議等をし、相一致して行動をとることが要請されることも多いであろう。最近はやりの総合行政とか計画行政とかいわれるものも、そういうことを狙っているといってよい。一般に正常な行政権限の競合ないし融合として、法律上にも認められているものとして、次のようなものがある。

(a)　広く行政庁が、一定の法律に基づいて、営業の停止・許認可の取消等の処分をなしうる場合の要件として、私人の当該法律違反のみならず、他の法律等の違反の行為が掲げられることがある。たとえば、質屋営業法や古物営業法が、他の法令に違反して罰金等の刑に処せられた場合を、許可の取消等の要件としているのは、法の目的上許されるであろう。また、相関連する分野の法違反をこのような処分の要件とするのも当然だといえよう（たとえば、銃刀所持一一条四項、建基六条一項、麻薬三条三項三号、薬事七五条一項、海上運送一六条一項二号等）。また、必ずしも同一分野の法でなくとも、風俗営業等取締法が、労働基準法や児童福祉法等の一定規定違反の事実を営業の停止事由としている（同法四条の四第四項二号）ごときは、実体において関連ある以上は合理的であるといえる。同法四条が、風俗営業の停止等を命ずる場合に当該施設を用いてする飲食店営業の停止を命ずることができるとするのも同様に考えられよう。

(b)　同一の行政機関が、別個のいくつかの法律に基づき、いくつかの行政権限をもつのは当り前のことである。たとえば、警察機関は、刑事訴訟法に基づく司法警察作用と警職法その他の行政法規に基づく行政警察作用とをつかさどる。凶器等の物件に対して実力行使のされる場合にも、種々の法律に基づくものがある（刑訴二二〇条一項二号、警職二条四項、銃刀所持二四条の二等）。身体に対する場合も、刑事訴訟法に基づく現行犯逮捕もあれば、警職法五条に基づく犯罪の制止もある。これらは、現実の事態に対して重複する可能性があるが、これらの権限が不当に融通されることなく、それぞれ法律上の要件に従って行使されるかぎり、権限の競合は競合に止まる。しかし、不当な融合の危険のあるため、行政法規に基づく立入検査については犯罪捜査のために用いてはならぬ旨の規定が置かれることが多い（たとえば、大気汚染防止二六条三項、水道三九条三項、宅地造成一七条三項、道路運送一二六条五項、火薬四三条五項、麻薬五三条三項等）。

なお、行政警察の中でも、狭義の行政警察といわゆる保安警察とが、法律上に、交錯融合している場合も少なくない。(5)

(c)　さらに、一定の行政的規制をなすにあたって、複数の異種の行政手段が認められることも、これまた通常の出来事である。法律上に明記された権力的手段・非権力的手段のほかに、不文の法によって許される行政指導や融資等の誘導措置も考えられる。この場合に行政庁は、いわゆる比例原則を尊重しつつ、種々の行政手段を適当に按配してより摩擦の少ない方法でより大きい行政的効果をあげようとするであろう。行政手段のひとつひとつがバラバラにではなく、相互に関連をもたせて用いられるべきは当然である。その意味で行政権限のいくつかが有機的に結合された上で用いられているといえる。

以上にみるのは、ほんの一例にすぎないが、行政権限の競合・融合自体は、かなり一般的にみられるものであり、それ自体をとらえて不当視することは許されない。しかしながら、行政権限の競合等が法律上に認められている場合にも、行政庁の運用の如何によっては、不当な融合に進みうる余地が案外と大きいことは、これを否定するわけにはいかない。しかも、個々の行政権限がそれぞれ法律上の根拠をもつ場合においてすら、このようなことが起りうることは、われわれに若干の不安の念をよび起こさずにはおくまい。さらに、それは、個々の行政庁が何か悪いことをやるだとか、法律に違反をした行政活動をやっているだとか、によって済ましてしまうことができる問題以上のものが伏在しているとするならば、われわれは背筋に寒気すらおぼえるといっても、大仰に過ぎないのではあるまいか。けだし、法律による行政の原理のよって立つ基盤そのものが崩れていくような気がしてならないからである。ここには行政が法律に反してはならないとか、法律の留保の範囲を拡げるとか、によっては、カバーできない問題があるようである。

三　伝統的方法による問題の解決
――江戸の敵を長崎で討つ――

(1)　行政権限の競合が不当な融合を生みうることは、何もわが国だけの一手専売ではない。外国においても、現代行政の展開は、この問題を次第に痛切なものと感じさせるにいたっているといえる。[6]また、上記の「水攻め」の如き事例は、すでに第二次大戦前判例上にも登場し、[7]法律上の議論の対象となっているのである。ドイツにおいて、これまで行政権限の不当な融合（Koppelung）が問題となった代表的な事例として次のようなものがある。

(a)　バイエルン上級州裁判所が一九三三年四月五日の判決[8]で取扱ったのは、「水攻め」とほとんど同じ事例であった。バイエルン州マーブルク市では、市の経営する電気・ガス事業の供給規程（Gemeindesatzung の形式のもの）を改正し、「電気・ガス利用者が住宅局の命令に従わないときにおいて、住宅委員会の要求ある場合には、市電気・ガス事業は、電気・ガスの供給を停止することができる」旨の規定を追加し、かくて、私法上の電気・ガス供給契約の締結ならびに継続を利用者が住宅関係法規を遵守するかどうかにかからしめたのである。裁判所は、契約上の権利の侵害を否定するに止まり、権限融合の問題は直接に取扱ってはいないといわれるが、この判例は文献上によく引用されている。

(b)　給付行政以外の分野でも、私人の他の行政庁や営造物さらに私人等に対する態度の如何など、無関係な分野での義務の履行の如何に、行政庁の行為をかからしめることがある。[9] 多くは、義務履行あるまで私人に有利な許認可等の行政行為をしないことによって、義務の履行を強制するわけである。警察上の義務違反者に対して、食糧管理時代に食券の交付を拒否し、建築改修等の義務履行あるまで営業の許可を与えず、行政庁に対する何らかの義務の履行を担保するため、国籍証明書旅券等の外国移住に必要な身分証明書の類を交付しないなどがその例である。[10]

これに対して、市労働局が職業紹介について市当局の居住証明書の提出を要求したり、すでに法律上の要件の中にとりこまれている、子供の扶養教育の義務と行商の許可、自動車強制保険の締結と自動車運行の認容などの関連づけは正当なものとされている。[11]

(c)　行政行為を私人の経済的反対給付にかからしめることがある。[12] 行政庁が、反対給付あるまで授益的行政行為をひかえたり、反対給付ないしその約束あるときに負担的行政行為を放棄する場合がそれである。行政行為の付款の形で反対給付が要求されることもあるが、多くは、行政行為とは別個独立の私法上の合意の形式で要求されることが多いという。[13] 建築法上の許可や義務免除を、一定金額の支払や土地の譲与等の財価の移転にかからしめ、子供の種痘を父親の損害賠償請求権の放棄を条件として行うなどが、[14] その例である。

(d)　最後に、経済法の分野において、行政権限融合の現象が著しいことは、わが国なども類を同じくする。たとえば、物価法上の決定にあたってカルテル法上の考慮を持ち込む如きがそれである。[15]

以上に述べる行政権限の融合が不当である場合に、伝統的な行政法上の手段によって対処することは或る程度可能である。以下、強制手段の法定、営造物目的の限定、裁量濫用論、行政権限の限定、の順序で概観することにしよう。

(2)　強制手段の法定　行政権限融合の特色の最たるものの一つは、それが特別の行政上の強制執行の手段をとるという七面倒くさい手続によるまでもなく、より簡便に義務の履行を強制しうるということである。行政庁にとってはまことに重宝なことであるが、相手方となる私人にとっては、当該義務とは無関係な他ならぬ給付行政の手段や授益的行政行為などが、制裁（Sanktion）ないし強制（Druck; Zwangsmittel）として働くこととなる[16]。かくては行政上の強制執行の手段を法定し、その種類を限定した意味は没却されるにいたるであろう。したがって、法律上に強制執行の手段として認められたもののほかは、行政上の義務の強制の手段として用いることはできないという、法定の種類の強制手段の排他性の原則が認められるべきである、との主張がみられることになる[17]。なかんずく、給付行政手段の留保を強制の手段として用いる如きは、フォルストホフによれば、「法治国家と呼ぶに価いしない、行政国家の最も野蛮な形式への逆戻りである[18]」「あれこれをなさぬ者には、職なく、水なく、ガスなく電気なく、食券も得られぬ、かようなことを認める法秩序は、それ自体崩壊に帰する[19]」また、ウィリヒマン[20]によれば〈unstaatlich〉であるし、さらに、ブリンガー[21]によれば、「わが法秩序には無縁のものである」等々の手きびしい批判が述べられているのである。

(3)　営造物目的の限定　行政権限融合による強制の代表的なものは、電気・ガス・水道等の給付の停止であるが給付行政の言葉が一般化する前には、これは営造物の給付の拒否あるいは営造物利用の排除の形で登場した。そこにおいても、営造物の給付は、営造物目的（Anstaltszweck）の実現に仕えるものであり、その対象ならびに程度もこれによって規定され、限界づけられるものであるから、営造物目的とは関連のない理由から給付を拒むことは、公営造物の基礎にある法原理と矛盾し、不適法であると考えられた。また、私人は、営造物目的によってカバーされない理由によっては、給付を拒絶されないという内容の請求権をもつものとされた[22]。さらに、法律上の根拠または営造物規則によらないで利用を排除する権限は営造物にはないとされていたのである[23]。

(4)　裁量濫用論　行政手段が不当に融通され、行政権限の融合が生ずるのは、営造物の事業活動による給付の場合に限られないが、広く一般的に、裁量権の濫用の問題としてとらえることができる。行政権限が、当該権限が本来目的としているもの以外の目的のために用いられているからである。

たとえば、ウィリヒマン[24]はおよそ次のように述べる。「行政権限の融合は、原則に対する例外であり、この理は、拘束された高権的行為の場合のみならず、裁量活動の場合にも妥当する。けだし、法治国家においては、義務裁量[25]のみが存在する。行政庁は、裁量活動に際しても、その権限をこえてはならず、すなわち、実体的（sachlich）な考慮によらねばならない。この限界は、恣意活動の禁止以上のもので、たとい何らの恣意の存在しない場合においても、それ自体は妥当な公益の追求が具体的場合に実体違反（sachwidrig）となることがありうる。行政権限によって、行政庁には、実体的観点によって限界づけられた職務分野が与えられている。行政権限の融合においては、当該高権的処分によって適法に追求しうるものと同一の実質的目的から要求される反対給付のみを要求することができる。そこで当該高権的処分と直接の実体的関連（unmittelbaren sachlichen Zusammenhang）に立つ反対給付のみが適法である」同様に、ブリンガー[26]も、実体的に無縁の（sachfremde）財政的利益を追求する高権的行為には通常、裁量権濫用の瑕疵があるものとしている。

類似の法理は、フランスにおける権限濫用（le détournement de pouvoir）の理論[27]においてもみられる。ここでも財政目的のために警察目的の作用を用いることなどが、権限の濫用として越権訴訟で取消されている[28]。財政目的の理由による道路占用許可の拒否・取消、善良の風俗を守るとの理由での海水浴場の一定施設以外における脱衣の禁止の真の理由が財政目的にあるとき、収用の代わりに境界査定処分による場合などがその例である。これは、元来は、行政の権限を主権の観念ならびに警察の観念と関連するものとする考えに基づくものであり、コンセイユ・デタは警察目的のもののみが合法で、財政目的は違法と当初は考えていたからだといわれる。コンセイユ・デタは、権限分割の理論（la théorie dite de la divisibilité des pouvoirs）により、ことに地方警察の分野で厳格であったといわれている。ただ、一九二六年以後、行政人格の特定性の原則と公行政の経済的活動禁止の原則とが否定されるに及んで、真の理由が実は財政目的であったという場合については、コンセイユ・デタも、かなりゆるやかな態度をとるようになったようである[29]。

(5)　行政権限の限定　最後に、以上の諸問題は一括して行政権限の限定の問題として考えることができる。行政権限は、その対象分野・行使の目的・行使の態様等の点で限定づけられたものとして行政庁に与えられているのである。行政庁は、そもそも公行政の職務分野に属さない事柄を取り込むことはもちろん、行政権限であっても自己の権限に属さないものを行使することはできない。のみならず、たまたま自己の権限に属する行政権限の間においても、一方が他方の法定要件中にとりこまれているなど、実体上に直接の関連のある場合については格別、両者がただ同じ生活領域を対象としているにすぎないような、単にゆるやかな関連（loser Zusammenhang）があるだけでは、両者を相関連せしめ、行政手段を融通する如きは許されないのである。法律上、公行政の分野に属さない事柄をなしえないのは法律による行政の原理からいって当然であるが、他の行政庁の権限に属する行政権限の行使をなしえないことも行政部内における行政権限の分配の原則と国家行政統一の原則とから当然に認められなければならない。また、同一行政庁に属する行政権限にあっても、それぞれ特定の目的のために特定の手段が認められ、いわば行政権限行使のルートが定まっているのであるから、たまたま規制の対象を共通とするなど相交錯することがあっても、原則としてそのルートを混同融合してはならないのである。さもないと、行政権限を特定し、それぞれに枠を与えた意味がなくなるし、私人の側からは行政権限行使に対する予測がつかないことになるからである。

ウィリヒマン[30]は、例外的に行政権限の融合を認めてよい場合として、建築許可に際して建築行政庁が公共の安全秩序の維持の観点を考慮するごとくに実体上に関連する場合のように、実体上に正当なもの（sachlich gerechtfertigt）とされる場合を挙げている。「実体上に正当なものといえるのは、結合された二つの任務の間の直接の関連が実体自体の中に（in der Sache selbst）存する場合である。実体的な観点とは、すなわち、任務の対象自体と関連する観点であり、相結合された行政の責務がその対象の点で関連する場合である。したがって、他の行政庁に対する服従を強制する目的のごとき、その唯一の（似非）実体的動機が特定の作為不作為に対する制裁である場合には、直接の関連ありとはいえない」「その決め手は、法律の目的と枠とが維持されていることである」

四　現代行政における問題の意義
――当局は何をしているのか――

(1)　行政権限の不当な融合に対して、前節に概観するように、伝統的な行政法学の方法によっても対処しうる道はないわけではない。これらの方法さえ充分であれば、別段問題は残らないはずであるが、しかしながら、これらの方法はそれぞれに、この問題に対して不備な点をもつのみならず、いずれも問題の一面のみを切り取るに止まり、問題を問題として把握するには不充分であるといわざるをえないのである。

まず、上記の諸方法には次のような不備な点が指摘できる。

(a)　行政上の強制手段の法定ないし限定も確かにその通りである。しかし、広い意味で強制手段として機能する行政手段は、狭義の強制執行の手段だけにかぎられない。行政上の制裁として、義務違反者に対し行政上の不利益を課し利益を剝奪するの類は決して珍しいものではない。行政法規上すでに、義務違反者に対し、営業の停止を命じ、さらに許可の取消しをなし、その他私人の作為不作為を要件として新たな行政的介入の認められる場合は極めて多いのである。これらはいずれも、私人に対して強制ないし制裁として働くであろう。したがって、強制手段の法定ないし限定だけでは、この問題の解決にはなお不充分であるといわなければならない。

(b)　営造物目的の限定も、営造物による給付については一応の説明となりうるが、その他の場合の説明とはならないことはいうまでもない。

(c)　裁量権の濫用ないし権限濫用（détournement de pouvoir）とみうる場合も実際にはかなりかぎられることになるであろう。けだし、これらは元来、主観的には法律外の違法目的実現のために、客観的には法律上の理由となるものを用いるのが主たる場合であり、禁じられた動機を許された動機の下に隠すということを特色とする。ところが、近時の現象は、それ自体は適法な目的の実現のために、直接にはこの目的実現のためには規定されていない実体法上・管轄上・司法上の道具の助けを借りて、これを達成しようとするものであり、また許されざる動機を隠すということもないのである[31]。積極的に裁量権等の濫用をいうのはかなりむずかしくなってきているとはいえるであろう。

(d)　最後に、行政権限の限定も、行政事務の範囲が全体としてかぎられ、行政権限の競合の度合いも少ない時代にはこの当然の原理によって割合簡単に割切ることもできたであろうが、今日のように、行政権限が全体として量的に増大し、輻輳錯綜し稠密となってくると、競合する行政権限相互の分界は、それほど明確なものではなくなってくる。のみならず、このような原理も、当該事項が法律の改正によって行政権限の中にとりいれられてしまえばそれっきりである。最近のわが建築基準法改正の問題がそれを示している。行政法学がただ単に与えられた法令の解釈の任に止まるだけでよいのなら、法令の改正によって権限融合の問題そのものが解消するのはけだし当然である。

しかしながら、従来の方法では、いずれも問題を問題として把えていないといわなくてはならない。けだし、いずれも個々の権限に着眼し、これを他より切離して孤立した形で考察し、それが濫用もしくは誤用されていないかを問題とするものだからである。それは、たまたま個々の行政庁がいわば何か悪いことをやっている、そういったものとして問題を把えているといってもよいであろう。たしかに、そういった面のあることは否定できない。あるいは、もともとはそうであったといえよう。行政権限のまばらな時代に権限融合がなされれば、それは偶然に犯された間違いでしかない場合が多いであろう。しかしながら、行政権限の競合が常態となっている今日においては、行政権限の融合もまたいわば必然的な現象となっているといってよい。個々の行政権限を孤立して観察していては、問題そのものの意義を充分に理解することができないのである。

(2)　現代行政における行政権限の融合は、偶然の現象ではなく必然的な現象である。それには種々の原因が考えられるが、いずれも現代行政の特質に根ざすものであるといってよい。

まず、その理由の第一に、行政権限の量的増大による行政権限の競合がある。いわば権限融合の機会の増大である。行政権限の量的増大は屢々指摘されるとおりであるが、このことが、不当な権限融合の原因となっていることは一般に認められるであろう。理由の第二は、行政権限の内容である行政手段の多種多様性が挙げられる。とくに法律上に明確な要件を定められた権力的手段のほかに、行政指導や公法上・私法上の契約など、必ずしも法律上に明示の根拠・要件等を必要とせず、相手方の同意や任意の服従を前提とする非権力的手段が多数登場したことは、行政権限相互の分界を不明確たらしめ、権限融合を容易にしたといえよう。

さらに、現代行政そのものの内容性質の中にその理由が求められる。単なる行政権限の量的増大のみでは、権限融合はなお偶然にとどまる。現代行政の中に権限融合をうながすものがあるといわなければならないのである。それは「水攻め」を立法の内容とする試みに象徴的に現われているごとく、給付行政の展開の語で包括することができる。現代国家における給付行政の展開は、法の世界に種々様々の影を投げかけているのであるが、われわれの問題と関連するかぎりで、次のような結果を生ぜしめることとなった。(イ)その一つは、われわれの基本的な生活必要手段が国家よりの給付に依存することとなったことである。これは戦時戦後の非常時における食糧等の生活必需物質の配給その他の統制のみならず、平時においても、電気・ガス・水道その他広義のエネルギー源、交通通信等のコミュニケイションの基本的手段が、国家ないしこれに類する公共団体の提供するところとなった。また、一応は私人の自発的な活動が認められる社会生活経済生活の分野についても、多種多様な形での国家からの保護援助の手がさしのべられている。とりわけ都市化の進展は、われわれの生活の多くの面において、他への依存性と他の利害との衝突の可能性とを高めているが、他への依存性の多くは公共への依存性にとって代わられ、また、私人相互間の利害調整の見地に立つ行政が増大する結果となっている。さらに進んで、都市計画法制の分野においては、生活基盤そのものの提供あるいは生活環境の整備が行政の目的とされ、これらはさらに遡って、国土計画・地域開発計画の中に体系的に組み込まれていることが珍しくない。(ロ)そこにおいて行政権限の発動ないし行政的介入は、個別偶然的ではなく、継続的であるのを特色とする。同時に、私人の国家・行政活動への依存性も常時継続的であるのを特色とする。(ハ)行政的介入の理由も、危険予防の見地に立つ警察制限等の例外的偶然的なものではなく、生活環境の整備など、いわばわれわれの日常生活を包括的全面的に把握するものとなった。(ニ)したがって、われわれの権利制限の理由も、単なる警察制限や公用負担の如く、権利制限を必要とする理由と権利制限の内容とが直接的な場合だけではなく、その間の関係がかなり間接的な「計画制限」や「計画事業制限」等が登場することとなった。(ホ)このように、われわれの生活を包括的継続的に把握する行政にあっては、そのために用いられる行政的手段は単一かつ単純なものではなく、多種多様の手段が用いられるのを例とする。行政全体について観察しての行政手段の多種多様性ではなく、特定の行政分野で、一つの行政目的を達成するために同時に多種多様の行政手段が用いられるわけである。一方で、権力的手段によって改修等を命ずると同時に、他方で、改修等について融資措置を講ずるなどの誘導的手段をとるのがその例である[32]。のみならず異なる性質内容をもった多種多様の行政的手段が有機的に組み合わせられて、いわばワン・セットとして用いられるのが例である。ひとつひとつの行政権限が孤立して用いられるのではなくて、もともと融合した行政権限のワン・セットの中の一つとして用いられるという方が普通となった。そこでは行政権限の重複とか融合とかは通常の現象となっている。(ヘ)現代行政における行政権限の融合は、いわゆる計画行政にその典型をみることができる。行政上に計画と呼ばれるものは、今日行政の全分野にみられ、その性質内容機能等にも種々雑多なものがあるため一概に論ずるわけにはいかないものであるが、異種複数の行政権限を体系化し、目的達成に向けて、これを整序する点に特色の一つをもっている。近時、もっぱら法律技術的ないし訴訟技術的観点より、特定の計画が、法規的なものなりや処分的なものなりやといった法性質が論じられることがあるが、一般的に、計画と呼ばれるものの中には、法規的なものも処分的なものも、さらに私法的手段や融資措置・行政指導等々が体系的立体的に組み込まれ、それらが全体として新たなる行政機能を生み出し、これによって一定の目的が動態的に達成されることを狙いとしている。それは単純な法段階構造的見地に立つ法の具体化の過程よりみて、法規なりや処分なりやを判断するといった尺度の枠外に立つものであるといわなくてはならぬ。近時問題となっている計画行政における計画とは、いずれも、法規が計画の内容をそっくりそのまま与えるものでもなければ、すでに法規等の与えている行政権限をただ寄せ集めるといったものではない。それでは計画の存在意義はないことになる。既存の行政権限であっても、それらを行政の手元において有機的に組み合わせることによって、それまでには存しなかった新たなる行政機能を創出する点にこそ、計画行政における計画の存在理由がある。法規の与えているものを機械的に適用すればよいところでは、処分の予告的予備的なものはともかく（たとえば、農地買収計画）、いわゆる計画の必要は存しないのである。(ト)多種多様の行政手段が計画の中で適当に組み合わせられ体系的に整備されることは、合理的かつ科学的行政にとって不可欠なものであり、現代の給付行政法にとってはその基盤をなすとすらいえるであろう[33]。また、合理的な計画に従って行政権限が行使されることが私人にとっても客観的に最も権利の制限や損害が少なく有利なことであるともいえよう。しかしながら、行政権限の融合の原因でもあり同時に結果でもある、私人の国家・行政活動への継続的かつ強度の依存性、行政による私人の生活領域の継続的把握は、不当な行政権限の融合を極めて容易に生み出すこととなる。しかも、これに対する司法救済は極めて困難である上、実際上に不可能に近い。のみならず、個々の行政権限の法律の根拠の問題ではなく、制度としての法律による行政の原理そのものの基盤が失われようとすらしているのである。給付行政論によって知られるフォルトストホフ[34]が、神経質なくらい繰返して行政権限の融合に対して警告を発する意味もそこにある。

(3)　司法救済上の壁　現代国家における行政権限の融合は、私人の公行政に対する継続的依存性（Abhängigkeit von Dauer）[35]を前提として生ずる。私人が重要な生活関係について行政庁の認可等に依存している場合には、私人には選択の可能性が事実上奪われている。そこでは権限融合は、常に、「冷たい」行政強制の極めて有効な方法（eine sehr wirksame Form "kalten" Verwaltungszwanges）[36]となることになる。したがって、これに対しては司法救済が与えられなければならないが、実際には、次のような理由から司法上の救済は極めて困難である。なお、司法上の救済が不可能であれば、伝統的方法による対処の方法にはいずれも現実に機能する余地がなくなることはいうまでもない。

(a)　現実の問題として、私人が行政庁の活動に継続的に依存している場合には、行政庁との良き関係やその好意を失うよりは多少の不正をも甘受しようとするであろうし、司法救済が可能でも、訴訟手続にも時間と金がかかる以上は、損得勘定の上結局は行政庁の要求に従うことがある。[37]

(b)　法律上の問題として、権限融合のために用いられる手段が、法形式上、従来法の規律の対象とされてきた権力的手段ではなく、法の規律のほとんど及ばない、行政指導、公法上・私法上の合意、自由裁量に属する授益的行為の拒否等、司法審査になじみにくいものが殆どであるため、伝統的理論によれば、司法救済が与えられないことである。これらは、主として相手方の自由な意思を尊重した任意的手段であるから、一見民主的なようにみえつつ、上記の継続的依存性の結果、事実上選択の余地ないまでの強制である。生活必需手段の給付にあっては、選択は正しく「自由か死か」である。そこで、この点については、伝統的理論を修正しようとするいくつかの試みがある。

(イ)　行政の手元における法形式の選択に限界を認める考えがある。ひとつは特定の法形式そのものを全面的に否定し、法律の認めた法形式のみしか認めないという考えである。いわゆる公法契約をめぐって古くから論じられている。[38] もうひとつは、特定の法形式を一般的に否定するというのではなく、現実に法形式が交換可能で、また相結合融合して用いられることがあるのに鑑み、一般に法形式の濫用の観念を認めて、種々の限界を認めようとする試みがある。たとえば、高権手段と私法手段の結合の禁止、[39] 高権的活動と経済的活動ないし経済的利益との結合を疑問とするもの、[40] 一般的に「行政が私法形式の利用によって特殊な公法上の責任、特に適法性原理による拘束を免れることができないというのは、公法上の原理である」というものがある。[41] 同様に、行政庁が反対給付等を要求するには、もともと要求する権限をもつ場合でなくてはならず、相手方の義務が権限融合によって始めて形成されるようなものであってはならぬとの考えもある。[42]

(ロ)　行政行為と相関連される反対給付が、行政行為の付款の形で要求されるか独立の私法上の合意の形で要求されるかを問わず、後者についても行政行為とともに全体として一体をなすものとして考察し、[43] 合意が公法上のものであるのか私法上のものであるかの法的性格づけの如何を問わず、すべての行政活動に関する限界(Grenzjedes Verwaltungshandelns)による拘束に服するものとし、契約に関する限界は付款付行政行為の限界と区別できないとする考えがある。[44] この考えは、高権行政法(Obrigkeitsrecht)の分野においては、契約も行政行為もともに行政活動の異なる形式にすぎないとみるものであるが、近時、行政行為同様に行政上の契約を法規の執行(Normenvollzug)としてみる者がかなりいる。[45]

(ハ)　最後にフォルストホフのように、[46] 私法形式についても公法の適用があるとするものがある。なお、行政私法の概念を認めるものがあることも知られている。[47]

(4)　行政権限の分配　　行政権限の融合は個々の行政権限の濫用の問題にとどまらず、同時に制度としての行政部内における行政権限の分配の問題である。[48] 人はよく法律による行政の原理を問題とするが、そこでいう法律による行政の原理とは、行政活動に法律の根拠がただあればよいといったものではない。いくら行政作用に法律の根拠と詳しい要件が定められていても、全ての行政作用を単一の行政庁が現実に行使するのでは、これが巨大な権力の担い手となることは明らかであろう。戦前の警察機関の所掌事務の多くが、戦後いわゆる警察権限の分散により他の機関の所掌事務に移ったこともこの間の事情を示している。行政権限が、行政権力そのままではなくて、法的権限と呼びうるのは、それが法の定めによることのほか適当な範囲を限られた事項について認められているからにほかならない。この限定がなくなれば、行政権限は行政権力に帰することになろう。

フォルストホフはいう。

「行政部内においても権力分立というものがある。全ての部局はその責任の枠内において法秩序を維持する。この原則を無視すると、どの営造物やどの部局も、個人に対する活動を、当人が他の部局や他の営造物に対してどう振舞うかにかからしめることになる。かくては、憲法上の原理として理解される権力分立の廃棄さえ、それに比すれば全く他愛のない出来事であるような「隷従状態（ein Zustand der Knechtschaft）」が現出することになる」[49]と。そして、法の規定せざる行政権限の融合は、国家権力の強化（Potenzierung der Staatlichkeit）を結果し、かつ、法治国家原理であるところの高権的作用の予測可能性の全体系が崩壊するにいたるであろうとしている[50]。

このように行政権限が法的権限であるためには、その権限の内容の範囲が限定されたものでなくてはならない。限定された事項につき権限行使の態様が法律上明確であって始めて、われわれは、行政権限行使に対して予測可能性をもち、包括的権力の全面的支配に服するということを避けることができる。しかしながら、全体として、行政権限が量的に増大し、かつ、行政権限の内容がわれわれの生活のかなり大きな部面を包括的継続的に対象とするものに変わってくると、行政権限の競合と融合とが常態化し、個々の行政権限について、いかほど明確な法の定めがあっても、われわれよりの予測可能性は著しく減退していることは否定できない。けだし、行政権限・行政手段のひとつひとつを一応法律上に規定し、その根拠と要件とを規定しても、なおも、行政を法律で拘束しているとはいえない状況が生じうる。行政権限の数が量的に少なく、行政権限行使の場面が偶然的個別的な時代には、それによって行政が法に拘束されていたといえよう。しかしながら、多数の行政権限が競合し、行政手段が多様化し、行政の手元における行政手段の適当なる組み合わせによって新たなる行政機能が創出される今日においては、行政権限のひとつひとつが法律上の根拠をもつことは、必ずしも全面的に法が行政を拘束することにはならない。それは、全体としての行政機能創出にあたって用いうる公認の武器の一つであるにすぎぬからである。たとえば、多くの計画にあっては、計画実現の手段として多種多様の法的・行政的手段を内容とし、その組み合わせによる新たなる行政機能の創出が期待されている点に共通性を見出すことができる。したがって、その計画策定の根拠、計画策定の手続、計画実現のためにとりこみうる行政的手段等を法律上に規定し、法律の拘束の下に置いても、計画そのもの、あるいは新たに創出されるべき行政機能そのものは法の埒外にあるといわねばならぬ。計画が合理的であれば、私人の権利制限も最も少ないとはよくいわれるが、計画が合理的なりや否やは行政の手中にあり、われわれの権利制限の程度、生活への打撃の如何が法律上からの予測の域を越えるのである。

このようにして、現代行政は、多くの行政権限をその手中におさめることによって、私人に対する関係において、個別的行政権限の行使をこえる、包括的な公権力の発動がみられるにいたった。行政権限の競合・融合の結果、制度としての行政権限分配の原則がその機能を喪失し、ために法律による行政の原理そのものの意義が問われるにいたったといえよう。

(5)　行政権限の分配が、憲法上の制度としての意味をもつものとすれば、立法者に行政権限を分配する権限があるとしても、全くの自由ではなくて、そこに憲法上の制約があるのではないかが問題となりうる。二つの点が指摘されている。(51)

(a)　法治国家原理よりして、実体的関連を全く無視して、一般的な融合を認め、私人の行政に対する全くの全面的依存性をもたらすものは、国家権力の予測可能性の原則に反し、立法の包括的授権の一種として無効となる余地がある。西ドイツの判例は[52]、「実体的に無関係ではなく、かつ、不相当ではない（nicht sachfremd und nicht zumutbar）」ことを合憲の要件としている。

(b)　先にも紹介したが、給付行政手段、特に生存配慮の手段を強制手段・制裁手段として用いることに強く反対するもののなかには、これは、立法の限界でもあるとするものがある[53]。

五　むすび

(1)　現代国家における行政権限の競合と融合とは必然的な現象である。その結果、行政作用は、個々の行政権限の行使としてよりも、包括的な公権力の発動の一つとみられるにいたった。したがって、個々の法現象を形式概念的に把握するだけでは問題を充分に把えることができないというべきである。行政権限の融合も、伝統的方法によって対処しうる余地もあるとはいうものの、しかし、それは問題を従来の体系の枠に合わせて、問題を一面的平面的に切り取ったものであるにすぎない。問題を問題として把握するためには、このような、体系本位の思考（System-denken）によってではなく、問題本位の思考（Problem-denken）によるべきであろう。

(2)　そこで、個々の行政手段の把握も、単なる概念形式的な法的性格づけなどに止まっていてはならないであろう。法的性格づけなどの整理は、無論不必要というのではないが、それは問題の終点ではなくて問題の出発点である。行政指導や私法形式による行政手段も、それが用いられる状況によっては、きわめて強力な強制手段として機能しうる。行政権限・行政手段を個別的に考察するのではなく、全体の中の一環として把握し、かつ、機能的に考察すべきであろう。けだし、行政活動が、法律概念上に、公権力行使であるのか非権力的作用であるのか、単なる行政指導にすぎないか、あるいは私法形式による活動であるのかという概念形式的な問題と、それが、法形式の如何に拘らず、現実の場で如何に機能しているか、とは全く別個の問題だからである。この点で、近時のわが行政法学に特徴的にみられる行政の公権力性否定の傾向には問題の余地がある。もしも、そこでいわれる公権力もまた、法律技術的な概念的な意味で用いられているとするならば、それは、個別的な法的権限の否定による包括的な公権力の強化という現代行政の傾向と軌を一にするものにほかならないからである。

(3)　現代行政が法的拘束から遠離るにつれて、具体的な行政上の問題が屢々政治的に解決される傾向があることは最初の「キャッチ・ボール」の事例がこれを示している。行政権限が融合し、行政権力がわれわれのほぼ全生活を包括的に把握し、時には、個人の生活が、行政庁の政策のゆれ動く波間にほんろうされる感さえしないではない今日、問題がとかく政治化することも当然ともいえる。このような時代にあって、行政法学の役割とは一体何であろうか。法律による行政の原理の機能そのものが衰退するかにみえる現在、行政法学の存在理由もまた問われているといえる。今ここで、この大きな問題に直ちに答えることができないが、しかしながら、いずれにせよ、それは、行政権限の適正な配分や、それとの関連での行政組織の具体的内容、行政機構の問題について発言しうる能力をもつようなものでなくてはならないことだけは確かなようである。

（1）　本件評釈として、室井力・土地収用判例百選二一六頁、時の法令六一一号五八頁などがある。
（2）　宮沢弘・新国土計画論一八七頁以下、時の法令五七〇号六頁以下、室井・前掲引用の諸文献参照。
（3）　田中二郎等編・土地政策論一五四・三〇二・三三九頁、雄川一郎・公法研究二九号二〇四頁等。
（4）　ジュリスト四一四号三七頁、朝日新聞昭和四三年一一月一六日朝刊第四面参照。
（5）　中原英典・保安警察と行政警察・行政法講座六巻六四頁参照。
（6）　vgl. Forsthoff, Lehrbuch des Verwaltungsrechts, 7. Aufl., S. 67, 87, 265ff., 366, 444f.; 9. Aufl., S. 93f., 279 ff., 388f., 471; Bullinger, Vertrag und Verwaltungsakt, 1962, S. 105ff.; K. Willigmann, Koppelung mehrerer Verwaltungsobliegenheiten, DVBl. 1960, 753ff.; Koppelung von Verwaltungsakten mit wirtschaftlichen Gegenl eistung, DVBl. 1963, 229ff.; A. E. v. Campenhausen, Die Koppelung von Verwaltungsakten mit Gegenleistung im Vertrags-

wege im Bauordnungsrecht, DÖV 1967, 662ff.; H. H. Rupp, Zur Problematik öffentlich-rechtlicher Machtpotenzierung durch Funktionkombination, NJW 1968, 569 ff.

（7） このドイツ語には適当な訳語が見つからないので、これまでの論述に合わせて、かりに「融合」を当てておく。なお、塩野宏・オットー・マイヤー行政法学の構造三七〇頁参照。

（8） BayObLGZ Bd. 33 S. 131 = Reger Bd. 54, S. 258; dazu Forsthoff, 9. Aufl., S. 94, 389 Anm. 1; Bullinger, a. a. O., S. 106f.; K. Willigmann, DVBl., 1960. 753; 1963, 229; 残念ながら判例集を参照できなかったため、上記の文献等に引用されているところによった。

（9） K. Willigmann, DVBl. 1960, 753ff. の論文はこの問題を取り扱っている。

（10） K. Willigmann, a. a. O.,; Forsthoff, 9. Aufl. S. 280 u. s. w.

（11） 前注文献参照。

（12） K. Willigmann, DVBl. 1963, 229ff.; A. E. v. Campenhausen, DÖV 1967, 662ff. の論文はこの問題を取り扱っている。

（13） 前注文献のほか、たとえば Forsthoff, a. a. O., S. 281

（14） vgl. BVerwG U. v. 14. 7. 1959 E 9, 78 = DVBl. 1959, 745 dazu Menger, VerwArch 1960, 149ff.

（15） H. H. Rupp, a. a. O, がこの問題を取り扱っている。

（16） 先に掲げた諸文献でも、この点が繰返し強調されている。

（17） たとえば、Drews-Wacke, Allgemeines Polizeirecht, 7. Aufl., S. 360; W. Vogel, Verwaltungszwang zur Durchsetzung von Verwaltungsakten und Verwaltungszustellung, 1958, S. 72; 広岡隆・行政上の強制執行の研究一八〇頁参照。

（18） vgl. Forsthoff, 7. Aufl. S. 67 Anm. 5; 9. Aufl. S. 68 Anm. 3

（19） Forsthoff, a. a. O., S. 471

（20） K. Willigmam, DVBl. 1960, 753ff.〔6.〕

（21） Bullinger, a. a. O., S. 107

（22） Verwaltungsrechtsordnung für Württenberg, II, S. 436f.

(23) a. a. O., S. 450f. なお、Forsthoff, a. a. O., S. 388f.

(24) Willigmann, DVBl. 1963, S. 229ff.（2.）

(25) 義務裁量（pflichtsmässige Ermessen）の語は、必ずしも、わが国とドイツとで同じ用法に従っているとはいえないようである。ドイツでは、或る程度の法の拘束を受けるという意味で「義務」裁量だが、他の点では「裁量」として、私人に「請求権」あるなどの被拘束的行為の場合とは異なる取扱いを受けるものを、このように呼んでいる。

(26) Bullinger, a. a. O., S. 106f.

(27) この語の訳語に、私は、権限濫用を当て usurpation de pouvoir の方に権限簒奪を当てることにしている。なお、阿部泰隆・フランスにおける自由裁量問題の研究・神戸法学雑誌一八巻一号五〇頁注一参照。この語が、ドイツ語の裁量権濫用（Ermessensmissbrauch）と異なることについては、vgl. U. Scheuner, Der Einfluss des französischen Verwaltungsrecht auf die deutsche Rechtsentwicklung, DÖV 1963, 714（718）

(28) cf. M. Dubisson, La distinction entre la légalité et l'opportunité dans la théorie du recours pour excès de pouvoir, 1958. pp. 105, 111, 129 et s., 163, 184; M. Hauriou, La jurisprudence administrative. II. p. 319 et s.; Audy et Drago, Traité de contentieux administratif. III. p. 84 et s. N°s 1197 et s.

(29) 前注文献、とくに Dubisson のもの参照。

(30) K. Willigmann, DVBl. 1960, 753ff.（4.）(5.); ders., DVBl. 1963, 229ff.（2.）(3.)

(31) Forsthoff, a. a. O., S. 94; H. H. Rupp, NJW 1968, S. 569

(32) そこで、融資措置を受けるための手段として改善命令等の強権発動を求めてくる私人があるという。宅地造成等規制法の関係につき住宅金融公庫法一七条八項参照。

(33) 山田幸男・給付行政の理論（現代の行政二一頁以下）五三頁、雄川一郎・公用負担法理の動向と土地利用計画（公法研究二九号一四二頁以下）一五五・一六〇頁、金沢良雄・経済法における計画（公法研究三〇号一八八頁以下）一九七頁等参照。

(34) Forsthoff, a. a. O., 9. Aufl. S. 94, 281f. 389, 471f. なお、フォルストホフは、法律技術的観点から行政法体系を構成する手段として給付行政を持ち出しているのではない。したがって、給付行政の生む弊害に対しても鋭い批判を忘れない。

(35) Forsthoff, a. a. O., S. 279f.

(36) K. Willigmann, DVBl. 1963, 229ff.（4.）

(37) K. Willigmann, a. a. O.,（1.）; Forsthoff, 7. Aufl., S. 70, 265, 463; u. s. w.

(38) A. E. v. Campenhausen, DÖV 1967, 664

(39) Forsthoff, Der Staat als Auftraggeber, 1963, S. 19

(40) Bullinger, a. a. O., S. 106f.

(41) K. Willigmann, DVBl. 1963, 229ff.（4.）

(42) a. a. O.,（2.）

(43) Eyermann-Fröhler, VGO, 3 Aufl. § 40, 13

(44) A. E. v. Campenhausen, a. a. O., S. 667f.; Bullinger, a. a. O., S. 107

(45) J. Martens, Normenvollzug durch Verwaltungsakt und Verwaltungsvertrag, AöR, 1964, 429ff.（431）.; Stein, Der Verwaltungsvertrag und die Gesetzmässigkeit der Verwaltung, AöR, 1961, 320ff. その他の文献については上記Martensの論文に引用のもの参照。

(46) Forsthoff, a. a. O., S. 11ff., 21f.

(47) H. J. Wolff, Verwaltungsrecht, § 23 II b

(48) Forsthoff, 9. Aufl. S. 471; H. H. Rupp, NJW, 1968, 569

(49) Forsthoff, a. a. O.

(50) Forsthoff, a. a. O., S. 94; H. H. Rupp, a. a. O.; Willigmann, 前掲二論文。

(51) この問題については、K. Willigmann, DVBl. 1960, 753ff.（6.）

(52) BVerG, Beschl. v. 12. 1. 1960, DVBl. 1960, 203; BVerwG v. 6. 10 1959, DVBl. 1960, 34

(53) K. Willigmann, a. a. O., Anm. 44 彼は、行政における権限融合の限界としては直接の実体的関連を要求するのに対し、立法の限界としては、何らかの合理性があるというゆるやかな関連で足りるとする。しかしながら、生存手段を強制手段に用いるのは、人間の尊厳をも害するという。その他の学説については、そこに引用されているものを参照。

（追記）

本稿脱稿後の昭和四四年四月建設省は、通産、厚生両省の「たとえ違反建築であっても、生活権を侵すような内容の規定を法文化することは法理論上、憲法違反になりかねない」との反対を容れて、上記水攻め等を建築基準法改正案に明記しないこととし、また同月一八日の閣議でもこの方針が了承された（昭和四四年四月一五日・一八日朝日新聞）。したがって、本文で述べた同法改正のおそれは一応なくなった。しかし、上記大阪地裁判決の控訴審では「同法違反の建築が公共の安全を害すべきことはいうまでもないけれども、これに給付を拒むときは、すでにはいっている善意の居住者からは生活用水を奪うことになるほか、公衆衛生上も憂慮すべき結果を惹起するに至ることも否定できないところである。したがってかような諸点について慎重な措置を十分に講じたうえであるならば、同法違反の建築物に対する給水拒絶も現行法上許されると解する余地もないわけではない」としている（大阪高判昭四三年七月三一日判例時報五四七号五〇頁）し、行政権限の融合は、この問題に限らず、現代行政の一般的特色の一つをなすことは本文に述べた通りである。

（北大法学論集一九巻四号、一九六九年）

2 複数当事者の行政行為
――行政過程論の試み――

一　問題の提起

(1)　本稿では、複数当事者間において利害が相対立する内容をもった行政行為を対象とする。その資料は、主として西ドイツにおいて公法上の隣人訴訟（Nachbarklage）をめぐる問題の中で論じられているものである。

従来わが国では、行政行為論は行政法学における中心的地位の一つを占めるものとされてきたが、そこでは、行政行為一般に関する理論に重点が置かれ、個々具体的な内容をもった行政行為はそのような一般的理論を展開するための手段としてしかみられないといった傾向があった。たとえば、農地買収処分の無効が論じられるのではなくて、行政行為の無効が論じられたわけである。しかしながら、行政行為一般に関する理論も、個々具体的な行政行為をめぐって生起する現実の問題解決のための手段であるにすぎない。体系のための体系ではなくて、問題のための体系でなくてはならないであろう。さもないと、昨今流行のケース・ブックや判例百選の類においても、ただそこに具体的事例が引かれているというだけで、議論の焦点は、問題そのものではなく、相も変らず体系に向けられ、体系的概説書の類と一向に変わりばえのしない結果となるであろう。現にそういうものが多いようである。そこでは、いわゆる問題的方法は、素材の面にのみ向けられ、素材を料理する方法の面にあまり向けられていなかったためではないかと思われる。

(2)　ここに利害の相対立・錯綜する行政行為を取り上げるのは、その素材の面と、その方法の面とにおいて興味深いものがあるからである。

ひとつには、その素材の面で、複数当事者の行政行為をめぐる問題が現代行政に特徴的な現象であるといえる。けだし、一方で、現代国家における行政機能の拡大をうながしている事情の中に、われわれの社会生活における利害の錯綜の密度と利害衝突の可能性とが高まったために、この利害の調整の役割をもった行政的介入が要求されるという事情があるからである。のみならず、従来より存する通常の許認可等の行政作用にあっても次第に私人相互間におけるこのような利害の錯綜ならびにその調整を考慮せざるをえなくなってきている。他方で、権利救済の制度の完備とその範囲の拡大とに伴い、従来は行政訴訟上の救済が認められなかったような者についても、広く救済が認められる傾向にある。いわゆる原告適格の拡大などがそれである。その結果、従来ならば争訟上その他の関係で考慮されないままで済んだ者の利益が制度上にも考慮されなくてはならなくなり、同時に、この者の利益とこれに対する反対利害関係者の利益との調整という問題が生ずるにいたったのである。ここに取り上げる複数当事者の行政行為のごとく利害の相対立・錯綜する行政行為の問題は、今後実際上にますます切実の度を加えるであろう。

(3)　ところで、このような行政行為については、どのような理論構成をもって臨もうとも、利害を異にする当事者の間における利益の比較衡量が必要であることはいうをまたないであろう。従来からも利益の比較衡量がいわれること自体は少しも珍しいことではない。人は法解釈において明示的ではないにしても暗黙裡に利益衡量を行っていることが多い。したがって、ただ利益衡量だとか目的論的解釈だとかをお題目のように唱えていても、一歩も前進しないことも明らかであろう。

問題は、利益衡量が問題となって登場する場面をいかに切り取ってくるか、にあるというべきである。さらにまた、われわれが何処に問題を見出すかが重要である。従来の体系本位の思考に従い、問題をこれまでの体系の適当なるところに位置づけ、体系の枠に合わせて問題を切り取ることも少しも不可能なことではない。そこにおいても複数当事者の行政行為も一つの非典型的行政行為として、従前の概念的処理につけ加えて若干の利益衡量が行われるであろう。それも一つの方法である。しかし、従前の概念（たとえば、行政行為やその効力）そのものの機能がよって立つところの場面を問題とし、種々の概念や利益衡量そのもののもつ意味を明らかにするというのも、一つの重要な方法であるといわなくてはならない。

(4)　本稿では、行政行為を取扱うのであるが、焦点を行政行為にではなく「行政過程」に合わせることとした。すなわち、行政行為そのものの諸効力や結果であるとして行政行為の中に包摂されているものの多くが、実は行政過程の問題であることを論証し、行政行為を行政行為として孤立して観察するのではなく、行政過程の只中において行政行為の諸効力等行政行為をめぐる問題を考察し、さらに、私人の権利救済についても、ただ単に原告適格の承認に止まらず、行政過程の中においてそれがいかに考えられるべきであろうかを考察しようとするものである。行政行為を前提としてその上に多くのものが積み上げられているという見方ではなくて、全体の行政過程の方が先にあって、行政行為もその中に置かれて始めて、相応の機能を果たしうるものとなっている、という物の見方である。比喩的にいえば、これまでの堅固な、しかしそれだけに静止的固定的な行政行為のイメージに、必ずしも形の明瞭ではないものの、動的な行政過程をぶっつけて揺るがせてみれば、いかなる結果が生じうるか、いかなるイメージが浮かび上ってくるかを試みるものである。

二　問題の現状

(1)　概　説

(a)　ここで複数当事者の行政行為というのは、いわゆる双面的効果をもった行政行為（Verwaltungsakt mit

Doppelwirkung＝VAmDW）と第三者効ある行政行為（Verwaltungsakt mit Drittwirkung＝VAmDrittW）とをあわせて称するものとする。この種の行為に関する問題は、戦後の西ドイツにおいて主として公法上の隣人訴訟とくに建築法上の隣人訴訟をめぐって論じられているところである[(1)]。

(b)　複数当事者の行政行為の中にも、複数当事者間において利害の相対立しない場合もあるが、ここでは特に、複数当事者間において利害が対立相矛盾する場合をとりあげることにする。すなわち、一つの行政行為がある当事者に対して利益を与えると同時に他方の当事者に対して不利益を課するという場合である。のみならず、この一方の利益と他方の不利益との間に必然的な関連があり、ある者に対する授益が当然に他の者に対する不利益とならざるをえないという、授益と負担との間に相互依存関係がある場合をとりあげることにしよう。そこにおいてわれわれは、多くの問題においてまことに困難な利益衡量に直面させられることになる。たとえば、或る者所有の家屋に他の住宅困窮者を強制入居せしめたり、当事者間の家賃を決定する行政行為、建築法上の隣人保護規定に違反して与えられた建築許可、複数の競願者中の一人に与えられた道路運送業の免許などがその例である。

ドイツでは、このような行政行為を表現する言葉のうち重要なものとして、双面的効果をもつ行政行為（VAmDW）という概念と第三者効をもつ行政行為（VAmDrittW）という概念とがある[(2)]。この両者はさまざまな見地から定義されているが、およそ次のような点に区別が求められている。

(1)　主として実体法的な見地に立つものがある[(3)]。たとえば、デルフラーによれば、前者にあっては、(イ)授益と負担の関連が、規制対象の上で必然的なものであり、かつ、行為の意図された内容であり、(ロ)行為は両当事者、即ち不利益を受ける者をも直接の相手方とするのに対して、後者にあっては、(イ)行為は専ら授益を内容とし、(ロ)受益者だけが直接の相手方である。ただ、その際に法規の上で第三者の法律上の利益を考慮すべきものとされている結果、(ハ)当該法規に違反して違法の場合に限って、第三者に訴権が認められるにすぎない。彼は、前者の例として、通常は両当事者間の契約によるべき法律関係を発生変更消滅させるような、いわゆる私法形成的行政行為（privatrechtsgestaltende VAe）ないしはこれに類するもの（私法上の行為に対する行政庁の同意認可、賃料決定、強制入居等）をあげ、後者の例として、建築法上・営業法上の隣人訴訟や事業認可に関する競願者・既存業者の提起する訴訟をあげている。

(2)　主として、手続法的見地に立つものとして、フロムがある。[4] 彼は、受益者である相手方以外の他の者に訴権が認められる授益的行政行為のことを双面的効果をもつ行政行為と呼んでいる。

(3)　右の手続的見地からの区別に対しては批判がある。[5] ひとつには、両者の区別は実体法上の区別にあるのに拘らず、訴訟の最初の段階での単なる主張で足りる訴権（Klagebefugnis）によっては区別をすることができないというのであり、もうひとつには、訴権が認められる点においては両者共通であって区別とはならぬという批判である。前者の見地から、行政行為の授益と負担とを実体的に定義づけようとする試みがある。[6] しかしながら、そこでいう負担も結果のところ、訴訟上争うことのできるような、権利ないし法律上保護された利益が侵害されているかどうかの問題、即ち、原告適格の問題に帰着するし、また複数当事者の行政行為が問題となるのは実体法上だけではなく、たとえば、事前手続への参加や訴訟の前段階での執行停止などの暫定的権利救済の問題においても重要である。また、上記のデルフラーにあっても、訴権が認められる点で両者に区別なく、ただ行政手続における聴聞ならびに訴訟参加の点で実際上に両者の区別があるにすぎないとしている。そこで、このような両者の概念的区別を否定し、両者をあわせて広く複数当事者間において法律上の利害が相矛盾する内容をもつ行政行為の問題として考えようとする者がある。[7] 用語の定義づけよりも実際上に問題のあるところが重要であるから筆者もこれに従うこととする。

(c)　複数当事者の行政行為の特色とするところは、行政行為の維持に利益をもつ（もしも職権取消があれば当然この取消処分を訴訟上争いうる）受益者がいる反面で、正にこの授益の内容が自己にとっては負担となるため、この行政行為の訴訟上の取消を求める原告適格を有する他の当事者がいることである。

この種の複数当事者の行政行為の登場、したがって、このような原告適格の承認は、割合近時のことに属する。それは一口にいって、憲法構造の変遷の結果であるということができる。(8) けだし、

(1)　給付行政の展開によって、いわゆる私法形成的行政行為等により私人間の契約的関係に介入する機会がふえたからである。

(2)　同じく、給付行政の展開は、建築法、営業法等、従前は専ら秩序維持・危険防止を内容とする規制行政と考えられてきたものに、計画行政的色彩を加味し、隣人相互間等における利害の調整の任務を加えることとなった。

(3)　権利救済の範囲が次第に拡大され、現在の基本法の下においては、同法一九条四項により包括的な裁判上の権利救済が認められるにいたった。一般的に原告適格が次第に拡大されてきている。

(4)　裁判上の権利救済の範囲のみならず、その程度も強化され、特に、手続的権利ないし手続的見地からする司法審査が認められるにいたった。たとえば、事業認可に関する競願者や既存業者等も、認可特許そのものの許容を求める請求権はなくとも、瑕疵なき裁量を求める請求権を有する結果、第三者に対する許可等を争うことが可能となった。

(d)　原告適格の承認それ自体はまことに結構なことであるが、問題はこれに尽きない。けだし、ここには法律上同様に保護されるべき反対の利害関係をもつ当事者が他方にいるからである。のみならず、不利益をこうむる者に原告適格を承認し、これを当該行政行為の当事者と認めることは、さらに新たな問題をいくつか生ぜしめるにいたった。

たとえば、従前は単純な授益的行政行為であった建築許可について、憲法構造ないし国家と国民との関係の変遷に伴う建築法規の解釈の変更によって、隣人にこれを争う当事者適格が認められるとなると、すなわち、隣人もまたこの行政行為の当事者であるとなると、隣人の権利を重視する立場からは当然に、この行政行為を隣人に

も通知すべきこととなろう。このことは、行政行為の不可争性発生時期・効力発生時期などにも影響を及ぼすこととなる。

複数当事者の行政行為にあっても、その成立時期は、一人の当事者への通知で充分であると考えられている(9)。しかしながら、その不可争性の発生時期については説が分かれる。特に、受益者には通知があるが、不利益をうける隣人等には明示の通知がない場合について、隣人が何時まで争訟を提起しうるかについては、(イ)現実に知りたる時を通知の時とみなして、これより一月以内に審査請求をすべきことを要求する者、(ロ)あくまで明示の通知を要求し、その通知あるまで何時までも争訟期間が経過しないとする者、(ハ)明示の通知がなければ、一月の審査請求期間は走らないが、成立時より一年の除斥期間は走るとする者、(ニ)第二説によりつつ、権利濫用や失権の法理によって制限しようとする者などがある(10)。議論の内容のいちいちには立入らないが、この議論の背景に、隣人の権利救済の実効性をどれだけ重視するか、逆に、許可を受けた建築主の利益を重んじ、これに生ずるであろう法的不安定をどの程度考慮するか、の配慮があることはいうまでもあるまい。このような点の考慮から、判例は権利者の範囲が明確でない場合については第三者に訴権を認めたがらない傾向にあるようである(11)。全く同様に、その効力の発生時期についても、相手方一人への通知によって同時に他の全ての当事者に対して有効となるという見解(12)、負担者への通知を有効要件とする見解(13)、必要的参加（notwendige Beiladung）を要する場合なりや否やの具体的事情によって区別し、これを要する者については通知を有効要件としつつ、行政行為の瑕疵論により通知を欠いても原則として取消しうべき瑕疵にすぎないとする見解などがある(14)。

また、複数当事者の行政行為は必要的参加の典型的場合とされているが(15)、これは訴訟手続のみならず、行政行為の事前手続、審査請求手続、職権取消手続にも反対利害当事者が参加すべきことを要求するものと解されている。したがって、反対当事者の参加なくして下された許可取消判決などは不参加者に対する関係では無効であると解されている(16)。

以上ごく簡単にみるところだけからでも、単純な許可について反対当事者に原告適格を認めることは、その他の諸問題について深刻な影響を波及せしめる。重要な問題については以下順次に紹介検討することとするが、いずれにおいても、相対立緊張する利害関係をもつ私人相互間において実体法上手続法上に利害の調整をはかることが要求されるわけである。[17][18]

二　本案訴訟の形式

(1)　ここでは隣人等に訴訟上の原告適格が認められること[19]を前提とした上で、以下本案の訴訟形式として如何なるものが認められるかに関する諸説を紹介することとする。

なお、建築許可を隣人が争う場合に、民事訴訟とは別に行政訴訟が認められる理由として次の諸点があげられている。

(a)　隣人が攻撃しているのは許可の付与であって、建築主の行為ではない。[20]けだし、隣人の権利の侵害は、建築許可の付与によって隣人を保護している枠が除去され、それによって建築が自由となったことによるからである。[21]したがって、建築主が無許可で建築しているとき、または許可と異なる建築をしている場合にのみ民事訴訟となる（この場合に行政訴訟上の義務付訴訟がありうることについては、後述参照）から、民事訴訟と行政訴訟とが重複することはない。[22]

(b)　たとえ原告が民事裁判所によって得た建物除去の名義を執行しようとしても参加人が執行に対する異議（§ 767 ZPO）によって許可を援用すれば、民事裁判所は、許可の適法違法について行政裁判所の認定を待たねばならず、民事裁判上の名義だけによって執行することはできない。[23]すなわち、許可等は民事裁判所に対して構成要件的効果（Tatbestandswirkung）をもつ。[24]したがって、許可の利用済み（Verbrauch）の後も許可の取消訴訟の提起を妨げない。[25]

(c)　特に、許可の利用前の段階では行政訴訟上の救済のみが可能である。[26][27]

(2)　本案訴訟の形式については、取消訴訟説と義務付訴訟説とが大きく対立している。前者の方が多数説であり、後者の方が少数説である。ただ、両者の対立は、機械的な対立ではなく、種々の複雑な要素がからまり合っている。

連邦行政裁判所[28]をはじめ、リューネブルク上級行政裁判所など[29]が取消訴訟説をとる理由は次のような理由からである。

(a)　請求の趣旨が、拒否や不作為に係る行政行為を求める（§ 42 Abs. 1 VGO）のではなく、行政庁の処分が違法に権利を侵害することを理由として許認可の取消を求めるものである。

(b)　その目的とするところは、自己の法的地位の維持であって、その拡張ではない。すなわち、これの侵害に対する排除請求権（Abwehrrecht）を内容とするものである。

(c)　建築主等よりする新規の申請に対しても拒否すべきことを行政庁に義務づけることを求めるために義務付訴訟を認めるものがあるが、そのような義務付けは、取消判決の既判力ないし拘束力で足る。のみならず、義務付けの前提たる拒否ないし不作為を求める請求権の存在の立証を欠く。

(d)　取消訴訟の提起には自動的な停止効（§ 80 VGO）が結びついているため、受益者の立場（建築許可の利用など）を害することを理由として、義務付訴訟により、自動的な停止効に代えて、個別的な判断による仮命令（§ 123 VGO）によらしめるという見解があるが[30]、それは停止効の内容として、出訴による許可等の暫定的無効を考えているからに外ならない。しかしながら、停止効の内容は、行政庁による執行行為を対象とし、必ずしも認可等の効力をも停止するものではない[31]。

右の理由の逆は、義務付訴訟の理由となるものであるが、その理由のうち最大のものは最後の点にあるものと思われる。ところで、この点については次節で述べるように、本案の訴訟形式の如何を問わず仮命令によって暫定的な権利救済を与えるべきであるとする見解が多い。さらに、隣人には必要に応じて取消訴訟でも義務付訴訟でもいずれでも認められるとする見解もある[32]。

(3) 許可等の利用後の訴訟形式は、

(a) 前述のように、なお行政行為取消の意義を認めて、取消訴訟を認める考えと[33]、

(b) 許可等の利用済みによる効力の消滅を理由として取消訴訟を否定し、民事訴訟ないし義務付訴訟等によるべきであるとする考えとがある[34]。

(c) いわゆる結果除去請求権を如何なる形で実現すべきかについては、種々の見解がある[35]。

(4) 無許可建築または許可とは異なる建築等について、その差止めを目的とし行政庁に介入を請求するための義務付訴訟が認められることがある。

連邦行政裁判所も、この種の場合について、

(a) 義務付訴訟一般ではなく、不行為請求訴訟（Untätigkeitsklage）としての義務付訴訟を認めている[36]。

(b) 一般的には行政庁の介入を請求する義務付訴訟を認めないが、特定の場合に行政庁の裁量が義務と化し、この種の義務付訴訟の認められる余地あることは承認している[37]。

通常の場合については、連邦行政裁判所同様に取消訴訟説の代表であるリューネブルク上級行政裁判所[38]も、この種の場合に義務付訴訟の余地を認めている。

なお、この種の場合の介入請求権の問題については、第四七回ドイツ法曹大会公法部会の論題となった[39]。

三　暫定的権利救済方法

(1) 複数当事者の行政行為をめぐる問題のうち最も議論の対立錯綜しているのは、その保全訴訟ないし暫定的権利救済（der vorläufige Rechtsschutz）の方法に関するものである。議論対立の理由は、もちろん複数の当事者

における相対立する利害を如何に評価するかに由来するところが最も大きいのであるが、暫定的権利救済に関する法律上の制度が、必ずしも単純とはいえないものであるうえに、立法は複数当事者の行政行為のことを直接には全く考慮していないことが、議論をより複雑なものとしていることは否定できない。

連邦の行政裁判所法は、暫定的権利救済方法に関するものとして、

(a) 争訟提起に伴う自動的な停止効に関する八〇条[40]、

(b) 終局判決の内容に関する一一三条[41]、

(c) 民事訴訟の仮処分に類似した仮命令に関して定める一二三条[42]

をもっている。

(2) 複数当事者の行政行為についても暫定的な権利救済が与えられるべきであることについては人の意見は一致している。問題は、それを如何なる方法によって達成すべきか、の点について生ずる。行政裁判所法の八〇条によるべきか、一二三条によるべきかについて、人の見解が分かれているのである。

複数当事者の行政行為に関する暫定的権利救済方法をめぐる問題の特殊性は、行政庁の行為は許可等の付与によって尽きており、通常の行政行為の場合の執行に相当するものがあげて受益者のもとにあり、その任意の利用に委ねられている点にある。その結果、もともと必ずしも明瞭ではない、行政裁判所法八〇条ならびに一二三条の適用範囲や、両条相互の関係がなお一層不明確となっているために議論にも決め手を欠き、錯綜の度を加えているのである。極く一般的な考え方によれば、八〇条と一二三条との関係を、特別法と一般法との関係として把え[43]、特別法の適用ある場合すなわち取消訴訟の場合には争訟提起に基づく停止効によるものとし、その適用ない場合にのみ、すなわち主として義務付訴訟その他の公法上の訴訟の場合について仮命令によることとしている。いいかえれば、八〇条による停止効は行政行為に基づく規制の存在を前提とするのに対して、一二三条はその他一般の場合を対象とするものであって、本案たる訴訟形式の如何によって暫定的権利救済の方法も確定し、両条の適

用範囲が重なることはないとするわけである。[44] しかしながら、結論の大筋が以上のようなものであっても、それに至る個々の論点に関する見解はまことに種々雑多なものであり、それは、それぞれの論点に関する諸利益の評価の相違によるばかりか、全体として、建築主等の受益者の利益を重んずるか、隣人等不利益を受ける者の利益を重んずるかの利益衡量の相違に由来するところが極めて大きいのである。のみならず、実際的見地より、議論の混乱をさけ簡便な処理を求めて、本案たる訴訟形式の如何を問わず、単一の暫定的権利救済方法をとるべきであるとする主張も近時みられるにいたった。以下、代表的な見解をめぐる議論の概略を眺めることにしよう。

(3)　まず、複数当事者の行政行為に対する暫定的権利救済方法として上記の八〇条によるべきであるとする見解をとりあげよう。八〇条による停止効が、私人による許可等の利用に対しても働きうるとする見解であり、八〇条にいう「執行」がこのような行為を直接あるいは間接に含んでいるとする考えである。このなかにも種々の考え方がある。

(a)　有効性停止説　　争訟提起によって行政行為の法的有効性（Rechtswirksamkeit）そのものが暫定的に停止される結果、許可等の受益者も許可等を利用することができなくなる。たとえば、許可を受けた建築物の建築工事の開始・続行、認可事業の開始・継続などができなくなるという見解である。その根拠として、基本法一九条四項の保障する権利保護の実効性を持ち出すジーグムント・シュルチェ[45]の見解が有名であるが、なお、形成的行政行為と確認的行政行為にあってはその執行を自己自身のうちに持っているため、執行と有効性とは同一である結果、執行の停止は同時に行為の有効性をも停止するという見解もある。[46] この有効性停止説は、いわば争訟提起による行政行為の暫定的無効説[47]とでもいいうる見解であって、停止効がすべての関係者に対して働くため、隣人等の争訟提起者の利益にも最も良く応えるものである反面、受益者側の利益は考慮されない結果となる。したがって、これに対する批判は、種々の側面からなされている。

(1)　その一つは、八〇条の条文の文理解釈・成立史的解釈ならびに他の関係法令との比較解釈より、同条の停止効が専ら行政行為の執行（Vollziehung）を対象とするものであって、その有効性（Wirksamkeit）を対象とするものではないとする批判である。たとえば、同条には、即時執行（二項四号）、執行を停止する（四項）、執行の除去（五項三号）などの用語が用いられている。これらを普通に読めば行政行為の執行の停止を指すことは当然であるとするわけである。多数説がこれを採っている。(48)

(2)　つぎに争訟の機能より出発して、停止効は、行政行為の有効性とは無関係であり、たんにその執行性（Vollziehbarkeit）を停止することによって、暫定的権利救済制度としての停止効の目的にとっては必要かつ十分であるとする見解がある。連邦行政裁判所(49)はおよそ次のような考えを展開している。

「行政行為の有効性には、外部的有効性と、内部的有効性すなわち行為の中身である規律内容の効果とが区別される。前者は通知の時より効果を発するが後者の発生時期は別である。内部的有効性である行政行為の形成効は、行政行為が争われているか否かに関わりなく生ずる。それ自体は争訟によって影響を受けない。かくして、停止効は行政行為の有効性の発生には無関係であり、たんにその執行性に関するだけである。その意味で停止効は確定阻止効果（rechtskrafthemmende Wirkung）をもつ。すなわち、暫定的権利救済手続として、行政庁での手続であれ行政裁判所における手続であれ、その審査の目的が、まだ法的に確定していない行政行為の執行により既成事実（vollzogene Tatsache）が作られることによって無意味となり、行政裁判上の保護が大幅に奪われることになるのを妨げる。あるいは、争訟の結果不明であるが、不確定状態の継続を考慮し、法律上・事実上の重大な損害の発生を防ぐのである。このためには、行政行為の法効果ないしは付随的効果を特定の行為によって具体化すること、すなわち行政行為の広義の執行を停止することによって充分である(50)」

(3)　第三に、より概念論理的見地から、単なる争訟提起によって行政行為を暫定的に無効とすることは、行政行為が処分時より有効となるという原則（Wirksamkeitsprinzip）に反するというものがある。ウィーゼラーなどの主張するところである。彼は次のようにいう。

「これ（執行停止説……訳注）は、行政行為が私人への通知によって直ちに有効となるというわが法体系と合致する。この原理は、行政行為の性格ならびに公行政主体に必要な機能性（Funktionsfähigkeit）から導き出される。公共の福祉のために法治国家における社会秩序を保障する任務のために、行政行為は、優越的公益の要求するときには公行政主体の介入即応の道具（einsatzbereites Instrument）とならねばならない」「停止効が有効性の停止にあるとすると、停止効は重大かつ明白な瑕疵ある処分の効果と同じことになる。これは適法な行政行為の取消と同じことになろう。適法な行政行為も瑕疵ある行政行為も、暫定的にもせよ無効の行政行為と取扱うことは行政手続法体系と矛盾する。けだし、無効でないすべての行政行為の実効性は、その違法の認定ならびに有効性除去の権限を公権力主体ないし裁判所に留保するということだからである。したがって、単なる争訟提起によって行政行為より有効性を奪うことは、行政行為の法的性格ならびに介入即応行政の要請のみならず、法を適用すべき公権力主体の認定独占権（Subsumtionsmonopol）とも矛盾する。私人が単なる争訟提起の事実によって既存の行政行為の法的存在を奪うことができるとすれば、それは国家権威の空洞化の始まりである。具体的な高権行為の完全な無視まであとほんの一歩である」[52]

(4)　最後に、右のウィーゼラーは、有効性の停止であれば、訴訟係属中の行政行為の取消撤回（行政裁判所法一一三条一項四号）や即時執行の命令（八〇条二項四号）に関する規定は無意味であり、また、八〇条四項一号の執行の停止のほか、有効性の停止の規定が必要であろうとしている。

(b)　最広義の執行概念を前提とする執行停止説　停止効によって行政行為の執行が停止されるとしても、そこでいう「執行」にはさらに種々の意味がありうる。最も狭い意味では、行政庁の手による強制執行が意味される。これは専ら命令的行政行為を対象とする。したがって、形成的行政行為についても適用されることとなった停止効（八〇条一項二号）にとっては狭すぎる概念である。つぎに、より広い意味では、行政行為の法効果を具体化する行政庁のすべての行為が意味される。最後に、最も広い意味では、私人の任意の利用をも含めて何人の手によるかを問わず、行政行為の具体化に役立つすべての行為を意味する。この最後の見解により、第三者による争訟提起によって、相手方受益者による行政行為の利用が妨げられるとする考えである。[53]この最広義の執行概念をとる者は多くない。これに対しては、二つの理由から反対が述べられている。

(1)　停止効は争訟の提起に結びつけられている。ところで、争訟の提起は権利利益の侵害という不利益(Beschwer)を前提とするものであるから、停止効が授益の効果に及ぶはずはない。ところが、複数当事者の行政行為にあっては授益的効果は負担的効果と同一であるゆえに、結局停止効は全面的に排除されるとする見解がある。[54]これに対しては、授益と負担とが不可分の関係にあるという論理を逆に用いて、全面的に停止効が生ずるとする見解[55]や受益者の利用は負担者に対する関係では執行であるとする見解[56]がある。

(2)　争訟手続への参加が受益者には保障されていない以上、争訟提起の効果である停止効が受益者に及ぶはずがないとする見解がある。フロムなど[57]の強く主張するところである。フロムはおよそ次のようにいう。「許可を得れば直ちにこれを利用できると法規が定めてある以上、争訟提起によってこの行為が違法となり処罰の対象となるというわけがない。また、停止効が当然に受益者をも把えるものとすれば、同様に負担者の提起した訴えに関する最終的判断によってもまた自動的に把握されるはずである。受益者の手続への参加も宣言的効果しかないはずである。ところが、実定法ならびに通説はこれとは逆で、参加のあった判決だけが受益者に対して法形成効をもつ、すなわち形成的効果があるものとしている」なお、これに対しては、隣人訴訟を取消訴訟として承認した以上は、その停止効も当然に同時に肯定したはずであるとの見解[58]や停止効の効果は絶対であり当然に第三者に及ぶとする見解[59]などがある。

なお、八〇条の場合には一一三条の場合と異なり民訴法九四五条の損害賠償の規定が準用されていないことが、フロムなどにあっても停止効否定の理由の一つとされているのであるが、それでもよいとする者、[60]明文の規定の有無・本案の訴訟形式の如何を問わず、民訴法九四五条の適用があるとする者[61]などがある。

(3)　広義の執行概念を前提とする執行停止説　執行の概念は直接には行政行為の内容を具体化する行政庁の全ての行為を指し、私人の行為は含まないというのが多数説である(62)。それでは、私人による許可等の使用を妨げることができなくなることになるが、利用の阻止を如何なる方法で認めるべきかについてはさらに見解が分かれる。一般に行政庁は停止効の結果として、自らこれに反する行為をしないだけではなく、積極的に停止効が通用するように注意監視する義務があること自体は承認されているのであるが(63)、この義務の性質をいかなるものとして把えるか(64)、それが法律上の義務であるとして、義務違反に対して如何なる法的手段をとるべきかについて、意見が分かれているわけである。これは、私人に対して直接に停止効が及ぶ場合にも、これを無視するときに、負担者の側に如何なる手段があるかの問題とも関連するから、便宜次にそのような問題として取り扱うことにしよう。

(4)　直接または間接（すなわち行政庁の注意監視義務を通じて）に停止効の効果が受益者たる私人に及ぶ場合につき、停止効の無視あるときにこれによって不利益をこうむる争訟提起者（隣人等）には、如何なる法的手段があるのか、なすすべもなく傍観しなければならないのかが最後に問題である。

この場合について対処しうる方法にも、大きく分けて、一二三条による見解と八〇条特に八〇条五項による見解とがある。前者については、後に述べることとし、後者をめぐる議論には次のようなものがある。

(a)　一つの典型的な考えは、停止効を無視してすでに許可等の利用がなされている場合、たとえば、隣人による争訟提起にも拘らず、建築工事が進められたような場合には、八〇条五項三号により執行の除去（Aufhebung）を命ずる、という見解である(65)。すなわち、工事等の中止を命ずるとともに、可能なるときに原状回復を命ずるわけである。

(b)　右の見解は、執行の除去が可能であることを前提とするから、すでに事実状態が完結しているなど執行の除去が事実上に不能であるときには、最早、暫定的権利救済は問題とならず、結果除去請求ないし損害賠償請求の問題となるのは当然である[66]。これに対しては、許可等の利用後は当然に、これを暫定的に阻止すべき権利保護の利益を欠くとする見解[67]、逆に、既執行の行政行為がなお、執行をこえる法効果をもつ場合には、本案訴訟手続において結果除去請求権を取消訴訟に併合しうる（一一三条一項二号）のと同様に、暫定的権利救済手続においても有効性阻止と結果除去とを併合しうるとするジーグムント・シュルチェの見解[68]などがある。

(c)　八〇条五項三号の適用に関しては、なお、八〇条五項一号を前提として始めて三号の適用が可能であるか否か[70]について見解が分かれる。一号を前提とするとなると、同号は二項の場合を前提とするものであるから、普通は同条二項四号の即時執行の命令が発せられた場合に限定されることとなり、実際上にその適用がなくなることとなる。さらに、執行除去の命令もあくまで命令であり、さらにこの命令の執行を要することとなるが、この命令が執行名義たりえないとする者も、やはり、後述の一一三条によるべきこととする見解をとる結果となる。

(d)　利用後、結果除去請求権（Folgenbeseitigungsanspruch）によって対処する場合について、訴訟上は、取消訴訟の関連請求として取り扱うべきであり、したがって、一一三条説にはよらないとする見解もある[72]。なお、結果除去請求権の根拠ならびにこれといわゆる介入請求権との関係については種々の議論がある[73]。

(4)　複数当事者の行政行為に対する暫定的権利救済方法として次に一二三条の定める仮命令によるべきであるとする見解がある。結論として一二三条説をとる者の中にも、その理由づけなどについては、種々異なる点がみられる。

(a)　まずその第一の見解は、八〇条に基づく停止効が複数当事者の行政行為については適用されないことを理由として、一二三条によるべきであるとする考えである[74]。停止効は受益者たる私人には及ばないとする考えがそれである。

(b)　もちろん、ただ機械的に、八〇条の適用ないゆえに一二三条を適用するというのではなくて、八〇条の適用を排除した実質的理由がその背景にあることは当然である。特に、次のような諸点が考慮されている。

(イ)仮命令は停止効と異なり自動的に生ずるものではなく、一一三条所定の具体的事情の存在する場合にかぎって認められるものである。(ロ)八〇条の場合には、行政庁が即時執行を正当化する事情の存在について立証責任を負うのに対して、一二三条の場合には、申請者の側がその請求を正当化する事情の存在について立証責任を負う。[75] (ハ)一二三条の場合には、たとえば、隣人と建築主とが当然に請求者と相手方になる。(ニ)したがって、八〇条の場合と異なり、受益者も手続上その利益が考慮される機会がある。(ホ)また民訴法九四五条の損害賠償の規定が準用されているため、仮命令後本案敗訴の場合の隣人には損害賠償責任があるから、濫訴を防ぎ、受益者の利益との調整を図ることができる。[76]

(c)　第三の見解は、本案訴訟の形式として義務付訴訟をとる結果として、暫定的権利救済方法としては一二三条説をとる考えである。[77] そもそも本案訴訟の形式の選択にあたって(b)で述べたような事情を考慮していることも無論考えられるが、それ以外にも、請求の趣旨や訴訟物など本案固有の理由からも本案訴訟の形式が選ばれ、それに従って暫定的権利救済方法が決定されているわけである。したがってまた、八〇条による停止効が理論上当然に不能であることを前提とするものではない点で、第一の見解などとは区別される。

(d)　同じく、八〇条に基づく停止効を全面的に排斥するものではなく、むしろ、これを前提とした上で、これの無視あるとき、または前述の注意監視義務を行政庁がおこたるときに、この停止効を強制する手段として、八〇条五項によってではなく、一二三条の仮命令による見解がある。[78] いわば、八〇条とは排他的な関係に立つものではなく、これと重畳的に認められる場合である。この場合に特に一二三条が用いられるのは、(b)で述べた長所のほか、八〇条五項の適用に関する種々の疑念や困難を回避して、より簡便な問題の処理を行うことができるという長所をあわせもっているからである。八〇条五項の適用に関する疑念困難というのは、もともと「執行」や「停止効」等の概念が不明確である結果として、たとえば、(イ)そもそも私人の行為に対して停止効が及ぶものなりや、(ロ)許可付与等によって自動的停止効は排除され、あらためて八〇条五項一号の命令等を要するものなりや、

(ハ)八〇条五項三号は同項一号を前提とするものなりや、あるいは独立に命じうるものなりや、(ニ)八〇条五項三号の命令は執行名義たりうるものなりや、(ホ)結果除去請求との関係如何等々の諸点において、議論が錯綜しているため、一般私人の利用には幾多の困難を伴っていることを指す。また、先にみたように、それぞれの論点に関する解釈によっては、八〇条の適用による停止効尊重の強制等が不能のこともありうるわけである。

(e)　最後に、右の実際的簡便や権利救済上の便利の見地を強調し、本案たる訴訟形式の如何を問わず、広く一般的に一二三条の仮命令によりうるとする見解[79]がある。概念論的な訴訟形式上の性格づけから解放し、目的たる権利救済の簡便の見地より出発して、取消訴訟であれ義務付訴訟であれ、仮命令を用いうるとするものである。なお、全く同様の趣旨から、法理論的（rechtsdogmatisch）に取消訴訟としたか義務付訴訟としたかによって敗訴第三者の損害賠償責任が違ってくるのはおかしいから、八〇条の場合にも民訴法九四五条による損害賠償の適用あるものとするゼルマン[80]の見解や、〈Aktion〉思想からの分離ならびに、実体法上の請求と手続上の請求との区別は法発展の特色であり、結果除去請求権にも実体法上のそれと手続上のそれとがあり、後者すなわち行政裁判所法一一三条一項二号に定めるものは、行政行為の暫定的有効性に由来する状態を考慮するものであって、条文の目的は訴訟経済にあるゆえ、特に行政行為取消の訴訟形式の如何をとわず適用があるとするルィフナーの見解[81]などがある。

四　職権取消論

(1)　複数当事者の行政行為は職権取消論においても錯綜した議論の対立を生み出している。けだし、この行政行為における授益と負担とが不可分の相互依存関係にあり、或る者に対する授益が、同時にかつ必然的に他の者に対する権利利益の侵害となるという関係にあるのみならず、この場合に不利益を受ける者は、処分の第三者ではなく、処分の当事者の一人として訴権が認められる者である結果として、職権取消の排除を要求する受益者の利益と、同じ行為について職権取消を求める負担を受ける者の利益とを如何に調和させるかが、困難な問題を提供するからである。いわば、ここでは、授益的行政行為の職権取消をめぐる問題と、私人の側からする職権取消請求権をめぐる問題とが、立体的に組み合わさった形で問題となっているわけである。ところが、この二つの問題はいずれも、いまだに結着のついていない、人の議論の最も激しく対立している問題なのである。複数当事者の行政行為の職権取消論[82]が困難たるゆえんである。

(2)　複数当事者の行政行為の職権取消については、基本的に次の三つの考え方が可能である。ひとつは、不利益を受ける者の利益を重視し、特に訴権も認められる程度の者であることを考慮して、違法の行為であれば無制限に取消しうる、あるいは取消さなければならない、とする考えである。他のもうひとつは、これに反して、受益者側の利益を重視しその信頼の保護その他法的安定の必要を考慮して、違法であっても、その取消を原則として否定する考え方である。この両者の中間に第三の考え方として、複数当事者間において適当な利害の調整を図ろうとするものがありうる。もちろん、最後の考え方が妥当だといえよう。ただ複数当事者間における利害は正面から相対立するものであるため、実体的にその調整を図ることは不可能に近い。そこで、相当多くの学説[83]は、争訟提起のための期間の経過の前後によって、この種の行為の職権取消の可否をも決定するという方法をとっている。

極く単純化するとこの見解は次にようになる。

(a)　争訟期間経過前すなわち不可争性発生前は、違法の行為によってその権利利益の侵害を受けた者は、その取消を求める請求権をもっている。これは基本法二条または一九条四項に由来するものである。この請求が裁判所に出てきたときには、裁判所はこの請求に応じて違法の行為を取消す義務がある。その際取消が受益者の権利利益を害するや否やを考慮する余地は全くない。全く同様に行政庁も、受益者の利益を考慮することなく、違法の行為を取消す義務がある。この段階では、受益者の側も争訟による取消を予期すべきであり、行為の存続は不確定なのだから、その信頼も保護に価いしない。

(b) これに対して、争訟期間経過後すなわち不可争性発生後においては、不利益を受けた者の取消請求権は最早脱落する。行政庁に対しても、取消を求める請求権を有しない。したがって、行政庁の取消義務も最早存在せず単にその義務裁量に委ねられる。また、受益者もこの段階にいたっては行為の存続を信頼しうべきであり、不可争性発生後の職権取消は受益者にとって耐えがたい法的不安定をもたらすことになる反面、出訴期間中に訴権を利用しなかった者に対しては取消の排除も不当に過酷なものではない。したがって、不可争性発生後における職権取消を原則として排除すべきである。

(3) 右のような考え方が基本的には正しいとしても、右の骨組みは絶対のものではないし、また多少のニュアンスの違いもみられないわけではない。以下の諸点が指摘できる。

(a) 行為の種類内容による区別が考えられる。同じ複数当事者の行政行為にあっても、いわゆる私法形成的行政行為にあっては、職権取消はそもそも原則的に排除される[84]。逆に、営業許可等の中には自由な取消が認められるものも考えられよう[85]。

(b) ニュアンスの相違として、不可争性発生前については原則として負担除去の利益が優越するとしつつ利益の比較衡量によるべきであるとする見解[86]、逆に、不可争性発生後について利益の衡量によるべきであるとする見解[87]、さらには、不可争性発生前については基本法一四条による財産権類似の権利が取消請求の限界となりうること、不可争性発生後については行政庁の義務裁量の問題であるとする見解[88]などもある。

(c) なお、不可争性発生前については、行為の利用後も取消しうるとする見解[89]、また、不可争性発生後については特に行為の利用後について取消が不可能となるとする見解[90]もある。

(d) 争訟取消との類似性は、現に争訟提起があり、争訟手続係属中であって争訟取消が可能であるとき、すなわち不可争性発生前については職権取消をも認めるという立法の試み[91]にも現れている。しかしながら、もちろん、以上に述べた法理は現実の争訟の提起の有無を問題とはしない。のみならず、フロムの指摘するように[92]、複数当事者の行政行為にあって困難な問題は、争訟期間の開始を何時より起算するか、そもそも不可争性の発生時期をどう考えるかなのである[93]。

(e)　以上にみるように、形の上では争訟取消と似てはいるが、その内容はやはり争訟取消とは異なる多くの面をもつものであり、なお職権取消の特殊のものであることはいうまでもないところである。だとすると、争訟提起のための適格が他の者に認められ複数当事者の行政行為となったゆえをもって、直ちに上記のような、内容不明確な争訟期間経過の前後によって区別するというのではなく、私人のイニシァティブに基づく争訟取消は争訟取消として争訟提起期間によって左右されるのは当然としつつ、行政権のイニシァティブに基づく職権取消については必ずしもこの期間にこだわることなく、その経過前においても取消を排除する職権取消論やその経過後にも取消を認める職権取消論の存在も十分考えられよう。

(4)　最後に以上の問題と関連する職権取消論の難題の一つは、私人の側よりする職権取消請求権の問題である[94]。以上の議論も、私人の職権取消請求権を訴訟上いかなる手続・要件で実現するかの議論を伴わないと、ただ単に争訟期間内に争訟を提起して争訟取消を求めるだけの話に終わってしまうであろう。

争訟期間経過前であれば、直接行為の取消を求める争訟を提起すればよいが、その経過後の救済方法を認めるとした場合の具体的方法には不明の点が多い。

(a)　職権取消請求権を義務付訴訟によって主張すべきであるとするフロムの説[95]もあるが、反対が強い[96]。義務付訴訟の前提となるべき職権取消請求権の存在のほどが疑わしいとするのである。

(b)　不可争性発生後であっても、職権取消・変更の請求をし、これに対する新たな判断を得て、新たな判断を争いうること自体は抽象的には認められている。たとえば、拒否処分の取消を求めて出訴する如し。しかしながら、この出訴は当然としても実体的に勝訴する可能性は明瞭ではない。すなわち、(イ)何らかの判断をしてもらう手続上の権利を有するとしても、(ロ)新たな実体的判断を請求する権利、さらに(ハ)職権取消を請求する権利の具体的場合の存在に疑問がもたれているわけである。

(c)　新たな実体的判断をなすとなさざるとは行政庁の裁量に委ねられる。この裁量に対する裁判所の審査の範囲については問題が多いが、具体的場合にこの裁量の範囲が極小となり義務と化することがありうることは認められている。(97)

(d)　職権取消請求権は、実質的確定力をもたない行政行為については具体的な利益衡量の結果による。事情変更による事後的違法を理由とする取消請求権が認められるように、原始的違法のある行政行為についても、たといその不可争性が発生していても、行政行為に基づく法律関係がなお完結せず、将来への展開の余地を残している場合については、具体的な利益の衡量によって、違法の主張ないし職権取消請求を認めるべきであるとする見解(98)がある。

なお、争訟のための期間は実体上の除斥期間を意味するものではないとの意見もみられる。(99)

三　問題の検討

(1)　体系的思考と問題的思考

(a)　前章においては、ことさらに非典型的な行政行為である複数当事者の行政行為をとりあげて、これに関する議論の極くおおまかな概略を紹介した。一般的な立法においても特にその存在を考慮するものでもなく、しかも複数当事者間において利害が相対立するものであるため、議論は激しく対立し、かつ錯綜して容易にその全容を見通すことができない状態にある。また、そこで展開されている議論の前提には、わが実定法とは異なる種々の実定制度が置かれている。それだけに、そこでの議論が、われわれにとって、直接に役立つものでもなければ、わかり易いものでもない。しかしながら、そこにはおぼろげながら二つの物の考え方の傾向をうかがうことができるように思われる。ひとつは、ここで取扱う行政行為が極めて特殊なものであるにもかかわらず、従来の体系の枠に合わせて問題を処理しようとするやり方であり、他のひとつは、実際的見地に立って、その特殊性に応じた問題の処理を考えようとする立場である。いま仮に前者を体系的思考と呼び、後者を問題的思考と呼んでおく。この二つの立場の検討は、今後のわが行政法学の体系を考えるにあたって、重要な意味をもつものといえよう。

(2)　体系的思考は、たとえば、次の諸点に現われている。

(a)　本案訴訟の形式については、請求の趣旨目的による区別がなされていることは当然として、自己の法的地位の維持であるのか、この拡張であるのかが、取消訴訟と義務付訴訟の区別の基準とされている。また、義務付訴訟の前提として、行政行為の拒否ないし不作為を求める請求権の存在が必要であるとしている。実体法上の請求権があって、それを実現する手段として手続法あるいは訴訟があるとする考え方であるといえる。

(b)　暫定的権利救済の方法については、まず本案訴訟の形式がきまれば、暫定的権利救済の方法も当然に特定されるという考え方がある。ついで、暫定的権利救済について固有の意義・機能を認めず、本案訴訟と暫定的権利救済ないし保全訴訟との関係を、あたかも、主と従、全体と部分、大と小との関係のごとくに考えて、たとえば、仮命令について本案の先取りはアプリオリに許されずとなし、または停止効によって行政行為の有効性を停止することは、行政行為の暫定的無効を私人の行為によって生ぜしめるものであって、行政法体系全体との矛盾が生ずるなどといわれる。さらに論者にあっては、無効確認訴訟について停止効あることや、訴訟係属中の行為の取消変更あることが、有効性停止説と相矛盾すると考えるものすらある。しかしながら、有効性という概念は、適法性に対するものとして用いられることもあれば、執行性と対立するもの、あるいは無効性と対立するものとして用いられることもあるなど、固定したものではないのであって、その意味を明確にすることなく、上記の如き議論を展開することは言語の濫用といわなくてはならぬ。

(c)　職権取消論においても、行政行為の不可争性発生の有無を決め手として用いている。しかしながら、行政行為と法律関係さらには私人の生活との関わり具合は単純ではないから、行政行為は一応形式的に確定していても、その基礎にある法律関係はなお展開の余地があることは、たとえば、行政行為の利用済み後にもなお暫定的権利救済が可能であるのと類を同じくするものであるといえよう。

(3)　右に瞥見する体系的思考の特色は、次のような点にあるということができよう。

(a)　私人に一定の法的地位が想定されていること。

(b)　この法的地位に対し、行政庁のイニシァティブに基づく行政行為によって種々の規制が加えられ、この行政行為の法的効力をめぐる問題として、紛争が処理されることが多いこと。

(c)　私人は、どちらかといえば受け身な、いわば被害者的立場におかれるものであること。

(d)　行政と私人との関係が静止的・平面的であること。

(e)　行政過程展開のイニシァティブが主として行政の側にあるため、行政過程展開の局面のそれぞれが独自性をもたず、行政行為の効力等の中に包摂されてしまうと同時に、変転する局面に応じた私人の権利救済も認められにくくなっていること。行政行為の重視による行政過程の軽視であり、行政過程における行政のイニシァティブの重視による私人のイニシァティブの軽視であるといってもよい。

ところで、以上の事情は、わが国においても同じようにみられる。そこで、つぎに、これらの特色のよって来たる由縁を明らかにしなければならない。

(4)　前述のように、複数当事者の行政行為をめぐる議論には、二つの考え方の傾向をみることができる。ひとつは、従来の体系の枠に合わせて問題を処理するやり方であり、他のひとつは、この種の行政行為の特殊性に応じた問題の処理を考えようとする立場である。

前者すなわち体系的思考の特色は、(a)私人に一定の法的地位が想定されていること、(b)この法的地位に対し、行政庁のイニシアティブに基づく行政行為によって種々の規制が加えられ、この行政行為の法的効力をめぐる問題として、紛争が処理されることが多いこと、(c)私人は受け身な被害者的立場におかれること、(d)行政と私人との関係が静止的・平面的であること、(e)行政過程展開のイニシアティブが主として行政の側にあるため、行政過程展開の局面のそれぞれが独自性をもたず、行政行為の効力等の中に包摂されてしまうと同時に、変転する局面に応じた私人の権利救済も認められにくくなっていることなどの点にある。しかしながら、行政過程の変転する局面のひとこまひとこまが、問題となって登場するわけであるし、そのすべてが行政行為の効力等の中に吸収されてしまうわけのものでもない。のみならず、行政行為自体が行政過程のひとこまにすぎない上に、その効力等の実効性を担保するものが、まさに行政行為が行政過程の中に置かれているという事実にほかならないのである。われわれは、体系本位の思考によってではなく、問題本位の思考によるべきである。[100]

(5)　体系的思考を排するといっても、学問的認識のための「体系」の存在までを否定するものではない。逆に、問題的思考といっても、全くバラバラに、その場その場の問題毎にただ利益衡量をやればよいというのではない。一般的な利益衡量論を大上段に振りかざすだけ[101]では、従来の体系に対する単なる批判・修正にすぎないこととなり、根本的な批判とはなりえないであろう。あるいは、たまたま複数当事者間において利害の衝突があるため、例外的処理の方法として、この場合に限って利益衡量によるというだけのことに終わるであろう。本稿のねらいとするのは、体系のための体系ではなくて、問題のための体系に変えようというのである。ここで、およそ体系の枠組み一般がもつ限界と、特定の体系の枠組みがもっている限界とを区別すべきである。およそいかなる理論的体系にあっても、具体的場合については、種々雑多の夾雑物が登場し、それによる説明が充分には妥当しない非典型的場合というものが登場するであろう。それは、いわゆるケース・バイ・ケースの問題であるといって済ますことのできる消極的な問題であるにすぎない。本稿のねらいはそのようなものではない。本稿の目的は、特定の体系の枠組み、すなわち従来の行政法の体系のもつ限界を明らかにし、これに代えて新しい行政法の体系を提示した上で、利益衡量が問題となって登場する場面を切り出し、従前の諸概念や利益衡量等のもつ意義を明らかにしようとするものである。

(6)　本稿の立場は、行政行為を前提としてその上に多くのものが積み上げられているという見方ではなくて、全体の行政過程の方が先にあって、行政行為もその中に置かれて始めて相応の機能を果たしうるものとなっている、という物の見方である。かつて「行政行為概念そのものを機能論的に、具体的法律関係の中において、さらに類型的紛争場面と具体的利益状況の中において把えるべきである。行政行為は、本来このような全体の中にあってはじめてその機能を果たすことができるはずのものである。ところが、従来、このような全体の中においてこそ認められるべき種々の特性が、行政行為の概念や属性または本質の中にとりこまれた上、具体的な問題の解決にあたっては、このような全体を考慮しない自足的な行政行為論が展開される傾きがあったように思われる」と述べたことがある[102]が、ここでは、右にいう類型的紛争場面の諸相を体系全体の中に位置づけるという作業を試みようとするものである。

繰返し述べるように、問題的思考は、全くバラバラにその場その場の問題毎にただ利益衡量等で対処し、およそ体系といったものを全面的に否定するというものでは毛頭ない。むしろ、個々の問題を体系全体の中に位置づけることによって、個々の問題をより鮮明に浮び上がらせようとするものである。従来の体系の方がかえって、体系への展望を欠いた、形式的な概念の積み重ねによる体系であるために、具体的問題の意義が不明確となり、場当たり的な利益衡量論や常識論ないし実状論が横行してきたように思われる。学界におけるいわゆる権威的解釈の多くも、学問的研究そのものよりも、これに色どりを添えている「円熟した」常識ないし良識に支えられたものであるように思われるが、余談にわたるから、ここでは述べない。さて、従来の体系思考によるものが、全体への考慮をいかに欠くものであるかを二・三の例を挙げて明らかにしておこう。

(a)　行政の定義について、たとえば、公益目的の「現実」実現説に対して、それが事実的作用についてのみ妥当し、法的作用については妥当しないという批判がある。[103] しかしながら、個別的な行政作用とこれを包括する全体としての行政の観念とは別のはずであるから、このような単純な批判は成り立たないものと思われる。[104] 全体と部分との区別に関するファラシイを犯すものといってよい。傾向的概念である包括的な行政行為の公定力本質論によって現実の諸問題の解決を図ろうとする見解もこれと類を同じくするものであろう。

(b)　田中二郎博士の行政法体系の場合には、行政行為の特殊性を前提として、その上に諸々の行政制度が打ち立てられているものとしている。[105] 従来の通説に反対する学説の中にも、この思考の枠組みを前提とした上で議論を展開するものが多い。しかしながら、これは顚倒した理論だと思われる。行政行為がたんに孤立しているだけでは、その特殊性や本質の中で論じられている諸々の機能は期待できない。全体としての行政制度が先にあって、行政行為もその中に置かれて始めてその機能を発揮することができるものとなっているのである。行政行為の存在自体が一つの過程を想定する。行政庁の判断、私人の自発的服従、私人の不服従を前提とする制裁ないし強制、私人の争訟提起、争訟に対する判断等々がそれである。個別的な場合にこのような過程をたどることが可能であるのは、種々の行政制度（行政強制、行政罰、行政争訟等）が存在するからである。行政過程における行政行為の機能はそのままにしておきながら、行政行為の本質をどう考えるかというのではなく、そもそも行政過程における行政行為の機能そのものを問題とすべきであろう。[106]

田中二郎博士の体系は、全体と部分との関係に関するファラシイを犯すものであるといえよう。

(c)　行政法上の重要な理論を憲法構造論の見地から再検討したものとして、イェシュの憲法構造論[107]がある。旧来の行政法体系に対する批判として有効な側面を多くもっているものの、そこで展開されている憲法構造が国家機関相互の関係に限定され、行政作用の内容にあらわれている国家と国民との動態的な関係が充分に考慮されていないため、[108] いずれの問題についても、新しい理論を積極的に打ち立てるのには成功していないものと評せざるをえない。全体を判断するにあたって重要な部分の考慮が脱落するというファラシイを犯しているものと考えられる。

(7)　最後に、法学について方法を論ずる場合に前以って留意しておくべきことは、方法と呼ぶもののなかに性質の異なる二つのものが含まれているということである。ひとつは特定の学問体系成立のための方法であり、他のひとつは、特定の学問分野の成立を前提とした上で、個々の問題解決のためにとる方法である。前者はいわゆる方法論と呼ばれるものであり、後者は解釈方法の類を指す。よく問題とされる方法的混淆は前者について特に重要である。後者についても、一定の解釈を攻撃する手段として方法的混淆が持ち出されることがあるが、多くの場合それは正しくない。けだし、個々の問題解決のためにとる方法は決して単一のものではないからである。わが国では屢〻、明快な論理と単純な論理とが混同される傾きがある。法解釈の方法をめぐる議論もその一例であり、何か実定法解釈の方法として唯一絶対の方法があるかのごとき議論をするものもあるが、このような意味での方法一元論は今日既に克服されているものと考える。問題設定にあたって方法が不明確であり、問題そのものがグラグラした不安定なものでは困るが、問題解決のためにとる方法は種々雑多の複数のものがありうる。たとえば、公法と私法との区別を論ずるにあたって、いかなる意味で公法と私法との区別を論じているのかという問題の意味が明確でない場合には、方法的混淆の非難に値いするであろうし、そもそもお話にもならぬ。しかしながら、問題設定の意味が明確である場合、たとえば、裁判管轄分配のために公法と私法とを区別すべき場合にとるべき方法は色々ありうる。たとえば、歴史的方法や比較法的方法、本質論や技術論等々の複数の方法が可能でありかつ必要である。この時に、これらの複数の方法のうち単一の方法のみを用いて解答を出すものがあった場合に、責められるべきであるとすれば、方法的混淆によってではなく、まさに単純きわまりない方法一元論によってこそ非難さるべきである(109)。

本稿が、体系的思考に代えて問題的思考を強調する理由は、まさに体系的思考にみられる問題設定の不明確性と問題解決にあたっての概念形式的な方法一元論を排するゆえにほかならない。筆者が「まず類型的紛争場面を明確にし、ついで紛争場裡に登場する諸利益・諸事情を明らかにすべきである」というのも、この意味であって、単なる利益衡量説やカズイスティシュメトーデをとるものではない。

(2)　法学的方法と法規概念

(a)　法規の概念　従来の行政法体系は周知のように法学的方法によって構成されている。法学的方法は行政活動を行う国家と私人との間の複雑多岐にわたる関係を簡潔な法命題に還元し、これらの法命題を階層的に体系化するものであるため、もともと個別的な実体を無視するという犠牲を払った上で、一般的概念・一般的命題を構成するという傾きがある。よくいわれるように、行政法では総論中心であって、各論は総論で示された原理的なものの展開場面であるにすぎない。

以上の結果は、或る程度は一般的理論に当然に伴うものであって、いわゆる法学的方法に固有のものというわけのものではない。しかし、法学的方法は、さらに重要な特色をもち、これが従来の行政法体系の構造の骨組みを形づくっているのである。法学的方法の重要な特色というのは、私法学的方法におけると同様に、独立の法主体相互間の法律関係をその対象とするということである。したがって、行政法が行政に関する法であるといっても、行政作用の全てがその対象となるのではなくて、行政活動が私人の生活領域を侵害し、私人の権利自由と衝突する場合にしか法律上の問題とはならず、法的考察の対象とはならないのである。私人の権利自由とふれない以上は事実の世界の問題だとされてしまうわけである。このように、行政活動がそれと衝突することによって法律上の問題となりうる範囲の私人の権利自由の領域に関する定めのことを、わが公法学はドイツの伝統的理論にならって法規（Rechtssatz）[110]と呼んでいる。この概念は、立憲君主制下のドイツにおいて成立したものであるが、いまなお、わが国の行政法体系の殆んど全分野にわたって、その理論構成に強い影響を及ぼしている。のみならず、現行実定法もこれを採用しているものと思われる（憲七三条六号、内一一条、行組一二条四項一三条二項等）。

(b)　行政法体系における法規概念　従来のわが行政法体系にあらわれている法規概念と関連した理論は極め

て広範にわたるが、主要な場合として次のようなものがある。

㈠　法と行政との関係一般については

(1)　まず、法規を定立するものなりや否やによって、実質的意味での「法律」と形式的意味での法律とが区別される。立憲君主制下のドイツの伝統的理論によれば、実質的意味での法律なりや否やによって議会の協賛の要否が決せられた。周知のようにラーバントによれば、予算のような形式的意味での法律については議会の協賛は当然には必要なものではなかったわけである。

(2)　同様に、「法律の留保」の範囲がこれによって決せられた。すなわち、行政活動のいかなる範囲について議会制定法である法律の根拠が必要であるかについて、行政活動が私人の権利自由を侵害する場合ないしは私人の権利義務に関する定めを内容とする場合にかぎってそれを必要とするという、いわゆる侵害留保の考えがとられた（憲七三条六号、内一一条、行組一二条四項一三条二項等参照）。

(3)　行政が私人の権利自由と衝突しうる外部関係と、衝突の可能性のない内部関係とに区別され、前者に属する「一般権力関係」は法に服するのに対し、後者に属する「特別権力関係」には法律の留保が及ばないものと考えられ、そこでは法律の根拠に基づかない包括的な命令強制等が可能であり、かつ原則として司法審査も及ばないものとされた。

(4)　行政権による立法について、法規を内容とするものなりや否やによって「法規命令」と「行政規則」とが区別され、前者については法律の根拠が必要であるが、後者については法律の根拠が不要であるとされている。さらに、後者は法を具体化するものではないため、これとの適合不適合が直接に適法違法の判断の基準となるものではないというのが、通説の見解である。

(5)　一般権力関係における行政行為と特別権力関係における職務命令等の行為とは区別されるから、これに対する服従の根拠・限界等を異にする。

(6)　同様に、行政行為の一種である自由裁量行為と特別権力関係内部の行為とは区別される。

(二)　行政組織法について

(1)　まず、行政法が行政の外部関係を対象とするものであるため、行政法は行政作用法が中心であり、行政組織法は極めて貧弱たるをまぬかれない。概説書等においても、そもそも何のために行政組織法を取り扱うのかという問題意識すら希薄である。行政組織法の意味としては、(イ)法律関係の当事者たる法主体の一つである行政主体を明確にする、(ロ)要するに行政に関する法、行政の組織・作用に関する行政法の一つであるから論ずる、(ハ)行政手段（公務員、公物）に関する法を明らかにする、(ニ)行政作用法のための予備知識を与える、(ホ)国家組織の管理は実質的意味での行政であるから、機構・制度等を論ずる、(ヘ)行政法成立の前提たる行政制度の重要な一つであるから、行政制度に関する法である行政法の重要な一環として論ずる、などの理由が考えられるが、一般にはその理由が明確に示されず、したがって、その内容も(ロ)(ハ)(ニ)により導かれる程度のものに止まっている。

(2)　行政機関の種類としては、法律名義上の処分権限をもつ「行政（官）庁」概念を中心として意思機関とその他の補助機関、諮問・参与機関などが認められている。いわゆるライン型の行政官庁を中心とするため、近時重要性をましている現業的行政や計画行政に対処することが困難となっている。

(3)　行政権限の委任代理等についても、処分権限の帰属、すなわち外部に立つ私人に対する関係での法律名目上の責任の所在を中心としているため、権限や事務の代決・内部処理規定によるものなどの行政権限の現実の処理の過程が把握できない。

(4)　行政作用法が侵害行政中心であるため、行政組織法においても、処分権限をもつ行政庁が表面に出る反面、給付行政の展開と関連して拡大を続ける公社・公団・事業団等の公共的団体は、行政組織法上相応の取扱いを受けていない。

(5)　国と地方公共団体との関係においても、行政作用の内容が複雑化し、両者の間における事務配分の形が単純なものではありえなくなっている現実を捨象して、抽象的に法律形式的な関係を述べているため、現在の実定制度全体とも食いちがった説明が、憲法・行政法等の概説書にはみられる。

(三)　行政作用法について

(1)　その内容は、私人の権利自由を侵害する「侵害行政」中心である。給付行政などは正面から取り扱われることが困難である。取り扱われる場合にあっても、侵害行政類似の問題の発生する場合が主として論じられる。

(2)　その手段は、私人の権利自由を一方的に侵害する「行政行為」が中心である。行政行為の定義には、私人の権利自由を制限し義務を課すなど、私人の個人的な法的地位に変動を及ぼすことが重要な要素とされている。したがって、権利義務の一方的変動を生じさせる可能性のないもの、まだそのような段階に達しないもの、すでにその段階を過ぎた後のものなどは行政行為から除外される。私法行為、勧告・行政指導、事実行為などがその例である。

(3)　行政行為のもつ、私法行為や他の行政作用と異なる特殊性が強調される。この場合に、行政行為が孤立して観察され、種々の特殊性が行為の属性として構成される。

(4)　自由裁量行為なりや羈束行為なりやについて、美濃部説では法規概念と関連づけて区別がなされている。

(5)　不存在の行政行為は、私人の権利義務に変動を及ぼすことがおよそ考えられず、争訟提起の利益が否定される。無効の行政行為については争訟提起の利益は認められるものの、実体法上私人の権利義務に変動を及ぼさず、それに合わせて手続上にも当然特殊の取扱いを受けるものとされている。瑕疵原因等の実体が重視され、無効と取消の区別、取消と撤回の区別等に際して行政過程があまり考慮されていない。

(6)　行政上の強制執行の法律上の根拠について、下命ないし処分権限に関する法律の根拠とは別個に、強制権限に関する法律の根拠を要するかどうかの問題を、下命による義務付けを越える新たな義務づけを強制執行が内容とするかどうかにかからしめる考え方が有力である。従来の行政法体系にみられる静態的な物の見方の典型的な場合の一つといえる。

(7)　警察法上の営業「許可」と公企業の「特許」との区別については、もともと私人の権利自由の領域に関するものなりや否やによって、申請の性質、申請拒否処分の争訟性、申請認容の性質、第三者に対する申請認容処分の争訟性、事業継続ならびに終了の自由性等々の点において、明確な相違があるものと考えられた。

(8)　私人の固有の領域を「行政行為」によって規律する「侵害行政」が主として行政法体系の対象とされてきたため、前述のように、近時の給付行政などに関する法理が未発達であるが、なお、行政法各論の分野においても古典的な警察概念や公用負担概念が中心として論じられ、また、行政手段についても、行政行為中心であって、その他の行政手段、たとえば、行政契約、行政指導、私法手段、財政上の手段などは充分解明されていない。いわんや、種々の行政権限が競合・融合するなどの現実の行政権限行使の過程、あるいは、計画行政などは、その実際上・理論上の重要性にも拘らず、ほとんど考慮されることがない。

(四)　権利救済法について

(1)　国家補償の分野では、原因行為の法的性格づけに重点が置かれがちである。また、行為によって直接に侵害された権利等が補償の対象となる。

(2)　「法律上の争訟」(裁三)は個人の権利義務と関係ある場合にのみ認められる。

(3)　行政事件訴訟の類型には種々のものが認められるが、抗告訴訟が中心であり、さらに「取消訴訟」が中心である。すなわち、私人の固有の領域を行政がそのイニシアティブによって侵害した場合が最も典型的な行政事件訴訟と考えられている。いわゆる無名抗告訴訟も認められるとはいうものの、まず行政の行為によって私人の権利自由を積極的かつ現実に侵害する場合ないしはこれに類する場合でなければ、認められることが困難である。

(4)　取消訴訟提起の利益は、かつての「権利毀損」よりも広く「法律上の利益」(行訴九・一〇)で足りるとされているが、その内容は実体的かつ静止的な権利自由の領域と考えられ、実際にもかなり狭いものである上に、消極的なものであって積極的な内容を持っていない。

(5)　暫定的権利救済制度である、仮処分の否定と「執行停止」制度の採用（行訴四四、二五以下）についても、行政行為本質論ないし行政事件訴訟本質論あるいは高々立法政策論程度の検討しかなされていない。加えて、場当たり的な利益衡量論があるだけで、ほぼ全面的に本案訴訟に従属するものと考えられ、固有の意義がほとんど認められていないようである。

(6)　訴訟手続ならびに判決の効果についても一個の行政行為が、複数当事者の利害や諸々の法律効果をその中に吸収しているような典型的場合を主として考慮し、その他の場合は充分に考慮されていないように思われる。

(3)　法規概念の限界　以上にみるように、法規概念ないしはこれを前提とする理論は、行政法体系のほとんど全分野にわたる。法学的方法による行政法の体系が、行政活動が私人の固有の領域と衝突するところに、その対象を見出す以上はけだし当然ともいえる。また、このような方法はそれなりに高く評価すべき面を持っていると考えられる。しかしながら、以上の図式は、やや単純化しすぎたところはあるにせよ、あまりにも思考の枠組みが固定化し硬直化している感はまぬがれないであろう。事実、現在までに、前段で述べる多くの点について数多くの修正が加えられ、行政法体系の姿は単純なものではなくなっている。

(一)　法と行政との関係一般について

(1)　国会が主権者である国民を代表し立法権を独占するものである以上は、実質的意味での法律なりや否やによって議会の権限を積極的に制限することは認められないであろう。

(2)　「法律の留保」の範囲については、憲法構造変遷論や国家と国民との関係の変遷を理由として、いわゆる「全部留保」説や「社会留保」(11)説が主張されるにいたっている。

(3)　「特別権力関係」論については、今日否定説の方がむしろ強い。これを認めるものにあっても、一般権力関係との区別は相対化し、法律の留保や司法審査を全面的に排除するものは稀である。

(4)　「法規命令」と「行政規則」との区別は一応維持されているが、行政規則についても全くこれを非法の世界に放置するのではなく、その現実の機能に応じて、準則の一つとしての効果を認めようとする努力がみられる[112]。

(5)　行政行為と職務命令等の行為との区別は厳存する。ただし、職務命令に対する服従義務の内容については、公務員の地位の変遷に伴い再検討されている[113]。

(6)　特別権力関係の相対化に伴い、特別権力関係内部の行為と自由裁量行為との区別はほとんど認められない。概説書等でも両者を混同して論じている。

㈡　行政組織法について

行政組織法の内容が貧困であることは、今日にいたるまで余り変わりがない。ただ、行政学の分野において、特に実務家の手になる多数の業績が出ている。また、公害対策や都市計画法制などの特定の分野について、行政組織のあり方が、より具体的で精緻な形で問題とされているが、行政法理論上の体系化はもう少し先の事である。

㈢　行政作用法について

(1)　近時、「給付行政」論も次第に充実しつつある。給付行政を中心とする行政法体系が描かれるのは、しかしなお時間を要する。

(2)　「行政行為」概念も多方面から再検討されているものの一つである。特に実体法的な定義づけから解放されて、主として訴訟手続上の機能から考察され、権利救済の見地からその範囲が拡大すると同時に、従来当然に認められるべきものと考えられてきた効力や特殊性についても個別的に再検討すべきものとする意見が有力となった。

(3)　しかしなお、多くの問題が行政行為の特殊性を認める理論の上に組み立てられている。

(4)　自由裁量の問題は、今日(イ)行為の種類ではなく、裁量の幅の問題であり、(ロ)したがって、本案前の問題ではなく、本案の問題であり（行訴三〇）、(ハ)裁量権の踰越・濫用以上に審査が及び、(ニ)特に、手続的観点からする司法審査が認められている[114]。

(5)　行政行為の不存在、無効、取消、撤回等について、実体的な見地からだけの区別ではなく、それが問題となる、(イ)訴訟手続との関連や、(ロ)行政過程との関連から、それぞれの概念内容を再検討する見解が出てきている。

(6)　今日、下命ないし処分権限とは別個に、強制執行権限について法律の根拠が必要であるという見解の方が有力である[115]。しかし、その理由づけの多くは静態的な物の見方であり、伝統的な法規概念や侵害留保の考え方の延長にすぎないと考えられるものも少なくないように思われる。

(7)　周知のように、営業許可と公企業の特許とは、その区別が相対化した代表的例の一つである。従来区別の認められた諸点のほとんどすべてにわたって、明確な線が引きにくくなっている[116]。学説の中には公企業の「許可」と呼ぶ見解もみられる[117]。

(8)　現代行政の重要な諸問題（計画行政、行政指導、行政契約など）について個別的な検討はみられるものの、素材としては従来の行政法体系をはみ出すものとしつつ、方法としては従来の枠組みの中で、概念形式的に、法律的効果の有無、法律の根拠の要否や補償問題の成否等に焦点が当てられているため、例外的現象を取扱う結果に終わっていることが多い。給付行政を中心とする行政法体系の成立になお時間を要するものと考えるゆえんである。

(四)　権利救済法について

(1)　原因行為からではなく結果の方より考察して国家補償法を統一的に構成しようとする有力な見解がある。また、事業損失の補償や生活再建補償が認められる傾向にある。のみならず、公害対策や交通事故対策等においては、国家活動に起因しない被害者の救済に国・公共団体が一定の積極的役割を演ずべきことが求められている。その反面において、最近の土地収用法や都市計画法の全面改正においては、厳しい権利制限を課しつつ補償についても厳しい態度をとっている。

(2)　行政事件訴訟特に取消訴訟を主観的訴訟としつつ、その客観化を図る見解がある[118]。
(3)　無名抗告訴訟として義務付訴訟等が認められるべきかどうかについて激しい意見の対立がある。
(4)　公権論を機能的かつ歴史的に再検討し、公権に積極的内容を盛り込もうとする有力な見解がある[119]。
(5)　「執行停止」については近時の判例に注目すべきものが多い。
(6)　訴訟手続ならびに判決の効果については今後の判例学説の展開にまつべきところが、なお多い。

(4)　行政法体系の限界　以上極く簡単にみるだけでも、行政法体系の相当広範な分野において従来の通説的見解に対して数多くの修正が加えられている。どの部分をとりあげても、そのほとんどすべてについて従来の通説がそのままには通用していないといえるほどである。ところがそれにもかかわらず、それらはいずれも従来の通説に対する修正ないし批判にすぎぬものであり、まさに二年程前田中二郎博士が「行政法における通説の反省」の中で指摘されたように、従来の行政法体系そのものは相変らず健全を誇っているのである。色々批判はあるけれども、従来の体系に代わるべき新しい体系は何も出ていないではないかという指摘は、全面的には従うわけにはいかないが、正しいものを含んでいると思われる。修正が修正に止まり、方法論的な批判が伴わない点が重要である。体系の枠組みはそのままに内容が水増しされたため、体系がふやけた状態となったと評することができる[120]。

従来の行政法の体系は、いわゆる法学的方法により行政活動が私人の権利自由の領域と衝突する場合を対象とするものである。そこで、行政がみだりに侵すことのできない私人の権利自由の領域を画定する必要がある。この領域を前提として「法規」の概念が成立する。行政法上の最も基本的な概念や理論の多くが何らかの意味でこれと関連して構成されてきたものといえる。ところで、この概念は、逆にいえば、行政の自由な領域、立法や司法にわずらわされることなく自由に活動できる範囲をも同時に画定するものである。したがって、これはその成立が示すように立憲君主制の憲法構造と密接に結びついている。イェシュなどのように、憲法構造変遷論によって行政法上の重要問題を再検討しようとする見解の登場するのはけだし当然である。しかしながら、これだけが従来の行政法体系の限界をなしているのではない。すなわち、法規概念がもつ限界と行政法体系の限界とは同一ではないのである。法規概念の限界を論ずるだけに止まっていては、旧来の体系に対する批判とはなれ、新しい体系を生み出すことは困難である。なぜか。

従来の行政法体系は体系的思考というもう一つの重要な特色をもっている。そこでは、現実に如何なる形で問題となるかという観点や背景にある制度の意義を抜きにして、種々の命題のヒエラルヒーが作られ、種々の概念が体系的に積み上げられている。とりわけ、行政行為の概念を前提としてその上に多くのものが積み上げられている。ところで、この行政行為概念には、前述のように、その定義上すでに私人の権利義務への直接の影響がその中にとりこまれてしまっているのである。そこで、行政法の対象とする行政とは繰返し述べるように行政作用が私人の権利自由の領域と衝突する場合の行政なのであるが、肝腎の私人の権利自由の領域は、行政作用の一つの典型的な形式である行政行為の中に吸収された形となり、以後行政法上の重要な問題にあって、つねに重要であるはずの私人の地位[121]が背景に没し、問題がとかく、行政行為の性質論や、行政と立法・司法との関係といった枠組みの中で論じられてしまう傾向をもたらすのである。行政事件訴訟の類型として、または、暫定的権利救済方法として如何なるものが認められるべきかの問題の場合などがその例である。このような場合に、従来そもそも問題が問題として答えられようとしているのか疑問に思われることも少なくない。もともと対立緊張関係にある行政と私人との関係が行政行為の中に包摂された途端に、肝腎の私人の立場が埋没したままで、理論が積み上げられれば積み上げられるほど、議論が問題そのものを離れて行き、時に、行政のあらゆる場合のイニシアティブと私人の受け身の立場が自明のドグマとして主張されるのである。ここでは、体系的思考のゆえに、問題が体系の犠牲となり、問題を問題として把握することができず、問題解決にあたって考慮すべき事情・利益が脱落しているのである。われわれは、問題的思考に立って、行政過程における行政行為の機能を問題とするのでなければば、従来の行政法体系の限界を超えることはできないのである。

三　行政過程論の有用性

(1)　行政過程の用例および意義

近時行政法上の諸文献において広く行政過程ないしこれに類する用語を屢〻みかけるようになった。その意義・内容やこれに如何なる機能を持たせて用いているかは必ずしも同一ではないものの、旧来の行政法体系とりわけ行政行為論に対する不満足感が、このような言葉を用いさせているものといってよい。また、この種の言葉を用いない場合にあっても、行政過程ないし手続による説明をなすべき法現象や法理論が行政法の各分野に登場してきている。このような行政過程への指向は、将来の行政法体系の姿を予測させるものがあるといいうる程である。本節においては、行政過程論の意義ならびにそれが使用に耐えるものであるかどうかを検討した上で、次節において、複数当事者の行政行為について、前章で論じた諸問題を再検討することとしよう。

思いつくままに、近時、行政過程ないし手続を論ずるものをとり上げると、次のようなものがある。

(a)　一つの行政行為の判断過程の司法審査を内容とするものとして、手続的見地から裁量を審査しようとする下級審の判決がいくつかある。(122)

(b)　行政行為の事前手続を内容とする、いわゆる狭義の行政手続法については、早くより多くの文献があるから、特にとり上げない。周知のように臨時行政調査会でも昭和三九年これに関する草案を世に出したことがある。

(c)　今村教授の「行政法入門」においては、「行政過程における個人の地位」のうち、特に手続法上の権利として、聴聞の権利、争訟提起の権利、申請の権利があげられている。(123)

(d)　公権を論ずる意義を再検討した原田助教授の論文においては、取消訴訟の原告適格に関する公権論のなかで「公権力の発動を求める請求権としての公権」の存在が主張されている。(124)

(e)　行政行為の公定力に関する兼子助教授の著書においては、「手続的考察方法」による公定力論が展開されている。[125]

(f)　行政行為の無効に関する雄川教授の論文においては、瑕疵の明白概念の中に行政庁の職務遂行の過程を問題とするものがあることが指摘されている。[126]

(g)　行政行為の無効・取消に関する拙著においては、行政過程においては行政行為の職権取消と撤回とで区別はつきにくいこと、行政行為の公定力の一内容とされる広義の執行性が全体の行政過程を前提としてはじめて認められるものであることなどが述べられている。[127]

(h)　近時、公安条例等に基づく処分ないしその付款に対して執行停止を命ずる決定[128]が出され、色々と問題となった。この場合の執行停止の決定を理解するにあたって、形式的な行政行為論だけでは不充分であり、行政過程による説明が必要であると考えられる。

(i)　従来、法規命令に属さないため法的効力がほとんど認められない通達について、行政過程における機能を重視し、従来の理論を再検討する論文がある。[129]

(j)　私人の公法行為を行政手続における機能に照らして検討するものがある。[130]

(k)　最後に、政治過程に対する意味での行政過程を問題とする園部助教授の論文においては、この意味での行政過程に対する市民の能動的参加が主張されている。[131]

以上にみるのは、まことに思いつくままの資料であり、主な資料を網羅的に調査するだけで、なお多くの用例が得られるであろうことは容易に想像がつくが、それは別の機会に譲り、[132]以下では、以上の資料をも含めて、行政過程としていかなるものがありうるかを明らかにした上で、そのそれぞれについて、行政過程に即した説明がどれだけ可能であるかを試みることにしたい。

(2)　行政過程論の試み（その有益性）　行政過程の語の用例には、種々雑多なものがあるが、同時に、何ほどかの共通性もまた強く感じられるところである。広い意味で全体としての行政過程といえば、ほとんど行政と同意義となり少し広くなりすぎるであろうから、これを何らかの基準で区分をする必要がある。機械的に割切ることははなはだ困難であるが、以後の説明の便宜上、行政行為との関係を基準として一応分けるものとすれば、次のような場合が考えられるであろう。

(a)　一つの行政行為について行政庁の判断過程ないしその成立過程をめぐる問題
(b)　行政行為の前提となる私人の行為をめぐる問題
(c)　行政行為が私人に対してもつ意味に関する問題
(d)　行政行為と行政行為との相互関係をめぐる問題
(e)　行政行為と他の行政活動との関係をめぐる問題
(f)　行政行為と他の国家活動との関係をめぐる問題
(g)　行政行為にかぎらず、広く行政の過程ないし全体としての行政過程をめぐる問題

これらは、さらに種々様々の内容が含まれうる。たとえば、(a)についても、行政行為の裁量に関する問題や無効原因たる瑕疵に関する問題などがありうる。ただ一応の目安として右の順序で、個々の内容を論じていくこととしたい。

(1)　裁量について

(a)　行政事件訴訟法三〇条は、昔ながらの裁量権の踰越・濫用があった場合に限って、処分を取消すことができるものとしているが、裁量の限界に関する理論は、相当広範に裁量の司法審査を認めるにいたっている。すなわち、(イ)憲法上の平等原則、(ロ)比例原則による限界は当然として、(ハ)一般的な公益原則のほか、(ニ)具体的な公益目的すなわち当該法規の目的による制約に服する。したがって、さらに、(ホ)裁量権の存否に関する判断、(ヘ)前提事実の認定、(ト)考慮すべき事情の選択にあたっての、他事考慮や判断の脱落のほか、許されない事情の考慮ない

し許されない目的への裁量の使用、(チ)論理の一貫性など、結論にいたる推論の過程、判断のプロセスそのものが司法審査の対象となるのである。もはや単なる実体上の裁量権の限界ではなくて、裁量の過程そのものが問題となっているものということができる。

(b)　要件裁量に関する近時の西ドイツにおけるいわゆる判断余地説にあっても、判断過程の合理性を審査の対象とする。

(c)　自由裁量行為についても、私人に聴聞の権利を認め、または公正手続の要請を強く認める下級審判例がある。そこでは、一定の実体上の自由裁量行為についても、(イ)内部準則の定立、(ロ)準則内容の合理性、(ハ)準則の解釈・適用（要件事実の認定を含む）の正当性、(ニ)一定の場合の準則の私人への告知等を要求している。

(d)　いわゆる効果裁量に関する「なすとなさざるとの自由」が種々の見地から制約されつつある。(イ)行政庁の不作為に対し、不作為の違法確認訴訟または、みなし拒否処分の取消訴訟によって争うことが認められる。(ロ)拒否処分に対しては、私人に「申請の権利」、(ハ)瑕疵なき裁量行使を請求する権利、(ニ)違法行為によって不利益を受けない権利などを認めて、最低限度応答の義務、さらに再審査ないし実体判断の義務、特殊の場合には特定の内容の判断義務などが認められる。自由裁量行為についても、行政過程における行政庁の全面的なイニシアティブが否定され、その反面私人のイニシアティブが何ほどか認められているものと評することができよう。

(2)　行政行為の無効について

(a)　その概念そのものが、実体法上のものではなく、争訟手続との関連において認められるものであることを重視して、種々の手続に応じてこの概念を相対化する見解が少なくない。

(b)　その基準に関するいわゆる明白説には、さらに種々の内容があるが、「処分要件の存否に関する行政庁の判断が（中略）行政庁が具体的場合にその職務の誠実な遂行として当然要求される程度の調査によって判明すべき事実関係に照らせば明らかに誤認と認められるような場合」をも瑕疵の明白性の中に含ましめることとすれば、それは結局は行政の過程を問題としていることに他ならない。外観上明白説がそのままに妥当しうる事実概念に相当する事実の存否に関わる場合はともかく、抽象的価値的概念該当性や法令解釈の間違いが問題となるときの瑕疵の明白性とは、行政過程を問題とするものにならざるをえないであろう。狭義の行政過程は行政庁内部の判断過程を意味するが、後述のように、より広義には、行政庁にかぎらず、処分の相手方その他の利害関係者の権利自由が変転する行政の局面に巻き込まれて、変動する過程をも意味する。明白性の基準の中に、このような利害関係者の立場を盛り込むことは可能であるから、さらに、瑕疵の明白性は、広義の行政過程を問題とするものであるということができる。わかりやすくいえば、そもそも瑕疵の重大明白性とは、被侵害法規の重大性と認定権の限界を画する認定上の明白性のことではなく、広義の行政過程に登場する被侵害価値の重大性と狭義の行政過程である侵害の態様ないし過程に重大な欠陥があることを意味する。常識的な言葉を使えば、あまりにもひどい行政活動により、あまりにもひどい結果が生じている場合に、無効が認められているといってもよい。

(c)　相手方の同意を要件とする行政行為にあって、相手方の同意は行政過程上、(イ)狭義の行政過程すなわち行政庁の処分の過程ないし手続において重要な要件であると同時に、(ロ)広義の行政過程にとって重要な相手方の権利自由との関連においても重要な要件であることが多い。相手方の同意を要件とする行政行為について、瑕疵の明白性を問題とせず、相手方の同意を欠くことをもって直ちに有効要件を欠く無効の行為なりとする最高裁判決もあるが、明白説を主張する多くの判決と、その基礎においては、以上の次第より、全く異質のものと呼ぶことはできないものと考えられる。概念形式的な明白説と重大説の対置が無意味と考えられるゆえんである。

(3)　私人の公法行為について

(a)　従来「公法行為」の一種として私人の公法行為も論ぜられるならいであったが、具体的な行政過程との関連を抜きにして、私人の公法行為一般を論ずることは意義少ないものと考える。

(b)　行政過程における私人の行為の機能に着目すれば、自明のドグマのごとく主張される行政過程における行政のイニシアティブが、実は極めて限定された意味をもつものでしかないことが判明するのである。たとえば、典型的な行政行為の一つとされる警察許可を申請する行為をとりあげれば、これは本来私人の自由な活動に委ねられた自然の自由の回復を求めるものであり、行政行為は一定の見地からする制限をはずす行為であるといわんよりは、一定の見地からする制限には該当しないことを確認する行為という実質をもつものである。ここでは、行政行為は行政過程のすべてでもなければ、行政過程を展開させる主役でもない。全体としての行政過程のひとこまであるにすぎないのである。そこで、たとえば、いわゆる行政庁の第一次的判断権といわれるものも、行政権の司法権に対する関係においてのみではなく、特に私人に対する関係において問題としなければならない。

（未完）

（1） この問題については、(イ)単行本として
H.-W. Laubinger, Der Verwaltungsakt mit Doppelwirkung, 1967; W. Wieseler, Der vorlaüfige Rechtsschutz gegen Verwaltungsakte, 1967, S.219ff.; G. Arndt, Der Verwaltungsakt als Grundlage der Verwaltungsvollstreckung, 1967, S.15ff.; F. Ossenbühl, Die Rücknahme fehlerhafter begünstigender Verwaltungsakte, 1965, S.124ff., 167; G. Schäfer, Der Widerruf begünstigender Verwaltungsakte, 1960, S.60ff.; S.Schröcker, Der öffentlich-rechtliche Kündigungsschutz, 1960 などがある。
(ロ)定期刊行物上の論文としては次のようなものがある。
B.Bender, Aktuelles zur Problematik des gerichtlichen Nachbarschutzes im Baurecht, NJW 66, 1989ff.; O.Böhm, Nachbarschutz bei Zulassung vor Vorhaben nach § 35 BBauG?, DVBl. 68, 10ff.; J.-D.Busch, Die Doppelfunktion der Anordnung einen Verwaltungsakt sofort zu vollziehen, DVBl. 66, 257; De Clerck, Vorläufiger Rechtsschutz Dritter gegen begünstigender Verwaltungsakte, DÖV. 64, 152; H.Demme, Die nachbarlichen Schutzvorschriften im Gaststättenrecht, DVBl. 67, 758ff.; W.Dörffler, Verwaltungsakte mit Drittwirkung, NJW 63, 14ff.; A.Erning, Der Widerruf begünstigender, mangelhafter Verwaltungsakte mit Doppelwirkung, DVBl. 60, 467ff.; G.Fromm, Verwaltungsakte mit Doppelwirkung, VerwArch. 1965, 26ff.; Anmerkung zu OVG Lüneburg, Beschl. v.12. 12.

1962（DVBl. 63, 335）DVBl. 63, 564f.: Zum Suspensiveffekt bei der Nachbarklage und in vergleichbaren Fällen, DVBl. 66, 241ff,; K. Gelzer, Zur öffentlich-rechtlichen Nachbarklage-Der Ruf nach einen einheitlichen Prozesspraxis trotz unterschiedlicher Rechtstheorien, DÖV 65, 793ff,; F. Haueisen, VAe mit mehreren Betroffenen, NJW 64, 2037ff.; R. Heintze, Der vorläufige Rechtsschutz Dritter gegenüber genehmigenden VAen, NJW 63, 1430ff.; D. Kienapfel, Die Fehlerhaftigkeit mehrstufiger VAenach dem Bundesbaugesetz und Bundesfernstrassengesetz, DÖV 63, 96ff.〔8d〕; K. Kniestedt, Nachbarklage und nachbarliches Gemeinschaftsverhältnis, DÖV 62, 89ff.; G. Lamberg, Der Widerspruch des Nachbarn im Baurecht, NJW 63, 2154ff.; K. Löwer, Zum Inhalt und zur Vollstreckbarkeit verwaltungsgerichtlicher Beschlüsse nach § 80 Abs. 5 Satz 1 und 3 VwGO, DVBl. 66, 251; Menger, VerwArch. 1966, 280; K. Meyer, Nochmals; Der Widerspruch des Nachbarn im Baurecht, NJW 64, 710f.; H. Peters, Der Dritte im Baurecht, DÖV 65, 744ff,; K. Redeker, Von der Nachbarklage zum Planbefolgungsanspruch, DVBl. 68, 7ff.; W. Rüfner, Der Folgenbeseitigungsanspruch ein materiellrechtlicher oder ein prozessualer Anspruch?, DVBl. 67, 186ff.; Materiellrechtliche Voraussetzungen und Grenzen des nachbarschädlichen Baudispenses, DVBl. 63, 609ff.; G. Scholz, Suspensiveffekt nach § 80 Abs. 1 VwGO bei "angemasster Rechtsposition" , DVBl. 66, 259; H. H. Schröer, Gedanken zur öffentlich-rechtlichen Nachbarklage, DÖV 66, 228ff.; M. Sellmann, Entwicklung und Problematik der öffentlich-rechtliche Nachbarklage in Baurecht, DVBl. 63, 273ff.: Die Problematik der Verwaltungsakte mit Doppelwirkung, NJW 64, 1545ff.: Rechtsschutz im Bauplanungsrecht-rechtspolitisch gesehen, DÖV 67, 219; Siegmund-Schultze, Dei Bedeutung des Suspensiveffekt bei der Anfechtung von VAen,DVBl. 63, 745ff.: Die Bekanntgabe von Verwaltungsakten mit mehreren Betroffenen, DVBl. 66, 247ff.; H. Theuerkauf, Abänderung unanfechtbarer Verwaltungsakte und Drittinteresse, DVBl. 64, 386ff.
（その他論文は数多いが、筆者が主として参照したのは以上である）。

(ハ) これに関する判例も多いが、近時代表的な判例として次のようなものがある。

BVerwG, MDR 64, 619: DVBl. 66, 269ff.: DVBl. 66, 273f.: DVBl. 68, 29: DVBl. 68, 30ff.: DVBl. 68, 35ff.

OVG Lünebarg, DVBl. 66, 275ff.: DVBl. 68, 45: DVBl. 68, 47

OVG Koblenz, DVBl. 68, 50

(ニ) この問題に関する判例学説ならびに論点の全般については、前掲(イ)のLaubingerが便利だが、これには一九六四年末現在までの判例学説しか引かれていない。その後の状況については、前掲(ロ)中のG.Fromm, DVBl. 66, 241ff.; H.Demme, a. a. O. など以後の文献を参照されたい。

なお、最近の問題に答えるものではなく少し古いが、比較法的考察を試みるものとしてオーストリーの次の文献がある。

F. Krizizek, Das öffentliche Nachbarrecht, 1959

なお、拙著・行政行為の無効と取消（昭和四三年）二〇一頁以下参照。

(2) その他多くの用語例があるが、それについては、Fromm, VerwArch. 1965, 26ff.; Laubinger, a. a. O., S.3ff. に引用されている諸文献をみよ。

(3) Dörffler, a. a. O., I. 3. 多くの者はこの見解に従っている。たとえば、Siegmund-Schultze, DVBl. 66, 247ff.; Theuerkauf, a. a. O., 390;

(4) Fromm, VerwArch. 1965, 26ff.（28）

(5) z.B., Siegmund-Schultze, a. a. O.; Laubinger, a. a. O., S. 30ff. など。

(6) Laubinger, a. a. O., S.5ff.

(7) Sellmann, NJW 64, 1545; Wieseler, a. a. O., S.22; なおフロムもこの見解といえる。

(8) 以下については、たとえば、H.Demme, a. a. O.; Dörffler, a. a. O., III. 1; Laubinger, a. a. O., S.24; BVerwG, DVBl. 66, 269 原田尚彦・法協七七巻九・一〇号二八頁以下参照。

(9) F. Haueisen, NJW. 64, 2037; Laubinger, a. a. O. S.94

(10) vgl. dazu Laubinger, a. a. O., S.104ff.; Fromm, VerwArch. 1965, 47ff.; Siegmund-Schultze, DVBl. 66, 247ff.; VG Koblenz U. v.19. 4. 1966, DVBl. 68, 50

(11) OVG Münster U. v.12. 6. 1962, DÖV 63, 703; BVerwG, U. v.28. 4. 1967, DVBl. 68, 30ff. mit Anm. v. Taegen; vgl. BVerwG, U. v.24. 10. 1967, DVBl. 68, 35ff. mit Anm. v.Schrödter（特にこの注釈の(5)参照）。なお vgl. Fromm, a. a. O., S.56

(12) Haueisen, a. a. O.,: DVBl. 68, 53;

(13) Laubinger, a. a. O., S. 101
(14) Fromm, a. a. O., S. 47ff.
(15) z. B. Siegmund-Schultze, a. a. O. なお、次注参照。
(16) Dörffler, a. a. O.; Eyermann-Fröhler VGO § 65, Rdn. 29; Laubinger, a. a. O., S. 122ff.; Fromm, a. a. O. S. 52ff.; BVerwG, U. v. 10. 3. 1964, MDR 64, 619
(17) vgl. z. B. Fromm, a. a. O., S. 59; Rüfner, DVBl. 63, 609ff.; BVerwG, Beschl. v. 22. 11. 1965, DVBl. 66, 273f.; U. v. 6. 10. 1967, DVBl, 68, 29
(18) 以下では、特に断らないかぎり、まず第一には、建築許可を念頭に置いて話ていくことにする。
(19) 判例の概観は、一九六四年末の段階までについては、Laubinger, a. a. O., S. 33ff. それ以後については、H. Demme, a. a. O.
(20) Laubinger, S. 43f.
(21) BVerwG. U. v. 5. 10. 1965 E22, 129 = DVBl. 66, 269ff.; Schrödter, Anm. zu BVerwG, U. v. 24. 10. 1967, DVBl. 68, 37ff.（II）C
(22) Laubinger, a. a. O.; 異説として、Kniestedt がある。彼によれば、隣人の権利の侵害は許可等の付与によるものではなく、専ら隣地上の建築物（Baulichkeit）とその影響によるものである。隣人はその選択に従って民事訴訟でも行政訴訟でも利用できる、という。
(23) BVerwG, U. v. 5. 10, 1965 a. a. O.
(24) W. Rüfner, DVBl. 63, 609ff. この語については、拙著・行政行為の無効と取消二七二頁以下参照。
(25) BVerwG, U. v. 5. 10. 1965 a. a. O.; OVG Lüneburg, DVBl. 68, 45 なお、vgl. Dörffler, a. a. O., III. 3.
(26) Dörffler. a. a. O.; BVerwG, U. v. 5. 10. 1965 a. a. O.
(27) なお、vgl. Wieseler, a. a. O., S. 234 Anm. 14
(28) BVerwG, U. v. 5. 10. 1965, a. a. O. これが代表的判例である。
(29) OVG Lüneburg, Beschl. v. 25. 11, 1965, DVBl. 66, 275ff.; U. v. 31. 5. 1967, DVBl. 68, 45; vgl. z. B. Wieseler, a. a. O., S. 235; Heintze, a. a. O.; Laubinger, a. a. O., S. 109ff.; Siegmund-Schultze, DVBl. 63, 754;

（30） Fromm, a. a. O.; OVG Münster E13, 6ff.

（31） OVG Lüneburg, Beschl. v. 25. 11. 1965 a. a. O.

（32） K. Gelzer, DÖV 65, 793ff. 著者は上級行政裁判所判事であり、実務的見地より簡便な解決を提案するもの。副題参照。

（33） BVerwG, U. v. 5. 10. 1965 a. a. O.

（34） 前注事件の第一審（VG）など。

（35） たとえば、取消訴訟の関連請求 OVG Lüneburg, DVBl. 66, 275ff.

（36） BVerwG, U. v. 7. 6. 1967, DVBl. 68, 32 mit Anm. v. Dellian 事案は、建築法上の隣人訴訟ではなく、河川法のそれに関する。

（37） BVerwG, U. v. 18. 8. 1960, E 11. 95 = NJW 63, 793 = DVBl. 61, 125 mit krit., in Ergebnis zustim. Anm. v. Bachof; dazu Bachof, Verfassungsrecht, Verwaltungsrecht, Verfahrensrecht, S. 156, 189, 204, 223, 225f., 246, 284; Dörffler, a. a. O.; BVerwG, DVBl. 68, 30ff. 事案は、土地所有者より行政庁に対する、隣地の〈gewerbklassenwidrig〉な利用の防止・除去のため介入を請求するもの。なお、原田尚彦「行政法における公権論の再検討」（民商五八巻二号三頁以下）二九頁参照。

（38） OVG Lüneburg, Beschl. 25. 11. 1965, DVBl. 66, 275ff.

（39） dazu z. B. K. Redeker, DVBl. 68, 7ff. （10）

（40） 八〇条（停止効・即時執行の停止）

① 審査請求と取消訴訟とは停止効（Aufschiebende Wirkung）をもつ。これは法形成的行政行為についても適用される。

② 以下の場合には停止効は生じない。

1 公の租税・手数料の請求
2 警察執行官吏による停止できない命令ならびに措置
3 その他連邦法の定める場合
4 処分庁ならびに審査庁により、即時執行（sofortige Vollziehung）が、公益ならびに関係者の優越的利益のため

に特に命ぜられた場合

③ 二項四号の場合、即時執行の特別の利益は書面によって理由づけなければならない。遅滞による危険あるとき、とくに生命・健康・財産に対する脅威となる侵害あるとき、このためになされる公益上の緊急措置の場合には、特別の理由づけを要しない。

④ 審査請求後、審査庁は、連邦法に特別の定めのあるときを除いて、二項の場合に執行を停止することができる。公の租税・手数料の請求の場合、審査庁は、保証をえて執行を停止できる。公の租税・手数料の場合の停止は、係争行政行為の適法性について真摯な疑いがあり、かつ、執行が租税・手数料の義務者に対し、優越的公益によっては要求されない不相当な打撃を結果する場合に、行うべきである。

⑤ 申立により、本案の裁判所は、二項一号ないし三号の場合に、停止効を全面的あるいは部分的に命じ、二項四号の場合に、停止効を全面的あるいは部分的に回復することができる。申立は、取消訴訟提起前においても許される。決定のときに行政行為が既に執行されている場合は、裁判所は、執行の除去（Aufhebung）を命ずることができる。停止効の回復は、保証の提供その他の負担にかからしめることができる。また、期限を付することができる。

⑥ 五項に基づく申立に対する決定は、いつでも取消変更できる。申立を認容する決定は争うことができない（unanfechtbar）。

⑦ 緊急の場合には裁判長が決定できる。これに対しては、その通知後二週間以内に裁判所に不服を申立てることができる。

(41)　一一三条（取消・給付・義務付判決）

① 行政行為が違法であり、原告がこれによりその権利が侵害されている場合には、裁判所は行政行為および裁決を取消す。

行政行為が既に執行されているとき、裁判所は申立により、行政庁が執行を原状に回復すべきこと、ならびに、その方法を宣言することができる。この宣言は、行政庁がそのような地位にあり、かつ、この問題が判断に熟する（spruchreif）場合にのみ許される。

（以下略）

(42)　一二三条（仮命令）

①　現存の状態の変更により申立人の権利の実現が不可能ないし著しく困難となりうる危険の存する場合、申立により裁判所は、訴訟提起前においても、係争物に関する仮命令（die einstweilige Anordnung）をなすことができる。

仮命令は、係争法律関係につき暫定的状態を定めるためにも、それが特に継続的法律関係において、重大な不利益を避け、急迫なる強暴を防ぐため、または、その他の理由から必要と認められるときに許される。

②　仮命令は本案の裁判所が管轄する。第一審の裁判所ならびに本案が控訴審係属中は控訴裁判所がそれである。八〇条七項が準用される。

③　仮命令については、民事訴訟法九二〇条、九二一条、九二三条、九二六条、九二八ないし九三二条、九三八条、九三九条、九四一条ならびに九四五条が準用される。

④　仮命令に対して口頭弁論の申立をなしうる。民事訴訟法九二四条、九二五条が準用される。

⑤　一項ないし四項の規定は、係争行政行為の執行、または、争訟に基づく停止効の除去については適用されない。

(43)　これが通説である。dazu vgl. Laubinger, a. a. O., S. 131; Siegmund-Schultze, DVBl. 63, 745ff.（749ff.）; a. M. Heintze, a. a. O.,（II）

(44)　z.B. Wieseler, a. a. O., S.175なお、一二三条五項参照。

(45)　Siegmund-Schultze, a. a. O.; Schäfer, DVBl. 62, 847

(46)　Laubinger, a. a. O., S.125

(47)　Laubinger, a. a. O.

(48)　その詳細については、vgl. Wieseler, a. a. O., S. 83ff.; dagegen Siegmund-Schultze, a. a. O., S. 748f.

(49)　BVerwG., U. v. 21. 6. 1961 E13, 1 = NJW 62, 602; dazu vgl. Laubinger, a. a. O., S.97 Anm. 6, S.102 Anm. 5, S. 103 Anm. 10

(50)　この見解は、Schröcker（a. a. O., S.124）の展開していたものであるが、同様の考えは次のものにもみられる。

Heintze, a. a. O., II. 2.; Arndt, a. a. O., S.13; H. Rohmeyer, Geschichte und Rechtsnatur der einstweilige Anordnung im Verwaltungsprozess, 1967, S.197.

(51) Wieseler a. a. O., S.143ff.; Arndt, a. a. O., S.11ff.

(52) Wieseler, a. a. O., S.146ff.

(53) Heintze, a. a. O., II.2.; Quaritsch, VerwArch. 1960, 210ff.; Arndt, a. a. O., S.15f.

(54) De Clerck, NJW 61, 2234; K.Meyer, NJW 64, 710f.

(55) Arndt, a. a. O., S.19

(56) W.Rüfner, DVBl. 67, 186; Siegmund-Schultze, a. a. O.; OVG Lüneburg, Beschl. v.25. 11. 1965, DVBl. 66, 275ff.

(57) G.Fromm, VerwArch. 1965, 26ff.（50ff.）; Wieseler, a. a. O., S.231ff.

(58) Heintze, a. a. O.; Arndt, a. a. O.

(59) G.Lamberg, NJW 64, 711 彼は、68①②・71VwGOを援用する。なお、ウィーゼラーは複数当事者の行政行為に停止効がない理由の一つとして八〇条六項の規定をあげている（Wieseler, a. a. O., S.240）。しかし、同項二号の即時の不可争性は行政庁に対してのみ意味があり、停止の決定により権利を侵害された受益者は当然に抗告をなしうる（一四六条一項参照）との見解がある。vgl. OVG Lüneburg, Beschl. v.25. 4. 1967, DVBl. 68, 47.

(60) Laubinger, a. a. O., S.127f.

(61) Sellmann, NJW 64, 1545（1548）

(62) dazu vgl. Laubinger a. a. O., S.125

(63) z.B.Haueisen, NJW 64, 2037（2041）

(64) たとえば、Lamberg, NJW 63, 2154（2155）のように行政庁の義務裁量として把える見解もある。これに対しては、フロムの批判がある。vgl. Fromm, VerwArch. 1965, 26（52）

(65) z.B.Heintze, a. a. O., II. 3; dazu vgl. Arndt, a. a. O., S.20 Anm. 59; Siegmund-Schultze, a. a. O.

(66) Heintze, a. a. O.

(67) Wieseler, a. a. O., S.240

(68) Siegmund-Schultze, a. a. O.

(69) Mangels, NJW 61, 352
(70) Heintze, a. a. O.
(71) K. Löwer, DVBl. 66, 251
(72) BVerwG, Beschl. v. 22. 11. 1965, DVBl. 66, 273ff.; OVG Lüneburg, Beschl. v. 25. 11. 1965, DVBl. 66, 275ff.
(73) vgl. Laubinger. a. a. O., S. 135ff.; Lamberg NJW 64, 711; K. Meyer, NJW 64, 710
(74) z. B. G. Fromm, a. a. O.
(75) Siegmund-Schultze, a. a. O.
(76) H. Peters, DÖV 65, 744ff. なお、最後の点については異説もある。vgl. Laubinger, a. a. O., S. 133ff.
(77) OVG Münster, Beschl. v. 9. 8. 1966, NJW 66, 2181; Ule, Verwaltungsgerichtsbarkeit, 2. Aufl. § 123 Anm. I; Fromm, a. a. O.
(78) Laubinger, a. a. O., S. 130ff.; Mangels, NJW 61, 352; De Clerck, DÖV 64, 152; K. Löwer, DVBl. 66, 251
(79) H. Peters, DÖV 65, 744ff.; K. Gelzer, DÖV 65, 793ff.; K. Löwer, a. a. O.
(80) M. Sellmamn, NJW 64, 1545ff. なお彼は、問題は第三者に保護に価する個人的地位を認め、これに応じた手続上有効な権利救済を与えることであって、これは法理論的な考慮や議論では満足すべきではなく、究極的には、訴訟手続が当事者達にもたらす経済的効果に考慮を払うべきであると述べている。
(81) W. Rüfner, DVBl. 67, 186ff.
(82) 拙著・行政行為の無効と取消・一九八頁以下特に二〇一頁以下参照。
(83) 多少のニュアンスを捨象して、この見解をとる者をあげると次のようなものがある。Schäfer, a. a. O., S. 61; D. Kienapfel, DÖV 63, 96ff.〔8(d)〕; A. Erning, DVBl. 60, 467ff.; F. Haueisen, a. a. O., III(3); H. Peters, a. a. O.; Laubinger a. a. O., S. 181ff.; Schröcker a. a. O., S. 83ff.; Ossenbühl, a. a. O., S. 124ff., 167ff.; OVG Lüneburg, U. v. 31. 5. 1967, DVBl. 68, 45; dazu Fromm, a. a. O., S. 49 Anm. 142.
(84) 拙著・前掲書一九九頁。
(85) H. Demme, a. a. O., II(1) 飲食店営業については経営者側に信頼保護なく、いつでも取消しうるという。
(86) H. Peters, a. a. O.

(87) Laubinger, a. a. O. なお、連邦行政裁判所も、不可争となった行政行為の職権取消に際して信頼保護が判例学説上重視されているが隣人訴訟の判断の場合はそうではないという。BVerwG. Beschl. 9. 9. 1965, DVBl. 66, 272

(88) A. Erning, a. a. O.

(89) Schäfer, a. a. O.; Kienapfel, a. a. O.

(90) Schröcker, a. a. O.

(91) § 39 EVwVerfG（1963）

(92) Fromm, a. a. O., S. 49ff.

(93) 本稿第二章Iの四（三五頁）参照。

(94) 拙著・前掲書二〇四頁以下参照。

(95) Fromm a. a. O., S. 50ff.

(96) Heintze, a. a. O., II(1); Wieseler, a. a. O., S. 235

(97) Theuerkauf, a. a. O.

(98) Arudt, a. a. O., S. 99ff.

(99) Arndt, a. a. O., S. 105; H. H. Rupp, Grundfragen der heutigen Verwaltungslehre 1965, S. 252.

(100) 法学一般の方法論として体系的思考（Systemdenken）に対する問題的思考（Problemdenken）の意義については、近時ドイツに多数の文献が出ている。真に残念至極であるが、研究室・図書館封鎖中のため一切の研究資料が参照できない。本来このような状態で論文を書くべきでないことは充分承知しているが、如何なる者の手によっても、自己の意思によらないで研究の妨害を受けることは断じて承知できない。論文執筆のため偶〻持帰っていた数冊の文献と百枚余のカードが手元にある資料の全てであるが、何としても書けるだけは書いておきたい。引用の省略等につき読者諸賢のお許しを乞いたい。

(101) 単なる無限定の帰納的分析にあっても同様の結果に終わるものと思われる。単なる帰納論ではなくて、いわゆる機能論が筆者の見解である。拙著・行政行為の無効と取消・一頁参照。

(102) 拙著・前掲書・四五八頁。

(103) 清宮四郎・憲法I・二四七頁。

(104)　従前の憲法・行政法概説書にみられる概念形式的な権力分立論や行政の概念はまことにおそまつ極まりないものであった。たとえば、そこでは、(イ)組織体に固有の人事や財政の問題を一律に権力分立における行政であるとなし、(ロ)行政そのものと行政に対するコントロールの作用とを区別せず、(ハ)通常の行政過程と区別されるべき憲法上重要な統治過程を没却するなどの致命的な欠陥がみられるのである。

(105)　田中二郎・新版行政法上・九四頁註四、なお二八頁註一参照。

(106)　わが国の通説的見解は、行政法を行政に関する公法であるとなし、公法に服すべき「行政の作用」をその対象とする結果、行政訴訟や行政罰のごとき重要な行政制度が行政法体系の中に含まれず、たんに講学上の便宜の問題とされるというまことに驚くべき現象がみられる。

　私自身は、後述のように、行政法を行政制度に関する法とし、その主要な対象は行政過程であると考えている。なお、行政制度とは行政裁判制度のことのみを指す（田中・前掲書一六頁以下参照）のではない。

　たとえば、フランスのオーリューが全体としての行政制度をいう場合には、(イ)全行政作用が単一の権力に集中していること、(ロ)行政活動に関する法を管理する権力は執行権であって司法権ではないこと、(ハ)官吏は通常裁判所のコントロールの下にはなく、ヒエラルシイ権力のコントロールにより、かつ特別の法に服すること、(ニ)司法執行ではなく行政執行の原則がとられること、(ホ)司法権によるインジャンクションを求めることができないこと、(ヘ)官吏の責任が或る程度行政によってカバーされること、(ト)二種類の法が存在すること、(チ)二種類の裁判が存在することなどが、その内容として含まれている（Précis de droit adm.）。

(107)　拙稿・イェシュにおける憲法構造論(一)・北大法学論集一八巻三号参照。

(108)　たとえば Jesch, Gesetz und Verwaltung, S. 173f., 201ff.

(109)　方法的混淆といえば、かつて宮沢教授が公法と私法との区別に関してこれを指摘したことが有名である。しかし、本文の趣旨からその内容には疑問がある。田中二郎博士も宮沢教授の指摘に従い、類型としての公法・私法の区別と特定の実定法における公法・私法の区別とを分けている。公法・私法の区別はこのように単純な二つの場合に問題となるにすぎないものではない。一応この二つに分けるにしても、さらに、そのそれぞれについて公法・私法の区別の意義は複数存するのみならず、そのいずれについても公法・私法の相互関係はかつて考えられたほど単純なものではない。今日行政による私法形式の活動について公法原理の適用が論じられるのがその一例である。いわんや本案なりや先決問題なりやの区別もせずに、農地買収処分について民法一七七条の適用ありや否やを論ずるといった粗雑な議論（田中・前掲書・七一頁注一）は全くの論外だというほかはない。
(110)　vgl. Jesch, a. a. O., S. 142.
(111)　室井力・特別権力関係論参照。
(112)　町田顕・通達と行政事件訴訟（司法研修論集一九六八年二号）参照。
(113)　山内一郎・訓令と通達（行政法講座四巻）
(114)　浜秀和・行政裁量の司法統制（北海道駒沢大学研究紀要第二号）
(115)　広岡隆・行政上の強制執行の研究参照。
(116)　今村成和・公企業及び公企業の特許（行政法講座六巻）
原田尚彦・国の企業規制と特許企業（立教法学七・八号）
(117)　杉村敏正・行政法講義
(118)　原田尚彦・訴えの利益（行政法講座三巻）
(119)　原田尚彦・行政法における公権論の再検討（民商五八巻二号）
(120)　近時現われた概説書の類はいずれもツギハギだらけの感をまぬかれない。新しい内容が付け加わった分だけ、体系全体の構造の見通しが悪くなり、体系に有機的緊張感が喪われ、弛緩状態にあるやに見受けられてならない。新しい行政法体系のための大胆な試みがまたれるゆえんである。
(121)　この肝腎かなめの私人の地位を掘起こしたのが原田助教授の業績である（原田尚彦・行政行為の取消訴訟制度と原告適格・法協七七巻三・四号、九・一〇号、訴えの利益・行政法講座三巻、行政法における公権論の再検討・民商五八巻二号）。地味であるが最も有益な研究であり、法律学としての行政法学の礎を置くものといえる。
(122)　これについては、浜秀和判事の論文（前掲）がある。
(123)　今村・行政法入門・一三一頁以下参照。なお、教授は、行政委員会における行政審判についても、行政過程との関連からその分類を行っている。公法研究二四号一七一頁以下参照。
(124)　原田尚彦・行政法における公権論の再検討（公権を論ずる意義に関連して）・民商五八巻二号三頁以下。同旨、保木本一郎・ドイツにおける営業警察の展開（三）・社会科学研究二〇巻二号九九頁以下、ジュリスト四三三号三六頁参照。

(125) 兼子仁・行政行為の公定力の理論

なお、そこで援用されている、いわゆる予先的特権理論をとるものとされているオーリューは、有名な行政判例評釈（La jurisprudence administrative）の第二巻において、五章一節「執行手続」の表題の下で、(1)行政手続の原則、(2)行政手続における行政の独立、(3)執行的決定を論じている。そこでは、行政の不作為の争い方、行政の裁量、事後審査、執行的決定の執行、執行的決定の職権取消等々、広く行政過程と関連しうる多方面の問題が取扱われている。特に、「執行手続」に関する問題の一つとして「執行的決定」を取り扱っていることが注目される。

(126) 雄川一郎・行政行為の無効に関する一考察・法協八〇巻五号一頁以下。

(127) 拙著・行政行為の無効と取消・四三頁以下、二二六頁以下。なお、この拙著の全体と本稿とは問題的思考をとる点で共通している。ただ、本稿では、かつて「類型的紛争場面」と呼んで済ましていたものを、より積極的に「行政過程」の中に見出し、将来の行政法体系のためのデッサンを試みるものである。なお、本章（問題の検討）第一節（体系的思考と問題的思考）参照。

(128) たとえば、大阪地裁昭和四三年六月一四日決定・行裁例集一九巻六号一〇六六頁。これについて室井（評釈）・ジュリスト四三三号四〇頁。

(129) 町田・前掲参照。

(130) 青木・私人の公法行為に対する行政手続法的考察・司法検収書創立二〇周年記念論集。成田頼明等編・行政法講義上（青林書院新社）一四八頁参照。

(131) 園部逸夫・行政手続・現代法4一〇七頁以下。

(132) 最初に述べた研究室封鎖中という異常事態のため、簡単なメモと記憶によって、文献等を引用せざるをえない。文献等の表題等を不完全なままで引用した部分は、後日機会を得て訂正したい。

（北大法学論集二〇巻一—三号、一九六九年）

3　行政過程における公共の福祉

一　本稿の目的

(1)　行政法の分野において「公共の福祉」という言葉は珍しくない。珍しくないというよりも、あまりにも頻繁に用いられているため、まるで空気のような言葉である。必要であり、かつ、頼りがいのある反面、はなはだしく頼りにならない言葉でもある。ざっと見ても、およそ次のような用例がみられる。

(a)　まず、行政法規の第一条（当該法律の目的）に「もつて公共の福祉の増進に寄与することを目的とする」という規定をもつものが多い（たとえば、温泉、河川、建築用地下水、都計、都開、区画整理、住居表示、道運、道運車両、通運事業など）。また、類似の言葉として、「公共の利益」（収用）、「社会公共の福祉」（消防）、「社会福祉」（日本住宅公団、住宅建設計画、公営住宅、社会福祉事業）などが用いられている。さらに、一定範囲の者の福祉の増進を目的とするもの（災救、防衛施設、航空騒音防止、児童福祉、母子福祉、老人福祉等）から「人類社会の福祉」に寄与することを目的とするもの（原子力基本法）まである。

(b)　同様に、地方公共団体の条例においても「公共の福祉」または「県民の福祉」の増進を目的としてうたうものが珍しくない。

(c)　地方自治法上、地方公共団体の事務として、住民等の福祉の増進、社会福祉施設等の設置管理、公共の福祉を増進するために適当と認められる収益事業を行うことが挙げられている（二条三項一号、一一号、一三項、なお二四四条一項参照）。

(d)　行政争訟上、「公共の福祉に重大な影響を及ぼすおそれのある事情」の存在が、処分等の執行停止の消極的要件とされている（行訴二五条三項、二七条三項。行審三四条四項、三五条）。また、いわゆる事情判決等においては、違法であるにもかかわらず、公共の福祉に適合しないことを理由として、処分等の取消が否定されることがある（行訴三一条一項、行審四〇条六項、税徴一七三条二項一号、地税一九条の一〇の一項二号）。さらに、災害対策基本法においては、災害緊急事態布告の要件として、非常災害が公共の福祉に重大な影響を及ぼすことが挙げられている。なお、この災害緊急事態においては、一定の要件の下で、法律の事前の授権に基づかない政令の制定が認められる（一〇五条以下）。

(e)　「公共の福祉」は、判例上においても、最も屡々用いられる言葉である。憲法に権利自由を制限する一般的事由としてこの言葉がある（一二条、一三条、二二条一項、二九条二項）ところから、法令処分等の合憲性が問題となるときには、ほとんど常にこの語が用いられる[1]。

(f)　学説では、行政法の理論構成上において、行政作用の類型を特色づける概念徴表の一つとして、この言葉が用いられている。たとえば、田中二郎博士の概説書では[2]、行政作用を、警察、規制作用、公企業、公用負担、財政の五種に分かち、「規制とは、公共の福祉を維持増進するために、人民の活動を権力的に規制し、人民に対し、これに応ずべき公の義務を課する作用」であり、「公企業とは、直接、社会公共の福祉を維持増進するために、国・地方公共団体その他これに準ずる行政主体が自らの責任で営む非権力的事業」を総称するものであるとしている。

(2)　このように、「公共の福祉」という言葉は、種々様々の場所で、種々雑多の意味に用いられている。その「用いられ方」自体がそれぞれ異なるわけである。しかし、抽象的にいえば、それらはいずれも法令の内容である。あるいは憲法の内容であり、あるいは法令の目的やその内容上の要件であり、あるいは一定のグループに属するいくつかの法令の内容に共通して認められる特色である。したがって、これを解釈論的に明らかにすることは可能であるし、また、必要な作業である。それによって抽象的な法令の内容は具体化される。しかしながら、問題はそれに尽きるであろうか。解釈論的な議論をたたかわせているだけでは済まないような状況が生じているのではあるまいか。これを明らかにすることこそが、現代行政における「公共の福祉」の意義を明らかにする上で重要なことではないかと思われる。現代行政の構造の著しい変貌は、「公共の福祉」の内容だけではなく、その具体化の過程にも重大な変革を生じさせずにはおかない。本稿が「行政過程における」公共の福祉を問題とする理由もそこにある。そこで、本稿は、行政法全体の構造の中において、現代行政の目的とする「公共の福祉」が今日、どのような問題状況に直面しているか、を明らかにすることを目的とする。

二 行政機能の拡大と公共の福祉

(1) 現代国家における行政機能の拡大は、行政作用の目的である公共の福祉の内容を著しく拡大するとともに、公共性の意味を不明確なものにしている。このような事情は、わが国においてもひとしく認められる。代表的な例として次のようなものがあげられよう。

まず第一に、「規制」行政の登場である。(3) 上記の田中二郎博士の定義にみられるように、規制行政においては、公共の福祉の維持増進という積極的な目的のために権力的手段が用いられる。従前の行政法において権力的作用は、特定の公共事業のためにする「公共負担」か、危険防止・衛生等の理由からする「警察」的制限が、その主たる場合であった。特に、警察作用については、警察消極目的の原則により、消極的な危険防止等の秩序維持の目的にのみこれを発動することができ、(4) また、警察公共の原則により、民事上の法律関係に干渉することができず、さらに、警察比例の原則によって、その目的を達するに必要最小限度の手段しか用いることができないものとされていた。ところが、経済の市場機構・価格機構の自律性の減退、人口・産業の都市集中、産業構造の変革等に基づく各種公害等の生活障害・生活危険の増大などに直面して、国家の経済生活・社会生活への積極的関与が要請されることになり、われわれの生活の各分野に規制行政がみられることとなった。(5)

規制行政の特色の第一は、積極的目的のための作用であることである。このことは、消極的な秩序維持作用とは異なり、当然その内容の限定性を著しく弱めることになる。特色の第二は、その対象が民事上の法律関係にも及びうることである。ここでは関与の形式如何によっては、公・私の責任領域を不明確にするおそれがある。第三に規制行政は、手段の多種多様性と、行政的介入の基準に認められる相当広範な裁量の余地とによって特色づけられる。必ずしも厳格な比例原則によっては拘束されていない。ここには手段の選択・組み合わせ・その適用等について行政の自律性が認められるといってよい。したがって、最後に、基準設定等の過程に民意を反映させるための行政手続的規定の整備が要請される。

(2)　行政機能拡大による公共性の内容の拡大・不明確化の著しい第二の分野は、いわゆる「公用負担」、特に土地利用に関する分野である。いうまでもなく、主として都市問題としての土地対策の必要から、土地利用に対する厳しい計画的規制、土地収用権の強化など公共用地取得制度の拡大、行政主体等の手によるニュー・タウン建設・都市再開発事業等に伴って、諸外国においても共通してみられる現象である。(6)わが国においても近年の都市計画法制・土地法制の整備に伴い、雄川一郎教授(7)の言葉によれば、「公用負担の客観化と体系化」の傾向がみられる。

(a)　公用収用関係では、収用権が付与される公益事業の範囲が拡大し、「公用」のためではなく、なんらかの意味で公共性の認められる「私用」のための収用も認められるにいたっている。(8)住宅団地経営事業（収用三条三〇号）のほか、工業団地造成事業（首都圏開発六条）、流通業務団地造成事業（流通市街九条）新住宅市街地開発事業（新住宅市街五条）等ひろく都市計画事業について収用権が付与される（都計六九条）。また、昭和四二年改正後の土地収用法においては、事業認定告示の時において土地価格を固定した（七一条）ほか、法定協議制を廃止するなど手続の客観化をはかっている。同様に昨年施行の都市計画法においても、都市計画告示の段階において土地先買い制度を認めるにいたっている（五七条）。

(b)　都市計画法は、都市計画区域につき既成市街地ならびに優先的に市街化を図るべき区域（市街化区域）と市街化を抑制すべき区域（市街化調整区域）とを区別し、後者については開発行為を原則的に禁ずる反面、前者については、公共投資を集中し、その計画的整備と健全な市街地の形成のため、都市施設の整備を推進するとともに、市街地開発事業を集中的に実施するものとしている。

(c)　昨年成立施行をみた都市再開発法においては、既成市街地における土地の合理的かつ健全な高度利用と都市機能の更新を図ることを目的として権利変換を含む市街地再開発事業を行うことができるものとしている。したがって、従来の諸法律におけるように、防災（旧防災建築街区造成法）、スラム・クリアランス（住宅地区改良法）などの個別的な目的に限定されることなく、ひろく一般的な都市再開発の目的のために強制的手段を用いることが可能となっている。(9)

(d)　公用負担の客観化の内容の一つは、補償基準の統一である。このためには、すでに昭和三七年閣議決定による「公共用地の取得に伴う損失補償基準要綱」があるが、その後、不動産の鑑定評価に関する法律、昨年成立した地価公示法などがある。

(e)　以上のような公用負担の客観化・体系化の基礎となるものとして、総合的な土地利用計画の策定・実施が各方面において強く主張されている。(10)

(3)　公企業もまた「公共の福祉」の積極的実現を目的とする。福祉国家における給付行政の展開は、ここでも公共の福祉の内容を不明確にし、そもそも公企業の範囲を画定することさえ困難となっている。

(a)　公企業は、とくに、直接に「社会公共」の福祉を実現することを目的とする。一定の施設を私人の利用に供し、または、交通通信電気ガス水道等の事業の経営により私人の生活必需の財貨やサービスを提供するなど、一般私人の利用を前提とする。この趣旨からは、いわゆる公益事業を中心とし、特許企業なども含めて、私人に生活必需財貨・役務を提供する一群の企業であって、自然独占を伴うものが浮かび上がってくる。そこでは、利用者の保護を第一義とし、利用者に提供されるサービスの規格を維持し、その料金の適正を図る見地から、経営内容等についても強い規制を加える反面、巨大な固定資本を必要としつつ需要の弾力性に乏しいことを考慮して、法律上にもある程度の独占を保障するなどの保護を与えている。このように限定された意味での公企業の法律的特色はかなり明瞭だといえる。しかし、一方で「採算」を前提としない公企業も多いし、それとの区別も事実上に容易ではない。また他方で、公益事業の法律的特色も利用者保護という「社会公共」の福祉からだけ一義的に導き出すことは不可能であって、そこには基幹産業・重要産業保護という「国家公共」の利益や経営主体の公共性、政府出資の場合の納税者の保護といった観点からのものが混在しているのが普通である。ただ、経営主体の公共性や、特許企業に対する監督を特別権力関係論によって説明するような組織法的アプローチによっては公企業の特色を十分に把握することはできないものと考えられる。けだし、特殊法人や地方公社、各種の外郭団体、都市開発事業への民間ディベロッパーの参加等にみられるように、経営主体・事業主体の法的性格とその事業内容とは直接関係がないのみならず、この点での境界の不鮮明さこそが現代行政の特色の一つをなすからである。[11]

(b)　限定された意味での公企業についても、料金値上げ問題や昭和四一年の地方公営企業法改正問題が示すように、その公共性の具体的内容は必ずしも単純なものではない。

(4)　財政もまた今日、消極的に国または地方公共団体の存立に必要な財源を調達するにとどまらず、国民経済の中でより積極的な役割を担当していることは、ことあたらしく述べるまでもない。全体としての経済の安定・成長、景気調整、所得再配分等の目的のほか、個別的な政策の手段として用いられる。休耕奨励金が交付されるなど、資金交付行政[12]がはなばなしく展開されている。規制行政においても融資措置を伴うことが珍しくない。また土地問題解決の一手段として土地税制の活用[13]が論じられる。さらに、行政全体が財政化し、経済効果的見地から評価される傾向すらないではない。とくに、地方交付税制度は、よきにつけあしきにつけ、このような傾向を地方の段階において促進しているものと思われる。

三　計画行政の展開と法律による行政の原理

(1)　行政機能の拡大強化には種々の理由が考えられる。抽象的には、いわゆる夜警国家から福祉国家へという国家目的の変遷である。消極的な秩序維持の作用だけではなく、経済生活社会生活に対する国家の積極的関与が要求されるにいたった。また、いわゆる都市化の現象があげられる。人口・産業の都市への過度の集中は、公害問題や交通・住宅、水等の都市問題を生じさせている。生活危険・生活障害を除き、都市機能の更新を図ることは今日緊急の課題となっている。さらに、わが国では、経済の効率化と社会開発の推進の要求がある。限られた資源・土地等の効率的な利用を図るために全国的な規模での土地利用計画が問題とされ、また、産業基盤強化・都市建設・公害防止等のための効率的な社会資本の投下が問題とされている。地域開発と街づくり、都市づくりが今日の課題とされているわけである[14]。

現代社会の行政需要の増大に応じた行政機能の拡大は、ただたんに行政の量的な拡大だけではなく、行政の内容の性質ならびに行政全体の構造にも変化をもたらすこととなった。それは、一口について、給付行政の展開による行政の計画行政化[15]の現象と呼ぶことができる。このような現象は行政の全分野にわたってみられる。建築警察・衛生警察等が都市計画的規制の中に体系的に組み込まれたり、交通取締りが交通計画の一環として位置づけられたりするのがその例である。前述の、「規制」行政の登場や「公用負担の客観化」も、このような現象の一つだといってよい。いずれも、総合的施策の要求される行政の各分野において、異種複数の行政権限を体系化し、目的達成に向けて、これを整序する点に計画の特色がある。計画の中には、法規的なものも処分的なものも、さらに私法的手段や融資措置・行政指導等々が体系的立体的に組み込まれ、それらが全体として新たな行政機能を生み出し、これによって一定の目的が動態的に達成されることを狙いとしている。それは、行政が私人に一定の義務を課し、これを行政上の強制執行によって実現するといった単純な構造をとっていない。むしろ、目的実現の過程に国・公共団体も私人も相協力して参加するという複雑な形をとる。

(2)　計画行政に関する問題の第一は、これと法律による行政の原理との関係である。

(a)　生活環境施設の整備、生活必需財貨・サービスの提供、生活障害の除去等、行政目的が積極化し、われわれの生活の公行政への依存度が高まるにつれ、政府部門と民間部門との境界が不明確化し、ために公共性の内容もまた不明確となるをまぬがれない。たとえば、都市計画関係法の目的とする都市機能の更新は、抽象的にいえば、私人の権利自由を強制的に制限しうるほどに公共性をもつといえる。しかし、その公共性の如何が、すべて具体的な行政過程になってみないとわからないという特色がある。さらに、計画行政にあっては種々の行政手段が組み合わせられ、総合的計画的に用いられるのを例とするから、その一つ一つをとりあげて、公共性を判断するといったことが困難となる。一方で権利自由を制限する反面、他方で融資その他の利益を与えるなどの代償措置を講ずることが珍しくないからである。そこで、相当広範な行政権限を付与する立法にあっても、その合憲性の判断が具体的な適用にかかることが多くなった[16]。ために、法令審査権は、いわゆる法令の合憲的解釈（Die ver-fassungskonforme Auslegung）にとって代わられる傾向にある。ときには法律の合憲的解釈の範囲を逸脱し、憲法の合法律的解釈となり、または憲法の合法律性が判断されるの観を呈することも少なくない[17]。

(b)　つぎに、法律による行政の拘束もまた困難となった。行政機能の拡大・変質等による立法権と行政権の結合、委任立法の増大は、法律による行政の原理を、行政による法律の原理（Prinzip der Verwaltungsmäßigkeitder

Gesetzgebung)[18]に変えてしまった。立法は、行政の活動を制限するよりは、積極的目的のための活動を授権するという側面の方が強くなった。また専門的・総合的行政の展開は立法過程のイニシアティブと立法の責任を執行府に課している。立法の不備を議員が政府に対して追及するというのは、行政法の教科書からみると珍妙なことかもしれないが、今日通常の現象である。問題が生じた場合に、発行部数の大きい大衆新聞の示す反応は、きまって「当局は何をしているのか」であり、その際、必要な法律のないことは当局の逃げ口上にしかすぎないとされるのである。

(c) 計画行政において、行政は積極的に行動することが求められている。[19]坐して人権の侵害を待ち、これに事後的救済を与えるというのではなく、先行的に環境条件等を整え、より多くの者の権利自由を長期的展望の下で積極的に実現することが求められている。また現在の高密度社会において権利自由の実現は常に他のものの権利自由との調整を必要としている。自由放任は生活障害や生活上の単なる迷惑を直ちに生活危険に転じ、生活機能がまひするほどの混乱を生じさせる可能性が強い。[20]このような私人相互間の利害の衝突の高度の可能性が、この調整を任務とする行政の登場をうながし、法令審査における公共性の内容を不明確にするとともに、法令の根拠の存しない場合にも、利害関係者から行政に対する積極的行動の要求が出される理由となっている。

(d) 行政上の政策の計画化・総合化は、他の政策との関連性を一段と強めることとなり、政策相互間の優先順位の決定を不可避のものとする。この総合調整機能もまた議会ではなく、政府に期待されている。

(3) 計画行政の展開は、法の制定の過程においてのみならず、法の具体化の過程においても、行政の自律性を高め、そのイニシアティブに基づく独自の過程を形成している。そこには、すでに法律執行的な行政の枠組みを破り、もはや法の具体化とは呼びえないような状況が生じているのである。

(a) 法律のある場合にも行政権による立法に委ねられたところが多い。法律は規制の抽象的根拠を置くにとどまり、具体的な規制の対象・基準等は、政令省令等に委ねられる場合が少なくない。しかも、行政による基準の設定等の内容如何によって法律の規制そのものの性格が大きく変わるということさえある。たとえば、公害対策基本法や公害防止条例の第一条に、どのような文章が掲げられているか、によってではなく、政令・規則等の定める具体的な規制基準の内容やその運用の如何によって公害行政の性格が判断されるであろう。さらに、土地利用規制・公害防止協定など必ずしも公害防止関係法令中に具体的な規定を有しない他の行政手段の活用等をも総合的に判断されるべきであろう。同様に、都市計画法上の地域地区制、都市計画事業も、その公共性の如何は具体的にでなければ判断できない。

(b)　計画行政のきわだった特色は、行政手段の多種多様性と、行政手段の交換可能性すなわち行政による行政手段の選択可能性[21]、さらに、行政の手元における異種複数の行政手段の適当な組み合わせによって新たな行政機能が創出される可能性[22]があることである。行政手段の中には法の拘束になしみにくい私法上の手段や授益的措置・行政指導などが含まれる。また、ひとつひとつの行政手段が法律上の根拠をもち、それぞれ法律上の要件が規定されていても、これらの組み合わせによって生ずる新たな行政機能そのものは、法律上からの予測の域をこえるのである。

(c)　比喩的にいえば、消極的な秩序維持行政にあっては、処分等の行政手段は用法の固定した単純な道具であったのに対して、計画行政における行政手段は複雑な機械・機構の一部であるといえる。処分等によって義務付けをし、その義務を行政上の強制執行の手段によって実現するといった単純な過程をたどるものではない。もちろん、個々の法的権限が法的権限でなくなるはずはないが、これまた全体としての行政過程の中に適当に位置づけられ、その一環としての機能を果たすために用いられる。法律上に要件効果等の明確な処分権限も、単独でそれ自体として用いられるというよりは、非定型的な強制手段や誘導手段である行政指導・融資措置等とともにワンセットとして用いられる。このような全体としての計画の合理性や行政過程の如何は、私人の権利自由にとって重大な影響を及ぼすものであるが、それが行政の手中に委ねられているのである。

(4) 私人に生活の基盤を提供し、その生活環境を整備し、生活の基本的手段を提供することをも任務とする行政にあっては、単純な法律執行的な行政とは異なり、国・公共団体と私人との関係は極めて複雑なものとなる。

(a) 抽象的にいって、行政主体と私人とが相対立するというよりは、一つの行政過程に行政主体も私人も一定の機能を分担しつつ参加するといった方が実態に近いような現象が多くあらわれている。

(b) 政府部門と民間部門との境界の不明確化は種々の点にあらわれているが、その一つは公行政の担当者たる主体の問題である。国における政府関係機関または特殊法人、地方における地方公社のほか、近時、住宅産業・都市開発産業等に、民間ディベロッパーの活用が問題となっている。[23]

(c) 社会資本整備または社会開発にあたっての受益者負担の原則、[24]あるいは宅地造成等における公共施設の負担の原則[25]が強調されている。同様の趣旨から、土地値上り分中に公共投資に基づく開発利益があることを認め、これを土地所有者に帰属せしめないものとする前記土地収用法の改正（七一条）がある。

(d) その意味には種々異なるものが含まれるが、行政に対する市民の協力に関する規定が設けられることがある（環境衛生適正化法八条の二、公害対策基本法六条等）。

(e) その反面、行政が私人相互間の紛争処理に関与し（大気汚染二一条以下、建設業法二五条以下）、または、公害・交通事故等の被害者の救済に関与することがある。[26]

(f) 昭和三六年以来の行政相談員の設置、四〇年の行政相談担当者の設置等により行政相談制度が拡充されつつあるが、公害に関する苦情処理のごとく行政相談が同時に生活相談としての性格をもち、私人相互間の紛争処理に一役かうことも多い。

(g) 新中央集権主義の登場にみるように国と地方公共団体の関係もまた複雑化した。

四　行政過程の統制

(1)　行政機能の拡大による行政の計画行政化とともに、法の具体化などによっては説明しつくせない独自の行政過程の存在がみられることとなった。行政固有の領域の存在[27]というよりは、行政固有の過程の存在である。法律執行的な行政処分が存在しなくなるというのではないが、これも行政過程の中に置かれて一定の機能を果たすものとなっている。しかも、この行政過程の展開によって、われわれの生活が大きな変容をこうむる可能性は高まるばかりである。われわれに生活の基盤を提供し、生活環境を整備するなど、われわれに生活の場を提供する行政は、同時に、われわれに従来の生活体系の変容を迫る行政でもある。行政過程に対する立法による統制が不十分であるならば、他の手段による統制を考えなくてはならない。

(2)　行政過程を統制する手段の一つは司法審査である。これには種々の試みがなされている。

(a)　その一つは原告適格の拡大である。給付行政の展開による警察的行政の計画行政化により、たとえば、建築法規の意味が、消極的な危険防止・秩序維持を目的とするものから、複数関係者間の利害の調整の意味をもあわせもつものと変わったことを理由として、建築許可等に対する第三者の訴訟提起を認めようとする考えがある[28]。給付行政展開による憲法構造の変遷ないし国家と私人の関係の変遷を理由として同様の考えをとるものがある[29]。さらに進んで、計画自体に対して争訟提起を認めるもの[30]、また隣人訴訟を計画実施請求権（Planfolgungsanspruch）に基づくものとして把え直そうとする試み[31]などがある。

(b)　自由裁量行為、とくに公共企業規制法の分野での特許等について、手続的見地から司法審査を認めようとする下級審判決がある[32]。

(c)　行政過程においては行政庁のイニシアティブが支配している。法的な処分権限も、その発動は行政庁の意に委ねられている。ところが、行政機能の拡大をうながし、計画行政化をうながしている理由の一つである生活障害・生活危険の増大は、被害者に対し、第三者に対する警察の積極的介入を要求する請求権を認めるべきであるとする考えを生むにいたっている。[33]

(3) 行政過程をチェックするもう一つの司法上の手段は「執行停止」の制度（行訴二五条以下）である。これと内閣総理大臣の異議の制度については、すでに多くの議論があるが、特に公安条例の運用をめぐって問題となった。

(a) まず、最高裁判所[34]をはじめ一般にとられている許可制と届出制の区別はおかしい。行政法上、警察許可を表現するのに「一般的禁止を前提としてこれを特定の場合に解除する」といった定義づけを用いているが、それは技術的説明の言葉であって、許可が原則として義務づけられているのが警察許可の特色であり、判例の文言にいう「実質的な届出制」がまさに警察許可の性質なのである。したがって、これと区別すべき届出制としては、許可要件の実質的内容からではなく、専ら手続的見地から、(イ)単なる届出で足り行政庁の判断を要しないものか、(ロ)少なくとも救済規定を設けて一定期間後には行政庁の行為を不要とするものか、(ハ)あるいは最小限、不許可処分に対する執行停止による権利救済が認められるものでなくてはならないであろう。

(b) 許可の負担である条件の執行停止の可否が論じられている。負担のみの執行停止や取消によって、負担なき許可を取得することが行政庁の第一次的判断権の法理や負担の法理と衝突するのではないのかが問題とされているわけである。けだし、不許可処分の取消は許可処分の付与とは考えられていないからである。しかしながら、上記のように届出制を手続的な意味で把えれば、執行停止によって申請通りの行動が可能となるのは当然であるといえよう。

(c) たとい不許可処分[35]の取消が許可処分の付与ではないにしても、本案訴訟とは別に暫定的権利救済制度には固有の存在理由があるものと考えられる。本案に対する終局的判断はともかく、とりあえず、暫定的な権利救済の必要上一定の措置を認める。それが結果として、本案の先取りとなり、あるいは本案以上のものを得ることになっても、それはやむをえないことだというべきである。

(d)　行政処分が唯一絶対の行政手段ではなく、私人もまた行政過程に一定の機能を分担して参加しているものだと考えるならば、また、行政処分も行政過程のひとこまにすぎないと考えるならば、いわゆる行政庁の第一次的判断権には再検討の余地が大きい[36]。

(4)　行政に対する司法審査の範囲は、大きな傾向として、次第に拡大しつつある。しかしながら、これまた行政に固有の行政過程を直接に統制することは、はなはだしく困難であるばかりか、むしろ適当ではない。けだし、計画行政における行政過程の最も重要な部分は、多数の者の権利自由を相互に調整しつつ全体として権利自由の積極的実現をはかるための行政の活動が計画的に調整されるところにあるからである。いわば現代行政において、その目的とする公共性の如何は、計画の合理性によって判断されるところとなった。計画策定の根拠、計画策定の手続、計画実現のための行政的手続等は法律上に規定することができても、計画そのものの合理性・公共性は直接法律上には与えられてはいない。したがって、この合理性を担保するには、一般市民の行政過程への積極的な参加が不可欠である。近時、種々の見地から、行政に対する市民・住民の参加が主張されている。ときには欲求不満の解消のため、ときには責任と負担の分担のため、あるいは国民と政治・行政の間の対話を復活させるための理由からこれが主張されている[37]。しかし、行政過程の独自性の認められる今日、市民の行政過程への積極的参加の途を広く認めることによってはじめて計画なり処分なりの合理性が担保されるものと考えるべきである[38]。

五　今日の課題

行政機能拡大による行政の計画化は、政府部門と民間部門の境界の不明確化、行政過程の独自性と法的拘束からの乖離、政策決定過程への市民の参加の必要等の問題を提起している。これらは、厳密な意味での法的判断には必ずしも属さないものの、われわれの生活体系を大きく変える決定が行政過程においてなされていることを示すものである。

そこで、まず何よりも必要なことは、国・公共団体と私人それぞれの責任と機能分担関係を明らかにすることである。政府部門と民間の境界を明確にする努力がなければ、公共の責任は不分明のままに、ときには過大となり、またときには過小となるおそれがある。また、私人の責任領域を同時に明確にしておかなければならない。事あるごとに「当局は何をしているのか」という発想では、行政機能は拡大するばかりであるし、政策の選択順位において声の大きいものが優先されるという傾向をうむ。

第二に、現代の変貌する行政を担当するにふさわしい行政組織を確立することが必要である。その際、住民参加にも考慮をはらうべきは当然である。

第三に、現代の行政は、われわれの生活体系を大きく変え、基本的人権が問題となる環境条件を大きく変えるものであるだけに、これを総合的に研究する機関を設けるべきである。あわせて、各省のセクショナリズムを打破し、現代行政を担当するにふさわしい公務員の養成研修の任務をかねたものとすべきである。

われわれの公行政への依存度が高まるばかりである現在、行政の行方が成り行きまかせであるということが、われわれにとって最も不幸なことと考えるから、あえて「公共の福祉」をめぐる法解釈論議を展開しなかった次第である。

（1）　これについては多くの判例批評・研究があるが、上告趣意の中にも相当くわしいものがある。たとえば、最高裁昭和四四年四月二日大法廷判決につき民集二三巻五号三五九頁以下、四〇八頁以下参照。
（2）　田中二郎・新版行政法下巻（弘文堂）、二九七頁、三二八頁。

（3）田中・前掲書二九六頁以下。今村成和・行政法入門六〇頁。保木本一郎・ドイツにおける営業警察の展開（社会科学研究一九巻五・六号、二〇巻二号）

（4）vgl. z.B.W.v.Humboldt, Ideen zu einem Versuch die Grenzen der Wirksamkeit des Staats zu bestim-men (RECLAM), S.28 ff., S.57 ff.

（5）たとえば、危険な食品やウソツキ食品を総合的に規制しようとするため、食品衛生法を食品法に変えようという主張がみられる。

（6）たとえば次の諸文献参照。国立国会図書館調査立法考査局・都市問題としての土地対策。日本都市センター・世界の都市再開発。同・世界の新都市開発。佐々波他編・フランスの建築・都市・地域計画。加藤邦男・フランスの都市計画。ハール編・都市計画と土地利用。ヒープ・英国の都市計画法。日本地域開発センター編・民間ディベロッパー。同・都市開発と民間企業等。洋文献はそれぞれの国に専門書が多いので、一々ここには挙げない。

（7）雄川一郎・公用負担法理の動向と土地利用計画（公法研究二九号一四二頁以下）

（8）雄川・前掲一五〇頁。ハール編・前掲書二四三頁（Public Use から Public Purpose へ）。フランスでも同様に、公用収用（expropriation pour cause d'utilité publique）から公共的な私用収用（expropriation publique pour cause d'utilité privée）を含む単なる公益性（utilité générale）の存在をもって足りるものと考えられている。

（9）遠藤博世・都市再開発法の位置づけ（ジュリスト四三〇号）

（10）雄川・前掲。宮沢弘・新国土計画論。国民生活審議会編・将来の国民生活像四〇頁。経済企画庁編・経済社会発展計画五三頁。宮崎仁編・新全国総合開発計画の解説等。

（11）山田幸男・公企業法参照。

（12）塩野宏・資金交付行政の法律問題（国家七八巻三・四号、五・六号）参照。

（13）税制調査会編・土地税制のあり方についての答申（昭和四三年七月）

（14）国民生活審議会編・将来の国民生活像、経済企画庁編・経済社会発展計画、宮崎編・前掲書等参照。なお、経済審議会・新経済社会発展計画第二部・課題達成のための政策第一次案（昭和四五年三月六日朝日新聞）参照。また、都市化の進展による地域共同体の崩壊が行政機能の拡大をうながしていることについては、国民生活審議会調査部会編・コミュニティ六頁等参照。

(15) 計画行政には、「計画」と名づけられた形式的な意味でのものと、名称の如何をとわず実質的に一定の性質をもつものを表現するものとがある。ここでは後者の意味に用いる。前者については、行政教育研究会編・行政計画参照。

(16) vgl z.B.J.Burmeister, Die Verfassungsorientierung der Gesetzesauslegung. 1966; V.Haak, Normenkon-trolle und verfassungskonforme Gesetzesauslegung des Richters, 1963; W-D Eckardt, Die verfassungskon-forme Gesetzesauslegung. 1964; W.Leisner, Von der Verfassungsmäßigkeit der Gesetze zur Gesetzmäßigk-eit der Verfassung 1964.

わが国の裁判例にもこの傾向がみられる。公務員の労働権の制限について代償措置を考慮し（最高裁昭和四一年一〇月二六日大法廷判決刑集二〇巻八号九〇一頁）、公安条例の合憲性を承認するにあたって、合憲的な運用を前提として判断し（最高裁昭和三五年七月二〇日大法廷判決刑集一四巻九号一二四三頁）、公務員の政治的行為の制限について適用違憲を認める（旭川地裁昭和四三年三月二五日判決下級刑集一〇巻三号二九三頁）などがその例である。

(17) 前注文献参照。

(18) H.Bülck, Abhängigkeit und Selbständigkeit der Verwaltung（in: Verwaltung, Hrsg. von F M.Marx（1965, S.52 ff.）S. 64.

(19) 真の行政は計画であり、また、真の計画は行動であるとか、法律もまた現代において積極的な行動者となったなどといわれる。cf. p. ex. de Laubadère, Traitè élémentaire de droit administratif, tome II. n° 780; W. Friedmann Law in a Changing Society（Pelican）, p.371; Firmin Oulès, Economic Planning and Democracy（1966 Pelican）, p.375.

(20) Firmin Oulès, op. cit., p.114.

(21) vgl. Forsthoff. Der Staat als Auftraggeber, S. 11 ff. 19.

(22) 拙稿・行政権限の競合と融合（北大法学論集一九巻四号）

(23) 日本地域開発センター編・民間ディベロッパー、同・都市開発と民間企業。東京都政調査会・都政（昭和四五年二月号）。なお、都市計画法三四条一〇号、都市再開発法二一条参照。

(24) 昭和四二年三月一三日閣議決定・経済社会発展計画の繰返し強調するところである。

(25) 都市計画法一三条一項、三三条一項、三九条、四〇条。都市再開発法四条二項、七三条一項、一〇九条、一二一条等参照。

(26) 公害に係る健康被害の救済に関する特別措置法参照。交通事故についても種々の提案がなされている。

(27) vgl. z. B. E.-W. Böckenförde, Die Organisationsgewalt im Bereich der Regierung, 1964, S. 81 ff.; H. Pe-ters, Die Verwaltung als eigenständige Staatsgewalt, 1965.

(28) W. Dörffler, Verwaltungsakte mit Drittwirlung, NJW 63, 14 ff.

(29) H.-W. Laubinger, Verwaltungsakt mit Doppelwirkung, 1967, S. 24; H. Demme, Die nachbarlichen Schut-zvor-schriften im Gaststättenrecht, DVBl. 67, 758 ff. 原田・行政行為の取消訴訟と原告適格（国家七七巻九・一〇号二八頁以下）。

(30) Bartlsperger, DVBl. 67, 360.

(31) K. Redeker, Von der Nachbarklage zum Pleanbefolgungsanspruch, DVBl. 68, 7 ff.

(32) 浜秀和・行政裁量の司法統制（北海道駒沢大学研究紀要第二号）参照。

(33) 原田尚彦・行政法における公権論の再検討（民商五八巻二号）、保木本・前掲論文（社会科学研究二〇巻二号九九頁以下）。

(34) 最高裁昭和三五年七月二〇日大法廷判決刑集一四巻九号一二四三頁。

(35) H. Rohmeyer, Geschichte und Rechtsnatur der einstweilige Anordnung im Verwaltungsprozess, 1967 S. 120 ff. 190.

(36) 拙稿・複数当事者の行政行為（北大論集二〇巻一・二・三号）

(37) 国民生活審議会編・将来の国民生活像四五頁、経済企画庁編・経済社会発展計画二五・四五・五六頁以下・八一頁参照。国民生活審議会調査部会編・コミュニティ一八・二四頁参照。

(38) したがって、司法過程を標準においた準司法手続という消極的なものよりも、むしろ、立法手続を標準においた政策決定過程への積極的参加を認めるべきである。兼子仁・フランスにおける利益代表的諮問行政の法制（国家八一巻九・一〇号）九八頁以下。拙稿・ジュリスト四三〇号二五頁参照。

(ジュリスト四四七号、一九七〇年)

4　行政過程論の意義

一

(1)　行政過程ないし行政過程論という言葉は、近時より頻繁に用いられるようになってきた。原田尚彦教授の近著『行政法要論』においても、「法治主義と行政過程」という章がもうけられて、相当の頁が割かれているのみならず、その内容においても、目的追求活動としての行政にとって全部留保説が疑問であることや、行政過程における私人の地位など、きわめて重要な、いわば、教授の行政法のとらえ方の核心がそこにあるというべきものがのべられている。また、塩野宏教授と室井力教授の共編にかかる『行政法を学ぶ』（近刊予定）においても、「行政過程」と題する編がおかれ、編者によって、従来の行政作用という語に代えて新しく行政過程という語が用いられるべきゆえんが簡明にのべられている。さらに、これらの二著に共通なことは、個々の行政の行為形式ないし行為類型の説明を内容とする章や編の前に、行政過程の論述がおかれていることである。現代行政の複雑化は行政手段の多様化を生んでいるが、新しい行政手段や行為形式を個別にとりあげるだけではすまない何物かがあることを共通に感じとっているためであろうと推測される。後著の文章中の言葉を借用すれば、「行政と私人の法的相関関係をより動態的に把握しようとする意図」とか「現代行政の活動を国民の権利自由とのかかわりにおいて具体的、現実機能的に考察する」という必要がみとめられるのであろう。これまでのあまりにも概念形式的な「教科書法学」にあきたらない気持は相当広範な研究者層に共通してみとめられるといってよいであろう。とりたてて「行政過程」という言葉を用いないまでも行政の動態的把握や現実機能的考察そのものは様々の形をとって試みられている。行政過程論は、このような大きな時代の気運というものを表現しているということができる。

(2)　しかしながら、かりに行政過程論がひとつの時代の気運を表現するものであることがみとめられるにしても、それだけでは学問上の用語として自己を主張することは困難であるといわなくてはならない。たしかに、訴訟法に例をとれば、訴訟法律関係説に対して訴訟状態説の登場は、数多くの有益な認識をもたらしたに相違ない。しかし、その場合には、訴訟状態説自体によって、相当具体的な内容をもった理論の展開があってのうえのことであって、ひとつの気運やムードを表現するだけでは、学問的には無価値であることはいうまでもない。

行政過程や行政過程論の語が次第に広く用いられるにつれて、「行政過程論とは何か」という質問を受けることが多くなった。ひとつの質問は「行政過程論の内容がどうもよくわからない」というのであり、もうひとつのタイプの質問は、「行政過程論でなくても、行政行為論でよいのではないか」または「行政過程論は行政手続法でよいのではないか」など、すでに存在する理論によって説明がつくから、行政過程論はいらないのではないかという疑問をのべるものである。現在たしかに、気運としては共通のものがあるにせよ、行政過程（論）の語は、様々の人によって様々な用いられ方をしているうえに、その内容も十全の展開をみせているというにはなお程遠い状態にあって、これが行政過程論だ、という確固たる内容を示すことは困難である。人さまざまに行政過程論なりその試みがあるというのが現状の説明としてはふさわしいかもしれない。筆者も、比較的早い時期に、最初の研究テーマであった行政行為の研究の自然の発展と、現実の行政についてあれこれ想いをめぐらした結果から、「行政過程における公共の福祉」や「行政権限の競合と融合」などの小稿において稚拙な試論をのべたり、大学紛争で頓挫をきたしたままの「複数当事者の行政行為」と題する論文には、行政過程論の試みという副題をつけながら、十分その内容を展開できないままでいる。その後の研究の一端は、近著の『計画行政法』の中にもりこんでいるとはいっても、様々の方から寄せられた疑問に対して、自分自身の考える行政過程論の概略についてさえ、なお人の理解を得るに足る説明の努力が足りないことを痛感している。今なお稚拙なものではあるが、その概略をのべて、責任の一端をふさぐとともに読者諸賢のご批判を得て、今後の自分の研究のうえで役立てることとしたい。

二

(1) 行政過程論は筆者にとって、「物の考え方」であり「物の見方」である。行政行為論や行政手続法のように、行政法の特定の理論分野を構成するものではなくて、行政法上の諸現象をどのようにとらえるかという物の見方である。

この考え方をとるにいたった根拠あるいはその根底にあるものは、学問としての行政法学の建設の願望である。現在行われている行政法学は、実践的な法解釈論そのものであって、行政法研究者田中二郎博士の学説も最高裁判所田中二郎判事の意見も、本質的に同一次元で行われている。法解釈のために様々の調査研究もあり、知見の蓄積もあり、これに加えて円満なる良識や常識に従って、極めて複雑な外部からはうかがい知れない判断過程をたどって、いわば、ある人の蘊蓄をかたむけた結論が下されている。また、結論にいたる理由づけも文章の上ではつけられている。このような学説が相互に優劣を競っている。判例と学説とが判例学説と並び称されていることからもわかるように、学説は、実用法学として、実践的な法解釈そのものを自ら行うのであって、これを研究の対象とするのではなくて、実践の渦中に自らとびこんでいる。今村成和教授における別稿でのべた実践的性格も、このような実用法学の当然の帰結であるということができる。実定法制度が現実にはたしている重要な機能にかんがみて、判例批評などによって実定法解釈論が不断にこれに批判を加えていることは極めて重要な意味のあることは否定しない。しかしながら、実定制度上、直接的な形では完結的な解答が得られない諸問題に対して、実践上の必要に迫られて完結的な解答を、制度上にすでに支えられているものとして導き出す作業は、実践的には止むを得ないが、とうてい学問的認識と呼べた代物でないことは当然である。自分が正しいと信ずる結論を説得的に主張するための文章上の技術の優劣巧拙であり、職人芸を競うものにすぎないと思われる。もちろん、単なる文章上の技術ではなくて、判断資料の収集整理、分析検討があり、判断の前提におくものがあり、判断の方法があってのうえのことではあるが、数多くの前提をおいても、なおかつ完結的な解答は出にくいと思われるにもかかわらず、留保なしに断定的な結論が出されていることがあまりにも多いと筆者には思われるのである。

(2)　これまでの行政法（解釈）学がやってきたものは、制度内在的論理に基づく解答の体系の提示であったと思われる。

実定法制度が直接的には明示の解答を与えていない場合においては、何らかの方法によって解答を与えなければならない。与えなければならないというのは実践上の要求である。立法上の解答不明のゆえをもって、裁判官は裁判を拒むことはできない。ときに条理に従ってでも解答を与えなければならない。このような実践的な法解釈論とはっきりとした区別のつかないままで「理論的」な法解釈学というものがある。法解釈学においても、実定法制度は、「理論的に」解答を与えているはずであり、しかも「唯一の正しい」法解釈が存在するはずであるという前提の上に立って議論がされている。実践上の要請としては、つねに「唯一の」正しい解釈が求められなければならないし、制度の論理の要請するところであるが、制度をありのままに解釈する法解釈学も同じ前提に理論上立たなければならないとするのである。したがって、「正しいか、正しくないか」の基準は、どれだけ「制度に即した」ものであるのかによってきめられる。そこで、直接的、明示的には制度によって解答は与えられてはいないものの、間接的、黙示的には「すでに」制度の中に与えられているというフィクションの上に立って、自己の正しいと信ずる結論を引き出しうる中間命題を制度の内容であるとして議論の前提部分の中にいかにたくみにすべりこませておくかという技巧が競われてきたわけである。制度と理論とは不即不離の関係に立つというよりも、制度即理論として一体化している。これまでわが国の行政法で最も基本的な概念の一つである「行政行為」をとりあげてみれば、これは学問上の概念ではあるが、その効果といわれるものは実定制度上のものであるばかりでなく、田中二郎博士によれば、この行政行為の特性のうえに争訟制度などの実定制度がたてられているというのであるから、制度の中でも最も基本的な制度であるわけである。たとえていえば、法解釈学は、実定制度の骨組みに肉を与え血を通わせるにとどまることなく、バラバラの骨を拾い集めてきて組み立てるばかりか、ときに背骨まで自前で作り出しておきながら、自分は人体を描写しているにすぎないといっているのである。てんでに自分こそが最も忠実な制度の体現者であるとして議論を闘わせている。

(3)　このような制度内在的論理に基づく解答の体系の提示という作業には、いくつかの特色がみとめられる。

(a)　第一の特色は、実定制度は議論の前提におかれて、議論の対象とはされないということである。実定制度が研究の対象ではあっても、制度に即した制度の研究、制度の枠の内側から眺めた制度内在的な論理による制度の研究であって、制度そのものは議論の前提におかれている。制度を議論の対象とすることは立法論として排斥される。立法や政策形成のイニシァティブをもつ行政官僚は、必要があれば法律を作り、法律に対する政策的論議もおこたらないが、行政法学は、下級の文書課の法規係同様に実定制度に忠実に法解釈を展開している。

(b)　つぎに、古典的な制度のモデルが暗黙の前提におかれているように思われる。すなわち、法を議会が生産し、行政がこれを執行し、さらに、行政が法の枠を守っているかどうかを裁判所が審査するという権力分立論の古典的なモデルがある。また、その前提には社会における利害の衝突の調整が立法過程でついているというフィクションがあり、さらに、社会における利害の対立、人の価値観の対立にもかかわらず、これらを超越した普遍的な公益ないし公共性があるという考えがある。社会を構成する者が同質的であるという、筆者からみて、まことにうらやましい限りの人間観ないし社会観である。

(c)　制度を所与の前提とし、行政作用の具体的な公共性の内容にも立ち入らず、これをめぐる私人相互間の利害の衝突も問題としないような議論は、実定制度の通り一遍の説明の域をこえるものではなかった。権力分立論を前提とし、私法に対して、公行政の特殊性を強調する田中行政法と、司法国家観に立ち公行政の特殊性をつとめて否定しようとする今村行政法とは、正反対のようにみえるが、議論の枠組みにおいて共通性が強い。両者はともに、行政対私人の関係において、行政権力を抑制しようとし、また、公行政の特殊性を限定的に理解しようという発想に立っている。田中二郎博士において、時代的制約や理論的制約のため自制的にのべられてきたものについて、制度の改廃等により時代的制約がなくなり、理論的制約が軽視されて、大胆な主張がみられるようになったまでのことであって、基本的方向や方法は一致している。公行政の特殊性を制限する見地から唱えられた公法上の管理関係の理論について今日、様々の批判があるのがその例である。公行政一般の特殊性に対する私人一般の権利利益の保護救済という枠組みの中で、制度の表面的な通り一遍の説明が行われているわけである。

(d)　制度内在的な論理によって解答を用意する作業は、制度の中にすでに解答がある、しかも、唯一の正しい解答があるという前提に立つため、解答をも相当程度に内包した概念によって問題をとらえることが必要になる。たとえば、行政行為の公定力という概念が典型的な例であって、これによって多くの場合の問題について解答を与えることができる仕掛けになっている。有効性の推定など類似の概念は、諸外国においても例をみることがあるが、しかし、わが国において、いわゆる行政行為の公定力の解釈論的機能といわれるような用いられ方は他に類をみない。問題群と解答群とがワン・セットとなった概念の体系、主として解答の体系がここにある。行政行為の概念さえ、このような解答を提供する機能を相当程度もったものであり、学説等によっては、行政という概念にまでこのような機能がおわせられることがある。執行停止は行政作用であるとか、義務付訴訟は行政に代わって行為をするに等しいとかという説明によってある種の問題に対する解答が引き出されている。問題をとらえるとともに解答も与える便利さがここにある。

(4) このような制度内在的論理に基づく解答の体系の提供という作業には、次のような欠陥を指摘することができよう。

(a) 「行政」という言葉は頻繁に用いられ、また、ときとしては「行政一般」に対する積極的な定義づけが与えられることもあるが、それは制度化されてしまっている行政であり、権力分立における行政であって、その内容は皆目与えられていない。ときには私人相互間の利害の衝突が、立法過程において決着がつけられないままで行政過程にもちこされている場合もあれば、一口に行政行為といっても実に様々の分野でのそれがあるにもかかわらず、「行政」や「行政行為」の概念が用いられて、そのまま解答を生み出すという驚くべき強引さである。民法にも、債権各論もあれば契約各論がある。かりに伝統的な方法によったところで、行政法学は、行政行為各論を欠いたままでは、まだ建設途上にあるといわなくてはならない。

(b) 法解釈論上しばしば「論理構成」という言葉が用いられるが、それは一方で結論をにらみ、他方で、問題ないし関連問題の解答にも気を配りながら、資料を取捨選択し、価値判断を下しつつ、寄せ木細工のように文字面のうえで辻つまを合わせて、問題から解答にいたる首尾一貫した命題の体系を作り出すことである。学問的判断のもつ価値は、問題をいかにとらえるか、ともうひとつには、その問題を判断するためにどれだけの資料をどのように判断しているかによってはかられるものであろう。問題群と解答群のセットとなった概念によっては、問題を問題としてとらえることもできなければ、問題に対して解答を出すには、いかなる利害や諸事情に配慮をすべきかも明らかとはならないであろう。実践的活動そのままに、一つの解答を唯一の正しいものとして主張するためには結論に有利な事情を高く評価し、不利な事情を軽視するか無視するなどの方法によることになるが、かくては判断資料は洗いざらい表面に出てこないか、楽屋裏で独自に処理されてしまうことになる。法解釈学は、実定制度に安易に依存して問題設定能力の開発を怠ってきたばかりか、実定制度上の裁判官による実際の判断過程をおおいかくすことに力を尽してきた面が相当にあったといわなくてはならない。群馬中央バス事件の第一審判決（昭和三八年一二月二五日行裁例集一四巻一二号二二五五頁）や不当利得に関する最高裁判決（昭和四九年三月八日民集二八巻二号一八六頁）をみても、裁判例のほうが余程問題を正確精細にとらえようと努力しており、教科書法学の域を脱しきれない行政法学は、わが国の判例からさえ取り残されている面が出てきた。現在手持ちの道具概念によって、どうやって判例分析をするのであろうか。

(c)　「論理構成」や「概念構成」あるいは「法理の発見」は、必要である。しかし、それは実践上の必要である、いわゆる「実益」のためではない。不充分な資料、価値判断の対立の余地、これらを一挙にとびこして、一つの結論を急ぐための道具として必要だというのではない。問題を様々の角度からとらえ、何もないようなところに、いかにそこに問題があり、いかに人の見解、価値判断が異なるかをあからさまにするために必要だというのである。理論上当然に唯一の正しい法解釈があるというのとは全く逆に、理論上には当然複数の法解釈の余地があり、どの点について人の判断が、いかに、なぜに異なりうるかを赤裸々にするために必要だと考えるのである。これまで、あまりにも短兵急な実益論が、行政法理論の内容を自ら貧困なものたらしめたのみならず、新しい試みの芽をもつみとってきたのである。

(5)　行政過程論は、以上のような方法的反省のうえに立って出てきたものである。したがって、いうまでもないことであるが、行政過程論は、従来の行政行為論のような解答の体系ないし解答の束を即刻手元に届けようとするものではない。行政の動態的把握とか現実的機能の直視とかいうことも、あるいは議論の過程では出てくるであろうが、最初から、こういうことをねらいとして、あるいは特定の価値判断のうえに立って、解答の体系を創造しようとするものではない。むしろ強いていえば問題の体系を作り出そうとするものである。これまでの行政法学によって、いろいろの批判はあるにせよ、問題の整理、体系化があり、解答の体系がすでに与えられている。その問題のとらえ方、メスの入れ方自体を問題とするのである。塩野宏教授によって執筆が予定されている行政法の体系書にもその全体について行政過程論という副題が付けられているから、推測の域は出ないが、恐らく、問題そのもののとらえ方やそのとりあつかい方について何らかの考え方があってのことと思われる。このような物の見方や方法論は、実益論になじんできた大方の理解を得ることが困難である。「行政過程論とは何だ」「行政過程論はよくわからない」という質問や疑問のくりかえされる理由の一つはここにあると思われる。行政過程論は、まさに、あまりにも実益論に偏した実用法学に方法的反省を迫るために生まれたものであるが、そのことを強調するばかりでは堂々めぐりとなって、話が先に進まないことになる。大方の理解を得るために、自らの実用性を強調するということは、行政過程論にとってはディレンマであるのみならず、実績の乏しい段階でその概略をのべることは相当の困難と危険を伴う。実益論者からの強力な反論も予想されるからである。しかし、行政過程論は、行政法学の幅を広げて実用法学につきない分野を開拓するとともに、実用法学の側面においても、性急な「解答に偏した体系」を排して、問題の体系に重点をおくとはいえ、ひいては真の意味での「解答のための体系」には有益な作業であるはずであって、実益論者からの批判を歓迎したいのである。

三

(1)　行政過程論の立場から第一にやるべきことは「公共性」論の検討である。政府の諸活動の公共性の内容・性格の検討は、行政学や経済学において行われているが、これまでわが国の行政法学においては論じられることがなかったといってよい。

もちろん公共性に関する断片的な議論は、これまでもなかったわけではない。たとえば、行政作用の類型化において、国家目的の作用や社会目的の作用、「国家公共」性と「社会公共」性の区別などの用例がみられたし、土地収用など「公用」収用における公共性概念の拡大ないし変質の傾向については、多くの方々が書いておられる。いわゆる「公」企業や「公益」事業のもつ意味についても様々の議論があったし、近時は、環境訴訟の分野で「公共」施設などの公共性が問題とされることが多くなった。広く一般的に消極的な市民的法治国家から積極的な社会国家に変貌することによって、行政内容が複雑多様化し、したがって公共性の内容もまた複雑多様化せざるをえないことは、教科書的な概論の論述において、よくのべられている。しかし、それらは、あくまで概論的な論述にとどまって、具体的な公共性の内容性格の立入った分析検討というものはなかったといえる。ひとつには、行政法学が法学的方法をとり制度内在的論理に徹しているために、何が公共性であるかは、古典的な権力分立のモデルに従って立法権である議会の決するところであって、法律による行政の原理によって法律の根拠にもとづき法律の要件に従って行われるべき行政作用については、公共性を論ずる余地がないというのである。公共性を論ずることが不可能だというのではないが、それは、あくまで個人の嗜好にもとづく立法論であって、法学上の問題ではないとされるのであろう。もうひとつには、この法学的な方法と直接な関係があるが、行政法における総論優位の現象がある。各論は、総論で形成された法理を適用する場にすぎず、固有の意味をほとんどもっていない。これはドイツのオットー・マイヤーの行政法以来、いわば法学的方法による行政法の宿命であったが、近時、さらに、これに加えて、特殊法論や行政作用法論否定説まで現われて、各論の影はますます薄くなってきた。また、実際上にも、今日の厖大かつ複雑な行政法の各論の分野に立入った研究を進めることは、はなはだしく困難であって、不可能に近い。しかしながら、近時、各論の分野において、公用収用や公益事業の歴史的研究など、地道でしかも理論的に興味深い研究が現われるようになった。「教科書法学」の域を脱するには、遠まわりのようで各論の研究が不可欠であることが理解されてきたためだと思われる。

(2)　行政は国家作用を理論的に三分割したから生まれたというものではない。社会に生じた諸問題を処理する社会管理機能が制度化されて行政とよばれている。制度化が完成された制度の中から物事を眺めれば、あらゆる行政は「公共性」というお墨付きをもらったものであり、公共性を実現すべき行政作用と私人の権利自由とが衡突することになる。古典的なモデルに従って、このような行政は、議会の授権にもとづき、司法審査に服することになっている。制度の中から制度を眺めて、国民の権利利益の救済を図り、行政の適法性を確保する目的で、行政法が存在している。今村成和教授も「行政法は行政の民主的な統制の手段である」とされている（『行政法入門』七頁）。その意味は必ずしも明確ではないが、その前後の文脈からいって、古典的なモデルが基礎にあると思われる。

ところが、このような古典的モデルに対して新しいモデルを提示するものが現われてきた。たとえば、ハーバード大学のリチャード・B・スチューワート教授は、ハーバード・ロー・レヴュー誌の八八巻（一九七五年六月号）一六六七頁以下にて「アメリカ行政法の再構成（The Reformation of American Administrative Law）」と題する一五〇頁ほどに及ぶ論稿をのせ、古典的モデルが最早妥当せず、新しく「利益代表（Interest Representa-tion）」としての行政法というモデルを示している。現代行政が社会における様々の利害の調整を任務とするものとなり、しかも、利害の対立の調整が立法過程においてはつけられないままで行政過程にもちこされることが多くなったため、行政自らが、様々の利害に妥当な評価を与えつつ、全体として適正な利害の比較衡量をしなければならなくなった。そのさい、行政としては、組織化された巨大な団体（大企業、労働組合など）の声に耳を傾けがちである。組織化されていない消費者やエコロジストなどの主張する利害にも本来ふさわしい評価を与えて、行政過程における適正な利害の調整が行われるための機能を司法審査が果さなくてはならなくなったというのが、彼の主張の骨子である。拙著の『計画行政法』の中で紹介した西ドイツのヘーベルレの著書にも、利害関係人が参与した「手続の中から公益が生み出されてくる」という考えが随処に展開されていたが、現代行政法における行政過程の問題は後で論ずることとして、公益や公共性が超越的に与えられたものではないということをここに強調しておかなくてはならない。

災害防止や危険の防止は、万人に共通の公共性であり、最も古典的な警察作用であると一応はいうことができる。しかし、昭和五〇年末成立した「石油コンビナート等災害防止法」の例をみても、法的規制の対象とするという意味での公共性はあっても、このための組織や費用までを税金で全部まかなうべき公共性は存在しない。行政の目的とする公共性には実に様々なものがあり、抽象的一般的に行政が「国家目的」の積極的実現を図ろうとする作用であるなどといってすますことはできないのである。

(3)　具体的な公共性の検討は、ただ、行政の目的とする公共性に様々なものがあるから政策的に問題としなければならないというにとどまるものではなくて、他の多くの解釈論的議論にとっても、きわめて重要な前提となる議論の一つだと思われる。

(a)　たとえば、近時、行政手続への私人の参加や行政訴訟における原告適格の拡大の傾向が、多くの者によって主張され、支持されている。筆者自身も、誤解をおそれずにいえば、このような傾向を「支持」している。しかし、それは「行政過程の民主的統制」とか「行政の公共的信託」の理論ないしスローガンや、ましていわんや「よければいいじゃないか」という傾向に従ったものでは絶対にない。ある具体的な公共性を判断するにあたって、ある者の利害について考慮を払うべきだという事情のもとで、その者がその利害について適正な配慮を払うべきであるとして、手続に参加を求めたり、訴訟を提起したりするのは至極当然である。その者にとって至極当然であるばかりではなく、適正な判断を下すべき行政庁の立場に立っても、手続上の参加を求めることは有益であって、相当の合理性がある。さらに、行政庁の立場をこえて、社会全体の立場からいっても、直接の利害関係者に主張させることで必要な判断資料が得られるし、利害関係者間で利害の調整がつくことにも合理性がある。筆者はこのように考えて、行政手続への参加や原告適格を論ずる場合に、公共性の検討が不可欠であると考えている。行政の民主的統制というスローガンからだけでは、これらの問題について何らかの結論を出すことには無理が多すぎる。また、民衆訴訟をみとめて、行政訴訟を客観訴訟にするものであるかのごとき伝統学説によるいわれのない批判もまた問題があるといえる。行政手続を私人の権利保護や利害調整のための手続と行政庁の便宜のための手続とに二分する区分も単純にすぎるであろう。

(b)　公共性が一般抽象的な公共性につきないものであればこそ、人は法の制定を求めて圧力をかけ、また、法の執行に激しく抵抗して何年にもわたる執拗な反対運動を続けることがある。現に社会に利害の衝突があり、法の制定、執行によって、この利害の対立、衝突のあり方が変わってくる。超越的・普遍的な万人に共通の公共性があったり、あらゆる立場の人間が満足できるような利害の調整が、もしありうるならば、それにこしたことはないが、それは自他未分離の幼児の世界の話であって、現実にはありえない。制度的解決も「一つの」解決であって、決して「唯一」の解決ではありえない。被害者的な当事者に対する利害の調整の手段として、損失補償、事業損失の補償ないし賠償、公共補償、公共施設周辺地域整備事業などがありうるが、これらも制度に即した制度の分類、整理ではない別の切りとり方がありうるのではないか。制度的な決着のつけ方にそった問題の切りとり方によってでは出てこないような利害の衝突・調整を赤裸々に浮き出させるような切口があって、これに即して、制度的決着のつけ方を位置づけたり、分析、評価するということがありうる。公害における紛争処理や被害者救済のメカニズムについても、行政法学のやるべきことは沢山あるが、制度内在的論理によっては、新しい制度が出れば、もうお手上げなのである。制度内在的論理だけでは制度も理解できていないのである。

(4)　公共性を論ずることのもう一つの重要な意味は、社会管理機能を担当すべき行政の組織のあり方を検討する手がかりを与えることである。後述の行政行為論や行政庁概念などによって、行政組織法はほとんど行政法学の研究の手が加えられていないに等しい。行政庁概念による若干の説明のほかは、法律上の制度の通り一遍の説明であるという言葉が文字通りに妥当する。各省設置法は組織法であって、行政作用の根拠にはならないという説明もみられるが、この組織法と作用法の交錯するところについて立ち入った分析や検討があったであろうか。

また、公共性の内容の複雑化に応じて、伝統的な省の組織の中でも、様々の新しい内部的な管理・統制の仕組みの試みがみられるほか、政府関係機関や特殊法人といわれる多くの新しい組織を生んでいる。このような新しい組織について、担当事務、担当主体の内部組織や管理、統制の機構について、通り一遍の制度的説明ではない問題の分析の仕方、メスの入れ方はないのであろうか。今後、試行錯誤を重ねなければならないであろうが、社会管理機能の制度化のあり方という見地から、制度を所与としてではなく、その事務内容との関係で分析する必要があると思われる。

さらに、社会管理機能を果たすものを制度化された国家機関に限られるものとする前提は疑問である。制度化された行政機能についても、様々の段階で私人は関与するのであるが、それ以外にも、社会管理機能を関係者の自律に委ねることがあってもいいし、場合によっては、自律に委ねるべき場合もありうるであろう。地域環境の管理を関係地方公共団体や地域住民に委ねるのがその例である。これらも、抽象的な地方自治のスローガンや住民参加からだけではなく、やはり、具体的な行政の公共性の内容や社会管理機能の内容の分析、検討がなくてはならないと考えられるのである。

公益事業についての主体による形式的分類に対する批判などについては、別に拙著『計画行政法』の中でふれてあるため、ここではとりあげない。

四

(1)　行政過程論は、行政行為論に対する批判を、その生成の重要な一因としていると思われる。筆者の場合も、行政行為論の研究の発展という面が半分くらいで、あとの半分は、現代行政と法の関係をどう考えるか、ということであった。この両面を通じて、行政法学の方法をどう考えるかにつねに関心があった。行政過程論を展開する他の方々にあっても、それぞれの違いはあれ、従来の行政行為論に対する消極的評価があると思われる。

第二次大戦後、伝統的な美濃部・田中行政法に対して、今村成和教授をはじめ新しい潮流が激しい批判の砲口を開いたが、それは主として、田中二郎博士のいわゆる管理関係に対する批判であって、その権力関係すなわち行政行為によって権利義務が具体化され、法律関係が形成される関係に対する批判ではなかったように思われる。私法一般法・公法特別法説においても、公法手続法説においても行政行為論の堅塁を抜きえたかどうかは、はなはだ疑問であった。今村成和教授においても、行政行為のいわゆる公定力は至極当然のこととして承認されているし、法律行為的行政行為と準法律行為的行政行為という極めて疑問のある分類もそのまま採用されているほか、管理関係否定の一環として当事者訴訟の形式を軽視ないし無視する反面において、抗告訴訟を当然のこととして承認している。公法手続法説においても、行政行為と抗告訴訟がセットとなった公法の特殊性の承認の点では、田中二郎博士の理論の基本的枠組みをはずれるものではない。また、これらの説による管理関係論批判は、田中二郎博士の意図が、管理関係論の承認によって公法関係を拡張しようとするものではなくて、むしろ、逆に制限しようとするものであった点において、批判者とかえって共通する点もあって、幾分的はずれの気味もあったし、これに加えて、給付行政論のなかには田中二郎博士の管理関係論を積極的に評価して、これに具体的な内容を盛りこもうとする努力も出るに及んだ。このような学説の状況を目前にして、田中二郎博士が一〇年前に通説の健在をほこったことは、ある限度では正しかったと思われる。行政行為論を当然のこととして承認しているかぎりにおいて、通説の修正ではあれ、その核心を衝いたものとはいえまい。別稿において、今村説を伝統的な美濃部・田中説の継承者であるとする評価は、このような事情に主としてもとづいている。

(2)　田中二郎博士の行政行為論に対する批判は、様々の角度から様々の局面を目指して行われた。

(a)　ひとつは、兼子仁教授の「行政行為の公定力の理論」や白石健三判事の所説であって、田中二郎博士が、行政行為と法律関係との関係を不明確なままに残している点に向けられている。田中二郎博士においては、実益論的な実用法学に徹しているため、行政行為論においても、実用的な法解釈論に重点があり、体系的理論に対する関心ははなはだ稀薄であるのみならず、私法と同一平面において私法と比較し、公法の特殊性を強調するという見地に立ち、行政行為を法律要件事実として位置づけるという整理の仕方の結果、様々の問題を行政行為の実体的な特殊性の産物として説明する結果になっている。いわゆる手続的公定力論は、行政行為は、法律要件事実そのものではなくて、その「認定」であることを明らかにすることによって、法律関係と行政行為との関係が未整理であった部分を明確にした。ただ、その後、田中二郎博士も、行政庁の「第一次的判断権」という、兼子仁教授の「予先的特権」の語を、博士の立場において換骨奪胎した語を用いることによって自己の立場を擁護し、たくみに切り返されたのであった。義務付訴訟の可否については、白石健三判事の立場と異なるとはいえ、抗告訴訟の訴訟物の構成において、白石判事の「処分当時における具体的権限の存否」という構成と博士の「行政庁の明示的黙示的な第一的判断権の行使を媒介として生じた違法状態の排除」という構成には、幾分の共通性もあって、実益論者である博士の立場の柔軟性をよく示している。

(b)　田中二郎博士の行政行為論に対する批判のもう一つの方向は、これも白石健三判事が関係された東京地裁の個人タクシー事件判決や群馬中央バス事件判決にみられる行政手続法の考え方である。この考え方によれば、田中博士の行政行為の瑕疵論における手続上の瑕疵などに関する考え方は疑問があることになろう。しかしながら、田中二郎博士は、かねてより、行政行為論とは別個に、行政手続法について深い関心をもち、英米的な行政手続の考えについても深い理解をもっておられることは、近著の「司法権の限界」においてもうかがわれるところであって、根本的な批判とはいいえなかった。むしろ、個人タクシー事件判決や群馬中央バス事件判決には、英米的な適正手続の保障につきない重要な意味があった。それは、講学上の許可・特許の区別にかかわらず、手続の保障をなすべきだとした点であったが、さらに、もう少し深くつっこんで、問題となっている具体的な要件事実の性格を論じたうえで、その認定に独断等のいわれがない公正な手続であるといえるためには、かくかくしかじかの手続でなければならないという論じ方をしている点であって、問題のとらえ方が在来の行政行為論のレベルと異なるレベルで行われていることである。

行政行為が、法律行為のような法律要件事実でないとすれば、私法にならった法律行為的行政行為と準法律行政行為、さらに、法律行為的行政行為を命令的行為と形成的行為に分けるといった安易な分類はできないはずである。今村教授や原田尚彦教授の近著などに、今もって田中二郎博士によるこの分類がそのまま採用されていることは、両教授の実益論者としての田中二郎博士との親近性を示すものの一つと思われる。

(c)　田中二郎博士の行政行為論、さらに、第一次的判断権論に対する批判は、義務付訴訟の可否をめぐってである。今村成和教授や原田尚彦教授をはじめ多くの批判的見解が存することは周知のところであるから、くわしくはのべないが、今村教授においても、「義務付訴訟は争訟の成熟性を前提とする以上事後統制の域をこえるものではない」とされるのであり（『現代の行政と行政法の理論』二一五頁）、原田教授においても、公権論より出発して、行政権の発動を求める国民の権利の確立が、無名抗告訴訟としての義務付訴訟の承認と相関関係に立つとされる（『訴えの利益』八八頁）のであって、田中博士の議論の枠そのものに対する批判となりえているか、枠内での具体的な価値観の相違にすぎないかについて論議の余地を残している。

(3)　それでは一体、行政過程論は、行政行為論に対して、どのような態度をとろうとするのであろうか。なぜ、行政過程論がなくてはならないのであろうか。

(a)　行政行為の概念は、制度を前提とした解答の体系の要めであり、実定制度のさらにその基礎にある基本的制度とされ、具体的問題に対して解答を提供する機能をおわせられている。制度の論理の要求するところは、様々の利害、価値観の対立にもかかわらず、具体的場合に単一の解答を生むものでなくてはならない。制度の中から眺めれば、答えは常に一つであり、それらは首尾一貫した体系の産物でなければならない。矛盾撞着や論理の食いちがいがあってはならない。静かな死の世界である。しかし、制度を議論の前提におかず、これをも議論の対象とする立場に立てば、利害の対立、価値観の衝突が、熾烈をきわめ、喧噪にみちた生の世界である。生命の躍動する世界は、政治や立法過程までであって、行政や行政争訟の段階では死が支配しているというのは制度信仰宗教の僧侶である法律家の論理である。煩悩に日夜さいなまれている筆者などにとって、行政行為の公定力などの空念仏は耳もとを通りすぎる風以上に無意味である。群馬中央バス事件をとりあげてみよう。ここには実に様々の利害関係者がいる。バス事業の免許に反対の運動があり、逆にこれを支持する動きもあった。反対会社出身の大臣があり、ある方針をもった事務局があり、審議会があった。推測するに、この事件を担当された裁判官にとって、行政法学者の書いたものは、実生活上に悩みをもった者に対する坊主の念仏以上に無意味なものであったろう。実益論に立つ実用法学は、真の意味で「実用」法学ではない。結論が偶〻符合したときにだけ使える便利な文例集であるにすぎない。許可だ特許だといっても仕様がない。かくかくしかじかの事業計画をもったバス事業の免許である。抽象的に適正手続の保障といったって仕様がない。このようなバス事業の免許をめぐって実定制度上にかくかくの仕組みをもった制度や手続が一応予定されている手続であり、前記のような利害の対立や行政組織上にも問題をふくんだものであった。徹底した実用法学の立場に立って「役に立たないからだめだ」といっているのではない。答えが一致したら役に立つ、「信ずるものは救われる」といった役に立ち方では困るといっているのである。現実の問題は現実の問題として解決されるべきである。裁判所が現実に何をどのように評価して結論にいたったかを覆いかくすような便利な文例集を作ってもらっては困るといっているのである。利害の対立、見解の対立を赤裸々に浮かび上がらせたうえで、裁判所の判断にどのような問題があるかを鮮明にさせるような方法をとるべきである。

(b)　行政行為は、田中二郎博士においては実定制度の前提にある基本的制度として、問題をとらえる概念である以上に問題に解答を与える概念である。解答を与える概念であるために問題を正確詳細にとらえる能力には疑問がある。行政過程という言葉は、新参者であるだけに、解答に対して中立的で無色である。行政過程がいかにあるべきか、行政過程の司法審査がいかにあるべきかについては、それ自体としては何も語っていない。行政過程の概念をいかに分析してもそれ自体から何も出てこない。また、行政手続とも異なって、行政手続の法理のような法理もそこには用意されてはいない。強いていえば、利害の衝突・対立がそこに死なずに熾烈に燃え続けていることである。群馬中央バス事件において、大まかないい方をしても、①バス事業免許手続における関係者の手続上の権利は何か、②行政庁の公聴会の開き方、事案の解明や主張立証をうながすための釈明義務はどのようなものがあるのか、③バス事業免許において業界の事業分野の調整や需給関係についての配慮はどの範囲で許されるのか、④バス事業は職業選択の自由に入るのか、⑤利用者である住民の輿論にどの程度配慮すべきか、⑥審議会、所管の事務部局、大臣などの行政組織の決定過程への関与はどのような意味をもっているのか、⑦大臣などの個人的利害関係はいかに評価されるのか、⑧全体として適正な過程とは何か、等々、行政法研究者の解明を求めてやまない実に数多くの問題が山積している。群馬中央バス事件判決以降、このような具体的問題についての研究が出たであろうか。バス事業に関する研究一つ出なかった。第一審や最高裁の判決が適正手続の保障をみとめたのは誠に結構であるという程度で落着してしまっている。行政手続の法理の研究は、群馬中央バス事件判決が内包する問題点を浮かび上がらせ、さらに研究を深めることよりも、既存の法理の整理箱のしかるべき棚に判決をほうり込んで納得しては安眠をむさぼることの方に用いられている。学問研究を、様々の問題を発見しては試行錯誤の苦しみをすることではなくて、権威ある解答例、権威ある解答の体系の中に位置づけて自ら安心し、世間一般の人をも納得させ、制度して安泰たらしめることと考えられているのであろう。自分の整理箱に入らなければ、それは正しい制度の理解ではないとして、わめきつづけるのであろう。自足的完結的な解答の体系が、われこそは正当なものとして、お互いに争っている。自己の教義の正統性を主張するものとして、宗教宗派の争いによく似ている。

(4)　行政過程論は、制度をも議論の対象とするゆえに、制度に依って自己の正統性を主張することをしない。死期を目前にしながら俗人の目を決して棄てなかった正岡子規の目と同様に、醒めた目で現実を見続けたい。低俗きわまりないものであるが、宗教法話よりましだと考えている。宗教法話の類を人がやることをやめろというのではない。それをも俗物の目で見たいというのである。行政行為論というものがあって、それなりに有用なものであり、また、たんなる有用性をこえた意味のあることも承知している。しかし、従来の行政行為論における行政行為の本質や性質、行政行為の分類、行政行為の効力、効果をはなれて、行政過程を精細に分析、検討しなければならないと考える。第一、行政行為論は行政法理論の中心とされていながら、理論としてみるべき内容は皆無にひとしい。法話や念仏としても碌なものがないのである。

(a)　行政行為には公定力があるといわれている。税務官庁には課税処分をなす権限が法律によって与えられている。結果として、課税要件の存否の認定判断の権限が一応、課税官庁に与えられていることになる。この判断に間違いがあると納税者である自分が考えても、間違いだ間違いだと叫んだだけでは仕方がない。税務官庁には再び法律によって滞納処分をなす権限もみとめられているから、これを防ぐには面倒ながら、これまた法律上の不服申立てをして、それで埒が明かなきゃ、仕様がないけれど裁判でも起こすほかない。裁判を起こす手続がきまっているために、別の民・刑事手続で、取られた税金を返せといっても、脱税じゃないといっても、普通の場合はうまくいかない。それだけのことである。先決問題での違法の主張の問題については一〇年前に論じたから、ここではくりかえさないが、いずれにしても、行政行為の「公定力」という言葉がなぜ用いられなければならないのか、誤解や議論の混乱を生むだけのこの言葉をなぜ今も用いなければならないのか理解に苦しむところである。所得税法、国税徴収法による行政庁の権限、行政事件訴訟法などによる訴訟手続の配分という諸条件の組合せの下で様々の形の問題が生じうる。その問題の解決にあたって、解決の仕方も決して単一ではあるまい。刑事事件の場合は、先決問題で違法の抗弁をみとめてもいいじゃないかという考えが、行政行為の性質とは無関係に主張されても、一向に差しつかえがない。交通反則金納付の通告に不満があれば、払わなければいい。起訴をまって道交法違反の客観的な事実の有無が裁判所によって審査される。この場合は、制度の仕組みが課税処分の場合と異なるからである。課税処分の場合にも、行政庁の認定判断に一種特別の権威があるかのごとき、俗人を驚かせることをいう必要はないであろう。争訟過程もふくんだ全体の行政過程の仕組みがどうなっているかを、個別の制度相互の関係、処分の私人に対してもつ具体的な意味などを仔細に検討すべきことがらである。このような全体の中において行政行為も意味をもち、その機能を果している。

(b)　行政行為の瑕疵論においても、重要なのは行政行為に付着した「瑕疵」の性質だけが問題なのではない。行政行為の重大・明白な瑕疵が無効だといっても、この明白性は少しも明白ではない。抽象的に重大無効と重大明白無効とを対立させても意味がないのであって、このような抽象的な言葉でいわれていることの中味が何かを明らかにする必要がある。そして、この重要な内容の一つとして、行政庁の調査義務という問題があって、別に簡単にのべたこともあるが、実に広範な分野が広がっている。伝統的学説は、法学的方法により、行政と私人との関係は、法律関係であり、権利義務の関係だということを公言しておきながら、概念的な公権論の説明くらいで、そのほかどこにも行政や私人の権利義務は出てこない。すべてを行政行為がのみこんでしまって、行政過程の様々の局面における独自の意義が失われ、それぞれの局面における行政庁の調査義務や、近時脚光をあびつつある行政調査の諸問題、行政庁の釈明義務、さらに、行政庁の作為義務、これらに対する私人の行政手続上の権利といったものが浮かび上ってこない。真実の所有者が誰であるかの行政庁の調査義務が問題であるのに、農地買収処分は、権力的な作用であるから、民法一七七条の規定の適用がないなどという馬鹿げた話を最高裁判所の判決や学界の権威といわれる人の著書などに麗々しくのべられているのは、問題をとらえるための道具概念やその用い方に、いかに問題があるかを示す一証左であるといわなくてはならない。従来の体系は、行政行為とその被害者がいるだけで、法学的方法といいつつ、両当事者の行政過程における様々の権利や義務を発掘する努力を怠ってきた。ただ単に私人の実体上の権利義務を一方的に左右する行政行為が支配してきたために、私人相互間の激しい利害の対立する場合のあることも考えず、相手方私人の利益のために、行政行為の特殊性を否定すればよいという別の立場も登場したが、これまたやはり行政行為論の次元の議論であって、真の批判ではなかったと考えられる。ただアンティ・テーゼではなく、行政行為の足元を掘りくずし、行政行為の機能している行為過程の次元で、行政行為もまた位置づけて、より精密な行政行為論を再構成、少し強くいえば、新しく創造することが必要である。真にみるべき行政行為論はなかったと思うからである。

(c)　行政過程論の考え方に立つ職権取消論の固有の意味の発掘や、撤回と一口にいわれているものの中にも様々のものがあって、職権取消と区別しがたいものがあること、行政過程としてはこれと共通に論ずべき職権取消の行政過程があることを簡単にのべたことがある。「取消」という言葉や「行政行為の瑕疵」という言葉が、具体的な行政過程をはなれて一人歩きをし、言葉の上だけで自己完結的な体系を作ることがいかに愚かなことであるかを示したつもりであるが、十分の理解を得られなかったようである。厳密に考えれば、職権による「取消」とは何かさえ、そう簡単にはいえない、より詳細な分析を要する類似の行政過程がいくらもある。訴訟物との関係も問題となる税の「更正」処分、再度の申請に対する決定、誤謬の訂正、瑕疵の補正等々、数えあげればわからないことだらけである。それにもかかわらず、相も変らず、美濃部、田中両博士の約半世紀前の「取消」や「撤回」の概念がそのままなぜ今日も用いられているのであろうか。いくら初心者用の入門書の類だからといっても、わかりもしないことをわかった顔をして人に説くのであろうか。

(d)　わからないことはこれだけではない。訴訟物をはじめ実にいろんな関係で重要な意味をもつものに、「違法性の承継」などで問題となる一連の手続を経て行われる行為というものがある。集合的行為といわれ、複合的行為といわれることがあり、また、法効果の単一性が基準とされることがある。このような行政過程の様々の問題との関連における個々具体的な分析なくして、行政法学は未完成ないし未成立であると断言しても、いささかも過言ではない。伝統的法学の立場に立っても、このような行政過程の具体的な研究なくして、行政法上の基本的な概念のどれが明確だといえるのであろうか。行政行為の確定力はどうか、抗告訴訟の訴訟物は何か、取消判決の効果はどうなのか。もちろん、十分に検討したうえでもなおかつ、それぞれの問題について確定的な解答は得られず、諸説が濫立し、議論が紛糾するということが考えられる。個別具体的な行政過程の分析のうえに立つ議論の混乱は、学問的に価値がある。分析検討もないままで、抽象的な概念のレベルで問題が落着し、議論がないのは学問にとって無価値である。「瑕疵の治癒」や「違法行為の転換」といわれるものにしても、それぞれ一通りの説明は用意されている。しかし、私人の行政過程における実体上手続上の権利、利益との関係で、また、問題となる場面、問題のなり方などを検討すれば、「瑕疵の治癒」や「違法行為の転換」という言葉を用いること自体が、問題のとらえ方としては、形式的、一面的であって、重要な利害を正面に出させるような問題の切断の仕方が必要である。行政行為と行政行為とを平面上に並列させて、その要件効果等を比較して、違法行為の転換を論ずることによって、ある問題について解答を与えることができる。あるいは、解答を正当化することができる。それは、しかし、問題の一つのとらえ方であるにすぎないのである。一般の私人にとって、このような教科書の説明は、ときとして、行政の便宜のための三百代言としてしか、みえないであろう。行政過程における彼の権利はどうなるのか。争いの対象が勝手にとりかえられると、彼のそれまでの争いの努力はどうなるのか、その反面、いわゆる転換をみとめないままで、当該訴訟の終結後に、別の処分がされたら、どう争えばいいのか。行政行為の転換ということは、それぞれの場合の行政過程にとって、どのような意味があるのであろうか。このように疑問はつきないのである。

行政行為論における行政行為は、解答の体系であるゆえに、典型的な場合について一通りの説明と解答とを用意している。これに対して、行政過程論において、行政行為も解答を内包するものとしてでなく、行政過程を分析する際の素材として取り扱われるものであるにすぎない。行政過程論は、様々の利害の対立・衝突をあらわにすることによって、問題を提起する。そのような形で問題が提起されるような問題の切断の仕方を論議するのである。

五

⑴　行政過程論は、前節にのべるように、伝統的学説において行政法理論の中心であるとされ、第二次大戦後の批判的潮流においても、その堅塁を抜くことができなかった行政行為論の再建をする、もしくは、学問的基礎のうえに新たに建設をするために必要であるといわなくてはならない。

しかしながら、これに対しては、それならば行政行為論で足りるではないか、という反論が予想される。これまでの行政行為論があまりにも大ざっぱすぎるというのであれば、争訟制度との関係、相手方や反対の利害関係者などの利害との関係にも細かな配慮をはらって、きめ細かい行政行為論を展開すればよいではないか、行政行為の否定ではなくて、行政行為論そのものではないか、職権取消に独自の過程があり、独自の研究分野が拡がっているならそれも結構、しかし、行政行為論で足りるのではないか。このような疑問が当然に予期できる。現に、この種の質問に何度か直面した。これに対しては、行政行為論によっては、行政行為の具体的な行政過程においてもつ意味がわからないのみならず、やはり、行政過程の様々の局面において重要な意味をもつものが脱落してしまうといわなくてはならない。かつて広岡隆教授は、行政上の強制執行の制度の基本的なあり方を行政行為の公定力の本質論の上に基礎づけておられたが、その後この説を改めておられる。やはり行政強制の過程には、行政過程として独自の意味があり、固有の問題をかかえ、これを処理する論理にも、行政行為論から直線的に出てくるものではないものがあることをみとめられたからだと思われる。近時、問題となりつつある行政調査もやはり同様であろう。このように、従来の行政行為論が直接にカバーしなかった分野のみならず、行政行為論で処理してきた分野においても、そこに、全体として、または部分的に独自の過程を発掘して行政過程として論ずべき問題はきわめて多い。行政調査のあるものはそうであるし、前記の行政庁の調査義務、さらに釈明義務や全体としての行政過程の正常性の問題、また、原田尚彦教授や保木本一郎教授が長らく主張されている行政庁の作為を要求する私人の権利、近時国家賠償請求判例で散見される行政庁の作為義務等々の問題がある。行政行為は結果であり、衣であって、実質は、行政過程における様々の権利義務、具体的な行政過程における利害の対立やその構造の分析などが問題とならなければならないのである。行政行為の概念、特色、本質や特殊性、種類、効力、瑕疵の類型を論ずるのではないのである。あくまで行政過程を論ずるのであって、行政行為論による解答の体系を精緻化するものではない。自己の独自の価値にもとづく解答の提示は、行政過程に対する理論上複数あるべき評価の単なる一つとして位置づけられるのである。

(2)　行政行為論は、伝統的学説に根本的に批判的立場をとるという者においてさえ、実におざなりにそのまま概説書類に援用されているのであるが、しかし、今日、事実上において昔日の面影を失っている。それは、行政の行為形式や行為類型の一つとして位置づけが与えられているにすぎないからである。伝統的な学説においても、行政行為は、法律要件事実の一つであり、法律要件事実である公法行為の一つである。一つであるにすぎないはずであるが、これと並ぶ公法契約はあまりにも貧弱なものであり、これに与えられた特殊性のもつ意味は行政制度の中心をなすほどあまりにも圧倒的な重要性が与えられていた。行政行為の特殊性のうえに行政制度のすべてが築き上げられているといっても過言ではないという状態がそこにあった。幸か不幸か、現代行政の複雑多様化、多様な行政需要は多様な行政手段を現実にとるにいたらせた。概説書類においても、行政指導や協定などの新しい現象に言及せざるを得なくなって、行政行為も、おのずから数ある行政の行為形式の一つとなるにいたった。このような新しい現象や行政調査などの今日の問題も、行政の行為形式や活動様式として、それぞれ個別にとりあげれば足りるのであって、行政過程論などはいらないという反論が予想できる。

しかしながら、このような物の考え方は、行政行為論と同一次元の議論であって、行政行為と違うものが、行政行為とどのようにちがうか、ということがのべられているにすぎない。行政手段の多様化は、しかし、行政の行為形式が多様化したにとどまらず、行政手段の交換可能性や行政権限の競合、融合の現象、行政手段の適当な組合わせによる新たな行政機能の創出などの現象を生んでいる。行政手段の法形式と実際的機能の乖離といってもよいが、行政の行為類型を個別に観察するだけではわからない行政に固有の過程の存在がみとめられるのである。たとえば、武蔵野市のマンション建設指導要綱事件の示すように、行政の行為や態度の決定が、相手方私人の給付や反対の利害関係者である周辺住民の同意にかからしめられることがある。これは行政行為の要件がプラスされたというにつきない問題がそこにはある。水攻めなどの強制手段とあわせて、ミクロには利害関係者間の紛争処理の、マクロには都市問題処理のための行政過程がある。指導要綱に行政指導のための方針だという性格づけを与えれば済むという問題ではあるまい。様々の行政手段が行政過程において用いられることの意味を考えなくてはならない。行政指導一般の議論は、行政行為論同様に、あまりにも一般的抽象的にすぎよう。行政法学が行政指導をとりあげたそのときから、伝統的学説の用語を借用すれば、行政作用法各論の研究が不可欠であったはずである。もちろん制度の通り一遍の説明ではなく、個別具体的な行政過程の分析が必要なわけである。明治大正の時代ではない今日において、体系的教科書の執筆よりも、一個の行政過程の分析が学問的価値があるといわなくてはならない。もちろん理論的体系書が皆無のままにきた今日その必要性を否定するものではないが。概念的な整理よりも、たとえば、一個の土地収用事件の詳細な検討が、ずっと価値がある。公用収用という言葉を言葉のうえでいくら分析しても、私人の生活を深刻に変容させ、関係者を長くて面倒な行政過程にまきこんでいく様子は分らないのである。

(3)　行政行為論が、行政庁の一方的イニシアティブ、法的判断の独占、私人にもっぱら被害者として受け身の地位しか承認しないことなどを当然の前提とし、行政過程の展開における私人の積極的な地位を承認せず、行政過程展開の様々の局面における行政庁や私人の権利義務を発掘しないことに不満があるというのであれば、行政手続法でよいではないかという批判が予想される。事実、このタイプの質問もまた多かったし、行政手続法の主張の一種ではないのかという誤解をうけることも少なくなかった。

行政手続法という言葉は、きわめて広い意味内容をもっている。近時の西ドイツにおける連邦行政手続法の制定にかぎらず、ヨーロッパその他世界の各国において、立法上、行政実務上に多種多様の行政手続法を有している。適正手続の系譜はなにも英米だけのものではないし、英米の行政手続にしても、司法モデル的な行政手続にかぎらず、立法や政策決定のための手続、処分についても略式もしくは非公式の手続も、これまた実に多くのものがみとめられている。わが官庁部内においても行政実務上、多様な相互に異質の手続が無数に存在している。私人にとって行政とは煩雑な手続であることが多い。書類一枚普通人には正しく書くことが一苦労であるし、手続をたてにとって、中々返事をしてくれない。行政とは手続の化物である。このように行政手続には、多彩な内容と多様な意味があって、行政手続法が固有の内容をもつものではないが、行政過程論も、行政手続法の主張の一種ではないかという場合には、英米の行政手続法、とくに告知・聴聞を主体とする、いわば司法モデル的な行政手続そのものではないにしても、少くとも思想ないし発想においては共通のもの、行政は手続においても、公正かつ適正なものでなくてはならないという考えを共通にもつものではないのか、また行政過程論において得られる成果も行政手続上のものでないのかという考えがうかがわれる。

行政過程論は、行政過程の個々の局面やある全体としての行政過程に独自の意味をみとめる点において、行政行為論よりも行政手続法に親近性を示すものとしてみられやすいであろう。しかし、行政過程に独自の意味をみとめるということの意義は、その方法的出発点からして、一つの価値観に基づく解答の体系を提供しようというものではない。行政過程に問題がある、行政過程の見地から問題が発見されなければならないということである。行政手続法には、様々の法理が形成されている。そのような法理を主張しようというのではない。行政行為論を行政過程論の立場から再検討するということがあるのと同様に、行政手続法や行政手続の法理を行政過程論の立場から再検討するということがありうる。正規の行政手続が法律上に定められているにも拘らず、実際には、その手続がとられなかったり、正規の手続は形式的な儀式としてふまれるだけで、実質が非公式な行政過程の中において処理されてしまうことが少なくない。正規の計画策定手続がありながら、既成事実が先行することがよくある。「偏見」などの行政手続上の法理によって、このような問題のある部分を拾い上げることももちろん可能であるが、行政過程の中において行政手続のもつ意味が検討されなくてはならない。いわゆる決定の先取りのもつ問題も、司法モデル的な行政手続の法理からだけではとらえられないものがあると考えられる。また、行政庁の作為義務の問題をはじめ、行政過程論の問題とするところは、いわゆる行政手続とされるものの範囲をこえている。行政行為もあり、手続もあり、その他の行政手段もあり、私人の行為もあり、利害の対立衝突もあり、様々の段階があり、それらの全体、ある局面に、問題が浮彫りになるような切断面がある。手続の発展の順序を追って法理の体系を提示するのではない。

(4)　行政過程のあり方が、行政手続やその法理につきない固有の意味と問題をもつものであることは、行政手続の国であるアメリカの前掲のスチューワート教授の論文が論ずるところからも十分に知ることができる。行政過程論は、さらに、行政法の構造を理解するためにも必要だといわなくてはならない。これまた右の論文をはじめ、拙著『計画行政法』に引用した判例学説等においても示されているところであった。

現代行政法は、武蔵野市マンション指導要綱事件ひとつをとりあげてみても、かつては思いも及ばなかった問題を提供している。田中二郎博士の教科書では一頁も割かれていない行政指導が司法試験の問題に出る時代である。伝統的な法治行政の立場からいえば、とんでもないはずの水攻めや違反者の公表などの強制手段もあえて咎めだてするどころか、支持する者が多くなってきた。様々の問題について様々の議論があり、「現代行政法」の特質がふれられることが少なくない。現代行政法と銘打った著書の類もしばしばみられるようになった。今村成和教授の主著の一つも『現代の行政と行政法の理論』と題されている。また、本屋の宣伝文句の中にこの言葉がうたわれることがある。これは何も行政法にかぎらず、何時の時代にも「現代法学全集」や「現代文学全集」の類は、営業政策上、欠かせぬ呼び名でありつづけるのであろう。しかし、学問上の議論において、現代行政法というには、それだけの用意がなくてはならないはずである。「現代の若者は」というのと同じ論調で、「現代の行政法は」というのでは済まないことはいうをまたない。現代行政法という現代の語を冠し、様々の議論において、現代行政の語を多用せざるをえない新規の現象、伝統的学説が全く考慮しなかった年代的に新規の現象が多数出現し、問題があることは否定しない。しかし、年代的に新しいことが、すなわち歴史的に現代というわけのものではないことも、これまたいうまでもない。現代行政法が、現代の若者といった用いられ方をしているのでないとすれば、これは実に深刻な問題提起でなければならなかったはずである。「現代」とは何かが真剣に問われざるをえなかったはずである。書店では「現代法」が花盛りでありながら、また他の学問分野では現代の意義が問題とされていながら、法学界ではさほど深刻な議論があったという話を聞かない。

実定法解釈論において、議論の前提・基礎におかれる実定制度とは常に「現代」のものであり、過去のものではない。そういう意味で、現代は当然すぎるほど当然である。それにもかかわらず、あえて「現代」と銘打ち、または「現代行政」を云々する以上は、行政法の理解に歴史的な見方を持ちこんだことである。これは重要なことだと思われる。鵜飼信成教授に著名な『行政法の歴史的展開』の著書があり、制度史や学説史の研究の類は日常茶飯事であり、行政は歴史的現象だから、何も驚くにあたらない当り前の事じゃないかといわれるかもしれないが、歴史研究ではなく、実定法解釈論においての「現代」に特別の意味内容が付与されているのである。実定法解釈論は、現代を当然すぎる当然の前提として、所与の制度に内在的な論理によって制度を眺めるため、逆に、歴史的な見方の著しく希薄なことを特色としている。公共性の内容が無色透明なものであるのと同様に、伝統的学説における「法律による行政の原理」や法治行政という語は、歴史的色彩も多少はあるとはいうものの、超歴史的な普遍妥当性があるもののごとくに用いられている。諸外国の法を母法として輸入してきたものである以上、歴史的見方は相当程度犠牲とならざるを得ないのであろう。第二次大戦後憲法構造の変遷を契機として、実定憲法の変革を手懸りとするかぎりでの歴史的見方は、広範にみられた。私法一般法・公法特別法の説や今村成和教授の司法国家観はこのようなものの一つといえよう。これらも実定憲法を根拠とするものであって、制度内在的論理の枠をこえるものではない。今村成和教授における「現代の行政」とは現憲法の下における行政に主たる意味があるのではないかと推測される。

ところが、近時、「現代行政（法）」の用いられ方には、実定制度としての憲法構造とは必ずしも結びつかないものもあるように思われる。給付行政論などにも若干その傾向が読みとれる。これをも憲法の社会国家原理などと結びつけられないこともないが、制度としての憲法と直接には関わりなく、ときには、行政国家の語が示すように、憲法上の制度を形骸化し、その実質を変容させているものまでもが、現代行政の内包として予定されていることがある。近代行政法のモデルや古典的な権力分立のモデルが妥当しないことまでもがのべられることになる。制度内在的論理の枠が破られている。この破れ目を自己の信ずる価値観により、なんらかの価値内容を憲法規範化することによって制度内在的論理の体裁をととのえることもよくみられる。現代の諸問題をめぐる議論の対立をどのような土俵の上で闘わせるかという問題でもあるが、この場合にあっても、制度によって自己を正当化するという論理を貫くことも可能である。しかしながら、この破れ目を破れ目としてみとめる立場に立つ者は、現代行政法の構造とは何かということを、近代的行政法の構造とは何かということとあわせて、明らかにすべき深刻な課題の前に立たせられることになるのである。

近代行政法のモデルは、社会管理機能を国家が集中独占したものであり、現代行政法のそれではこの近代的モデルが破れ、社会管理機能がある限度で関係社会集団の間の自律的調整にまたなくてはならない状況が生じ、行政法が利害調整そのものではなく、利害調整の場を提供するものとなり、行政過程が独自の意義をもつものとなった。ここに現代行政法における行政過程の特色があり、ここにおいては法律さえも政策目的実現のための一手段として行政過程の中に組みこまれてしまっているとする見解は、近時散見される考えであり、筆者も稚拙な試論で展開してきた考えである。その内容に対しては、幾多の批判がありうることを予測している。近時、新進の研究者による地道な行政法の各論をも対象とする歴史研究が着実に進められているおかげで、近い将来、われわれは、もっと緻密で有意義な近代行政法や現代行政法のモデルを手にすることができるであろう。しかし、そのモデルの内容の当否は別として、現代行政法の複雑多様化を一つの契機として生じた行政過程論は、「現代」行政法の構造を明らかにすることを今後の課題としなければならないのである。そして、この課題自体もまた、個別具体的な行政過程を分析・検討し制度をも議論の対象とするという行政過程論の方法によってはじめて達成できるものであると考えられる。

行政過程論は、筆者にとって、物の考え方であり、また、制度に依って自己を正当化せず、制度をもその対象とする行政法学を建設したいという夢がこめられている。実績をともなわない方法論は、方法論議であって、真の方法論ではないと筆者は考えている。行政過程論を自分の課題として研究の実績をあげるための努力を続ける以外に途はないが、筆者の意とするところをくみとり、稚拙で淡い筆者の試みをこえて、行政過程論の考えを発展されんことを期待して、とりとめもない文章をつづった。今村成和教授をはじめ、読者諸賢の忌憚のないご批判ご教示を乞いたい。あわせて、今村教授も『行政法入門（新版）』において「行政過程と個人」という、旧版で節であったものを章に昇格するなど、行政過程に重要な意味を与えているものと推測される。そのお考えをうかがうことができれば幸いである。

（北大法学論集二七巻三・四合併号、一九七七年）

5　手続による行政の原理と行政過程の正常性

一　法律による行政の原理と手続による行政の原理

(1)　行政法の分野で手続法の重要性が近時ますます強調されるようになっている。「法律による行政の原理」に代えて「手続による行政の原理」という言葉が用いられることもある。我が国の行政法が長らくお手本としてきた西ドイツでも、近年、連邦行政手続法が制定をみた。伝統的な行政法の最も基本的な原理は「法律による行政の原理」であり、これは、行政が法律の根拠に基づかなければならないこと（法律の留保の原則、ただし、どの範囲の行政が法律の根拠を必要とするのかについては議論がある）、行政が法律に反してはならず（法律の優越の原則）、違法の行政処分に対しては、裁判上の救済が与えられなければならないことなどを意味する。このような「法律による行政の原理」は相も変らず今日でも最も基本的な原理であるが、事前の手続の整備、特に処分の相手方や処分によって影響を受ける利害関係者に処分理由を告知し、自己の権利利益を守るための主張立証の機会を与えるなどの手続上の権利の保障を内容とするものではなかった。ところが現代の行政がますます複雑になって法律による行政の拘束が難しくなり、行政の裁量の余地が拡がるとともに、これを手続の側面からコントロールする必要性が強く感じられるに至ったのである。また、議会制民主主義の機能不全を補う住民ないし市民の「参加」の見地からも行政手続の重視が叫ばれている。

(2)　ドイツ流の「法律による行政の原理」と異なって、英米の「法の支配」の原則の下では、私人の権利義務を左右するのは元来裁判所の仕事であるという観念もあって、原則として行政も準司法的な手続（公正な判断機関と告知・聴聞の手続）に従って行われるべきであると考えられている。イギリスにおける「自然的正義の原則」やアメリカ憲法における「適正手続の保障」の規定などがその根拠とされてきた。わが国の憲法三一条にも「法律の定める手続によらなければ、その生命、若しくは自由を奪はれ、その他の刑罰を科せられない」との規定があるが、その文言や位置からいって、刑事手続に関するものであるというのが支配的見解であった。判例の上でも、個別具体的な法令上の根拠がある場合を別にして、適正手続ないし法定手続の保障は行政作用についてはみとめられなかった。昭和三四年の宇都宮地方裁判所の判決が地方公務員の懲戒免職処分について、一度も本人の弁解も聴かずに公務員の身分を奪うような重大な処分をするのは公正でないから違法であるとしたのがほとんど唯一の例外であるという状態が昭和三七、三八年頃まで続いたのである。しかし、この頃から判例の流れが変わりはじめる。そのきっかけをなしたのが、昭和三八年東京地方裁判所のある部が出した二つの画期的判決であった。いわゆる個人タクシー事件判決と群馬中央バス事件判決がそれである。

二　個人タクシー事件判決と群馬中央バス事件判決

(1)　個人タクシー事件判決（東京地裁昭和三八年九月一八日判決、行裁例集一四巻九号一六六六頁）は、抽象的免許基準の下で、多数の申請者の中から具体的事実認定に基づいて少数の免許適格者を選定する手続が「不公正な、事実認定につき行政庁の独断を疑うことが客観的にもっともとみとめられる手続」として違法とされないためには、①抽象的免許基準を具体化した具体的基準を設定し、②基準の内容が微妙かつ高度の認定を要するものであるときには、申請者に告知し、主張と証拠提出の機会を与えなければならないとしている。この考えによって、他業関係者の転業の意思と戦時運転経験歴の算入という審査基準が聴聞担当官の間でも徹底しておらず、まして原告には知らされていなかったとして、免許拒否処分が違法として取り消されたのである。第二審の東京高等裁判所、さらに最高裁判所昭和四六年一〇月二八日判決（民集二五巻七号一〇三七頁）でも、この考えはほぼそのまま支持され、「公正な手続」によって判定を受ける法的利益が申請者にみとめられることになったのである。

(2)　群馬中央バス事件判決（東京地裁昭和三八年一二月二五日判決、行裁例集一四巻一二号二二五五頁）は、バス会社の新規路線の認可申請の却下処分が争われた事件で、やはり「事実認定について、恣意、独断を疑われることのないような手続」「裁量判断について他事考慮を疑われることのないような手続」によって処分を受ける法的利益が保障されるべきであるとしている。ただ、本件は、却下処分をしたときの運輸大臣が申請者（原告）である群馬中央バス会社の競争会社で運輸審議会の公聴会では申請に反対の意見を述べていた群馬バス会社の社長だった人物であるという、いささか変てこな事件であって、公正な手続ではなかったとしてあげられている事情もかなり複雑である。その理由の第一としてあげられているのは、運輸審議会の公聴会を中心とする手続に不備が多く、既設交通機関と申請路線との便利さの比較という微妙な判断事項について申請者その他利害関係人を適切に指示して十分に主張・立証を尽くさせたものとは認められず、申請路線に対する国民の要望という免許の許否における重要な事項に正当な考慮を払ったかどうかに疑問がある反面、一般旅客乗合運送事業における事業分野の調整というような過重に重視することの許されない事項を過大に評価した疑いがあることであり、その他の理由として、運輸省当局と業界との密接な関係などからする大企業偏向の疑いなどをあげている。

手続が不備だとする理由は、公聴会の開催までに申請者その他の利害関係人に審理の対象となるべき問題点が明確に指示され、なにを主張し、どの点を立証すべきかが了解せしめられていなければならないのに、これがされなかったほか、反論、反証の機会が十分に与えられていなかったという点にあった。これに対して、第二審の東京高裁（昭和四二年七月二五日判決、行裁例集一八巻七号一〇一四頁）は、「いかなる方法・程度の調査を行うかは専ら審議会の裁量であり、司法手続で行われるように当事者に主張・立証を促し、攻撃・防禦の方法をつくさしめる厳格な手続が要求されていると解するのは相当でなく、すでに提出された資料ないし公聴会における申請者等の公述等により心証を形成するに当り、なお不明確な点があれば、その判断に必要な限度において釈明し証拠資料等の提出を求めれば足りる。（中略）運輸審議会の側から積極的に申請者に対し事実の問題点を指摘して主張・立証を促す義務を負うものと解すべきではない」とし、第一審判決を破棄している。

最高裁（昭和五〇年五月二九日判決、民集二九巻五号六六二頁）は、結論においては免許の許否の結論に影響がないとして上告を認めなかったが、物の考え方としては、基本的に第一審の東京地裁判決の考えを採用して次のようにいっている。「許否の決定過程における申請者やその他の利害関係人の関与が決定の適正と公正の担保のうえにおいて有する意義は格別のものがあるというべく、この要請にこたえて法が定めた運輸審議会の公聴会における審理手続もまた、その内容において、これらの関係者に対し、決定の基礎となる諸事項に関する諸般の証拠その他の資料と意見を十分に提出してこれを審議会の決定（答申）に反映させることを実質的に可能ならしめるものでなければならない。（中略）免許基準の抽象性と基準該当の有無の不明確性のために、行政庁側からみてその申請計画に問題点があると思われる場合であっても、必ずしもその点が申請者には認識されず、そのために、これについて提出しうべき追加資料や意見の提出の機会を失わせるおそれが多分にあることにかんがみるときは、これらの点について申請者の注意が喚起され、あるいはまた、他の利害関係人の反対意見や資料の提出に対しても反駁の機会が与えられるようにする等、申請者に意見と証拠を十分に提出させることを可能ならしめるような形で手続を実施することが、公聴会審理を要求する法の趣旨とするところである。」

(3)　法令の定めるところは、たんに陸運局長が聴聞を行うべきことや、運輸審議会が運輸大臣の免許許否の前提としての答申を行うときに公聴会を開催すべきことをいうにとどまり、聴聞や公聴会審理の具体的なあり方についてまでは定めを置いていないことが多い。個人タクシー事件と群馬中央バス事件の判決を契機として最高裁判所もまた「公正な手続」によって処分を受ける法的利益が保障されるべきことを認めたことは極めて注目に値することであるといわなくてはならない。我が国でも、国民は「公正な手続」によらなければ不利益な処分は受けないという時代にあるといってよい。ただ「公正な手続」が保障されるべきだとしても、その根拠や内容・範囲などについてはなお多くの問題が残されている。

まず、その根拠は何か、であるが、上の両事件に関する昭和三八年の東京地裁判決は、憲法一四条、一三条と三一条、さらに前文並びに一五条をあげている。すなわち、①手続は一律・公平に適用されるものでなくてはならないこと（一四条）、②権利自由の保障は手続の保障とあいまって完全・実質的なものとなること（一三条、三一条）、③行政の仕事は国民の信託によるものであり、公務員は全体の奉仕者として誠実に事務を処理すべきこと（前文、一五条）という憲法上の諸原理をあらわす条文を根拠としている。これに対して、最高裁は、群馬中央バス事件で「免許の許否の決定の適正と公正を保障するために制度上及び手続上特別の規定を設け、全体として適正な過程により右の決定をなすべきことを法的に義務づけている」という言葉が示すように、憲法上の条文に直接の根拠を求めることなく、個々の処分について定める実定法令の全体の仕組み（例、道路運送法一二二条の二、運輸省設置法六条一項七号、八号以下、運輸審議会一般規則等の全体）をその根拠としている。

(4)　つぎに「公正な手続」の内容としては、実質的に当事者に主張と立証の機会を与えることが共通項と考えられるといってよい。群馬中央バス事件に関する最高裁判決が「法は、運輸審議会の公聴会における審理を単なる資料の収集及び調査の一形式として定めたにとどまり、右規定に定められた形式を踏みさえすれば、その審理の具体的方法及び内容のいかんを問わず、これに基づく決定（答申）を適法とする趣旨であるとすることはできないのであって、これらの手続規定のもとにおける公聴会審理の方法及び内容自体が、実質的に前記のような要請（行政処分の客観的な適正妥当と公正を担保するため、諮問機関の決定を尊重して処分しなければならないとする法の趣旨——筆者注）を満たすものでなければならず、かつ、決定（答申）が、このような審理の結果に基づいてなされなければならない」として、上記引用のように、実質的に主張・立証の機会を十分に与えなければならないことを繰返し述べているところにあらわれている。その後の下級審判決にも、自動車運転免許取消に関する公安委員会の聴聞手続がわずか数分で終わり、ずさんだとして取消された事案で、「事実認定上微妙なものが含まれているとき、あるいは、法適用上見解の対立の予想されるものがあるときは、被処分者において争う意思を有している以上、被処分者に対し当該事案全体につき包括的に答弁を求め、主張立証の有無を確認するといった聴聞にとどまるのでは足りず、進んでその事項を具体的に摘示し、被処分者に主張立証を促すことまで要し、かつ、事実認定上微妙なものを含んでいるがゆえに被処分者に当該事項を摘示すべきであると認められる場合にあっては、原則として、あわせて当該事項に関連する主要な証拠を具体的に開示したうえ、被処分者にこれに対する反論立証の機会を与えることを要する」とするものがある（浦和地裁昭和四九年一二月一一日判決、判例時報七七四号四八頁）。

このように基本的発想には共通のものが認められるものの、さらに、その性格・内容となってくると、重要な点で異なる見解が存在する。重要な二つの論点について以下みることにしよう。

三　裁判モデル的な行政手続の妥当範囲

(1)　「公正的な手続」を強調する下級審判決の中には、英米法的な考え方に立って、行政手続をできるだけ裁判所の司法手続に準ずる手続にすることが「公正な手続」だとする考えがうかがわれるものがある。司法モデルないし裁判モデル的な行政手続の物の見方だといってよい。たとえば、群馬中央バス事件の第一審判決が、運輸審議会による公聴会の開催前に審理の対象となるべき問題点を指示し、主張・立証すべきところを了解させていなければならないとしたほか、答申内容の告示に関する規定は審議会の認定事実や判断を告示することによって反論・反証の機会を与えるものであり、また、公聴会終了後答申までに相当の期間を経過して事情の変化があったときはあらためて意見・証拠提出の機会を与えなければならないとし、さらに、運輸省の内部部局が提出した資料も原則として公聴会に提出して反論・反証の機会を与えなければならないとするなど、公聴会中心主義をとり、当事者の批判にさらされた資料に基づいて事実認定をすることが独断におちいらないために必要であるとしていたのがその例である。ここにみられる当事者に反論・反証の機会を与え、その批判にさらした資料に基づかなければ事実認定をしてはならないという考え方には、行政手続を裁判所の行う司法手続に類似したものとしてとらえる物の見方がうかがわれる。

(2) 裁判モデル的な行政手続の見方は、判例上にも一般的に採用されるものとはなっていない。第一次的な行政処分に対する行政上の争訟（不服審査）手続は、第一次的な行政処分そのものの手続と異なって、争訟手続である点で、裁判手続との類似性が強いものであるが、必ずしも裁判類似の準司法手続がとられているわけではない。たとえば、固定資産税の評価に対して不服を申立てた場合にこれを審査することになっている固定資産税評価審査委員会は、処分庁に対して第三者機関性の強いものであるが、その口頭審理の手続について、口頭主義・公開主義・双方審尋主義の諸原則が論理的・機能的に結合して要請される口頭審理は民事訴訟手続における口頭弁論方式に傾斜した準司法的手続構造をとるものであるとする見解（東京地裁昭和四一年一一月一七日判決、行裁例集一七巻一一号一二六一頁）や審理手続にできるだけ対審的・争訟的構造をとりいれることによって権利救済を全うしようとするものであり、口頭審理外でした調査結果・収集資料にもとづいて審査請求を棄却するには、必ずいったんこれを口頭審理において申請人の批判にさらし反論の主張・立証の機会を与えるべきであるとする見解（東京高裁昭和四五年一〇月三一日判決、判例時報七二六号三五頁）がある一方で、民事訴訟におけるように両当事者を対等当事者として口頭審理を通じてのみ攻撃防禦を尽させるという意味での口頭審理方式はとられていないとする見解（東京高裁昭和四五年五月二〇日判決、行裁例集二一巻五号八一三頁）も存在している。

(3)　裁判モデル的な行政手続の見方は、行政庁の判断資料を当事者の批判にさらそうとするものであるが、この見地に立って、行政不服審査法第二二条により、審査庁が処分庁に弁明書の提出を求め、その副本を審査請求人に送付するのは義務であり、同法第三三条二項により閲覧請求権の対象となる書類等は処分庁から審査庁に任意に提出されたものにかぎらず審査庁の調査メモのようなものまでふくまれるとする判例もある（大阪地裁昭和四四年六月二六日判決、行裁例集二〇巻五・六号七六頁）一方で、「行政不服審査制度の下における審査手続は同じく国民の権利救済のための制度といっても裁判所のような第三者機関が当事者の参与した対審的構造の下に慎重に進める訴訟手続などとは異なり、処分庁の一上級行政庁にすぎない審査庁が主宰する簡易迅速な手続による権利救済を目的としているにすぎず、しかもその審理方式は対審的構造を加味しているとはいえ職権主義を基調としたものである」として、これに反対の見解をとる判決も存在している（大阪高裁昭和五〇年九月三〇日判決、行裁例集二六巻九号一一五八頁。京都地裁昭和五〇年七月一八日判決、判例時報八一六号三四頁）。このように、判例は分かれている。

四　行政過程の正常性

(1)　「公正な手続」を裁判手続をモデルとしてみる見方は、ある範囲と程度では妥当するとしても、行政手続の全部について要求することは無理なようである。群馬中央バス事件に関する上記の最高裁判決も「全体としての適正な過程」ということばを使っている。全体としての行政過程の正常性という見地から行政手続をみているといってよい。このような見地からみることができる判例がいくつかあるので、最後にこれを紹介することにしよう。

(2)　昭和四九年七月八日の仙台高裁判決（行裁例集二五巻七号八三三頁）は、原告Ｘが風俗営業等取締法四条の

四第一項（児童福祉施設、学校等の公共施設から二〇〇メートルの距離制限）の規定に違反して個室付浴場業（いわゆるトルコ風呂営業）を行ったとして被告Y県の公安委員会が六〇日間の営業停止処分をしたのに対して、XがYに国家賠償を請求したという面白い事件を取り扱っている。本件の特殊性は、営業停止処分の前提となった児童福祉施設（児童遊園）の設置（訴外A町の認可申請並びにY県知事の認可）がもっぱらXのトルコ風呂営業を阻止する目的をもってなされた点にあった。児童福祉施設の認可や営業停止処分などをそれぞれ個別的にみるかぎり何ら形式的には違法な点はないのであるが、裁判所は、このような全体のやりかたを違法だとして、国家賠償の請求をみとめている。また、昔の判例の中にも、未墾地買収処分を無効とする理由として、未墾地である原因が知事の違法な開墾禁止にあることをいっているものがある。処分要件をみたすような前提事実をことさら作為的につくりだしたうえで処分をしたという全体のプロセスが違法という評価をうけているわけである。

(3)　全体としての行政過程の正常性を論ずる場合に逸することができないのは、いわゆる環境訴訟の分野である。そこでは周辺の環境に重大な影響を及ぼす公共施設（ゴミ処理場、し尿処理場、火葬場等）の建設・設置に当たって、周辺住民に公害防止措置などについて十分説得をし、納得をうるための手続を尽くしたかどうかを差止めの可否の判断について重視しているものが少なくない。近時の環境影響事前評価（環境アセスメント）に関する法律案や条例案において、環境影響に関する情報を公開し、周辺住民の意見をこれに反映させようとするものがみられるが、同じ発想にたつものといえる。ここで行政過程の正常性とは、裁判モデル的な行政手続の公正さなどではなくて、公共施設の立地の合理性など具体的な公共性の判断にあたって、関係当事者の意見が反映されることまでをも要求しているのである。昭和五〇年一〇月一四日の宇都宮地裁判決（判例時報七九六号三一頁）は用途地域に関する都市計画決定を違法として取り消した珍しい判決であるが、違法事由として、住居地域を準工業地域に変更する特段の必要もないのにそのような変更をしたこととあわせて、住民の反対運動に誠実に対応しなかったことをあげている。この住民運動というのは、都市計画法令上正規にみとめられた意見書の提出などの公式に承認されたものではなく、非公式の事実上の反対運動にすぎなかったのにもかかわらず、県と市の間で都市計画決定者が自分でないとして、いわばキャッチボールのようなことをやったことを違法理由としている興味深い判決である。この判決の具体的妥当性については学者の間でも批判があるが、その具体的当否は別として、近時の環境関連判例にみられるひとつの重要な傾向をあらわしているということができる。ここでは、全体としての社会における物事の決定過程が変わりつつあるともいえるのであって、社会における様々の利害の衝突、議論の対立が一定の手続にのせられること自体に重要な意義がみとめられるのである。議会が制定した法律を公務員が誠実に執行するにあたって、関係当事者に裁判モデル的な手続上の諸権利を認めましょうというのではなく、社会における利害の衝突が立法過程や政治過程で決着がつけられないままで、現場の行政過程にまでもちこされ、行政過程において様々の利害に対する適正な評価と利益の比較衡量を行うことが要求されるために、重要な利害の代弁者あるいは利害関係の当事者に行政過程への関与あるいは参加の機会を与えなくてはならなくなっているのである。

五　結　び

紙数が極めて限られているため、近時の重要判例をごく大まかに紹介するにとどまったが、それによっても行政法が変わりつつあることがみてとれるのである。判例にみられる近時の傾向を要約して結びに代えることにしよう。

(1)　行政処分をなすにあたって「公正な手続」をふまなければならないことは最高裁判所も認めるところとなっている。

(2)　「公正な手続」の内容を裁判モデル的な手続であると理解する下級審判決の有力な潮流があるが、これは全体の考えではない。行政手続は裁判手続のような厳格なものではないという見解も有力である。

(3) しかし、いずれにせよ、手続を形式的にふみさえすればよいというのではなくて、実質的に当事者に主張・立証の機会を保障するような形で手続を運用しなければならないという考えは広く共通して認められている。

(4) ひとつひとつの処分が形式的に適法であっても、全体としての行政過程が正常でないときには、違法の評価を受けることがありうる。

(5) 環境訴訟にみられるような住民参加を内容とするような、いわば現代型の行政過程の正常性が要求されるかどうかは、新しいものであるだけに、今なお流動的な状態にあるというほかはないが、しかし、判例の大勢はこちらに向って流れているといって大過ないものと思われる。

なお、終わりに一言つけ加えると、現代社会の流動激変ぶりを反映して行政法もまた激動の過程にあるため、行政実務を担当される方々も、過去において権威者とされた学者の本や内閣法制局その他の国の官庁の行政解釈によって行政法を理解したのでは、我が国の行政法の理解としては間違いの生ずるおそれもあるという状況にある。法律による行政の原理によろうが、手続による行政の原理によろうが、裁判所が法解釈の最終の権限をもつのが我が国の仕組みであるから、判例の動きに十分注意する必要があると思われる。それと同時に、現場の行政における利害調整機能が要求される現代の行政法の構造の下で、地方公共団体は様々の困難な利害の調整のための工夫をこらす必要に迫られている。いろいろな議論や試行がみられるのは周知の通りであるが、それぞれの自治体が創造的で生産的な試行錯誤を行うことが期待されているのである。

（札幌市例規通信一〇〇号、一九七八年）

6 行政権限の融合

一 水攻めの事例　たとえば、建築基準法や都市計画法に違反した違法建築物については、それぞれの法律のうえで違反是正のための強制執行の手段がみとめられている（建基九条、都計八一条）。しかし、建築物をとりこわすなどの強制執行の手段に訴えることには住民輿論の反撥も強いなどの理由から、違法建築物に対しては水道の供給を拒否・停止をするという、「江戸の敵を長崎で討つ」式の「水攻め」の手段を用いようとする動きがある。これまで問題となったものとしてつぎのようなものがある。

(1)　水道法解釈に関する判例　違法建築物による不法占拠者に対する給水の停止が土地所有者から請求された事例で大阪地裁昭和四三年二月二八日判決（判例時報四七五号一八頁）は「都市計画法等の法令の企図する行政目的と水道法の企画する行政目的とは全く別個のものであり、水道法一五条にいう給水を拒否できる正当な理由とは、もっぱら水道法自体の有する行政目的にしたがってのみ判断されるべきもので、たとえ両法令の実施主体が同一であるからといって、一方の手段をもって他方の目的を達しようとすることは許されない」としている。しかし、控訴審の大阪高裁昭和四三年七月三一日判決（判例時報五四七号五〇頁）は「同法違反の建築が公共の安全を害すべきことはいうまでもないけれども、これに給付を拒むときは、すでにはいっている善意の居住者から生活用水を奪うことになるほか、公衆衛生上も憂慮すべき結果も惹起するに至ることも否定できないところである。したがって、かような諸点について慎重な措置を十分に講じたうえであるならば、同法違反の建築物に対する給水拒絶も現行法上許されると解する余地もないわけではない」として若干の留保を付している。

(2)　水道に関する条例　地方公共団体の中には、水道法にもとづく行政事務条例ないし条例施行規則の中に、給水申込について建築確認書の添附を要求し、これのないときには、給水申込を受理せず（大阪府池田市）、または、一応受理するものの、建築確認書を受けるように指導し、かつ府建築指導課に連絡したうえで、建築指導課より工事中止・是正の命令などの発せられた建築物について市は給水工事を延期する（豊中市）などの規定をおくものがある。

(3)　建築基準法改正案　土地利用研究会による土地利用計画基本法案要綱（第二次案）一二条には「電気、ガスまたは水の供給事業を行なう地方公共団体または公益事業者などは、土地利用実施計画に違反して建設された施設に対しては、電気、ガスまたは水の供給を行なってはならない」との規定があった。この趣旨が昭和四三年一一月建設省が発表した建築基準法改正の基本方針の中にほぼそのまままとりいれられていたが、通産、厚生両省から「たとえ違反建築であっても、生活権を侵すような内容の規定を法文化することは法理論上、憲法違反になりかねない」との反対が出され、この水攻めは改正案の中にとり入れられないことが翌年四月閣議決定されている。

(4)　都市計画法の運用通達　昭和四三年制定翌年施行の都市計画法は、計画的に市街化をはかるという見地から市街化区域と市街化調整区域という区域区分とこれを前提とする開発許可という新しい制度を導入した。この制度の実効性を担保するため、昭和四四年一二月二六日建設省計画局長、厚生省環境衛生局長、通商産業省公益事業局長の三者から概略次のような措置をとるべき旨の通達が出されている。①開発許可をうけるべきであるにかかわらず、これをうけずに市街化調整区域内で違法に開発された土地またはその土地にある建築物・工作物に係る水道、電気またはガスの供給申込については、その承諾を保留するように水道事業者、電気事業者、ガス事業者に開発許可権者が要請すること、②その際都市計画法八一条による（是正措置等の）命令書または告発状の写しを添附するとともに、上記要請をしたことを現地掲示板等により公表し、かつ関係者に通知すること、③

水道事業者、電気事業者、ガス事業者は、当該土地に建築物が存在し、かつ当該建築物に居住者がいないときで、前記措置がとられたときは、これに協力すること。以上をみると、上記(3)の法改正で実現できなかったものが、相当程度行政実務上で実際に行われているといえる。

(5) 公害防止条例　地方公共団体の公害防止条例では、公害発生工場等で改善命令に従わないものなどについて、水道事業者や工業水道事業者等に対して、供給の停止を要請することができる旨定めるものがある（東京都公害防止条例三五条、北海道公害防止条例三四条等）。

(6) 指導要綱　法令に違反した者ではなく、宅地開発指導要綱など地方公共団体の指導要綱にしたがわない者に対する制裁ないし強制の手段として水攻めなどの措置を要綱上に定めているものが少なくない。

二　行政権限融合の問題点　行政の権限は個別の法令にもとづき当該法令上の要件にしたがって行使されるのが原則である。法令に違反したときの制裁ないし強制の手段も当該法令の上で定められているのが常例である。ある法律にしたがわないからといって、思いがけない別のところで仕返しを受けるのでは、まさに「江戸の敵を長崎で討たれる」ことになってしまう。伝統的な理論からいっても、つぎの諸点が問題である。

(1) 強制手段法定主義　私人の権利義務を左右する行政行為はもちろん、義務履行を強制する手段もまた法律にもとづくべきだとする考えがある。さもないと行政上の強制執行の手段を法定し、その種類を限定したことが無意味になるからである。

(2) 営造物目的の限定　行政権限融合による強制の代表的なものは、電気、ガス、水道の供給停止であるが、これらのものはかつて営造物とよばれた。営造物による給付は、営造物目的の実現のためのものであり、給付の対象・範囲等は、これによって規定され、限界づけられているものであるから、営造物目的と関連のない理由から給付を拒むことは、公営造物の基礎にある法原理と矛盾し、不適法であると考えられた。

(3) 裁量濫用論　行政庁に裁量権限が与えられている場合にあっても、当該法令の目的とされているもののために行使されることが期待されているものであって、法目的外の目的はもちろん、当該法令以外の他の法目的のために用いることは裁量権の濫用だというのである。

(4)　行政権限分割主義ないし行政部内における権力分立主義　悪くいえばセクショナリズムであるが、良くいえば戦前の内務省や昔の代官のように一つの行政庁に権限が集中せず、それぞれの行政庁が自分の縄張りの中で行政権限を行使することが、私人の自由を守るために必要だということができる。

三　現代行政における問題点　行政権限が並存競合していることを利用し、行政手段を適当に融通することを自由にみとめると、行政権限の不当な関連づけ、ないし行政権限の融合（ドイツではこれをKoppelungとよんでいる）の現象が生じて、法律による行政の原理がよって立つ基盤がくずれるおそれもあるし、私人の側からは行政権限行使について予測がつかないことになってしまう。しかし、他面で、行政権限の融合がすべて不当かというと、そうとばかりもいいきれない場合も少なくない。とくに現代行政の中にその必要がみられるのである。

(1)　現代行政の特色　現代行政とは何かについてはさまざまな考えがありうるであろうが、その重要な特色として、ひとつには、総合行政とか計画行政をあげることができる。現代的な緊急の課題に応ずるために各省のセクショナリズムの壁は破られるべきことが強く主張されている。もうひとつには、これとも関連して、行政手段の多様性がある。行政指導をはじめとするさまざまの非権力的手段が用いられ、誘導手段として融資、租税特別措置等の利益供与、強制手段として、世間一般への公表とか、課徴金等の制裁、公共事業の指名業者からの排除その他利益供与の停止など、実に多種多様の手段が現に活用され、また、活用されるべきことが世論でも要求されている。ここでは行政権限の融合がむしろ常態とさえなっているといえる。さらに、西ドイツなどで権限融合の主要例として問題になっている費用負担を条件とする許認可の付与など、経済給付と処分との関連づけも、現代行政における複雑な費用の負担関係を反映して、一概に不当視できない場合もありうるようになった。

(2)　給付行政ないし生存権保障　行政権限融合の必要性もみとめられる反面、水攻めに典型的にみられる給付行政が強制手段として働くことに対する強い反対の声があがっている。公行政に対する継続的依存性を特色とする現代社会において、人の生存、日常生活さらに生産活動まで、電気ガス水道等の公企業をはじめ多種多様の行政に依存して成り立っている。あるところで行政にしたがわないと、これらをストップされるのでは、「自由か、然らずんば死か」という選択になりかねない。給付行政論によって知られる西ドイツのフォルストホフが行政権限融合に対して、強く反対しているのもこのためである。

前記の建築基準法改正案が陽の目をみなかった理由もこれであったし、前掲大阪高裁判決の留保条件、都市計画法の運用通達においても生活用水を奪うことのないように配慮しているのもこのためである。水攻めについても、生活用水と工業用水や建築工事用水道とを区別して、その適否を考えるべきであるとする考え方がかなり広くみられる。

(3)　事物関連性　悪い意味でのセクショナリズムは排除されなければならないが、行政権限分割の原則がもつ法治行政の核心ともいえる私人の自由や予測可能性の保障機能まで失われてしまったのでは、行政は巨大な権力の担い手となる。権限融合をむやみにみとめると、権限が限定された権限ではなく、無限定の権力となるおそれがある。そこで、西ドイツの学説などの中には、法解釈の平面では「実質的な事物関連性」、立法の平面では「事物関連があって不相当でないこと」を行政権限融合の適法性ないし合憲性の要件としているものがある。

(4)　立法と行政措置　右の西ドイツの学説にもうかがえるように、行政権限融合が立法によって行われているか、行政上の法解釈、行政指導その他の措置によって行われているかの区別が重要である。前者の場合、相当程度の合理性がみとめられるかぎり、法律自体を違憲とすることはむずかしいであろうが、後者の場合には、実質的な関連が密接で法の解釈適用でカバーできる場合でないと適法となりにくいであろう。なお、中高層建築物の建築を周辺住民の同意と小中学校用地等の寄附にかからしめ、かつ、強制手段として水攻めを定めた武蔵野市のいわゆるマンション指導要綱について、東京地裁八王子支部昭和五〇年一二月八日決定（判例時報八〇三号一八頁）は、指導要綱について法的拘束力を否定しつつ給水契約の申込みが権利濫用とならないかどうかを本件の具体的事情（申請人が付近住民の同意を得るために努力した事実があること、寄附制度採用の経緯や必要性について疏明が全くないこと）に即して検討している。

(5)　行政過程の正常性　右の東京地裁八王子支部決定からもうかがえるように、行政権限を融合したり、行政権限行使を寄附等にかからしめた場合、それ自体としての内容上の合理性とともに、制度採用の経緯が納得できるものか、力の差を利用して無理強いしたかどうか、行政のやり方として妥当性を欠くかどうかなど、全体の過程の正常性の見地からも、その適否を判断したり、合理性の基準を見いだす余地があるといえる。

四　行政権限融合の事例　水攻めを中心として述べてきたが、最後に権限融合の事例の主要なものを列挙するとつぎのようなものがある。

①　電気、ガス、水道等公企業の供給の拒否・停止、②　ゴミ収集等行政サービスその他協力の拒否、③　建築確認その他利益的処分の保留、④　補助金、融資、公共事業指名等の留保、拒否、⑤　行政指導にしたがわぬ会社に対する輸入外貨割当等の拒否、⑥　立法上のものとして、一定の違反行為が営業停止事由となったり、犯罪行為を行ったことが特定営業の欠格事由とされることがあるなど、無数のバラエティに富んでいる。

〔参考文献〕遠藤博也「行政権限の競合と融合」北大法学論集一九巻四号、同・計画行政法（昭和五一年、学陽書房）、ジュリスト増刊「行政強制」一一七頁以下。

（山田幸男ほか編『演習行政法(下)』、一九七九年）

7　行政過程に関する判例の検討

一　序　説

(1)　公正な手続　わが国の判例上、行政手続の適正・公正について画期をなすのは個人タクシー事件（東京地判昭和三八年九月一八日行裁例集一四巻九号一六六六頁、東京高判昭和四〇年九月一六日、最一判昭和四六年一〇月二八日民集二五巻七号一〇三七頁）と群馬中央バス事件（東京地判昭和三八年一二月二五日行裁例集一四巻一二号二二五五頁、東京高判昭和四二年七月二五日行裁例集一八巻七号一〇一四頁、最一判昭和五〇年五月二九日民集二九巻五号六六二頁）の二つであることは一般にみとめられている。学会における動き、第三者没収規定をめぐる判例の変遷、臨時行政調査会における行政手続法草案作成の作業などの背景を全く欠いたというわけではないにせよ、昭和三八年東京地裁の同一の部で下された両事件に関する判決は、その当時において極めて画期的であったばかりではなく、その後の最高裁判決によって、いずれもその基本的考え方が承認されることにより、「公正な手続」の要請が実質的にみたされなければならないとする考えがわが国の行政法上に定着するにいたった。行政法学上の重要な画期のひとつだといって決して過言ではないであろう。しかしながら、この両事件は、偶然いずれも道路運送法上の免許にかかわるものであるなどの共通点をもつものでありながら、実は、数多くの相違点をもつものであって、およそ異質の事件であったことに注意しなければならないのである。ごく簡単に次のような相違点を指摘することができる。

(a)　個人タクシー事件では、多数の申請者の中から事実（具体的個別的事実認定）にもとづいて少数の免許適格者を選ぶ場合の公正さが問題となっているのに対し、群馬中央バス事件では、既設のバス会社が申請した新規バスルートの妥当性、合理性を論ずる場合の公正さが問題となっている。

(b)　個人タクシー事件では、具体的基準を設定したうえ、基準の内容が「微妙かつ高度の認定を要するもの」である場合には、相手方にこれを告知し主張・立証の機会を与えるべきであるというのが第一審判決の考えである。ところで、この事件で問題となった基準は、他業関係者における転業の意思と軍隊時代の運転経験の運転歴への算入の二つであって、「微妙かつ高度の認定を要するもの」という言葉から通常予想されるのとは程遠いものであった。要するに、これらは本人の意思であり体験であるため、本人でなければ知らない事実であり、本人に主張させるのに最もふさわしい事実である。車庫前の道路幅員といった形式的基準（ただし、東京地判昭和四二年一二月二〇日行裁例集一八巻一二号一七一三頁参照）に比べれば多少複雑とはいっても、それ自体としては単純な事実である。これに対して、群馬中央バス事件で問題となっているのは新規バスルートの政策的合理性であって、これに関連する事実やその評価の主張は、申請会社にかぎらず、競争関係に立つ会社のほか、利用者である地元住民やそれらの立場を代弁する自治体などさまざまの立場の利害関係者によって行うことができる。また、そのある部分は職権調査によって得ることができるものでもあろう。

(c)　個人タクシー事件では、全体としてみれば多数の聴聞担当官がそれぞれ分担して聴聞を行っているものの、原告に対する関係では一名の聴聞担当官による聴聞手続という比較的単純な手続が問題となっている。これに対して、群馬中央バス事件では、陸運局長による聴聞のほかに、事務当局の原案作成、運輸審議会による公聴会開催、審議、答申、運輸大臣による免許の許否という全体の過程の中での公聴会の手続が問題となっている。問題となっている運輸審議会の公聴会の手続はたしかに申請会社をはじめ利害関係者が口頭によって主張・立証をなしうる極めて重要な手続ではあるが、全体としては主任の大臣による行政処分という形をとった所管の省による組織的制度的決定の典型的事例である。最高裁判決が「全体として適正な過程」という表現をとっているゆえんである。

(d)　個人タクシー事件では、具体的基準の告知と事実をこれにあてはめるという事実認定が問題となっているのに対して、群馬中央バス事件においては、まさに政策決定が問題となっている。この差異は第一審の東京地裁判決も十分に意識していたところであって、個人タクシー事件では「不公正な、事実認定につき行政庁の独断を疑うことが客観的にもっともみとめられる手続をとる裁量の自由を有しない」としていたのに対し、群馬中央バス事件では「国民は、事実認定について、恣意・独断を疑われることのないような手続によって処分をうくべき」手続上の保障のほか「裁量判断に基づくとき他事考慮を疑われることのないような手続によって処分をうくべき」手続上の保障をもつことをのべているところにそれがあらわれている。ただ、そこでは政策的裁量判断の内容に立入ったうえで「申請路線に対する国民の要望という免許における重要な事項に正当な考慮を払ったかどうかに疑問がある反面、一般旅客乗合運送事業における事業分野の調整というような過重に重視することの許されない事項を過大に評価した疑いがある」ことを手続の不公正を疑わせる事情のひとつとしてあげていることは司法権の恣意、独断、他事考慮のそしりをまぬがれないといわなくてはならない。公益事業における新設路線や料金値下げなどの受益者の意見に過重な評価を与えるべきかどうか、需給適合原則を免許基準としている事業分野において事業間調整を重視しないでよいかどうかは、公益事業学説をまつまでもなく、判旨とはむしろ逆の見解が一般的とみるべきであろうと思われる。また、路線にも通勤通学その他生活の足としての路線もあれば、本件のように草津温泉への観光客利用が相当程度予想されるものなど実に多様であるほか、需要に対し供給過剰などの結果は料金の形で利用者にもふりかかってくるなど複雑かつ多面的な判断を必要とするものである。もちろん、政策判断と事実判断とは截然として区別ができるわけではないし、政策判断にあたっても「判断の基礎及びその過程の客観性と公正」（最一判前掲六七〇頁）を確保しなければならないのは当然であるが、同種の道路運送法上の免許であっても、バス事業とタクシー事業とでは、その営業形態を全く異にするため（例、大量輸送、路線の有無、営業時間等）、その判断の性質を異にするのである。単純化していえば、個人タクシー事件では、単に資格の有無に関する争いであるのに対し、群馬中央バス事件では、複数の有資格者間の競合路線間の争いであって、まさに事業分野の調整の問題にほかならないのである。

(e)　群馬中央バス事件の最高裁判決は、運輸審議会の公聴会審理手続における行政庁の釈明義務を問題としていると思われる（遠藤『講和行政法入門』二七頁以下、大阪地判昭和五五年三月一九日判例時報九六九号二四頁以下、三一頁）。この点からみると、同事件の申請会社は、全国的巨大企業と比較すれば小なりといえども、すでにバス事業の免許をうけ営業を継続してきた会社であって、自己の申請にかかる路線について、公聴会において何を主張し立証すればよいかの問題点を後見的に教示し釈明してもらわなければ、実質的に有効な主張・立証ができないなどということは、申請却下事由になりこそすれ、審理手続の違法事由とはとうていなりえないものと思われる。これに対して、個人タクシー事件での申請者は、まさに一人の個人であり、生まれて始めてめて道路運送法上の手続に直面したものである。しかも、上記のような基準にかかる事実については、聴かれないかぎり、主張・立証の機会が絶無である。

(2)　準司法的手続　　必ずしも明文の法の規定が手続内容について定めを置いていない場合であっても、実質的に主張・立証の機会を与えるような形で手続を行わなくてはならないとする右の両事件に関する最高裁判決の趣旨は支持されなくてはならない。しかし、両事件の簡単な相違点の指摘から容易にわかるように、この考え方を前提としたうえで、具体的事件に応じたその具体的内容がいかにあるべきかについては、これからだけではまだ何もいわれていない。あまりにも異質の事例である両事件について、あたかも同一の「公正な手続」がみとめられたかのごとくに喧伝されたがため、ここでも総論どまりで各論が未熟な状態にある。

(a)　その原因のひとつは独自の準司法的手続観にある。これは群馬中央バス事件の第一審判決にあらわれているものであるが、公聴会の開催前に審理の対象となるべき問題点が明確に指示されていなければならないとし、答申内容の告示の規定は、審議会の認定事実・判断を告示することによって反論・反証の機会を与えるものであるとし、さらに、公聴会終了後答申までの間相当期間が経過したときの変化した事情、省内部部局の提出資料をも原則として公聴会に提出し、反論・反証の機会を与えなければならないとする諸点に示されているように、公聴会中心主義をとり、公聴会において関係者の批判にさらされた資料にもとづいて事実認定をすることが独断におちいらないために不可欠だとする考えである。当事者の反論・反証を経たもののみが事実認定の基礎となるという裁判に準じた手続として行政手続をとらえる考え方であるといえる。

(b)　この準司法的手続観が判例上によくみられる分野のひとつは固定資産評価審査委員会における口頭審理手続(例、東京地判昭和四一年一一月一七日行裁例集一七巻一一号一二六一頁、東京高判昭和四五年五月二〇日行裁例集二一巻五号八一三頁、東京地判昭和四六年三月三〇日判例時報六三五号一〇三頁、東京高判昭和四八年一〇月三一日判例時報七二六号三五頁、和歌山地判昭和四九年一〇月二八日判例時報七七三号七七頁参照)である。手続の冒頭において計算根拠を明確にすべきであるとする判旨は、一方で、第三者機関による事後審査手続であることと固定資産評価方式が複雑であることを考慮に入れても、他方で、問題が価格の「評価」であることと大量処分事件であることなどを考慮すると、いかにも現実ばなれのした空論の感をぬぐえない。数多くの訴訟事件においても不動産鑑定評価が用いられているが、評価の内部プロセスのひとつひとつが明確にされたうえで議論の対象とされているわけではないと思われる。その他、公平審理手続(千葉地判昭和四三年九月一〇日行裁例集一九巻一〇号一五六八頁)、運転免許取消手続(浦和地判昭和四九年一二月一一日行裁例集二五巻一二号一五四六頁)、個人タクシー事業免許申請却下処分手続(近時の例、東京高判昭和五二年二月三日行裁例集二八巻一・二号五六頁)など、それぞれ広い意味での大量処分事件について不思議に手続の公正が厳格に要求されることが多い。その反面、学生の懲戒処分のような偶発的事件の処理については準司法手続を要求しない（甲府地判昭和四二年七月二九日行裁例集一八巻七号一〇八〇頁、東京地判昭和四六年六月二九日行裁例集二二巻六号八九九頁、佐賀地判昭和五〇年一一月二一日訟務月報二一巻一二号二五四八頁）という奇妙なコントラストがみられる。

(c)　この点で個人タクシー事業免許取消処分に関する大阪地裁昭和五五年三月一九日判決（判例時報九六九号二四頁）が、処分原因事実を告知しないでした免許取消処分について、群馬中央バス事件最高裁判決との相違点を明確にしたうえで、これによらず、最高裁第一小法廷昭和三一年七月六日判決（民集一〇巻七号八一九頁）に従って、行政庁の認定判断を左右する可能性を考慮することなく、右の手続的違法を理由として免許取消処分を取り消しているのは注目されるところである。しかし、本判決が引用する昭和三一年の最高裁判決の事例では、懲戒申立書の写を送付することが法令上の明文の規定によって定められていたため、その違反が直ちに違法とされたものであるほか、個人タクシー事件や群馬中央バス事件は判旨もいうとおり免許申請却下処分であり、免許の許否という実体的判断の点では裁量がみとめられるゆえに、その反面として手続の公正を要求することにより、手続面からの司法審査を強化しようと試みたものであった。これに対して、免許取消処分については実体的側面からも全面的に司法審査が及ぶのであり、理由の追完や処分事由の転換（最三判昭和五三年九月一九日判例時報九一一号九九頁参照）に関する諸判例の傾向からみても、実体審査ないし全面審査方式でのぞむのが紛争処理上手っとり早いという感もないわけではない。ただ、免許取消という重大な処分であって、大量処分と程遠い偶発的事例について慎重な手続をふむべきことには十分な合理性がみとめられる。従来、裁量的処分について異なる認定判断の可能性を要件として手続審査をする傾向がみられるのに対して、むしろ覊束処分に属するものについて、結果への影響のいかんをとわずに、手続上の違法を理由として取消をみとめたところに目新しさが感じられる（同旨、東京地判昭和四六年三月三〇日判例時報六三五号一〇三頁）。

(3)　全体としての過程の正常性　　群馬中央バス事件における最高裁判決のいう「全体として適正な過程」で

あるかどうかの問題は近時さまざまの形をとってあらわれている。とくに有名な個室付浴場と児童遊園事件（山形地判昭和四七年二月二九日判例時報六六一号二五頁、仙台高判昭和四九年七月八日行裁例集二五巻七号八三三頁、最二判昭和五三年五月二六日判例時報八八九号九頁）を例にとって、そこにふくまれる問題点を拾い上げて、後の検討の論点とすることにしよう。

(a)　行政手段を組み合わせることによって特定の処分要件事実を作為的に創り出すことが許されるかどうかが問題である。未墾地買収事件での最高裁判決はこれを消極的に解している（最判昭和四〇年八月一七日民集一九巻六号一四一二頁）。

(b)　行政措置が特定の者に対する関係で違法となる、いわば人に対する関係での相対的違法の概念はとくに国家賠償法でよくみられるものであって、住宅団地建設計画廃止事件（熊本地判昭和四四年四月三〇日判例時報五七四号六〇頁）がその例である。

(c)　住民運動や住民世論を背景として、法の不備を補うための行政指導等の行政措置が地方公共団体の手によって行われることが本件同様に珍しくない。行政の責務をはたすため法の不備を補うための行政措置は許されるのか。場合によっては、それをしなければならない義務をおうのか。

(d)　住民意思はどれだけ尊重されなければならないのか。また、住民運動や当事者自治の限界はどうなのか。

(e)　本件の第一審判決は、本件遊園認可申請行為はA町が自主的に決定したものであり、かつ、客観的に申請の要件が具備している限り、知事はこれに従って認可をすべき立場にあるから、Aの申請が原告Xの営業阻止を主たる目的にしているとの被告Y県知事の認識は認可行為とは無関係であって、本件遊園認可行為には手続法的にみてこれを違法とするに足りる特段の事情は存在しないものとした。これに対し、第二審判決は、「Y県はA町に対し積極的に指導、働きかけを行い、A町当局もこれに呼応して本件認可申請に及んだものであり、結局Y県知事はA町当局と意思相通じて、Xの計画していた個室付浴場営業を阻止、禁止すべく、本件児童遊園を児童福祉施設として認可した」ものであるとして、Xに対する関係においては違法かつ無効としたのである。このように、異なる行政主体がたがいに「意思相通じて」ことを行ったり、補助機関にすぎないものが行政庁の意思決定に重大な影響を与えるなど、異なる複数の行政主体、行政機関が一体となって行政過程に関与し、これを形成するということがある。この場合に行政庁の行政処分を単に法律的形式的にとらえるのではなく、行政過程に即して物事をとらえるべきではないかという問題がある。

(f)　その他、風俗営業の性格、申請を前提とする行政処分の違法性判断基準時などの問題がある（遠藤『講話行政法入門』四九頁以下参照）。

以下では、判例の集積状態、紙幅との関係なども考慮して、右のうちとくに(c)(d)(e)をめぐる論点について、関連判例を紹介しつつ、若干のコメントを付けることによって、今後の検討素材を提供することとしたい。

二　法の不備と行政の責務（一）（建築・都市計画関係）

(1)　行政の責務と法の不備の狭間にあって法令によらない行政指導等の手段を活用することは、自治体による要綱行政として、都市環境保全の分野でよくみられる現象であった。これに関する有名な判例に武蔵野市マンション指導要綱事件決定（東京地八王子支決昭和五〇年一二月八日判例時報八〇三号一八頁）がある。この決定では、指導要綱は「行政上の法律関係において直接的な強制力をもつものではない」として、その法的拘束力が否定された。

問題となった指導要綱の内容は、日照影響をうける周辺住民の同意を得ることと、小中学校用地の無償提供または用地取得費等の負担という住民同意、開発負担の二点であった。前者については、消防法一一条二項の危険物取扱所変更許可処分につき隣接住民の同意書の提出を要求した付款が違法とされた判例（神戸地判昭和五〇年九月一二日行裁例集二六巻九号九八三頁、大阪高判昭和五二年一〇月二八日行裁例集二八巻一〇号一一九〇頁）があり、また、後者については、農地転用申請受理に際し接道部分の土地の寄付を要求したことが民法九六条一項にいう「強迫」とされた判決（東京高判昭和五一年一〇月二八日判例時報八四三号五五頁）があって、いずれも法令によらない行政指導に対して消極的な立場をとり、伝統的な法律による行政の原理に厳格に従う態度を示したのである。

(2)　ところが、その後一定要件のもとで行政指導を是認する判例が陸続として登場することになった。①東京地裁昭和五二年九月二一日判決（行裁例集二八巻九号九七三頁）、②同昭和五二年一二月一九日判決（判例時報八九四号八二頁）、③同昭和五三年七月三一日判決（判例時報九二八号七九頁）、④大阪高裁昭和五三年九月二六日判決（判例時報九一五号三三頁）、⑤東京地裁昭和五三年九月二九日判決（判例時報九三一号七九頁）、⑥同昭和五四年一〇月八日判決（判例時報九五二号一八頁）、⑦東京高裁昭和五四年一二月二四日判決（判例時報九五五号七三頁。③の控訴審判決）がそれである。

①②③⑦は、マンションなど中高層建築物の建築計画に対する日影被害等を理由とする周辺住民の反対運動があり、話合いによる建築紛争の円満解決を図るための行政指導を行っている間、形式的には建築基準法の要件をみたしているにもかかわらず、建築確認を留保したことが違法でないかどうかが問題とされた事例であり、⑤は、同様の事情のもとで建築資材搬入に必要な車両について車両制限令一二条による通行認定を留保した事例である。また、⑥はミニ開発抑制のための行政指導を行っている間、道路位置指定を留保した事例であり、④は、建築基準法違反の違法建築物に対し、違反の防止・是正を図るための行政指導の一環として水道の供給を停止した「水攻め」の事例であって、武蔵野市マンション指導要綱事件と行政指導の強制手段の点で似ている。

(3)　これらの事件は、いずれも行政指導を行っている間、本来なすべき行政処分その他の行政措置をしなかったという不作為の違法が問題とされたものであるが、結局、行政指導の社会的相当性ないし合理性が一定要件の下で肯定されることによって、その限界内における不作為の社会的相当性もみとめられ、その違法性が否定される結果となっている。

まず、全体として、法定期間または相当期間経過後の不作為が無条件に是認されているわけではなく、むしろ例外的に一定の要件の下でのみ、みとめられていることに注意しなければならない。①②③⑦においては、建築基準法上法定期間がもうけられているため、この期間が訓示規定である（②）かどうか、訓示規定でないとしても違反をおよそ許さない絶対的規定とまではいえない（①③⑦）かどうかが論ぜられている。これに加えて、形式的にはすでに建築確認の要件をみたしていることが判明していて建築確認をなすべきにもかかわらず、実質的にはこれを留保することが社会通念や法の趣旨目的によりそう特別の事情がある場合として、紛争収拾のため行政指導が社会的妥当性をもちうる要件を論じているのである。④⑤⑥においては、特段の法定期間は定められていないが、④⑤においては申請受理後すみやかになすべきところを長期にわたって放置（④では一年半、⑤では五月以上）し、⑥においては五〇日程度が相当であるところを九六日間放置した事例であるが、各種の諸利益・諸事情を比較衡量し、または総合判断することによって、それぞれの行政指導について社会的妥当性を論じている。

これらの判断にあたって、複数の事情ないし基準に対する評価が加えられているわけであるが、その際、当事者の意思にどの程度重きを置くかによって、主観主義と客観主義とを区別することができる。この点で主観主義の立場を明確に示しているのは⑦であって、行政指導に任意に従う意思の有無を重視し、「その行政指導について当該建築主において任意に協力、服従していると認められる限りにおいて、建築主事が形式的に確認することが可能であっても応答を留保することは法六条四項に準ずる正当な理由がある」ものとし、審査請求をすることによって不服従の意思が明らかとなった以降の留保は違法であるとしたのである。これに対して、客観主義の立場を示しているのは⑥であって、「勧告、説得により相手方の翻意を促す方法による行政指導の場合は、（中略）相手方が勧告、説得を一再ならず拒絶しあるいは反撥することはむしろ当然であり、これを説得することこそがかかる行政指導の本質にほかならない。したがって、当該行政庁は、行政指導に応じない旨の相手方の意思表示がどのような理由、根拠に基づくか、又どの程度の期間その意思が持続しており、どのように具体的な所為として表明されたか等を総合的に判断して、行政指導を終了すべき時期を決定しなければならない」ものとしている。これらは申請者の意思を問題とするものであるが、②③においては「双方の合意が成立しないことが明らかとなったときには速やかに確認処分を行う限り」という紛争両当事者間の合意の可能性を要件の一つと数えているかぎりで、いわば弱められた形での主観主義をとっている。これに対し、①では、行政指導により「円満な解決が期待できる限りにおいて」という円満解決の期待可能性を要件の一つとしたうえ、この円満解決の可能性の重要な内容として建築計画の変更可能性をあげ、「申請にかかる当初の建築計画が変更される可能性を有するか否かは、単に申請者の主観のみに基づいて判断するのではなく、その際行われている行政指導の経緯、これに対する当事者の対応その他の諸事情を総合して客観的に判断すべき」であるとして客観主義をとっている。なお、周辺住民側の意思に終局的または絶対的な効果をみとめる住民同意方式はみとめられていない（②③）。たとえば、③では「近隣住民の同意を確認処分の条件とするなどしてその協議及び同意を強要するが如きは許されない」としている。

(4) 建築確認関係（①②③⑦）では、行政指導の目的が、紛争当事者の利害調整をはかりながら双方の合意に基づき「快適な住環境を維持保全する」という、留保にかかる建築確認処分の根拠法である建築基準法の趣旨目的にかなうものであることが、社会通念によって是認されることや行政指導の方法、内容、態様等の相当性と並んで、とくに重視されている。⑥においても、道路位置指定が宅地開発の手段であるところから、「建築基準法、住宅地区改良法、地方自治法等の趣旨、目的に顕現された快適な住環境の保全、維持を通じて住民の福祉を図るとの行政目的」のためのものであるから、受忍限度内の行政指導であるとして、多少ゆるめられた形ながら、根拠法令の趣旨目的からはずれないものであることがなお重視されている。この点で問題があるのは、④の「水攻め」の事例である（遠藤「行政権限の競合と融合」北大法学論集一九巻四号七一五頁参照）が、この論点についてはふれられていない。

この論点について、とくに明確な立場を打ち出しているのは⑤である。「地方公共団体は、日常法令に基づく種々の事務処理を行っているが、これについては、単にその直接の根拠となっている法令等のみでなく、これと密接に関連する他の法令等の要請をも考慮して行うべきことは当然であって、たとえ根拠法令等の不遵守があっても、他の法令等の要請を実現するため根拠法令等を遵守することが困難でありやむをえないときには他の法令等の要請の内容、実現の方法の相当性等に照らし、根拠法令の不遵守による違法性が阻却される場合がありうる」としつつ、ここにいう根拠法令との密接関連性は法的なものというより事実上の次元のもので足りるものとしている。けだし、「本件通行認定申請に対する被告の認定留保の理由は、道路上での車の通行をめぐっての実力による衝突という被告が本来処理すべき事務である道路管理と密接に関連する事柄であるから、右のような実力による衝突の可能性があれば、被告において、相当な方法によりこれを回避させ、もって地方公共団体の秩序を維持すべき権限と責務がある」「このような権限と責務は、秩序維持に関することがらについてのものであるから、車両制限令一二条により認定を行うべき責務に優先させることは、やむをえない」としているからである。そこでは端的に「その秩序の維持をはかることは、自治組織として本来的な当然の権限であり責務」であるという地方公共団体の責務から導かれているのであって、法令相互間の関連性ではなく、根拠法令にもとづく措置が事実上に生じさせる問題に関連する要請がその一般的な責務の中に入るかどうかが判断されているにすぎないのである。建築確認事件においても、たとえば、①では「地方公共団体の調整及び紛争解決機能」が「行政目的一般からもまた建築行政という分野に限ってみても、当該地方公共団体に課せられた重要な任務」であるとされ、②においては、その反面として裁判所による事後的救済の限界がのべられているのである。

このような行政権限の融合ないしは他事考慮に関する興味ある判決として大阪高裁昭和五五年三月一三日判決

（判例時報九七一号四二頁）がある。第一審判決（大阪地判昭和五〇年七月一一日判例時報七九九号二九頁）では、道路運送法上、自動車運送事業の廃止許可申請に対して、許可権者は「公衆の利便が著しく阻害されるおそれがあると認める場合」のほかは申請を許可しなければならないと規定されているにもかかわらず、会社の申請が労働法上違法な行為であるときは許可すべきではないとし、その理由として「国家機関が右申請を許可することにより、労働法秩序に反する結果の招来に自ら加担することとなるわけであり、このような解釈は全法秩序の円満な調和を阻害し、採ることができない」からであるとしている。このような態度に対して、第二審判決は、「およそ法の予想しないところ」であり、「むしろ各行政機関に対する権限分配の当然の効果である他の行政機関の権限の不可侵の要請に悖るものといわなければならない」ものとし、もっぱら直接の根拠法令に依拠して許否を決すべきであるとしたのである。

(5)　以上の諸判例は、法と行政との関係について深刻な問題をなげかけているのであるが、ただ、いずれも損害賠償請求にかかるものであって、一般の違法と次元を異にする違法が問題となっていることに留意すべきである。

三　法の不備と行政の責務（二）（薬害その他の関係）

(1)　前節においては、住環境の維持保全に関する行政指導がとりあげられたが、人の生命、健康等に関する分野ではどうであろうか。ここでは行政指導の許容性にとどまることなく、その義務がみとめられた判例が存在するのである。

もちろん立法の不備を補う行政措置が常に是認されているわけではない。「毒物及び劇物につき、保健衛生上の見地から必要な取締りを行うことを目的としている法の趣旨に照らし、登録拒否事由がなければいかなる場合でもそれだけで直ちに当該登録申請を許可すべきものとは必ずしもいえないのである。（中略）右拒否事由がない場合においても、当該登録を許すことによって保健衛生上の安全を明らかに害すると認めるときは、前記法の目的及び趣旨に照らし、法五条、規則四条の四を類推適用して登録拒否処分をすることができる」ものとした東京地裁判決（昭和五〇年六月二五日行裁例集二六巻六号八四二頁）は、第二審の東京高裁判決（昭和五二年九月二二日行裁例集二八巻九号一〇一二頁）によって、「不都合な事態の生ずることがあるとしても、それは、所詮、立法の問題」であるとして一蹴されているのである。なお、この事件は、処分取消請求にあわせて損害賠償が請求され、第二審では前者がみとめられ、後者は否定されている。したがって、次にのべるスモン訴訟がいずれも損害賠償請求事件である点に相違があることにここでも注意しておく必要がある。

(2)　法の不備と行政の責務に関する近時の重要判例は何といってもスモン訴訟に関する諸判決である。①金沢地裁昭和五三年三月一日判決（判例時報八七九号二六頁）、②東京地裁昭和五三年八月三日判決（判例時報八九九号四八頁）、③福岡地裁昭和五三年一一月一四日判決（判例時報九一〇号三三頁）、④広島地裁昭和五四年二月二二日判決（判例時報九二〇号一九頁）、⑤札幌地裁昭和五四年五月一〇日判決（判例時報九五〇号五三頁）、⑥京都地裁昭和五四年七月二日判決（判例時報九五〇号八七頁）、⑦静岡地裁昭和五四年七月一九日判決（判例時報九五〇号一九九頁）、⑧大阪地裁昭和五四年七月三一日判決（判例時報九五〇号二四一頁）、⑨前橋地裁昭和五四年八月二一日判決（判例時報九五〇号三〇五頁）がそれである。

問題となった当時の薬事法の規定には不備、すなわち、製造・輸入の許可・承認に関する審査基準・方法・手続、許可・承認の取消（撤回）、使用・販売・製造等の中止命令、医薬品の回収命令等、医薬品の安全性確保のためにとるべき行政的措置について具体的かつ積極的規定が明示的に設けられていないという、立法の不備があった。以上の諸判決はいずれも国の責任を肯定しているから、法の不備にもかかわらず、これらに関する権限、権限行使の義務をみとめるなどの方法をとることによって、行政の責務を法律上の義務に転化するための工夫をこらす必要があった。

(3)　スモン訴訟の各判決は、国の賠償責任をみとめた結論においては一致するものの、その理由づけや理論構成などにおいては数々に分かれている。また、いずれも国の責任に関する理論構成が明確とはいいがたい点に共通性をもっているため、諸判決を分類整理することは極めて困難である。ただ、主な論点について次のような諸判決間の差異を摘示することができる。

(a)　被告国が主張する「反射的利益論」については、すべての判決がこれを排斥しているといえるが、必ずしも一様ではない。まず単純に排斥しているものとして、③福岡、④広島、⑦静岡、⑧大阪のスモン判決がある。反射的利益論は抗告訴訟制度の原告適格に関するものであって、損害賠償請求制度においては、「制度が別」(③)、「次元を異にする」(④)、「論理上直接の関連を有しない」(⑦)、「本件と結びつくものではない」(⑧)などがその理由である。つぎに、問題となっている法益が反射的利益でないことを判断したうえで、それに加えて、行政の違法な行為(不作為)と損害との間に相当因果関係があれば足りるものとしているものに、「固有の法益」侵害が主張されているとする①金沢のほか、②東京、⑥京都の各判決がある。最後に、他と比較すれば、やや独自なものとして、「薬事法の目的、立法趣旨」を問題とするものであるとし、これについて判断をする⑤札幌、反射的利益論は「そのまま適用することはできない」としつつ、引きつづいて、第三者に対する関係での違法であるかどうかを問題とする⑨前橋の各判決がある。

(b)　第三者に対する関係での違法または権限不行使という不作為の違法について、その要件をとくに問題としているかどうかについては、これを問題としている②東京、④広島、⑥京都、⑦静岡、⑨前橋の各判決と、これを問題としていない①金沢、③福岡、⑤札幌、⑧大阪の各判決がある。

①の金沢判決は、製造許可の違法という作為に違法をみとめ、これと相当因果関係にある損害であるかぎり、相手方、第三者に生じたかをとわないとする。作為の違法を問題とし、不作為の違法を取り扱っていない点で他

の諸判決と異なっている。それに対して、②の東京判決は、行政上の監督権の不行使を理由とする国家賠償責任がとわれうるのは特殊例外的場合にかぎるとし、「おおむねは、国民の生命・身体・健康に対する毀損という結果発生の危険があって、行政庁において規制権限を行使すれば容易にその結果の発生を阻止することができ、しかも行政庁が権限を行使しなければ結果の発生を防止できないという関係にあり、行政庁において右の危険の切迫を知りまたは容易に知り得べかりし情況にあって、被害者として規制権限の行使を要請し期待することが社会的に容認され得るような場合」がこれにあたるものとしている（前掲三三九頁）。④の広島判決は、第三者に対する関係での違法の一応の基準として「㈠その義務違反によって生ずる結果が人の生命・身体にかかわる重大なものであること、㈡その義務の履行をなすべき緊急の必要性があり、かつ国民個々人も強くこれを期待する関係にあること、㈢右重大な結果発生の予見及び同回避措置をとることが容易で、かつ、むしろ同措置によらなければ的確な回避を期待できないこと」をあげたうえ（前掲六二・三頁）、「懈怠も大きい」とみられることなどから被害者に対する関係でも違法評価をうけうるものとしている（同七八頁）。⑦の静岡判決も第三者に対する関係での違法評価にあたって「本件各被害はいずれも人の生命・身体にかかわる重大なものであること、本件においてキノホルム剤を服用した原告患者らは一般に当該医薬品の安全性を確認する手段も能力も有しないから、厚生大臣の製造承認等における安全性確保義務の履行が特に期待されたところであること、厚生大臣において、医薬品の安全性に対する慎重な配慮があれば、本件結果の発生を予見することは比較的容易であったともみられること、厚生大臣のとるべき規制措置は、右被害発生防止に最も必要且つ的確な手段であり、他に適切な措置は期待できないうえ、一旦右措置を怠ると後の是正は極めて困難で、且つ影響は甚大であり、もとより右規制措置をとること自体は格別困難ではないこと等」を勘案している（前掲一二三七頁）。⑨の前橋判決も第三者に対する関係での違法を問題とし「義務違反は、その義務の内容、違反の態様等によっては、社会通念に照らして国家賠償法上違法と評価されることがあると解すべきである。そして、本件においては、被害を受けたのは何物にも代え難い価値を有する原告らの健康であること、原告ら個々の国民は医薬品の安全性を確認する手段を持たないこと、国が医薬品の安全性確保に関与することは国民にとって極めて必要性が大きいことなど」を考慮して、この違法を肯定している（前掲三三一頁）。⑥の京都判決は、被告国の「⑴当時その公益侵害の状態が一義的に明白であると判断しうること、⑵公的権限の行使こそ被害回避の唯一ないし最も有効な手段であり、行政権限が行使されなければ回復し難い損害が生ずるような救済の緊急の必要がなければならない」との主張に答える形で消極的にこの点に対する判断を下している（前掲一八五・六頁）。

これらに対して、③の福岡判決は、右のような被告国の主張にかかる要件は義務づけ訴訟の要件であって、国家賠償請求訴訟に持ち込むことは当を得たものとはいえないとして一蹴している（前掲一四一頁）。また、⑤の札幌判決、⑧の大阪判決では、この点についてふれるところがない。

(c)　いかなる行政措置がとられるべきであるとされているのか。

製造承認等の取消または撤回をのべるものに、②東京、③福岡、④広島、⑥京都、⑧大阪の各判決があり、これに加えて、③福岡判決は行政指導、④広島判決は情報の収集検討、一時停止、条件設定、⑧大阪判決は製造販売の中止、公表、指示、警告などをあげている。

これに対して、⑤札幌判決は「なんらかの規制措置」、⑦静岡判決は「警告その他適切な措置」、⑨の群馬判決でも「適切な措置」がのべられている。

(d)　行政措置をとるべき権限の法根拠は一体何であろうか。形式的根拠にせよ、実質的根拠にせよ、明確な形でこれをのべるものは極めて少ない。

まず、取消または撤回の権限の法根拠については、③福岡判決が許可規定を根拠として撤回が可能であるとし、同様に⑥京都判決が許可権限は取消変更権限をふくむとするほかは、⑧大阪判決の承認が自由裁量であるから取消（撤回）も自由裁量であるという乱暴な議論がみられるくらいで、その他の判決では行政措置の法根拠はとくにふれられていない。

第二のタイプとして、法根拠ではなく、事実上の変化をあげるものがある。その代表的なものは②の東京判決であって、昭和四二年九月と一〇月の薬務局長通知「基本方針」によって薬事法の実質的修正がもたらされ、それ以後「取消権」の行使が実定法の解釈上も容認されることとなるとするのである（前掲三三〇、三三八・九頁）。これと類似したものに、現実にとられてきた行政措置が、薬事法上の安全確保義務の存在を前提として、これを基に、現実の行政上の需要の変遷または高度化に応じて具体的に顕在化したものであって、単なる行政指導にすぎないものではないことをいう④広島判決（前掲六〇頁）、⑦静岡判決（前掲二三四頁）をあげることができる。

この二判決と③福岡判決、⑥京都判決においては、むしろ弾力的運用をみとめることをのべ、また、②東京判決、③福岡判決、⑦静岡判決においては、規定を整備すべきことこそが要請されていたのに、規定不備を理由として責任または義務がないとすることは、「矛盾の甚だしいもの」（②東京、前掲三三〇頁）、「木を見て森を見ず、とのそしりさえ受けかねない」（③福岡、前掲一三一頁）、「本末転倒の誹りを免れない」（⑦静岡、前掲二三四頁）とされている。

その他、重大な責務が同時に法律上の義務であるとする⑤札幌判決（前掲七九頁）、規定を欠くことは安全確保義務があるとの解釈の妨げとなるものではないとする⑨前橋判決（前掲三三〇頁）がある。

(e)　最後に、裁量に関する各判決の表現は、偶然、上記(b)の論点、すなわち不作為の違法または第三者に対する関係での違法をとくに問題としていない四判決中の①金沢判決、⑤札幌判決、⑧大阪判決に「裁量（権）の範囲の逸脱」という言葉がみられるのをのぞけば、それほど差異がみられない。ほとんどすべての判決において、安全性の面については、自由裁量または裁量の余地がない（③⑨）、または、極めて狭い（⑧）、ほとんどない（⑥）、あるいは、余地が小さい（④）、少ない（⑦）、とされている。

(4)　以上、スモン訴訟に関する諸判決を概観して、社会的に重大な事件であったにかかわらず、また、相当数の判例の集積があったにもかかわらず、いずれの判決においても、国の責任に関するかぎり、その法的根拠を明確にのべるものがないことに気がつくのである。判決文のなかには新聞記事のごとき文学的修飾語に飾られた文章を連ねたものが少なくないが、煩にたえないためここでは引用をさけたい。しかしながら、このような事態はまことにやむをえなかったと思われる。

(a) まずなによりも国家賠償法の研究そのものが、古崎判事をはじめ若干の方によるものをのぞいて、極めて乏しいことである。なかんずく不作為型の不法作為、とくに、前節でとりあげた建築確認の留保のごとく、行政の不作為それ自体が私人に対する打撃を構成する昔からよくあるタイプの不作為ではなくて、第三者もしくは自然力による打撃などの危険を管理ないし防止すべきであるにかかわらず、それをしなかったというタイプの不作為型の不法行為に関する研究はなお乏しい現状にある。この種の事例が判例上に陸続として登場するのは昭和四九年の三つの判決（大阪地判昭和四九年四月一九日判例時報七四〇号三頁、高知地判昭和四九年五月二三日判例時報七四二号三〇頁、東京地判昭和四九年一二月一八日判例時報七六六号七六頁）をきっかけとして、それ以後のことであって、それより前の研究においては、この種のタイプに言及することがないのは当然であり、古崎判事にしろ、今村教授にしろ、行政による直接打撃型の事例を念頭において理論が作りあげられてしまっているということができる。古崎判事の国家賠償法二条に関する客観説、今村教授の危険責任論にその例をみる。かくて国家賠償法研究において実務界、学界を代表する両学説の射程距離のみならず、射程方向をもはずれたところに近時の判例の主要分野が展開しているところに、問題の一因がある。

(b) 国家賠償法研究は乏しくても、一般の民事不法行為法の研究は長年の蓄積に加えて近年豊富かつ精細緻密な展開をみていることは周知のとおりである。しかしながら、一般不法行為法の理論によっても、危険管理責任型の事例を処理することはやはり困難だと思われる。その理由のひとつは、この種の事例においては、責任要件充足の有無が要件ごとに個別的にではなく、全要件について全体として一体的に判断されることである。たとえば、スモン判決の多くが、反射的利益論を排斥し、国の不作為と損害との間に因果関係があれば足りる旨をのべている。しかし、いうまでもなく、その不作為とは当該損害との関係における作為義務に反する不作為でなければならないのは当然である。単に、損害を防止しえたはずであるというだけの因果関係であるなら、有効な結果防止行為の不作為と損害の間にはつねに因果関係が存在することになる。千葉県の野犬咬死事件（東京高判昭和五二年一一月一七日判例時報八七五号一七頁）で、かりに近所の大人達がいち早く損害を防止するために現場に駈けつけることが可能であったという事実関係が存在したり、または、観念的にこのような事実関係を想定することが可能であるとしても、だからといって、近所の大人達の不作為と損害との間に因果関係があるとはいわれないであろう。それは前提となるべき作為義務を欠いているためである。その現場にもいなかった行政の不作為の責任がとわれるのは、被害者に対する関係で危険防止義務をおい、しかも、それを違法かつ過失によって懈怠したという評価があるからであり、それを前提としてはじめて因果関係もみとめられるのである。行政自らの手による直接打撃型の事例においては、作為によるものであれ、不作為によるものであれ、自らの加害行為によって生じている損害であり、自ら加害行為をとりやめることによって防止しえた損害であるから、因果関係は事実の次元においてすでに存在しているのみならず、まず最初にとわるべき第一次的な責任要件として妥当することに何の不思議もない。しかしながら、危険管理責任型の事例においては、さまざまの事情を総合的に判断したうえで、最終的な結論において、具体的な事情のもとにおける危険管理責任の懈怠に被害者に対する関係において違法かつ過失があり損害填補責任をおうべきだとする評価が成り立たなくては、そもそも因果関係を問題とする余地すらないのである。スモン各判決が反射的利益論の適用がないものとしつつ、一様に薬事法の性格や薬事行政の変遷の経緯に多くの頁を割き、被害者に対する関係での薬害防止義務が薬事行政の守備範囲内に入るものであるかどうかをるるのべているのもこのためであり、第三者に対する関係での違法ないし権限不行使の不作為の違法について特別の基準をかかげることをしない一見きめの荒い判決においても、やはり実質的にはそれぞれの基準内容に相当する判断が何処かで必ず行われているのもこのためである。したがって、一体的かつ総合的判断であって、因果関係までふくめて、違法性判断、過失判断などの責任要件充足の判断が実質的には一挙に下されているがために、一種の決断ないし政策的決定としての様相を呈しているのである。同様の現象は、危険管理責任型の事例である国家賠償法一条にもとづく責任についての学校事故、同二条にもとづく責任についての転落事故、さらに自衛隊関係事故をはじめとする安全配慮義務違反事例などにこれをみることができる。

(c) スモン判決に関する古崎判事の評釈（判例時報九五〇号二一頁以下、二五頁）は、「国家賠償を負担させる前提でしか認められない安全性確保義務」に疑問を呈している。この点について、国家賠償法二条にもとづく責任に関するある判決（名古屋高裁金沢支判昭和五四年四月二〇日判例時報九三六号六八頁）は「この危険回避義務は事後的救済の面から道路の管理に瑕疵があったとみるうえで論理的に前提とされる義務であり、これと同一内容の義務が道路管理者に対し事前に行政上の義務として当然に課せられるものではない」としている。国家賠償法二条にもとづく責任については、同一条にもとづくそれと同一に論じえない側面があるが（なお、同昭和五五年一月一六日判例時報九六二号七九頁参照）、このように損害賠償法上の作為義務と行政法上の作為義務とを区別することは、両者が次元を異にすることを明らかにするとともに、前者をいわばフィクション化することによって被害者救済の要請にこたえる意味をもつ。しかしながら、いくら損害賠償法上の作為義務といえども、行政にとっては行政上の義務の一種であり、危険回避義務の前提となる予見可能性、結果回避措置の可能性が存在しなければならず、結果回避措置の法的根拠や具体的内容が明らかにされなければならないのは当然である。もちろん、行政のとらえ方は、現実の当該行政担当者という小さい範囲にかぎられないから段々視野を広げて、所管の省、行政府の全体から、さらに立法のイニシャティブをもち現実の制度をも変革しうる政府機能の全体にまで及びうる。したがって、現実の実定制度を前提とするかぎり結果回避措置をとることが不可能であることが、場合によっては、免責事由とはならず、むしろ、行政の手落ち手ぬかりであり体制の不備欠陥であるとの評価をうけることも十分に考えられる。しかしながら、その場合には、そのゆえんを明確にのべるべきである。右の判決は「雪崩が襲来する危険をはらむような道路は本来設置されるべきではないものであり、（中略）設置の面で可能な限りの予防措置を講じてもなお残存する危険は、通行規制等の管理面での措置によりこれを防止できるという前提のもとにこの設置が許容されていると考えられる」としているが、これだけでは道路上の自然災害について結果責任をみとめようとするものであって、上記の作為義務からは行為規範性が奪われ、全くのフィクションと化していると思われる。一体いつ誰が右に引いたごとき道路政策の決定を裁判所の判断にゆだねたのであろうか。

(d)　具体的判断の当否の詳細な検討は別の機会にゆずることとして、以上の簡単な検討が示唆しているもののひとつは、法と行政との関係が多元的であり、いわば立体的に入り組んでいることである。すなわち、行政が関係するところの法は、当該処分権限に関する法規だけに限られないのである。損害賠償に関する法もあれば、前節の判決例のいうように、関連する他の法令の要請を考慮に入れるべきか否かが問題となることもある。行政処分をなす前提として、民事上の法律関係について判断しなければならないこともあれば、民事上の法律関係に考慮を払ってはならない場合もある、等々。ここでは行政と法の関係ばかりではなく、多様な法相互の関係を明らかにしなければならない。

示唆されている問題のもうひとつは、危険管理責任型の事例について、危険が現実化したときに誰が負担すべきかに関する法理がいまだ解明されていないことである。右に引いた判決文の中略部分は「ただ、当該道路に依存して生活せざるをえない地域の住民にとって必須の生活手段であるため、」というのであるが、受益者が特定できる道路であるなら受益者が負担するのがひとつの筋であろうが、その方法があるかどうか。引用文章中の「道路」を山小屋、公会堂、一般民家等に置きかえても通用しうるかどうか、「雪崩」を山崩れ、土石流等と置きかえるとどう異なるか、等々ちょっと考えるだけでも疑問はつきない。たしかに類似判例は相当数集積されているとはいえ、いずれの判決も一般抽象的な根拠はのべているものの、具体的な判断は隠されているため、比較検討の手懸りに乏しいのである。京都スモン判決が「厚生省さえしっかりしていて早期に規制していてくれたら、もっと早くスモンの発生を防止できたのにとの国民の嘆き、非難は即厚生大臣の不作為に対する評価といえる」（前掲一八六頁）としているが、このように信頼、期待が裏切られることがその根拠であるとすると、この根拠自体が人の価値判断によって動きうるものであって、上記の一体的・包括的判断性とあわせて、決断としての性格を強めるため、なお具体的判断内容が表面に出にくくならざるをえないのである。しかし、われわれとしては、判決の文章はともかく、具体的事実関係に即して関係事例を比較検討することによって、危険管理責任の内容を明らかにする努力をしなければならない。

四　全体としての行政過程

(1)　建築確認事件に関する諸判決において行政過程の社会的相当性が判断され、スモン訴訟関係の諸判決においては、全体としての薬事行政の変遷の中に薬事法の性格の変化と危険管理責任の根拠が見出されている。

序節で引いた個室付浴場事件では、県知事と町とが意思相通じてなしたものであるのか、それとも、それぞれが自主的に決定したものであるのかが、第二審判決と第一審判決の事実認定の相違点の一つをなしているばかりでなく、結論の相違を導くうえで重要な要素となっている。この場合は元来関係のないものが作為的に関連づけられた事例であったが、元来関連性をもった計画策定過程については有名な新産都市建設計画に関する大分地裁昭和五四年三月五日判決（判例時報九二五号二頁）がある。そこでも例外的にではあれ「複合的行政過程」というものがありうることがのべられている。このように複数の行政主体や行政機関が相関連して行動する行政過程の全体をとらえて判断すべき場合が存在する。

(2)　東京高裁昭和五一年一月二六日判決（行裁例集二七巻一号二四頁）は、銃刀法にもとづく許可手続について、更新申請が所轄警察署長を経由して行うべきこととされ、拒否事由のないときは、事実上、当該警察署かぎりで更新の手続をとることとし、許可取消事由があり取り消すべきものと認めるときは、県の警察本部を通じて、その旨を県の公安委員会に上申するなど、所轄警察署長からの上申をまって公安委員会の許可取消処分が行われることが事務処理慣行となっていることを認定したうえ、次のようにのべる。「県警察本部長、警察署長は、それぞれ、県公安委員会と別個の行政機関であって、県公安委員会が銃刀法関係の事務を処理するためにこれらの機関を利用する関係の法的性格については、現行法制の定めは、必ずしも、明確ではないが、この点をどのように解するにせよ、前記（略）認定したような事務処理体制をとる行政過程を前提とするかぎり、取消しの上申をなすべきかどうかについての所轄警察署長の裁量判断における違法は、特段の事情がないかぎり、この上申に基づく県公安委員会の取消処分に承継され、その違法事由を構成するものと解するのが相当である。」なお、「公安委員会が独自の立場で実質的に公正な裁量判断を行ったことをうかがわせるに足る事実があるならば」、ここにいう特段の事情が認められるものとしている。ただし、上告審である最高裁第三小法廷昭和五二年五月二七日判決（集民一二〇号六四五頁。なお、最高裁事務総局編『行政事件訴訟の一般的問題に関する裁判例概観』二八九頁参照）では、本件慣行のもとにおける警察署長の取消上申は、補助機関の行為にすぎないから、県公安委員会がこれに左右されることなく、独自の公正な立場で取消しの当否につき判断している場合には、恣意介入の瑕疵が上申にあっても、そのことのみによって取消処分は当然に違法となるものではないとして原判決を破棄している。しかしながら、結論を異にする理由は裁量審査の方法の相違や公正らしさに関する疑いについていかなる評価を加えるか、独自の立場で判断したかどうかなどの点に関する判断の相違によるものであって、補助機関の行為といえども、行政庁の決定を実質的に左右している場合には、最高裁判決によっても処分は違法となりうることに変わりはないわけである。

(3)　先に引いた群馬中央バス事件の第一審判決は、処分の違法事由すなわち公正な、独断を疑われることのない手続をとらなかったことが疑われる事由の一つとして、運輸審議会が答申の決定に当り運輸省所管局の免許許否に関する意見の決定をまち、これを聞いて答申決定をしたことをあげ、このような方式をとることは運輸審議会制度を採用した趣旨を著しくそこない、法の趣旨にそわないものとしている（民集二九巻五号七九六頁）。これなどはまさに決定過程における関係機関それぞれの機能や役割分担、手続順序など行政過程のあり方そのものを問題にしているわけであって、決定過程の中心たるべき第三者機関が補助機関たる事務局の原案まちのため審議を遅らせたり、これに影響をうけたらしいことが違法の判断の一要素とされている。

処分の実体判断において行政の裁量の範囲が広いことが、かえって手続面ないし過程の面からの公正さの見地からする司法審査を強めることは、すでに千葉地裁昭和三二年五月二八日判決（行裁例集八巻五号八一一頁）にもその趣旨がうかがわれる。そこでは未墾地買収計画のように裁量の範囲の広い処分については、利害関係人が補助機関としてであれ、その決定に関与したときには無効原因となるものとされている。法令上明文の禁止規定がない場合についてこれをいう点が注目に値するところであるといえよう。

(4)　複数の行政機関相互間における自主的判断をめぐる問題については、数多くのいわゆる学テ事件が素材を提供している。たとえば、旭川学テ事件に関する最高裁大法廷昭和五一年五月二一日判決（判例時報八一四号三三頁）、大阪学テ事件に関する最高裁第三小法廷判決（判例時報九四五号一二九頁）などでは、学力調査の手続上の適法性と実質上の適法性の両者が判断されている。前者の手続上の適法性の判断においては、文部大臣と地方の教育委員会との関係で、地教行法五四条二項の規定上文部大臣は地方の教育委員会に対して学力調査の実施をその義務として要求することはできないものとしつつ、事実上文部大臣が義務あるものとして要求し、かつ、地方の教育委員会が従う義務あるものと誤解して実施した場合であっても、法律上には独自の立場で判断し決定する自由を有するところから、結局、文部大臣の要求は単なる動機にすぎないのであって、学力調査は窮極的には地方の教育委員会がみずからの判断と意見にもとづいて、その有する権限の行使として実施したものであるから違法ではないとしている。問題は、法律上地方教育委員会の自主性があることを当然の前提としたうえで、まさに現実の行政過程においてこの前提が破られていないかであって、法律上自主性があるから事実上も自主的に判断しているはずであるというのでは、この問題に答えていないこととなる。また、問題となる行政過程は、文部大臣の要求にはじまる全体の行政過程であって、地方教育委員会だけの判断過程ではない。このことは後者の実質上の適法性の判断において明白であって、そこでは要するに文部省が全国的規模で同一試験問題によって同一調査日に同時に試験をする全国一せい学力調査には合理性も必要性もみとめられるというのである。全国一せい学力調査には必要性もあり合理性もあるという前提に立てば、それぞれの地方の教育委員会が独自の自主的考えに従ってやるやらぬを決めたのでは、全国一せい調査の意味が失われ、その合理性を欠くにいたるであろう。この点からみても、手続上の適法性に関する判断と実質上の適法性に関する判断との間には斉合性を欠くように思われる。前者においては地方レベルに視野を限定し、後者においては全国レベルに視野を限定し、全体としての行政過程をまさに焦点をあわせるべき点において分断することによってその判断を導いているのである。ただし、事案は公務執行妨害罪にかかわる刑事事件であって、通常の行政処分等の法的効力が争われる行政事件における適法・違法とは異なる適法・違法が問題となっている。群馬中央バス事件で運輸審議会による公聴会開催の仕方が取消訴訟において違法の評価をうけるものであっても、これを実力で妨害すれば刑事法上公務執行妨害罪が成立するのは十二分にありうることであるから、本件事案においても、違法主張にかかる保護法益と被告人らの利害との関係、行動態様との関係等をなお検討する必要がある。

同じく教育法の分野では、県費負担教職員に関する任免権を都道府県教育委員会が行使するにあたって、市町村教育委員会の「内申」をまって行われるべきものとする地教行法三八条一項の解釈をめぐる問題がある（福岡地判昭和五二年一二月二七日判例時報八七七号一七頁参照）が、紙数の関係上ここでは割愛したい。

五　住民運動

(1)　先に引いた個室付浴場事件の背景には住民の反対運動があった。群馬中央バス事件第一審判決においては沿線住民等の路線開設に対する強い要望について正当な考慮が払われていないことが違法事由の一判断要素とされている（民集二九巻五号七九五頁）。また、建築確認関係事件においては、いわゆる住民同意方式は否定されているものの、反対運動をきっかけとする紛争の収拾のための行政指導に社会的相当性が承認されることによって間接的に住民意思がある程度反映される余地が開かれている。もちろん、住民意思に最終的決定権を与えて、住民意思に反することが即違法とされるといったことでは毛頭ないけれども（広島地判昭和五二年三月一〇日判例時報八四四号一七頁参照）、場合によっては、住民運動に誠実に対応しないことが違法事由のひとつとされたり（宇都宮地判昭和五〇年一〇月一四日判例時報七九六号三一頁）、すでに引いた武蔵野市マンション指導要綱事件においても住民に対する説明会開催を給水申込みが権利濫用にあたるかどうかを判断する際の重要な要素としている。

このように、ある範囲内ある程度で住民意思その他当事者の意思の反映をみとめようとする場合、逆に、それが排除される場合がある。いかなる範囲と程度において当事者自治的要素をみとめるべきであろうか。

(2)　まず、住民団体との約束に法的拘束力がみとめられるかについては、かつて東北電力と地域住民団体ないし村との間に成立した書面による合意を単なる紳士協定にすぎず契約性がないとした原判決を破棄した最高裁第一小法廷昭和四二年一二月一二日判決（判例時報五一一号三七頁）がある。同判決は、深刻な紛争後、県当局のあっせんにより協定書と題する書面が作成されたなどの「経緯に鑑みるときは、右協定書および契約書は多年の紛争をすべて解決するため被上告会社の行うべきことを特に書面に認めてこれを明らかにしたものであると考えられ、従って右漁業および流木の補償に関する記載は、特別の事情の存しない限り、当事者に対して何等法的拘束力がないものと解されないのである」としている。また、同様に、大型スーパーと周辺小売商からなる反対連盟との間の合意について文書化されていないものの、その経緯にかんがみて、「右合意の趣旨は、単に商調審の判断を参考に供するというにとどまるものではなく、少なくともこれを尊重し、特段の事情のない限りはこれに従うというにあるものと解すべきであり、また、右合意の拘束力についても、単なる道義上の拘束力を有するにすぎないと解するのは相当ではなく、当事者を法的に拘束するものと認めるのが相当である」として、この合意を根拠とするスーパーの営業禁止仮処分申請をみとめたものに大阪地裁堺支部昭和五三年一二月七日決定（判例時報九一六号七三頁）がある。

しかし、住民団体等との合意が常にオールマイティであるわけではない。ガス会社と住民間における住民の同意がなければガス供給施設を建設しない旨の確約について、名古屋地裁昭和五二年六月一七日判決（判例時報八六七号一八頁）は「右合意の趣旨は当事者間の紛争を将来にわたって終局的に解決するものではなく、合意のなされた当時の緊迫した状況を一時的に凍結することによって暫定的状態を作出する過渡的、手段的性格を有するに過ぎないものである」として、二十数回にわたって折衝を重ねて同意が得られなかった場合には同意がなくても工事に着工できるものとしている。また、控訴審である名古屋高裁昭和五三年一月二四日判決（判例時報九〇七号六九頁）も「被控訴人において控訴人自治会との話合いに誠意を尽くし、かつ、ガスホルダーの安全性や環境保全対策等が客観的に解明されて、もはや控訴人ら住民の危惧するような権利侵害の蓋然性がないことが明らかな状態となったのに、なお控訴人自治会が同意を拒むような例外的な場合にまで、絶対にその同意を要する趣旨ではないものとするのが、合理的な解釈というべきである」としている。

これら三つのケースにおける合意は、それぞれ紛争過程においてもつ意味を異にしていることが異なる結論を導くこととなっているといえよう。

(3)　最終的な決定権はみとめられないまでも、少くとも意見反映の機会が与えられるべきだという意味での発言権は与えられるものとするなど、当事者自治的要素も加味されるものとすれば、手続過程にいろいろな形で関与する当事者には、手続の進行や過程の正常なあり方について、一定程度の責任もまたみとめられなくてはならないであろう。

検討素材として考えられる関連判例には、千葉地裁昭和四三年九月一〇日判決（行裁例集一九巻一〇号一五六八頁）、札幌地裁昭和四八年九月七日判決（判例時報七一二号二四頁）、和歌山地裁昭和四九年一〇月二八日判決（判例時報七七三号七七頁）、熊本地裁昭和五一年一二月一五日判決（判例時報八三五号三頁）などがある。いずれも手続の進行等について当事者側にも責められるべき点がないではなかったという事例である。手続の瑕疵をとがめる当事者側もいわばみずからクリーンハンドでなくてはならず、自己の行動に帰因する手続過程の異常性をどの程度とがめだてする資格を有するかは、手続主宰者たる行政の責任もさることながら、なお重要な検討課題といわなくてはならないであろう。紙幅の関係上、本稿では問題提起にとどめておきたい。

(4) 最後に、住民運動が相手方に対する関係で民事上の不法行為を構成するかどうかの問題がある。判例の大勢としては、物理的に強固な障害物をもうけるなど、有形力を用いた妨害行動については不法行為が成立し（東京高判昭和四九年四月三〇日判例時報七四五号五四頁、東京地判昭和五二年五月一〇日判例時報八五二号二六頁）、言論による示威運動にとどまっているかぎりは不法行為を構成しない（東京高判昭和五〇年四月二二日判例時報七八五号六五頁、同昭和五二年三月一七日判例時報八五二号六九頁、東京地判昭和五三年一二月一四日判例時報九二七号二〇九頁、千葉地松戸支判昭和五五年二月二六日判例時報九六六号九一頁）という傾向がみられる。これまた今後の検討課題といえよう。

なお、刑事事件については、水俣病に関連する最高裁決定（最一決昭和五五年一二月一七日判例時報九八四号三七頁）が近時出たが、具体的状況、事件の経緯等によって、暴行等の刑事責任がとわれない場合のありうることが示されているようである。

六　結　語

行政過程に関する判例の検討と題しながら、近時の重要判例を心覚え的に記録するにとどまっていることは恥ずかしいかぎりである。また、環境行政訴訟関係事例など、現代型の行政過程に関する重要判例の多くが割愛されている。心覚え的な記録としても不完全のそしりをまぬがれない。しかしながら、以上のキメ荒い概観からも、現代行政法が直面している問題がいかに深刻なものであるかが容易にみてとることができるであろう。

(1)　法と行政との関係は、侵害留保か全部留保かなどといった問題設定の枠をこえて、多元的な法と行政の関係、法相互の関係、当事者自治的要素の程度と範囲といった多次元のいわば立体的関係の中においてとらえられなくてはならなくなった。

(2)　国家補償法も、今村教授が提起されたような結果責任ないし危険責任論による統一的把握ではなく、危険管理責任論にその後の実務の展開が重点を移している。社会に存するさまざまの危険を管理する責任が誰にあるか、いかに分担されるべきかが今後の課題である。

(3)　一口にいって社会における決定過程のあり方、社会における危険分担のあり方、その中で占めるべき公共部門の責任のあり方が今後の検討課題であるが、与えられた制度から直接の解答が得られるべき性質のものではないため、どこに理論の基礎をおくかという方法論的にもまた困難な問題を提起している。

（注記）紙幅の関係もあって、第二節、第三節の判例検討は極めて荒っぽいものとなったが、拙著『国家補償法』（上巻、近刊予定）に比較的詳細な検討を加えてあるので、参照されたい。なお、一七〇頁引用の毒物・劇物取締法事件については校正段階で上告審判決（最一判昭和五六年二月二六日判例時報九九六号二九頁、同四二頁）が公刊された。

（今村成和教授退官記念『公法と経済法の諸問題（上）』、一九八一年）

第二部　計画行政法

8 都市再開発法の位置づけ

一 都市再開発法の概要

(1) この六月三日新たに都市再開発法(法第三八号)が公布され、都市計画法施行の日から施行されるものとなった。

都市再開発法案は、すでに昭和四二年第五五特別国会に都市計画法案と同時に提出されていたが、審議未了で廃案となったものである。今回都市計画法成立よりほぼ一年を経て都市再開発法の成立をみたことは、わが国の都市計画法制の基本となる両輪のもう一方がみたされたようなものであると評することができよう。周知のように、都市計画法は、都市計画区域につき既成市街地ならびに優先的に市街化を図るべき区域(市街化区域)と市街化を抑制すべき区域(市街化調整区域)とを区別し、後者については開発行為を原則的に禁ずる反面、前者については、公共投資を集中し、その計画的整備と健全な市街地の形成のため、都市施設の整備を推進するとともに、市街地開発事業を集中的に実施するものとしている。この市街地開発事業の重要な一つとして都市再開発法による市街地再開発事業が予定されているのである(都計一二条一項四号・一三条一項四号)。

(2) 都市再開発法は、既成市街地における土地の合理的かつ健全な高度利用と都市機能の更新を図ることを目的とする市街地再開発事業に関し所要の定めを置いている。その内容を簡単にいえば、都心部における錯綜し細分化された不健全不合理な土地利用、たとえば低層平面的利用や鉛筆ビルなどを排し、これらを集約して高層ビル内に収容することによって、土地の立体的利用を図ると同時に、これによって公共施設（道路、公園、広場等）のための空間をも生み出し、都市環境の整備、都市機能の回復等を図ろうとするものである。

このための基本的方法として、同法は、次のような内容を定めている。

(a)建築物の容積率の最低限度および建築物の建築面積の最低限度を定めた「高度利用地区」（都計八条一項四号・八条二項二号ロ、建基二条二一号・五九条の二）を設定し、(b)一定要件をそなえた高度利用地区（法三条）の中において「市街地再開発事業」を都市計画事業として施行する。(c)「施行者」としては、地方公共団体、日本住宅公団のほか、施行地区内の宅地所有者および借地権者からなる「市街地再開発組合」が認められる。(d)特に組合は、地区内の宅地所有権者・借地権者のそれぞれの三分の二以上の同意があり、かつ、同意者の所有宅地の地積と借地の地積の合計が区域内の宅地の総地積と借地の総地積の合計の三分の二以上ある場合には、強制設立が認められ（法一四・二〇条）、その多数決によって権利変換計画も定められる。なお、組合には不動産賃貸業者、商店街振興組合等の民間ディベロッパーが参加組合員として加入することが認められている（法二一条）。(e)再開発事業のための法律的手法としては、収用方式ではなく、立体換地方式の一つである「権利変換」の方法をとる（法七二条以下）。

(3)　権利変換の方法は、原則として次のような内容をもつものである。

(a)土地については、細分化された多数の所有権を合筆して一つの所有権とし、旧土地所有者の共有とする。(b)この土地の上に新建築物所有を目的とする地上権を設定する。(c)旧借地権者および旧建物所有者には、新建築物の区分所有権とこれに伴う地上権の共有持分とを与える。なお、旧土地所有者についても地上権設定に対する補償として新建築物の区分所有権とこれに伴う地上権の共有持分とが与えられる。(d)借家権者については、旧建物所有者に与えられることとなる新建築物の一部について借家権が与えられる。

以上を骨子とするが（法七五条以下・八七条）、なお、(e)権利変換を希望しない者（法七一条）や床面積が著しく過小となる場合に権利変換がなされない者（法七八条三項）に対する補償金等（法九一条）、(f)権利変換の前後で価額に差が生じた場合の清算金（法一〇四条以下）、(g)その他、担保権等の登記に係る権利の処理等について所要の定めを置いている。

(4)　法が権利変換方式をとる理由としては、次の事情が考えられる。

収用方式では、関係権利者を追い出す結果となり、事業への抵抗が強くなる。また、収用によって取得しうる公共用地の範囲は、公益事業としておのずから限界がある。特に、私人よりなる民間の組合の手に、あるいはこの組合のために収用を認めることは現行法上困難である。のみならず、収用方式では、特に都心部の土地の収用には補償が大変なものとなる。これに反して、権利変換方式では、関係権利者に原則として補償を与える必要がない。敷地整備・建築のための費用は、権利変換後に残った余分の新建築物の床を他に売却・賃貸するなど、民間資金を導入しつつ、つぐなうことができる。また、新たに生み出された公共施設については管理者となる地方公共団体が負担金を払うこととなる（法一二一条）。

結局、法は、第一次的には、民間のイニシアティブによる再開発を期待し、これを誘導するための所要の手段を提供するという発想に立つものということができよう。したがって、なお法は、地方公共団体または日本住宅公団施行の場合について地上権設定方式によらなくてもよいこと（法一一一条）、全関係権利者の同意あるときは自由な方式によりうること（法一一〇条）を定めるほか、組合に対する厳重な監督（法一二〇条）や組合の事業継続が困難となるおそれがある場合の都道府県知事等による組合の事業の代行の規定（法一一二条）も置いている。

二　都市計画法制の中での都市再開発法

(1)　従来も市街地改造等狭義の都市再開発に関する法がいくつかあるがいずれも種々の点で限界をもつものであった。

たとえば、(a)　土地区画整理法（昭二九法一一九）による都市改造事業は、主として土地のみを対象とするものであり、減歩による公共用地取得の方法は土地細分化に拍車をかける結果となるし、換地照応の原則のため、土地利用の純化・高度化には役立たないなどの限界をもつ。

(b)　住宅地区改良法（昭三五法八四）による改良事業は、目的がスラム・クリアランスに限定されており、したがって、適用地区もまた限定されている。内容は家屋の方に重点が置かれ、土地利用の高度化は余り期待できない。

(c)　防災建築街区造成法（昭三六法一一〇）による造成事業も、防災建築物の建築に目的が限定されているばかりか、事業について関係権利者全員の同意が要件とされているため、少数者の反対で事業ができなくなる。地方公共団体による施行についても関係権利者の一定多数の申出が要件となっている。

(d)　公共施設の整備に関連する市街地の改造に関する法律（昭三六法一〇九）による市街地改造事業も、公共施設の整備を目的とするため、地区が制約される。収用権を用いるから、その主体が国または地方公共団体に限定される。超過収用の対象も道路等の公共施設に面した宅地等に限定されるなどの限界がある。

(2)　以上にみるように、従来の諸法律においては、

(a)　その目的が個別的な目的に限定されているため、全体として都市計画的配慮が不十分であって、総合的な都市再開発を実現することが困難である。

(b)　したがって、その施行区域においても、おのずから限定されざるをえなくなり、全体の都市計画の中での位置づけがされにくい。

(c)　その手段についても、強度の公共性のために収用等の強制的手段が認められる場合は、その主体が国・地方公共団体に限定され、民間資金等の活用がはかられない。その反面、民間の組合の場合には強制手段を欠くため少数の反対者の存在によって事業ができないことがある。

(d)　土地または建物を個別に問題とするものが多い。

これに対して、都市再開発法は種々の点で都市再開発に関する一般法的性格をもつ。

(a)　その目的の点で、土地の高度利用と都市機能の更新という、まさに都市計画事業と呼ぶにふさわしい一般性をもっている。

(b)　範囲・区域の点でも、面的・立体的再開発を図るものである。

(c)　施行者として、地方公共団体・公団のほか、民間の組合が認められているのみならず、収用権はもたないものの、相当の強制手段をもち、その実際の効果においては市街地改造事業における超過収用と同じ効果をもつことをなしうる。

(d)　土地・建物を一体として対象とするものである。

その結果、公共施設の整備と関連する市街地の改造に関する法律と防災建築街区造成法とは本法に吸収された形となって廃止された(法附則三条)。

(3)　都市再開発法に基づく市街地再開発事業が、一般的・総合的性格をもつことは、同時にそれ自体が、より上位の総合的計画の中に体系的に組み込まれるべきことを要求する。都市計画法も当然にこれを予定しているのであるが(都計一二・一三条)、それはいいかえれば、都市再開発法の定める再開発事業が、単に狭義の市街地の改造・高層化に止まらず、広義の都市再開発にとって極めて有力な戦力であることを意味する。広い意味での都市再開発は都市計画の内容実質を表現するものに他ならない。都市そのものの構造・機能の再編成・高度化・再開発のために都市計画法等とあいならんで都市再開発法が不可欠の手段として登場してきたということができる。この両法の制定のほか、先年土地収用法の大改正があり、また建築基準法の改正が問題となっており、さらに六月二三日地価公示法の成立をみた。土地税制、金融・行財政措置を含んだ総合的土地政策・都市政策が各方面から提示されているのも、いうまでもなく、人口と産業の急激な都市集中による都市問題の発生に直面して、広い意味での都市再開発が緊急の課題となっているからである。

都市問題と呼ばれる現象には種々の原因が考えられるが、無秩序・無計画な土地利用に主たる原因の一つがあることは一般に認められている。都市政策としての土地政策の不在である。極く大ざっぱにいって、無秩序・無計画な土地利用は、市街地周辺部と市街地内部とにみられ、しかも、この双方における土地利用の形態ならびによって生ずる問題は相互に密接不可分な相互依存関係にあるといえる。地価高騰等の理由から市街地内部に住宅地を求めることができず、市街地周辺に伸びて行かざるをえず、それが通勤地獄や交通マヒを生じさせるなどがその一例である。市街地周辺部の計画的段階的な秩序ある市街化については新都市計画法が必要な定めを置いている。市街地内部都心部の再開発について今度は都市再開発法が設けられたわけである。この両者の背後には、広い意味での全体としての都市再開発の計画があって、都市機能の再配分再編成による更新・再開発が企図され、それの一環として市街地再開発事業が行われることが期待されているのである。

このように都市問題に対しては、総合的施策をもって臨まなくてはならぬことはいうまでもないが、なによりも計画の導入によって対処することが要請される。そこで、次に、計画行政のもつ意味をみた上で、都市再開発法の内容を検討することにしよう。

三　計画行政の進展とわれわれの生活

(1)　総合的施策が要求される行政の各分野において「計画行政」が登場し、この一環として、われわれが生活の種々の局面において、新手の「計画的規制」や「計画制限」に服することとなったのは、現代国家の特色の最たるものの一つである。

われわれは、今日、個々の特定化された公益目的（防災、スラム・クリアランス）のために個別的な行政権限（収用）によって権利自由を制限されるのではなくて、いわば計画の中にすっぽりと包み込まれてしまい、生活の相当広範な部面を包括的かつ継続的に公権力によって把握されている状況が生じている。個別的・単発的な行政権限の行使ではなく、多種多様の行政権限・行政手段が適当に組み合わせられ、その組み合わせによって生ずる新たな行政機能によって事が行われるというのが計画行政の特色である。一方で規制を加えると同時に融資措置を講じ、一方で権利を奪う反面他方で利益を与えるなど、われわれの権利自由の制限の形が単純なものではなくなってきたわけである。逆にいえば、個々の行政権限をバラバラに考察していては、それが他のものと組み合わせられてワン・セットとして用いられるときに発揮する機能はわからないのである。

(2)　このように、問題を単に行政需要の増大に応ずる総合的行政施策とのみ片付けてしまうわけにはいかない。問題を市民の側から眺め、市民の生活に対してもつ意味を問題としなくてはならない。というのも、そこには行政の量的権限の拡大だけではなく、質的な変化があると考えられるからである。従前の行政法などが念頭に置く市民の権利自由の制限は、危険防止・衛生等の理由からする警察的制限か、特定の公共事業のためにする公用負担が主たる場合であった。いずれも、権利制限を必要とする理由と権利制限の内容との関係が直接的な場合である。また、市民の公共からの自律性・独立性を当然の前提とするものであった。ところが、都市化の進展は、私人の生活の他への依存性を著しく高めると同時に、他との利害の衝突の可能性とその調整の必要性とを著しく高めているが、この他への依存性は公共への依存性にとって代わられ、また私人相互間の利害の調整を任務とする行政を多数登場せしめている。たとえば、個人の住宅にしても、公共の提出すべき電気ガス水道、下水・汚物処理、駐車場さらには道路交通施設等々の都市施設との結合なくしてはその機能を発揮することは不可能となっている。重要な生活の基本的手段の多くが、また生活環境の整備が公共の提供に依存することは、反面われわれの生活の大きな部面に公共の継続的介入がみられるという結果を生ぜしめるのである。

(3)　かように、私人の生活の相当大きな部分を包括的・継続的に把握し、多種多様の行政権限を組み合わせた総合的な行政機能によって対処しようとする計画行政にあっては、従前とはかなり違った様相を呈しているのである。

(a)　市民の権利自由を制限する理由と権利自由の制限の内容との関連が、旧来の警察制限や公用負担とは異なり、かなり間接的なものとなっている。いわば、広く「計画制限」「計画事業制限」とでも称すべきものが多数登場している。

(b)　権利制限あるいは公権力発動の根拠となる公共性の内容が複雑となると同時に不明確にもなった。

(c)　権利自由の制限の手段は、法律形式上の権力的手段に限られない。非権力的手段や私法上の手段あるいは交換分合・立体換地の類も用いられる。のみならず、誘導と規制のワン・セットなど多種多様の手段の組み合わせによる制限・規制が珍しくない。

(d)　権利自由制限の態様が複雑となった。比喩的にいえば、平面的静止的なものから立体的動態的なものとなった。

(e)　以上の結果は、法律による行政の原理の機能を昔日のものとは変えてしまった。個々の行政権限の法律上の根拠と要件とをいかほど明確に定めていても、種々の行政的手段のみならず、私法上・財政上の手段等々の組み合わせによって生ずる行政的機能そのものは法の埒外に置くこととなった。計画行政においても、計画策定の根拠、計画策定の手続、計画実現のためにとりこみうる行政的手段等を法律上に規定し、法の拘束の下に置いても、新たに創出されるべき行政的機能そのもの、計画そのものは法の拘束の外にあるといわねばならぬ。計画が合理的であれば、私人の権利制限も最も少ないとはよくいわれるが、計画が合理的なりや否やは行政の手中にあり、われわれの権利制限の程度、生活への打撃の如何が法律上からの予測の域を越えるのである。

(4)　行政的介入の質が変化し、また、権利自由の制限の態様が動態的となり、さらに、法律による行政の原理が昔日の機能を喪っているものだとすると、「行政過程」が特段の重要性を帯びるものとして注目されなくてはならないであろう。とくに、計画行政が単なる法律執行的な行政の枠組みを破るものだとすれば、行政過程における私人の地位には、これまでいわれてきた行政手続におけるそれよりも、より強い積極性が認められなくてはならない。司法手続を標準においた準司法手続や適正手続の要求という、どちらかというと消極的な受け身のものよりも、むしろ立法手続を標準にして、行政過程への積極的参加を認め、それによってはじめて計画なり処分なりの合理性が担保されるというふうに考えるべきではないかと思われる。

四　都市再開発法の内容の検討

(1)　まず、都市再開発法の内容である土地利用の高度化・合理化や都市機能の回復といった一般的な目的をもった市街地再開発事業が、強制力を伴いうる程の公共性をもつものであるかどうかが問題となる。

住宅地区改良法が「保安、衛生等に関し危険又は有害な状況」という警察的理由からするスラム・クリアランスを内容とし、公共施設の整備に関連する市街地の改造に関する法律が公共施設の整備の必要のための収用を内容とするなど、伝統的な警察制限や公用負担によって説明がつくのに対し、都市再開発法の目的がいわば一種の

「都市づくり」のようなあまりにも一般的である点が問題となりうる。しかし、今日においては、単なる警察制限や公用負担を越える計画制限の存在を認めざるをえないのである。都市計画関係法上の地域地区制の制限なども、それぞれの地域地区について個別的に警察制限等々に分解した上で説明しつくすことは事実上困難であるばかりか、それでは、かえって総合的な計画行政や総合的な都市計画・都市再開発などの存在そのものを否定することになりはしないかと思う。抽象的にこのようなものの存在を問題とするのではなく、計画制限の存在は存在として承認した上で、その具体的なあり方を問題とする時期に達しているものと考える。

なお、諸外国においても、公用収用における「公用」は次第に広く解されており、そこに合理的な公益性が認められるならば「私用」のための収用も認められている。同時に警察的規制との区別も次第に明確を欠く場合が土地については多くなりつつある。古くは消極的な警察的規制より出発したものであっても、今日においては都市全体の漸進的整備開発を内容とする都市計画法制の中に体系的に組み込まれているのが通例である。誘導助成や国・公共団体自らの手になる事業等々とともに計画の中に適当なる位置を占めるべきものとされているわけである。

(2)　目的の公共性と関連して次に問題となるのは、いかなる種類程度の強制手段が認められるべきかである。この点についても、計画行政の見地からみると、そこにとりこまれた行政権限（たとえば収用権）を概念形式的に、かつ他より切り離して孤立した形で考察してその認否を決するという方法をとるべきではない。収用を用いなくても、交換分合や立体換地によっても実際に収用同様の結果を生ぜしめうるし、逆に、収用をした場合にも、被収用者に、新建築物等の優先譲受権や事業会社の株・持分権等を与えるなど法技術を使えば、交換分合などと同じ結果となる。ここでも総合的に判断されなくてはならないであろう。

本法は、組合の強制加入の点や権利変換などの点で土地区画整理法と類似したところがある。ただし、本法の場合、必ずしも公共施設の整備を伴うものでないことや、立体的な権利変換は土地の交換分合とは同じではないことが、土地区画整理上の場合との大きな違いである。——上記のように公共施設を生み出すことだけが収用の場合でもその公共性を基礎づけるものではないことを注意すべきである。

(3) 都市再開発は、ただ単に高層ビルを作ることではなくて、「生活」の場である都市の機能の回復や生活環境の改善を図ることに主眼がある。すなわち、都市再開発は物理的空間の変革に意味があるのではなくて、そこでの生活体系を再編成・高度化し再開発する点に意味がある。その意味で、生活の保護、住民の保護がどの程度図られているかは、再開発事業の公共性を測る上で重要な要素であるといわなければならない。ところが、この点では、法は、弱小権利者特に借家権者の保護について極めて不十分であるといわざるをえない。

(a) 借家権者は、いわゆる民間ディベロッパーさえ参加組合員として組合員たりうるのに対して、組合員とはなれない。

(b) 権利変換に際して、物を利用する権利は、財産としての評価において不利になりがちである。そこに「生活」しているという厳然たる事実が評価されない。とりわけ借家権者は組合員ではないため権利変換計画の決定に参加できず、ただ意見書を提出しうるにとどまる（法八三条二項）から、宅地所有者・借地権者に対して制度上すでに不利な立場に置かれている。

(c) 権利変換後、借家条件の改定に関する協議が行われるが、家賃は当然高くなるなど条件改定は借家人にとってきびしいものとなる。協議不成立の場合には施行者が市街地再開発審査会の議決等を経て裁定する。この審査会には宅地所有者・借地人の代表は入っているものの、借家人の代表は入っていない。

(d) 建物の高層化等により、当然に用途変更や従前の生活・事業継続の不適合性が生じてくるが、これは弱小権利者に生じやすいであろう。なお、生活空間が十二分に評価されない結果として新建築物において与えられる空間は前より狭小となるおそれがある。ところが、床面積が著しく過小となる場合には借家権を与えなくてもよいこととされている（法七九条三項）。

結局、弱小権利者を追い出す結果となりかねないであろう。

(4)　行政手続上の保障は、まことに不十分極まりないものであって、事業計画・権利変換計画について二週間公衆の縦覧に供し、関係権利者より意見書の提出を認めるというのが主たるものである。反対者がいても事業ができるものであるだけに、手続上の手当てを万全なものにすべきである。

五　将来の展望

(1)　計画行政の特色は、計画そのものの内容が法律上には与えられていないことであった。それでは、計画の合理性を担保するものは一体何であるのかが問題となろう。場合によっては弱小権利者が追い出される結果となるかもしれない。それにもかかわらず、計画が合理的でありうるとすれば、その根拠は何かである。次のようなものが考えられる。

(a)　上位計画への適合性である。ある街区で再開発事業の結果住宅がなくなったと仮定して、それが合理的でありうるのは、都市全体の計画において当該街区を事務所・商店街区等として発展させようとする計画がある場合である。

(b)　右の意味での上位計画自体が合理的なものでなくてはならないのは当然である。しかも、この合理性の中には、当該計画策定にあたって住民の意思が十分に反映していることが重要な要件として含まれる。場合によっては、アンケートや投票等あらゆる手段を使って住民の意思を吸収すべきである。この点がわが都市計画法制の弱点の一つである。

(c)　アフター・ケアーが必要である。別の場所において住宅の提供が受けられる保障がなくてはならない。そのような内容の上位計画があってはじめて、右のような事業も合理的であるといえよう。そうでなければ、都市全体からみれば、場当たり的な再開発事業であるにすぎぬ。

(2)　再開発事業によって期待できる具体的な目的効果としては、防災、都市公害の防止、生活環境の整備改善、土地の合理的な高度利用による住宅・人口の増加（住宅再開発）、商店街再開発、都市機能の回復特に交通施設の強化などによる産業基盤施設の整備・強化、企業の中枢管理機能を中心とする大都市機能ないし都心業務的機能の更新・強化などがありうる。

都市再開発への期待の一つは、住宅再開発による都心部への人口の呼びもどしである。それには相当数の住宅建設が伴う必要がある。都市再開発法も住宅建設に関する定めを置いてはいる（法五条・一三条二項・二一条、なお七条二項）ものの、正面から積極的に取り組む姿勢はみせていない。本法としては、住宅建設計画法三条に定める公的資金による住宅を建設する者が参加組合員として市街地再開発組合に参加することくらいで、あとは民間のイニシアティブと民間資金の導入に期待しているもののようである。昨今、次期基幹産業ないし景気刺激対策として、住宅産業あるいは総合的な都市開発産業がクローズ・アップされている。しかし、それらが採算を度外視して住宅建設に向うことはありえない。採算を考慮する以上は、都心の中枢管理機能を補完するにすぎない高級マンションか、または、狭小かつ居住条件の悪い高層住宅団地であって早晩スラムと化するものしか建たないであろう。また余程の資金を投入して大規模な再開発を行わない限り、そもそも都心部の高層建築街において公園など良好な生活環境のととのった住宅を建設することは極めて困難であるといえよう。

だとすると、再開発事業の後に生ずるのは、さる五月三〇日閣議決定された「新全国総合開発計画」の強調するようなきたるべき情報化社会の都心部における中枢管理機能の純化と事務所入口・事務所需要の著しい増大に応ずるビジネス・センターの出現であり、あるいは、流通革命の一翼をになうショッピング・センター、余暇時代の市民が手軽に行けるレジャー・センター等の高層ビルの林立であり、サラリーマンは相も変わらず通勤地獄に苦しむということになりかねない。かくては、都市再開発法によって広義の都市再開発に逆行する事態が生ずるというおそれがある。

(3)　民間のイニシアティブや民間資金の活用も結構であるが、それによって公共の責任が不明確になってはならぬという一事を銘記すべきである。

(a)　事業そのものが民間の手で行われる場合であっても、都市全体の計画の見地に立つ誘導の姿勢を崩すべきではない。法では、事業計画・権利変換計画に対する都道府県知事の認可等にその手段が与えられているが、市民全体の立場に立った全体の計画に従って市街地再開発事業に関する都市計画（法三条）も作成し、認可等も行使されるべきである。

(b)　要は、計画行政を認める以上は、計画行政の立場を徹底し、計画自体の合理性・公共性をあらゆる段階において常に確保するように努めなくてはならないということである。この点において、地方公共団体の果たすべき役割は大きいというべきである。地域全体の統一的な計画の策定、地域住民の意思の吸収・集約、計画に関する弘報等なすべきことはいくらでもある。

(c)　住民の立場に立って公共性の強い事業特に住宅建設に対しては公共投資を惜しむべきではない。かつ、強制的権限の行使をも惜しむべきではない。さいわいなことに諸政党の都市政策においても公益優先と私権制限が共通して強調されているときでもある。特に住宅建設を目的とする事業については種々の強制的権限を集中し、また住宅建設のために土地利用を高度化すべきことがふさわしい地域については、高度利用の強制を含む相当きびしい規制を加えることを考えるべきである。

（参考文献）

拙稿・行政権限の競合と融合・北大法学論集一九巻四号三四頁（本書第一部）
拙稿・複数当事者の行政行為――行政過程論の試み――・北大法学論集二〇巻一―三号（本書第一部）

（ジュリスト四三〇号、一九六九年）

9　土地所有権の社会的制約

一　神聖不可侵の土地所有権

(1)　かつて近代国家の諸憲法において、土地所有権は、封建的制約から解放され、国家に対する関係において神聖不可侵であるとされた。

その古典的表現は、一七八九年フランスの人権宣言一七条にみられる。そこでは、所有権の神聖不可侵を宣言し、公共の必要（nécessité pubique）が明らかに要求する場合にのみ、しかも正当かつ事前の補償を提供する場合に限ってこれを奪うことができるものとした[1]。

二〇世紀の現代憲法においては多少事情を異にする。しかし、所有権は義務を伴う、その行使は同時に公共の福祉に役立つべきであるとしたワイマール憲法においても、公用収用は、公共の福祉のためにのみ、かつ、法律の根拠にもとづいてのみ、また、原則として正当な補償を給して行われるべきものとされた。さらに、所有権の内容ならびに限界は法律によって定められるものとされていた（一五三条）。

周知のように、マッカーサー草案二八条は、特に土地およびすべての天然資源は究極的には国家に属する旨を定めていたが、現憲法は、これを採用せず、財産権の不可侵と、財産権の「内容」は公共の福祉に適合するように「法律」で定めること、私有財産は「正当な補償」の下に「公共のために用ひる」ことができることとを定めている（二九条）。

(2)　勿論いずれの時代においても、土地所有権は、それぞれの時代にふさわしい社会的制約を免れない。神聖不可侵の所有権とされた時代といえども、右の人権宣言の明言するように、それは公用収用権に対抗しうるものではなかった。正当な補償が保障されるだけのことである。また、道路に面した建物が高度制限をうけるなど、種々の公用負担による制限は免れなかった。さらに、産業革命の進展は、人口の都市集中とスラム地区を発生せしめたため、前世紀末頃より諸外国では、公衆衛生の見地に立つ警察取締規定等を登場させた。のみならず、その源流は相当古くまで遡ることができる都市の美観・用途地域制による規制なども散見される。

しかしながら、このような規制はあくまで例外であり、土地利用の自由、建築自由（Baufreiheit）の原則を前提とするものだといってよい。したがって、規制は、公衆衛生・危険防止等の警察的見地に立つものか、隣人に迷惑をかけない、または、善良な市民であれば当然に期待できるであろうような内容の制約であり、地域制による規制なども、今世紀初頭までは、規制は土地所有者の利益のためにだけ許されると考えられていた。

また、公用収用等における「公用」は極めて限定的な意味に解されており、公物ないし公共施設（domaine public; travail public）の用に供することを意味するものであった。

(3)　都市問題の登場　二〇世紀に入るとともに、多くの国で今日の都市計画法の萌芽とみられるものが登場したが、特に第二次大戦後、戦禍による破壊からの再建の目的のほか、経済構造・地域構造の変化による人口・産業の都市集中によってもたらされた都市問題の発生に直面して、都市計画法制の整備強化・体系化がみられるとともに、土地所有権は新たな社会的制約に服することとなるのである。

特にわが国では、経済の高度成長政策の結果、企業・人口の都市集中の激化は他に類をみないものであり、ユートピアならぬディストピア（C・A・ドクシアディス「エントピア」）と呼ばれる劣悪な都市生活環境を生み出し、深刻な都市問題を生じさせた。その多くは、無秩序・無計画な土地利用に起因するものであって、都心部ににおける過密、交通渋滞・交通事故の増加・交通戦争、都市機能の低下、地価高騰による住宅宅地不足と通勤圏の拡大、都市周辺部におけるスプロール現象、都心部と周辺部を結ぶ通勤地獄の激化、都心と周辺に共通してみられる公共施設の不足・生活環境の劣悪化、各種の公害等の生活障害・生活危険の増大などがそれである。都市の生活環境の現状は、もはや人の健康をむしばみ、非行や犯罪を生む温床であるなどの病理現象だけが問題なのではなく、そもそも都市が本来もっている集積の利益そのものが疑問視される事態に立ちいたっているのである。

このような事態の打開のためには、既成市街地の再開発、過密の解消のため都市機能の分散、用途の特化・純化とその配分、用途地域制の強化、都市施設・生活関連施設の計画的整備、土地利用計画の樹立、開発規制、公の手による宅地開発・住宅建設、金融租税政策等による住宅産業の育成等々の方策が考えられる。わが国においても近時遅ればせながら、諸外国の例にならって、法制の整備が試みられることとなった。

(4) 土地収用法改正、新都市計画法・都市再開発法・地価公示法の制定、建築基準法改正等の近時の諸立法にみられる傾向は、土地利用の自由の原則という前提そのものに手を加えようとしているかにみえる。そこでは、公共性の内容ならびにその実現の過程そのものが複雑化し、土地所有権の制限の態様も複雑化せざるをえない。

ここにおいて、一般にあっても「土地は商品ではない」(田中角栄)、「土地は地球の一角である」(瀬戸山元建設大臣)、「土地の絶対的所有から相対的所有へ」(清水「爆発する都市」一七六頁)、「土地は個人のものであると同時に国土である」(三井田・高田編「日本の都市政策」二〇〇頁参照) 等々の言葉が聞かれるようになった。

また、法律学者にあっても、土地所有権の制限について新たな理由づけが試みられている。(2)

そこで、本稿は、(a)近時の諸立法のうち主要なものを個別的に検討した後、(b)その意義を総合的に検討することとしたい。なお、本稿は、都市における土地を専ら対象とする。

二　新しい現象

(1)　用地取得制度の強化　　近時の都市計画法制の整備に伴ってみられる新しい現象の第一は、公用収用の拡張である。現代国家における行政機能の拡大によって公用収用権が付与される公共事業も拡大されるのも当然であるが、公共性の内容自体が変質し、憲法二九条三項にいう「公共のために用ひる」の意味が拡張している現象がみられるのである。

(a)　公物ないし公共施設を作るためではなく、結局は私人の利用に帰する「住宅」「宅地」のための住宅団地経営事業（収用三条三〇号）、新住宅市街地開発事業（新住宅市街五条、都計六九条）について公用収用権が認められている。

(b)　同様、結局は「私用」に帰する敷地造成等について「公用」収用が認められるものとして、工業団地造成事業・流通業務団地造成事業がある（首都圏開発六条、流通市街九条、都計六九条）。

(c)　右の(b)もそうであるが、都市計画事業一般について包括的に公用収用が認められる（都計六九条。ただし、都計施三五・六九条）。

(d)　さらに、投機等を防止し、都市計画事業の円滑な施行を確保する見地から、都市計画施設等の区域における都市計画決定の段階での土地の先買い、都市計画事業の認可等の段階での土地建物等の先買いの制度がある（都計五七・六八条）。投機等による地価高騰を予防し、用地の先行取得への途をひらくものであるが、なお、このための土地基金の設立が予定されている（八四条）。

昭和四二年改正土地収用法が、土地について事業認定時を基準とする価格固定主義をとる（七一・七二・一三八条）のは、周知のように開発利益を公共が吸収しようとするものである（ただし、九〇条）が、同時に、用地取得制度の強化のためのものであることはいうをまたない。

(2) 地域地区制　都市計画と地域地区制とは古くから密接不可分の関係にある。単純には都市計画は地域地区制と同一のごとくに考えられているが、都市計画法制の整備ならびに土地利用規制の増加とともに、これまた複雑化し種々雑多なものが登場している。およそ次のようなものがある。

(a) 市街地における地域地区の配置に関するもので、住居地域・商業地域・工業地域などの用途地域制がそれである。用途の混在を防止するため、本年一月一日施行の建築基準法改正法において、用途地域は八つに細分化された。

(b) 同様、市街地における地域地区の配置に関するものとして、

(イ) 防火地域・準防火地域

(ロ) 美観地区・風致地区などのほか、

(ハ) 高度地区・高度利用地区・特定街区のように、既成市街地における土地利用の増進・高度化、都市機能の更新等を図る見地から、積極的な事業が予想されるものもある。

(c) 都市機能の特化・配分ないし分散による都市機能の更新を図るものとして、工業等制限区域（首都圏二七条）、流通業務地区（流通市街四条）、駐車場整備地区（駐車場三条）がある。多少似たものとして臨港地区（港湾三八条）もあげられよう。

(d) 都市計画事業または公共事業の円滑な施行のため計画区域または事業予定地において現状保全義務等が課されることがある。計画制限もしくは計画的規制に対し、計画事業制限ないし事業制限といえよう（都計五三・六五条、区画七六条、道九一条等）。

(e) 自然の環境・景観等の保護を目的とするものには、

(イ) 自然公園法の特別地域・特別保護地区、

(ロ)　いわゆる古都保存法における歴史的風土保存区域などのほか、

(ハ)　あわせて大都市圏の秩序ある発展をねらうものとして近郊緑地保全区域・近郊緑地特別保全地区がある(首都圏緑地)。

(f)　公物ないし公共施設の保全、あるいは広く危険防止を目的とするとして、河川保全区域・沿道区域・特別沿道区域・災害危険区域などがある(河五四条、道四四条、高速一四条、航空四九条、建基三九条等)。

以上の地域地区制による制限には、その内容が相当厳しいものであるにもかかわらず、多くが損失補償に関する規定を欠いていること、また、この点に関する規定が不統一であることが問題とされている。

(3)　市街地再開発　一昨年成立施行をみた都市再開発法は、一般的な市街地再開発に関するわが国最初の立法であるばかりではなく、都市再開発という一般的な目的のため、結局は私人の利用に帰する建築物・敷地の整備等を内容とする市街地再開発事業を、民間のイニシアティブに委ねている。ここには、少数反対者の存在にもかかわらず、民間団体の手に強制権限を付与するという現象がみられるのである。

(a)　その特色の第一は目的の一般性にある。かつての諸法律にみられるように、スラム・クリアランス、防災建築物の建築、公共施設の整備などの、その公共性が明確である反面、極めて限定された目的に仕えるというものではなく、土地の高度利用と都市機能の更新という、まさに都市計画事業と呼ぶにふさわしい一般性をもっている。その反面、公共性の具体的内容は不明確たるを免れないであろう。

(b)　その第二は、再開発事業の施行者として地方公共団体・日本住宅公団のほか、施行地区内の宅地所有者および借地権者からなる市街地再開発組合が認められる。

(c)　しかも、地区内の宅地所有者・借地権者のそれぞれの三分の二以上の同意があり、かつ、同意者の所有宅地の地積と借地の地積の合計が区域内の宅地の総地積と借地の総地積の合計の三分の二以上ある場合には、組合の設立が認められ、少数反対者もまた強制加入させられる。のみならず、組合は組合員の過半数の議決によって権利変換計画を定め、当然、少数反対者の財産をも含めて、強制的な権利変換の処分をなすことができる。従来の諸法律において収用等の強制的処分をなしうるのは、その主体が公共的団体の場合であるか、または、関係権利者の全員の同意がある場合であるかが原則であった。勿論、類似の現象は、土地区画整理組合による換地処分にこれをみることができるが、この場合には権利の内容の変換を伴わない（なお区画九三条参照）のに対して、権利変換処分は文字通り権利内容の変換をもたらす。

(d) 最後に、再開発事業によって公共施設のための空間も生み出されるとはいうものの、新建築物が如何なるものでありうるか、また、権利変換にあたって反対関係者ならびに借家権者等の弱小権利者の権利の保護に実体上手続上万全の手当てがなされているかどうかについて、疑問の余地がないではない。

(4) 土地利用の計画的規制　以上の現象はいずれも従来類似の制度があり、これを強化したものであるが、ここに全く新しい現象が出現した。それは新都市計画法による市街化区域と市街化調整区域の区別であり、この区別を前提とする開発許可制度の創設である。そこでは、従来の市街化周辺のスプロール現象やこれに追随した後追い公共投資といった無秩序な市街化を防止し、計画的な市街化を図る見地から、この両区域を区別し、前者については、公共投資を集中し、その計画的整備と健全な市街地の形成のため、都市施設の整備を推進するとともに、市街地開発事業を集中的に実施するものとしているのに対し、後者については、市街化を抑制するため、私人の開発行為を原則として禁じているのである（都計七・一三・二九条以下等）。

実際に影響の及ぶ範囲が広範であるのみならず、その性格においても目新しい特色と、したがって、問題とを持っている。

(a) 特色の第一は、なによりも市街化調整区域においては自由な土地利用という前提そのものが原則的に否定されているということである（都計二九・三三・三四・四二・四三条等）。通常の地域地区制においては、当該地域地区の目的にそわない土地利用は制限を受けるが、なにがしかの土地利用の可能性は残っている。しかるに、ここにおいては土地利用はほぼ全面的に禁止される。

(b)　このような権利制限の根拠は、無秩序な市街化を防止し計画的な市街化を図るという目的のためである。物事を単純化していえば、開発許可制度による私人の権利の制限は、公行政の負担すべき公共施設とのバランスの上で考えられている。公共投資の計画にあわせて私人の権利の規制が行われているといってもよい。したがって、通常の地域地区制と比較して、権利制限の根拠である公共性はより一般的であると同時に、権利制限の態様はより動態的であるといえる。計画的な都市づくりの過程において、これに合わせて私人の権利が規制されているからである。

(c)　しかし、いずれにしても権利制限の内容は、土地利用の全面禁止に等しい。しかも、宅地に自宅を建てるという最も単純な利用さえ禁じられる反面、その市街化調整区域においても大規模な開発行為は許される（都計三四条一〇号イ）。

(d)　のみならず、一本の線引きの結果として市街化区域では地価上昇がみられるのに対して、市街化調整区域では、自己の土地利用もできない上に、地価の大幅の低下が見込まれるのに、なんら補償等の手当てがなされていない。

三　個別的検討

(1)　公用収用から公共的私用収用へ　　公用収用が公共施設等の限定された公共事業のためのものから今世紀に入って住宅宅地等結局は私用に帰するもののためにも利用できるものとなったのは世界的な傾向である。わが国でも昭和三七年首都圏市街地開発整備法改正、三八年新住宅市街地開発法の制定などによってこのような時代に入った。特に後者の制定にあたって宅地分譲事業への収用権の付与の是非をめぐって国会等でも議論がなされた(3)。なかには受益者の生活・社会的階層が問題であり、賃貸用の公営住宅・公団住宅などならよいが、宅地分譲のように資力のゆとりのある層をねらい、その受益者の数が少ない場合には公共性に疑問があるなどの意見がみられた(4)。

(a)　公用収用における「公用」が「公目的」ないし一般的な「公共性」にとって代わられていることは多くの文献の指摘するところである(5)。

収用法規の文言の上でも、一九六八年イギリスの都市田園計画法二九条は「公役務（Public Service）」のために必要な土地を強制買収しうる旨を定め(6)、また、西ドイツの連邦建築法八五条一項一号も、収用目的について概括主義をとり、建築計画の確定に適合した土地利用のために広く収用を認める立場をとっている。

フランスの場合には、多数の収用法規があるが、その目的がかっての「公用収用（expropriation pour cause d'utilité public）」から「公共的な私用収用（expropriation publique pour cause d'utilité privée）」に変質し、収用を正当ならしめるためには、公役務である必要はなく、単なる公益性すなわち一般的有用性あるをもって十分と考えられ、法の社会化の一現象としてみられるにいたっている(7)。

(b)　特に、第二次大戦後各国における住宅政策の展開は住宅・宅地・住宅団地さらにはニュータウン建設のための収用をむしろ当然のこととして認めているといってよい。

英米においては、公営住宅法令の登場とともに、まず個人の住宅のために地方公共団体に収用権が付与され、ついで民間の住宅会社に収用権が与えられ、さらには行政機関・民間会社の手による都市再開発にも収用権が認められるにいたったという(8)。

西ドイツにおいては、建築計画に従った土地利用のために収用が認められるから、未利用地などは収用によって市町村が取得した後、公共施設に当てるべき部分を除いて、建築計画等に従って利用する者に売却するのは市町村の義務とされている(9)。

フランスにおいては、すでに前世紀末から例の低家賃住宅（H.B.M.＝Habitation à Bon Marché）政策が展開されてきたが、第二次大戦後、住宅難に対処するため、大規模な住宅徴用、積極的な建築助成が行われ、H・B・Mに代わる標準賃貸住宅（H.L.M.＝Habitation à Loyer Modéré）政策がとられるにいたった。また一九五三年の土地法は私の建築主のための収用を認め、一九五七年の法律は住宅団地のための収用を認めている(10)。

わが国においても、戦後、住宅金融公庫による住宅建設等に対する融資が行われているが、いずれの国においても、住宅建設は公共性の高いものとして、公共の責任において行うべきものであり、無論その具体的な現われ方は国と時代によって異なるにせよ、このための助成措置は勿論、収用等の強制権限は当然認められるものと解される。しかも、右のフランスの例にみるように、低所得層向けの住宅のためではなく、一般中層者のための住宅もまた今日においては十分に公共性の要件を充たしているものと考えてよい(11)。

(c)　工業団地造成事業・流通業務団地造成事業について収用権が付与されているが、これらも、個々の事業の公共性というよりも、都市全体の中における都市機能の純化・配分という公共性があってはじめて認められる。これらの事業の受益者は私人ではあるが、敷地提供者のほか、工場等制限区域などからいわば追い出された者を受け入れる仕組みになっている（首都圏開発二三条、流通市街三六条参照）のもこのような事情を示している。

(d)　このように、個々の事業は個々の事業としての公共性によってではなく、それが全体としての都市計画の中に組み込まれた結果、都市計画事業としての公共性によって、収用権もまた認められるものと解すべきである(12)。新都市計画法の制定に伴って収用権限に関する規定がこれに吸収された（同法六九条）のも、単に法技術的な現象ではなく、諸外国にも共通してみられる公用収用制度の性格の変化を反映したものといえよう。ここにおいて、

(イ)　事業の公共性とは計画の合理性であり、

(ロ)　その具体的内容は、全体としてのより効率的な土地利用の増進である。したがって、

(ハ)　公共施設のため、または消極的にスラム・クリアランスのためではなく、積極的な利用増進のため、私用

日本立法資料全集本巻201

広中俊雄 編著

日本民法典資料集成 1

第1部　民法典編纂の新方針

４６倍判変形　特上製箱入り 1,540頁

① **民法典編纂の新方針** *200,000*円　発売中
② 修正原案とその審議:総則編関係　近刊
③ 修正原案とその審議:物権編関係　近刊
④ 修正原案とその審議:債権編関係上　続刊
⑤ 修正原案とその審議:債権編関係下　続刊
⑥ 修正原案とその審議:親族編関係上　続刊
⑦ 修正原案とその審議:親族編関係下　続刊
⑧ 修正原案とその審議:相続編関係　続刊
⑨ 整理議案とその審議　続刊
⑩ 民法修正案の理由書:前三編関係　続刊
⑪ 民法修正案の理由書:後二編関係　続刊
⑫ 民法修正の参考資料:入会権資料　続刊
⑬ 民法修正の参考資料:身分法資料　続刊
⑭ 民法修正の参考資料:諸他の資料　続刊
⑮ 帝国議会の法案審議　続刊

一附表　民法修正案条文の変遷

に結果する土地収用も当然認められる。

(ニ) 土地利用の効率化は、局部的にではなく全体として判断される。すなわち、計画の定めるところによる。土地利用の自由はこのような計画の下に置かれるから、その計画の具体化したある段階でもって、土地等の先買権を認め、もしくは補償額の固定もまた認められる。

損失補償の基準時については数多くの立法政策があり、また基準時前何年間かに取引事例があればそれを最高限とするといった立法さえあって、地価事情を異にするため、諸外国の例はわが国の参考とはならないが、少なくとも事業による開発利益を私人に帰属させないのは当然のことであり、これを公共が吸収するため地帯収用を認め、さらに、被収用者の残地にこれが生じているときは補償額と相殺することも通例みられるところである。[13]

(2) 公用制限(警察制限)から都市計画制限へ　地域地区制といわれるものには、前述のように種々性質の異なるものが含まれているのであるが、この地域地区制には、地域地区を設けること自体の問題[14]と、それに伴う補償の問題とがある。わが国では主として後の論点について議論が集中している。[15] 損失補償に関する規定の不備・不完全・不統一などが指摘されている。その制限の実質において収用との区別が相対化している反面、補償について立法的解決が不十分であるため、解釈論的努力が要求されるわけである。

(a) 解釈論的に補償の有無が決せられるとなれば、結局は損失補償に関する一般的な基準によって決することとなり、規制の目的、侵害行為の態様、被侵害利益の性質程度等を総合的に判断してきめるほかはない。[16] 西ドイツにおいても、シュナイダー[17]によると、侵害重大説・保護相当説・帰責可能説・私的有用説(目的背反説)・実体減少説等々、学説の種類には事欠かないのであるが、具体的事例の判断については同一に帰するとのことである。

(b) しかし、いずれにせよ、西ドイツにおいては、建築の全面禁止の場合等はともかく、用途地域制・地域計画の結果として、ある土地が特定の場所にあるために受ける制限は、特定の場所にあるという理由によるものであって、実定法によってではなく、事物の本質上、理性的経済的に考える人間であれば当然に従うべきはずのものであるから、補償の対象とならないとされる（Situationsgebundenheit）[18]。

フランスにおいても、都市計画制限は原則として補償を生ぜしめないものとされる[19]。

アメリカにおけるゾーニングによる土地利用規制は、警察権に基づくものであり、したがって、すべて無補償であるといわれる[20]。

イギリスの都市田園計画法にあっては、計画制限による損失は他の何らかの土地利用が可能であるかぎり補償されない。また、「現状において相当な収益的利用（reasonable beneficial use in its existing state）」が不可能とならないかぎり、土地の買収請求権は認められない[21]。

(c)　わが国では、市街地における地区の配置いわゆる用途地域については損失補償は認められていない。ある特定の用途地域においては当該用途地域の目的に照らして必要な建築物規制等が行われる。しかし、この場合の規制の意義・根拠は、当該用途地域の目的からだけ判断することはできない。都市全体における都市計画の一環としての用途の純化、いいかえれば都市機能の計画的な配分調整という全体の中において判断されなくてはならない。したがって、土地利用の全面禁止ならばともかく、個々の用途地域を個別的にとりあげて補償の要否を論ずることはできないし[22]、一般的にいって、市街地にある土地にとっては広義の内在的理由による制約として補償は不要と解すべきである。

(d)　地域地区制のうち外在的理由によるものは、それが危険防止等の理由によるものを除いて、一般的に補償が必要であると解される。

(イ)　自然公園法・古都保存法・首都圏近郊緑地保全法等による規制についてはこの見地から補償が必要である。ただ、法の規制を離れて社会通念に照らしても許されないような利用が制限されても補償の限りではない（古都九条一項二号、首都圏緑地一一条一項二号参照）。また、相当程度の土地の利用が可能であるかぎり、やはり補償の必要はないであろう（古都一一条一項、首都圏緑地一二条一項参照）。

(ロ) 危険防止等を理由とする制限には一般には補償は不要である。ただし、現存する利用の廃止変更をも強いる場合はこの限りではない(建基一一条、航空四九条三項、高速一四条三・四項等)。

(2) 市街地改造から都市再開発へ　都市再開発法は、土地の高度利用と都市機能の更新という一般的積極的目的のために、少数反対者の存在する場合にも、地方公共団体・日本住宅公団のみならず、民間団体(市街地再開発組合)の手に権利変換処分等の強制的権限を付与している点に特色がある。そこで、事業の一般的公共性と組合への強制加入の点はよいとしても、新建築物が中層・下層の市民の住宅として大幅に利用されるのでなければ公共性に疑問があるとか[23]、権利変換処分は土地区画整理法等とのバランスから考えて違憲の疑いがある[24]、また、少数反対者の権利については収用等によって公的機関の手に取得させるなどの方法を講ずべきであるとか[25]の意見がみられる。

(a) 先に公用収用について述べたように、今日、強制処分が私人の利用を結果することは珍しいことではない。特に、都市再開発の場合は、公共施設のための空間も生み出すとはいうものの、なにも住民等を追い出すことを目的とするものではないから[26]、元の住民等を含めた私人の利用を結果するのは当然である。この場合の私人の利用の形は、住宅には限られない。都市再開発は当初はスラム・クリアランスより出発したが、その後より良好な水準をもった住宅再開発、さらに商店街区再開発から今日ではビジネス街区再開発すなわち都心部における中枢管理機能の更新のための再開発を中心として展開されている[27]。

(b) 都市再開発の右のような性格からいって、その事業の施行者は、全面的に収用方式をとり収用後土地を民間企業者に払い下げるなどの場合を除いては、土地所有者等からなる組合がなるのがむしろ適当であると考えられる。

また、この組合には、少数反対者の強制加入、少数反対者の権利の収用等の強制権限が認められるのが通例である[28]。

土地区画整理の場合などとのバランス論もあるが、そこで立体換地処分について、所有権者の申出を要件とするのは換地処分を原則とするからであり、借地権者等の同意を要件とするのも所有権者の一存によってその他の権利者の利益が害されないようにするためであって（区画九三条四項、五項）、比較の対象とならないように思われる。(29)

(c)　もちろん、一般的に公共性が認められる事業であるというだけでは足りず、具体的に公共性が担保されるだけの手当てが必要である。組合の設立認可（都開一一・一七条）、定款・事業計画変更の認可（三八条）、補償金等について収用委員会の裁決（八五・九一条等）、業務監督等（一一四条以下）に関する規定にこれをみることができるが、弱小権利者の保護等についてなお不備な面があるように思われる。(30)

(d)　最後に、この場合にも公共性を終局的に担保するものは、それが全体としての都市計画の中に位置づけられ都市計画事業として行われるという性格であると考えられる。一般的に都市再開発事業の公共性は再開発前の当該地区の状況の如何に依存するであろうが、さらに、都市計画全体の中において当該地区がいかなる都市機能を分担すべきかにかかわるものであって、これを離れて抽象的に住宅再開発が事務所再開発よりも公共性が高いといった議論はできないものというべきである。

(4)　土地利用計画へ　新都市計画法による市街化区域と市街化調整区域の区別、特に後者における開発行為の全面的禁止を内容とする開発許可制度の創設は、わが国でかつてなかったものだけに、現憲法の下においては実行不可能ではないかとの意見をも生んだ。(31)

(a)　しかし、この程度の規制はこれまた諸外国において珍しいものではない。類似の制度として次のようなものがある。

(イ)　有名なものにフランスの優先市街化地域（Z.U.P. = Les zones à urbaniser par priorité）(32)の制度がある。建築活動を一定地域に誘導して集中的に展開せしめ、全体的な見地から都市化に計画化と方向づけを与えることを目的とし、特定の地域については公共施設も十分に整備するとともに、建築はこの地域に集中せしめて公共施設の高度利用をはかる一方、この地域外での建築活動を制限し、公共投資の効率化をもはかろうとする。

(ロ)　これまた有名なものに一九四七年以降のイギリスの都市田園計画法における開発計画とこれを前提とする計画許可（Planning Permissions）の制度がある。(33) そこでは私人の土地利用の自由の前提そのものを否定し、これを計画的規制に全面的に服せしめ、開発権を国家が吸収しているのであるが、特に、給排水施設の不備な土地についての許可の拒否は補償の除外理由の一つとされている。(34)

(ハ)　西ドイツの連邦建築法においても、建築計画区域外における建築活動は原則として制限されるが、特に、給排水施設・道路等の交通施設等の公共施設を欠く場合もしくはスプロール（Splittersiedlung）の生ずるおそれがある場合などには許されない。(35)

(b)　開発許可制度は、従来、無秩序無計画な宅地造成・開発の後を追って、無計画・非効率的な公共投資が行われてきたが、この関係を逆転させて、計画的な公共投資に民間の宅地開発・住宅建設の方を合わせようとするものである。公共施設とのバランスを理由とする私人の権利の制限は、近時改正をみた建築基準法において一般化された容積率の制度にこれをみることができる。これは交通施設その他公共施設とバランスがとれるように用途地域ごとに建築物の容積を規制しようとするものであるが、公共施設の不備不完全な市街化調整区域における開発行為の制限は、いわば、容積率がゼロであると考えることもできよう。かつて都市計画法等に反する違反建築物に対する電気・ガス・水道等の供給停止が話題となったことがあるが、(36) これはおよそ公共施設を伴わないところでの宅地造成や住宅建築等を禁止しようとするものである。これによってはじめて従来の無秩序な都市周辺のスプロール化現象やこれに伴う宅地災害等を防止することができよう。

(c)　合理的な理由に基づく制約であるというのは、しかし、直接に無補償の理由となるものではない。しかしながら、(イ)宅地造成・住宅建設等の禁止が、このような形での土地利用の当然の前提となるべき公共施設ないしその計画を欠くという理由によるのであり、(ロ)このような土地利用の制限は時間的に有限であって、(ハ)しかも、他の形での土地利用は禁止されているわけでもない上、(ニ)宅地造成等も大規模開発で必要な公共施設を伴うものは許容されるなどの理由から、補償は不必要であると解される。(37)

(d)　良好な生活環境の維持、公共投資の効率化等を理由とする公共施設とのバランス論のほかに、そもそも都市の適正規模の維持のためにも、外周部に緑地帯を設けるのと同様に市街化を抑制する区域を無補償で設定できると解する。けだし、周辺部の当該地域における公共施設のみではなく、これと都心部とを結ぶ交通施設や都心部における公共施設など、いわば都市全体における公共施設の総体とのバランスが必要だからである。

四　計画行政の一環としての都市計画法制

(1)　計画行政の意義　以上にみるように近時のわが都市計画法制にみられる新しい現象は、いずれも都市「計画の一環」としての性格をもつものであり、また、このように把えることによってはじめてその存在も認められるべきものであろう。

(a)　このようなものの見方は、都市計画事業等について、「計画に乗る」ことによってその公共性が担保されるとする多くの見解(38)によってすでに明らかにされているところである。

(b)　その根拠の第一は、問題自体のもつ総合性にある。たとえば、(イ)都市における土地の一体性がある。都心部と周辺部とにおける土地利用の形態は密接不可分の関係にある。さらに大きくいえば、国土全体において「過密と過疎は盾の両面である」(田中角栄)。(ロ)都市機能もまた一体性をもつ。職場を抜きに住宅優先を叫んでも無意味である。(ハ)政策目的も分離が困難である。災害防止と生活環境の改善とは具体的には区別できない。公行政は消極的・個別的に危険や災害に対処するのではなく、積極的に全体としての生活環境そのものを計画的に整備改善していくなかで問題を解決していくという方法をとることが要請される。㈡私人の行為と国家のやるべき行為とが明確に区別できない。住宅をとっても、公行政の負担すべき生活関連施設や都市施設等との結合なくしては、その機能をはたすことはできない。㈭政府の作用には国民にとって財貨の配分の意味をもつ。都市政策は他の政策との関連をまぬかれない。したがって、

(c)　これに対する政策においても総合性が要求される。

ドニソン教授[39]は、住宅問題について政府のとる役割には、対策型、社会問題型と総合政策型の三つの型があり、いずれをとるかは時代と状況によるから、一概に良し悪しをいえないが、現在のイギリス政府は第三の型をとっているという。これは抽象的理論の問題ではなく、問題自体のもつ総合性・多面性が、各種の「対策」を生み出し、個々の対策の積み重ね・集合が、対策相互の調和・斉合性を要求するにおよんで、総合的「政策」が登場するにいたったとみることができる。これによって対処するのでなければ、右のような問題を解決することにはならないし、しばしば片手落ちをもたらすからである。

(2)　計画行政の要件　　計画行政は、しかしながら、極めて困難な途である。個々の行政作用が「計画の一環」として把えられることは、問題の終点ではなくて出発点である。けだし、「計画の環の完結」がなければ、計画行政は画餅に帰するからである。

(a)　計画行政は、異種複数の行政権限を体系的立体的に組織化し、それらが全体として新たな行政機能を生み出し、これによって一定の目的が動態的に達成されることを狙いとしている。そこには常に具体的状況依存性と他の政策との関連性とがある。

(b)　都市計画事業等が「計画に乗る」ことによって公共性が担保されるというのはたやすいが、乗るべき計画の合理性を担保するものが、法律の上にもないし、また事実上、司法審査の中にもないのである。したがって、事前の計画策定手続への市民の積極的参加の途を開くことが必要不可欠である。しかしながら、これまた、これ

程いうはたやすく実現の困難なものはない。なお多くの条件の成熟が必要である。

(c)　政府自身のやるべきこととして次のようなものがある。

(イ)　計画行政の立場を徹底し、セクショナリズムにとらわれない総合的計画を樹立し、かつ実行すること。

(ロ)　防災・公害防止の徹底。

(ハ)　企業の立地規制等、都市についての基本的方針の樹立。

(ニ)　土地利用計画に合わせた先行投資、公共施設の整備。

(d)　最後に、最も重要なことであるが、財貨の配分の適正ないし負担の公平を確保しなければならない。土地税制による開発利益の吸収などがその例である。都市計画制限なり都市計画事業なりによって、負担の不公平が生ずるのはやむをえないが、税制全般が実質的公平に仕えるものであれば、不公平感も相当緩和されるであろう。

(3)　計画行政の限界　　計画行政は決して万能ではない。右にみるように「計画の環を完結」することは極めて困難であって、問題解決に程遠い状態にある。

(a)　計画行政は、むしろ問題を解決しない。けだし、計画行政は、問題自身を多面的な拡がりのあるものとして把え、政策を他と関連あるものと考える、いわば「開かれた体系」の中で問題を考えるからである。どちらかといえば、対策型や社会問題型の方が「閉じた体系」の中で問題を把えるだけに、問題の解決が容易である。

(b)　しかしながら、重要なのは問題を如何に把えるかである。問題を限定された個別的問題として把えれば、その解決は容易にきまっている。しかし、それは真の問題の解決ではない。計画行政は問題のあり方を変えるものというべきである。静態的に望ましい状態をイメージに浮かべて、これに近づけようという単純な議論が横行しているが、あらゆる条件は変化しつつ全体としての流れを形づくっている。計画行政は、この条件に操作的に介入することによって、ある部分の流れを速めたり遅くしたりしつつ、全体の流れ方を多少変えるだけのことである。これによって、種々の問題の現われ方を変え、そこに動態的均衡を図ろうとする。

(c)　特に土地の場合には、いくらある面で制限禁止を加えようとも、私人の土地利用の自由が前提となっているから、計画行政のもつこのような限界の認識が必要である。

(d)　したがって計画行政に対する期待過剰は禁物であるし、近時の都市計画法制も運用を誤れば、都心部の過密、周辺部のスプロール現象、通勤地獄・交通戦争、地価高騰・住宅難等をますます悪化させる恐れも十分に考えられる。けだし、流れに影響を及ぼす道具が大型になっただけで、その使い方、あるいは、どう使えばどのように流れが変わるかが未知数だからである。

(4)　都市における土地所有権　都市の土地は自由ではない。

(a)　土地は地球の一角である、もしくは、国土の一部であるかどうかは別にして、土地は「都市の一部」であることによって、前述のような意味での計画的制約の下にある。

(b)　その制約の根拠は広い意味での内在的制約であると考えられる。というのは、このような制約のよってきた原因が無秩序・無計画な土地利用に起因するものであり、その制約の目的とするところが土地利用の計画化・効率化であり、全体としての土地の利用価値の増進をねらいとするものだからである。特に、都市における土地の利用とは、私的権原による部分よりも、公共施設の共同利用による部分が大きく、しかも前者も後者を前提として成立っている。したがって、それは巨大な公共投資に支えられている、公共施設の体系の上にある点にすぎないといっても過言ではない。

(c)　都市における土地は前述の目的のための計画的規制の下に立っている。したがって、

(イ)　空閑地税・未利用地税等の手段による利用の強制も許される。

(ロ)　未利用地をより効率的に、もしくは都市計画に従って利用する者の手に譲渡するために収用することも許される。

(ハ)　都市再開発の要件（たとえば、都開三条二号）を緩和してもよい。

㈡　細分化された土地利用を統合するための組合等を認めるべきである。現状の土地利用を前提として日照権問題等を論じても現状維持に終わるのではないか。

(d)　収用等に際しての補償についても、土地利用が計画的規制の下にあることを前提として、その額を決定することも、立法政策論としてはともかく、憲法論としては許される。

五　結び

なお、若干の蛇足を付け加えて本稿の結びとしたい。

第一に、都市問題は土地問題であるといわれる。これはある意味では正しい。しかし、都市問題は基本的には経済政策の問題であって、ましていわんや土地所有権の絶対に起因するものではないと考えられる。後者も無関係ではないが、これを強調しすぎると、問題の性質を見誤るおそれがある。

第二に、近時の諸立法の背景にある基本的政策は、既成の巨大都市の過密を是認した上での土地利用の効率化であり、むしろ、明白に過密の促進であり、地価上昇の促進であるとすらいいうる。市街化区域への公共投資の集中ならびに都市再開発事業の促進は、都心の過密と地価上昇を強化することとなる。後追い公共投資の一種である。市街化調整区域については、予想外に多くの都市で線引きが出来たが、これは市街化区域が本来の趣旨以上に広くとられているためではないかと推測される。だとすると、スプロールの公認以外の何物でもないことになる。さらに、市街化調整区域における大規模開発の許容は、住宅産業・都市開発産業の育成とはなれ、やはり地価上昇の一因たりうるであろう。

第三に、伝えられるところによると、美濃部都政は今後一〇年間に二兆円を投じて一〇年前の生活環境を「とりもどす」計画を立てているという。また、秦野候補もまた「東京緊急開発行動計画」を立て、ここ五年間に四兆円を投入して、行きづまった首都を「よみがえらせる」とのことである。

コンクリートの砂漠である巨大都市は、人の精神を涸渇させるばかりでなく、国費を無限に吸いこむ砂漠であるかにみえる。しかし、このような基本的政策自体に問題はないのであろうか。

（1）　ただ、その後民法典五四五条では、この公共の必要の語に代えて公共の有用性（utilité publique）ある場合に収用しうる旨の規定を置いているが、その趣旨は変わらない。
類似の規定は、合衆国憲法修正（一七九一年）五条、同修正（一八六八年）一四条、一八四九年フランクフルト憲法一六四条などにみられる。
（2）　たとえば、今村「財産権の保障」（損失補償の研究）、水本「土地の私権の制限」（住宅問題講座2・一九頁以下、特に三八頁以下）、石村「所有関係の変化」（ジュリスト増刊「現代の法理論」六三頁以下）などを参照。
（3）　建設省計画局宅地開発課編著・解説新住宅市街地開発法四五頁以下。
（4）　幾代・（三井田・高田編「日本の都市政策」）三一〇頁以下。
（5）　たとえば、英米につき、ハール編「都市計画と土地利用」六六・二四三・二五八頁以下。二七〇・二八五・三七八頁（Public Use から Public Purpose へ）。フランスにつき、Auby et Ducos-Ader, Droit Administratif, 1970, p.566（l'utilité publique から l'utilité générale へ）。
（6）　Heap, An Outline of Planning Law, 1969, p. 259.
（7）　Auby et Ducos-Ader, op. cit., p. 567 et suiv.
（8）　ハール編・前掲参照。
（9）　vgl. BBauG, § 85 Abs. 1 Nr. 2, § 87 Abs. 2 Nr. 2 und 3, § 89.
（10）　Auby et Ducos-Ader, op. cit., p. 546.
（11）　これは世界の大勢であるといっても過言ではない。住宅政策の概略については、cf. D. V. Donnison, The Government of Housing（Pelican 1967）.
（12）　計画に乗ることによって公共性が担保されるという多くの見解がこれである。

（13）　Art. to de l'ord. n° 58-997 du 23 cot. 1958, cf. Auby et Ducos-Ader, op. cit., p.664; Heap, op. cit., p.266; vgl. BBauG, § 93 Abs. 3.

（14）　今世紀初頭までは、アメリカの判例上、規制は土地所有者の利益のためにだけ許されるとの理由から地方公共団体の地域制は無効とされたという。ヒープ（ウィンゴ編「都市と空間」佐々波訳編）。その後、ニューヨーク州地域制条例について一九一九年州高裁、一九二六年連邦最高裁がこれを容認するに及んで、各地に地域制条例が採用されるにいたったという。荒・地域地区制（住宅問題講座２・一一九頁）参照。

（15）　たとえば、今村・前掲。水本・前掲。荒・前掲。同・開発許可制度と住民の損失（ジュリスト三七二号四七頁）。松島・新都市計画法と損失補償の問題（ジュリスト四〇三号三〇頁）。高原・米英における土地利用規制（公法研究二九号一六八頁）。原田・公用制限における補償基準（公法研究二九号一七七頁）。

（16）　田中・新版行政法（上）二〇〇頁。今村・前掲。

（17）　Schneider, Enteignung und Aufopferung, 1964, S.15 ff.

（18）　Schneider, a. a. O., S.67 ff. ただし、連邦建築法上、建築禁止の土地等一定の場合について補償が認められる。vgl. BBauG, §§ 40〜44.

（19）　Auby et Ducos-Ader, op. cit., p.794 note 2.

（20）　高原・前掲一七二頁。

（21）　Heap, op. cit., pp.232, 244. ハール編・前掲書三八一頁以下。

（22）　荒・前掲論文（ジュリスト三七二号四八頁）は、自然公園法や緑地保全法における規制と、風致地区・美観地区における規制では同じ趣旨にもとづく、としておられるが、本文の立場からは多少疑問である。

（23）　幾代・前掲書三一四頁。

（24）　水本・前掲書六三頁以下。

（25）　幾代・前掲、水本・前掲参照。

（26）　もっとも、アメリカにおけるスラム・クリアランスなどではこのような例もあるようである。

（27）　アメリカの場合につき、日本地域開発センター編・都市開発と民間企業四五・四七頁等参照。他の諸国でも同様で、都市再開発は住宅供給のみではなく、より広く都市構造の再編による都市機能の更新強化をねらいとする。

(28) たとえば、フランスの場合につき、cf. Auby et Ducos-Ader, op. cit., p.807 et suiv., Art. 2, Décret n°58-1465. なお、ハール編・前掲書二六〇頁参照。
(29) 形式的にいえば、バランス論自体が疑問で、法律に反するゆえをもって法律の効力が左右されるいわれはないのであるが。
(30) 拙稿・都市再開発法の位置づけ（ジュリスト四三〇号二六頁）。
(31) 柳瀬発言（田中等編・土地政策論二九五―六頁）。
(32) cf. Auby et Ducos-Ader, op. cit., p.652 et suiv., p.812 et suiv.
(33) cf. Heap. op. cit., pp. 30～, 97～. ハール編・前掲書三三頁以下、一一九頁以下参照。
(34) Heap. op. cit., pp. 12, 230.
(35) BBauG, § 35.
(36) 拙稿・行政権限の競合と融合（北大法学論集一九巻四号）。
(37) なお、一般的に、各種の土地利用の制限による地価低下等を補償すべきであるとの議論があるが、かりに補償後に、土地利用が可能になり、もしくは地価上昇があった場合に、どうすべきかが疑問である。
(38) たとえば、住宅問題講座2における金沢（一三頁）、水本（四九・六二頁）、成田（七二―三頁）、上野（三一七頁）。雄川（公法研究二九号一四二頁以下）。田上（田中等編・土地政策論一一五頁）。建設省計画局宅地開発課編著・解説新住宅市街地開発法九・五一頁以下等。
(39) D. V. Donnison, op. cit., pp. 76, 77, 82, 83, 305.

（ジュリスト四七六号、一九七一年）

10 「公共性」概念の検討

一 「公共性」とのたたかい――大阪国際空港訴訟の場合――

(1) 大阪国際空港訴訟は、「公共性」とのたたかいであるといわれた（須田政勝「『公共性』とのたたかい・大阪国際空港公害訴訟弁護団日誌④」判例時報七一七号一四頁）。

被告・国は、航空機騒音が受忍限度をこえて違法であるというためには、騒音の態様・程度、被害状況、都市状況のほか、「航空の公益・公共性」、騒音防止技術の可能性、騒音防止の対策努力等を総合的に考慮して健全な社会通念に照らして判断されなければならないものとし、その公共性の内容としては次のような事情をあげている。

(a) 航空の重要性および公共性として、航空輸送が国際旅客輸送・国内旅客輸送の両分野において、航空利用者の一般化・増加傾向がみられるなど、特に長距離輸送区間を中心として極めて重要な機能を果たしていること、このような高速交通体系として現実に重要な機能を果たしている航空輸送の需要に応じて空港を整備することの公益性、公共性は道路、港湾等と同様に明白であること。

(b) 大阪国際空港の重要性としては、同空港が東京国際空港に次ぐ第一種国際空港であり、民間航空に関する国家間の協定等によって、一三にのぼる諸国が、これら諸国の主要都市へわが国が乗り入れ路線を確保する見返りとして、同空港への乗入権を有しているほか、昭和四七年度国際旅客の年間乗降数は九九万人、国内旅客の乗降数は九一二万人であり、将来においても運輸審議会の総合交通体系に関する答申によれば、わが国の航空路線網形成上中枢的地位を占め、昭和六〇年度における関西地区の国内旅客輸送需要は、四、〇〇〇万人と予測されていること。

(c)　深夜郵便機の公共的必要性としては、現在一日当たり約二五〇万通の郵便物が夜間郵送専用機によって輸送されて、情報化社会において欠かすことのできない郵便物の翌日配達を確保しているが、テンポの早い現代社会においては、少なくとも県庁所在地間、大都市間ではこのような翌日配達の強い社会的要請があること。

(2)　被告主張に対する原告側の反論は、生命、健康に対する権利は、人間の最も基本的な権利であって、公共性、公益等のいかなる名目をもってしても侵すことのできない絶対的権利であるとしつつ、被告主張の「公共性」の実体が、次の理由から、何ら公共の利益をもたらすものではないとしている。

(a)　航空需要増は、国内においては他の交通機関の利用者と対比するとわずかであり、本件空港は、国際線定期便の離着陸は一日わずか一ないし六便であり、東南アジアのごく限られた国々との往来に利用されているにすぎないこと。国内の旅客輸送においてもあくまで選択交通機関であって必須交通機関ではないこと。需要増も、航空会社に対する国の過保護政策や航空会社の過度なまでの観光客誘致などの客寄せ営業政策によって「つくられた需要」であること。

(b)　公共性は航空会社の私的利潤追求のかくれみのであること。

(c)　将来の航空需要増の予測は、新全国総合開発計画を前提としているが、この交通ネットワーク構想は、個別交通網プロジェクトの寄せ集めにすぎず、全体としての総合性を欠くほか、航空料金が鉄道料金よりも二〇パーセントも安くなることを前提としていること。

(d)　夜間郵便専用機は、翌日配達が必ずしも国民的要請ではないなどの理由から、必要性がないこと。

(3) この点に関する判決の判断は、ほぼ、被告主張をそのまま認めるものであった。次のようにいう。「交通機関としての航空が鉄道、自動車と並んで重要な地位を占め、殊に国際間や国内の長距離輸送としては必要不可欠のものであることはいうまでもなく、また逐年航空の利用が一般化し、需要が増大していることは公知の事実である」「航空の需要増の原因としては、《証拠略》にある如く、わが国経済の高度成長に伴い航空利用の時間短縮の効果が認識されたこと、また国民所得の向上により余暇が生み出されたこと、海外との交流が活潑化したこと、大型機の採用によって輸送量自体が増加したこと等をあげることができるが、将来においても需要増の傾向が衰えることはないものと予測される。このようにして、航空は今やかつてのようなぜいたくな乗り物ではなく、鉄道や自動車等に劣らず公共性の高い交通機関であるというべきである」

このようにして、原告らの見解は「物事の一面のみを強調し過ぎるもので、到底左袒しがたい」ものとして拒け、本件空港は、国際空港としては東京国際空港に次ぐ重要な機能を営み、国内空港としては全国縦断路線および放射状路線の中核としての地位を占めるものとした。

ただし、深夜郵便機については、他の代替的手段等によって、現状のままに放置する必要性も大方は解消されるものとし、また、損害賠償請求については「しかし、かかる公共性があるからといって、直ちに賠償責任が免責されることにはならないのであって、前叙のように被告の管理する本件空港に発着する航空機のために原告らに深刻な被害を生じていることを考慮するならば、公共性を理由に被害者に受忍を強いることは到底許されない。公共性の犠牲者たる原告らには、公共の責任においてその損失を償うべきものである」としている。

(4) 本判決のもつ社会的重要性ならびに多岐にわたる法律的論点については別に論ぜられるであろうから、本稿は、もっぱら行政法研究者の目からみた「公共性」概念の検討を行うこととする。

(a) 本判決をめぐる原告・被告の主張の理論的構造は、不法行為法におけるいわゆる環境権論と受忍限度論の争いであり、本判決は一応受忍限度論に軍配を上げた形となった。上記の「公共性」の評価に関する相違も、この論争が背景にあるとみることができる（この論争と「公共性」の評価について、環境権論の立場からみたものとして、大阪弁護士会環境権研究会・環境権一三・二六・二八・三四・一〇一・一〇七・一一〇・一三八・一四四・二〇二・二〇四・二〇七・二三六・二六四頁以下参照）。

(b)　本判決における「公共性」を論ずるには、したがって、環境権論と受忍限度論の論争に立ち入らなければならないはずであるが、本稿は、この論争とは一応別の角度から、近時、「公共性」が問題となっている若干の判例を検討して、「公共性」が現在いかなる問題状況に直面しているか、ひいては、われわれ自身がいかなる問題状況に直面しているのかを本判決を契機として考えてみようとするものである。

二　判例における「公共性」

(1)　公共性を理由として私人の主張が排斥されたもの、いわば公共性とのたたかいに敗れたものとして、いわゆる成田代執行事件（千葉地裁昭和四六年二月二一日決定・同二八日決定、判例時報六二三号三一頁・同五〇頁）がある。周知のとおり、成田の新東京国際空港建設事業のための代執行手続に対し、戒告処分ついで代執行令書による通知の取消訴訟を起こすとともに、これらの処分に続く代執行手続の続行の停止が申し立てられた事件である。

裁判所は「申立人らは本件戒告に続く代執行手続の続行によって若干の損害を蒙るものということができるが、本件疎明資料によって認められる新空港建設事業の公益性、緊急性並びに本件各土地が新空港の第一期工事遂行上必要不可欠のものであることに鑑みると、右損害は社会通念上金銭賠償によって満足すべきものといわざるを得ない」とし、また、「本件代執行により、本件地上の物件が収去され、その結果、同土地が起業者に引渡され、工事が遂行されるとしても、これによって受ける損害は、右土地の用途および立木の現況から、金銭的補償をもって満足すべきものというべく、しかして本件疎明によって認められる新空港の建設の公共性、必要性と対比するときは、右損害は上記申立人らにおいて受忍すべきものといわねばならない」ものとした。

なお、新国際空港用地のうち収用ではなく任意売買によって取得した土地に関する土地明渡断行仮処分について、新国際空港建設工事の公共性ならびに緊急性を理由として、これを認めたものに千葉地裁昭和四六年七月一四日決定（判例時報六四一号二六頁）がある。

(2) これとは逆に、公共性のある施設について、その建設の差止めを認めたものとして、有名な広島環境衛生センター事件（広島地裁昭和四六年五月二〇日判決、判例時報六三一号二四頁。広島高裁昭和四八年二月一四日判決、判例時報六九三号二七頁）がある。

ことに第一審では「本件環境衛生センター建設計画は被申請人らが地方自治体として地域住民のし尿、ゴミの衛生的処理をめざすものであって、公共性をもち、かつ申請人らに対する悪意ないし害意をもつものでないこともまた明らかであるから、本件差止の可否を判断するためには被害の程度態様の点のみでなく、本件予定地を選定するに至るまでの経緯や本件生活妨害が避け得ないものであるか否かが、詳言すれば地方自治体として被害をうける地元側の意見をも十分聴取したか、あるいは補償措置や公害監視体制についても話合ったのか、また他の土地の物色検討に努力を尽したうえやむなく本件予定地を選定したのか、差止による申請人・被申請人の利益、不利益の比較考量等の事情をも総合して判断する要があるであろう」としつつ、他方「私人と異なり地方自治体あるいはこれと同視すべき公共団体にあっては、当然地域住民の生活と健康を維持増進するという責務を有し又地方自治体は一般私人よりも他に適地を十分取得し得る資力や調査力等を有しているのが通常であるから、特に公害を発生させるおそれの強い施設の建設のための用地の選定にあたって、一般私人と利害が対立する場合には、被申請人らに相当程度の譲歩が期待されることも、またやむを得ない」とした。第二審もまた本件各施設は公共性の大きいものであるが、その設置によって多数の附近住民に健康上悪影響を与える蓋然性が高く、その結果所有地、所有家屋を生活活動の場として利用できなくなる可能性が大である以上、施設の設置を差し止められることも止むを得ないとした。

(3)　恐らく公共性の評価が背景にあって、私人の請求が部分的にしか認められなかったものとして次のようなものがある。

(a)　これも有名な阪神高速道路大阪西宮線工事禁止仮処分申請事件に関する神戸地裁尼崎支部昭和四八年五月一一日決定（判例時報七〇二号一八頁）がある。本決定は「現に正当に環境利益を享受している住民（住居管理者）は、その住居環境が明らかに不当に破壊される危険、すなわち環境利益が明らかに不当に侵害される危険を生じた場合には、そのような不当侵害を事前に拒絶し、あるいは未然に防止し得るところの権利、いわば『環境利益不当侵害防止権』……を有していると解するのが相当である。そして、現実に前示不当侵害の危険を生じた場合、住民は、特段の事由たとえば金銭補償による解決を受忍せねばならぬ事情等がない限り、右防止権にもとづき、前示危険防除のため必要にして充分な限度内の具体的差止請求権を取得することができ、それを行使して、いわゆる環境利益の保全をなし得るものと解される。（住民に対し、右のような侵害防止権を与えても、そのことが、他の者の営む正当かつ自由な諸活動に対し不当な制約を加えることはないであろう。）」として、道路建設工事禁止を求める仮処分申請に対し、工事完成後における騒音規制ならびに排気ガス規制を命ずることによって、右にいう必要にして十分な限度とした。

(b)　なお、公共施設に関するものではないが、利川製鋼差止請求事件における名古屋地裁昭和四七年一〇月一九日判決（判例時報六八三号二一頁）でも、製鋼工場の操業停止がその内容でなく、一定基準以上のばいじんを発生させてはならないとするものであった。

(c)　この考え方によると、公共施設等の操業後予想される公害に対し、法令による行政庁の規制が期待できるときには差止めなどができないことになる。伊達火力発電所新設工事執行停止申請事件に関する札幌地裁昭和四九年一月一四日決定（判例時報七二七号三頁）は、火力発電所の操業後の温排水ならびに大気汚染による被害について、本件埋立免許処分による直接の損害ではないことのほか、これについて別途に電気事業法ならびに大気汚染防止法による規制があることもあげて、申請を却下している。

(d) なお、大阪地裁岸和田支部昭和四七年四月一日決定（判例時報六六三号八〇頁）も火葬場設置の全面的な差止めでなく、その建設・使用・操業を一年間禁止した事例である。

(4) なお、公共施設と周辺の環境をめぐっては、国立歩道橋訴訟などがあるが、最後に「公共性」に関するものとしては日光太郎杉事件（宇都宮地裁昭和四四年四月九日判決、行裁例集二〇巻四号三七三頁。東京高裁昭和四八年七月一三日判決、判例時報七一〇号二三頁）をあげなければならない。第一審では、事業計画の内容である道路拡幅事業はそれ自体高度の必要性が認められ、公共性の高い事業であるとしつつ、これには代替性があるのに対して、本件土地の有する景観的・風致的・宗教的・歴史的・学術的・文化的価値には代替性がないものとし、土地収用法二〇条三号にいう「事業計画が土地の適正かつ合理的な利用に寄与するもの」に該当せず事業認定は違法であるとした。第二審でも、この要件は「その土地がその事業の用に供されることによって得られるべき公共の利益と、その土地がその事業の用に供されることによって失われる利益（この利益は私的なもののみならず、時としては公共の利益をもふくむものである。）とを比較衡量した結果前者が後者に優越すると認められる場合に存在する」「控訴人建設大臣の判断は、この判断にあたって、本件土地付近のもつかけがえのない文化的諸価値ないしは環境の保全という本来最も重視すべきことがらを不当、安易に軽視し、その結果右保全の要請と自動車道路の整備拡充の必要性とをいかにして調和させるべきかの手段、方法の探究において、当然尽すべき考慮を尽さず……、また、この点の判断につき、オリンピックの開催に伴う自動車交通量増加の予想という、本来考慮に容れるべきでない事項を考慮に容れ……、かつ、暴風による倒木（これによる交通障害）の可能性および樹勢の衰えの可能性という、本来過大に評価すべきでないことがらを過重に評価した……点で、その裁量判断の方法ないし過程に過誤があり、これらの過誤がなく、これらの諸点につき正しい判断がなされたとすれば、控訴人建設大臣の判断は異なった結論に到達する可能性があったものと認められる。してみれば」本件事業計画が上記要件に適合するとする控訴人建設大臣の判断は、その裁量判断の方法ないし過程に過誤があるものとして、違法なものと認めざるをえないものとした。

三　「公共性」の検討

(1)　行政がこれまで金看板としてきた「公共性」は、近時、公共施設における公共性が周辺の環境との関連で問題とされるのみならず、あらゆる局面で、問題とされている。それは、行政の量的な拡大とその変質という行政の基本的な構造の変容によるところが大きい。

産業構造の高度化、生活の都市化によって今日の生産、生活のシステムにおいて公共施設や公共事業ないし公益事業のしめる重要性は決定的なものとなった。日常生活だけをとりあげても、そのあらゆる局面が不断に社会化ないし公共化の度を進めている。住宅も敷地と建物だけで、道路・公園・学校等の公共施設や電気ガス水道交通などの公益事業なくしては、その機能を発揮できない。同時に、これらの施設整備等の費用を誰が負担すべきかが問題となる。公共施設なるがゆえに公共の手で公共の負担で整備すべきだという理屈はもはや成り立たない。また、公共施設も、新幹線鉄道、高速自動車道、空港などの大規模プロジェクトとして行われるものは、公共施設それ自体としてではなく、地域構造ときには国土全体の経済構造に深刻かつ急激な変容をもたらし、個々の私人の日常生活にも深刻な変容を迫るものとして、生産構造・生活システムに決定的な影響力をもつ。同時に、周辺環境に及ぼす影響の範囲程度の大きさにおいても他に例をみない場合が少なくない。

(2)　公共施設や公益事業などにおける公共性を具体的に担保するものが、今日立法過程にはなくて、むしろ行政過程にあることは明らかであろう（拙稿「行政過程における公共の福祉」ジュリスト四四七号四〇頁参照）。日光太郎杉事件においては土地収用法二〇条三号に定める要件への適合性の問題であり、法解釈の問題であったが、成田新幹線訴訟（東京地裁昭和四七年一二月二三日判決、判例時報六九一号七頁。東京高裁昭和四八年一〇月二四日、判例時報七二二号五二頁）にしろ、本件にしろ、公共施設の設置と環境とが問題となる事例では、当該公共施設の設置に関する法令との関係においては、むしろ、形式的な適法性を誇りうる場合であったといえる。公共施設（ないし公物）管理法の類の要件を充たし、あるいは、法令上の審議会等の議を経て、または都市計画決定を受けるなど所定の手続をふんだ上で、建設にとりかかろうとしたものであろう。日光太郎杉事件でも任意売買等で用地取得済みのため収用が問題とならない場合だとまた別の形の争い方があったにちがいない。根拠法との関係においては形式的には適法であるにもかかわらず、具体的には公共性を欠き、場合によって違憲、違法ともなりうるということは、今日の行政国家における立法の機能の減退とその反面における行政過程の重要性とを示している。

(3)　財産権を「公共のために用ひる」（憲法二九条三項）「公用」収用の典型的な場合である土地収用は、都市計画法六九条によって、都市計画事業が収用適格事業とみなされる結果、工業団地造成事業や新住宅市街地開発事業についても利用することができる。単純化していえば、これらの事業は工業都市又は住宅都市の建設という「街づくり」を目的とするものであって、収用された土地は、道路公団等の公共施設の用地となるものがあると同時に、工場敷地又は住宅宅地となり、造成後私人に分譲されてその排他的利用に委ねられるものがある。したがって、「公用」ではなく「私用」のための収用となる。この場合に、流通業務団地や一団地の住宅施設が都市施設とされている（都計一一条一項八・一〇号）ことに照らして、公共施設概念の拡大として理解することも不可能ではないが、わが実定法は、個々の工場敷地や空地のための収用を認めているのではなくて、既成市街地（既成都市区域）において工業等（工場等）制限区域により工場等の立地が制限される首都圏又は近畿圏のみにおいて工業団地造成事業が認められるにすぎないし、新住宅市街地開発事業も人口集中に伴う住宅需要に応ずる宅地が著しく不足するなどの市街地の周辺において認められるものであるにすぎない。したがって、この場合に収用を根拠づける公共性は、個々の施設の公共性でもなければ、単なる「街づくり」の公共性でもなく、都市機能の分散とか住宅問題の解決など全体としての都市問題に寄与するという都市計画全体の中における公共性であり、この場合に公共性とはすなわち計画の合理性であるといわなければならない（拙著・都市計画法50講二〇五頁参照）。

(4)　その公共性が具体的な計画の合理性にかかることは、なにも工業団地造成事業や新住宅市街地開発事業のような公共的「私用」収用の場合だけにかぎられるものではあるまい。本件の被告主張では、空港の公共性は道路・港湾等におけると同様に明らかであるといっているが、道路にしても人間生活の手段であり、生活環境の一部を構成するものとして公共性が認められるものであるから、それ自体の公共性というものはありえない。別段の需要もないのに貴重な自然を破壊して造る道路にどれだけの公共性が認められるであろうか。このように公共性が具体的な計画（ないし政策決定）の合理性にかかることは、ひとつには極めて具体的な状況に依存するとともに、複数で異質の諸要素に対する価値評価を下し、かつ、これらを総合的に判断するという困難な作業が要求されることになる。さらに計画策定ないし政策形成の全体の過程のあり方が問題となる。

四　「公共性」へのたたかい

(1)　公共性が今日数々の問題に直面しているとは、われわれ自身が数々の難問に直面していることを意味する。公共施設と環境の衝突が問題となる事例でわれわれは公害発生型の公共施設という言葉を使うことがある。しかし、公害発生型の公共施設のうちゴミ処理施設などの環境衛生センターは、文字通り環境衛生ないし環境保全のために不可欠なものであろう。理想的な形での環境権というものがあって、万人共有のものであり、誰かが誰かに金で切り売りするようなものでないものがあった場合に、その内容の一つとして考えられるのは、環境保全のためゴミ処理施設などの公共施設の建設を行政に対して要求することであろう。環境権が語られるときに、きまって広島環境衛生センター事件が引かれることは、われわれが直面しているジレンマの深さを示すものである。

(2)　公害発生型の公共施設として登場するもう一方の代表は、本件の場合の交通施設である。空港であり、新幹線鉄道であり、高速自動車道である。

交通施設ないし交通事業は、公益事業ないし公企業概念について国によって相当に差異がありながら、電気ガス水道と並んで交通事業が必ずその中に数えられていること、国有ないし公有化されやすいこと、収用適格事業の古典的な事例であること、公共性の内容が一般公衆の利用にあることなどの点から従来は、その公共性がおよそ問題なく認められてきた。近時ますます高速化と大規模化が進んで、環境への影響が甚大となるとともに、利用の便益を受ける者（ないし場所）と環境上悪影響を受ける者（ないし場所）とが分離するに及んで、これらは環境悪化の元兇と目されるにいたった。

いわば生活上の利便と生活環境との矛盾である。しかし、生活上の利便は同時に生活環境の一内容である。ことに都市生活環境は、交通施設もふくめた数々の都市施設を利用し都市的サービスを享受しうることがその内容になっている。汚染がないだけの環境が住環境として最適であるならば、人は過密の都市を去って自然に包まれた田舎に住むはずであるが、そのような選択をしない。交通施設が人の生活環境を構成する不可欠の要素であることは否定できないであろう。

さらに本件の場合のジレンマは、本件空港の公共性の主たる内容が利用者数の多さによっていることである。交通施設や交通事業の公共性が一般公衆の利用にあるならば、利用者が多ければ多いだけ公共性が高いことになる。しかし、利用がふえれば被害もふえる。したがって、公共性が高ければ高いだけ、被害の程度もひどくなる関係にある。

(3)　公共性が高ければ高いだけ、被害がひどくなるのでは、本判決のいうように、公共性を理由として被害者に受忍を強いることは許されないことになる。

行政法上には、収用の場合などについて損失補償の観念がある。損害賠償と異なって、適法であり、公共性のあることも当然の前提として、全体の利益のために、一部の者が特別の犠牲をこうむった場合に、全体の負担でこれをカバーするため損失の補償がなされる（アメリカの場合について、綿貫「アメリカにおける航空機騒音に関する訴訟」判例時報七二九号一三八頁以下参照）。

わが国の土地収用制度は、古典的な財産権尊重の精神に立って、必要最小限度の土地しか収用しない、たとえば、道路用地以外は一センチたりとも収用できないことになっている。同時に収用損失のみが補償の対象となり、事業損失は、特別の立法か、事実上の措置か、または民事訴訟に委ねられることになる。公用収用における公用概念の変質があり、また、財産権の補償から生活の補償が問題となっている折から、公共施設用地だけの財産権を取得するという収用概念そのものを考え直す時期に来ているといえる。

(4)　公共施設それ自体の公共性を考えるということはできない。公共施設の公共性も生活に対してもつ機能的価値であり、公共施設は同時に生活環境を構成する重要な要素であり、その設置はわれわれの環境を変える。具体的な公共性とは、具体的な計画の合理性にあるとするならば、誰がどのような手続で判断するのがふさわしいのであろうか。

(a)　裁判所が計画自体の合理性を判断するのは適当ではないという物の考えがある（原田・公害と行政法三七頁、綿貫「道路建設と環境保護」ジュリスト五四三号二七頁）。日光太郎杉事件の高裁判決は、一見するとこのような見解に立つもののごとくにみえるが、そうとも断言できない面がある（塩野・判例批評・判例評論一七八号二一頁参照）。

(b)　計画の合理性を担保する手段の一つは事前手続の整備である。広島環境衛生センター第一審判決や上記の大阪地裁岸和田支部決定では、住民に対して十分に説明・説得の努力をしなかったことが、また、広島環境衛生センター事件と日光太郎杉事件では代替地ないし代替コースの検討が不十分であったことが重視されている。本件でも、被告側は、空港拡張に際して公聴会を開いたが反対の声はなかったといい、原告側は民主的手続は全く履践されていないといっている。

(c) 本判決は「公共性の犠牲者たる原告には、公共の責任においてその損失を償うべきものである」といっている。公共の責任とはわれわれの税金で支払うということである。かくては、原告のいう航空事業に対する国の過保護政策以外の何物でもないということであり、税金をもって周辺住民の損失を補うに値するほど公共性が高いということを認めたということになる。

(d) われわれが直面している問題は、不断に変動しつつある、われわれの生活手段・生活環境の一体となった生活のシステムを、いかに合理的なプロセスに乗せていくか、にある。それには人の意識の変革にまで及ぶ計画策定手続の合理化とか、費用負担原則の確立とか、具体的公共性確保のための環境づくりという息の長い努力が必要であろうと思われる(飯田＝斎藤・社会資本の政治経済学参照)。

(ジュリスト五五九号、一九七四年)

11　政令指定都市と行政区の問題

一　指定都市制度の沿革

(1)　都市社会から都市圏社会に入ったといわれてすでに久しいわが国でありながら、地方自治法上大都市に関する特例としては、わずかに都制（別稿参照）と指定都市制度（自治法二五二条の一九ないし二一。自治令一七四条の二六ないし四九等）があるにすぎない。

指定都市は、政令で指定する人口五〇万以上（実際の運用では一〇〇万以上が標準）の市について事務配分・財源配分等の点で若干府県に準ずる独自の地位を認めるものであるが、昭和四七年四月一日、従来の大阪、京都、名古屋、横浜、神戸、北九州に加えて、新たに札幌、川崎、福岡がこれに指定されるに及んで、これらの九指定都市に都制をしく東京をあわせた「一〇大都市時代」の到来が告げられている（三市指定の閣議決定がなされた昭和四六年八月二四日から同二六日にかけての各新聞の社説等参照）。

(2)　大都市について地方制度上特例を認めることは、すでに明治初期から存在する。

(a)　明治一一年の郡区町村編成法（明治一一太告一七）は、明治四年の戸籍法施行のため全国に置かれた区を廃して町村を復活させたが、「三府五港其他人民輻湊ノ地ハ別ニ一区トナシ其広潤ナル者ハ区分シテ数区トナス」こととした（東京一五区、大阪四区、京都二区）。

(b)　明治二一年施行の市制町村制（明治二一法一）は、右の区に代えて市を設けることとしつつ、東京・大阪・京都については、数区を各別に市にするには適さないとともに、数区をあわせて一市とするには人口等で他市と格段の差があって同一制度をもって一律に取扱うのはふさわしくないとして、「市制中、東京市、京都市、大阪市ニ特例ヲ設クルノ件」（明治二二法一二）が定められ、大都市なるがゆえにかえって市制の適用が排除された。他の三十余市は自己の市長をもつことができたのに対して、これらの三市では、市長・助役の職務を府知事・書記官が行うこととし、府知事・書記官・名誉参事官をもって組織される市参事会が置かれることになった。元老院のフランス式考え方によるものといわれる。

(c)　この三市特例は「苦節十年」の末、明治三一年廃止になり、明治四四年改正の市制（明治四四法六八）は、その六条に勅令指定市には法人区を設けて財産・営造物に関する事務等を処理しうること、その八二条に内務大臣指定の市には「処務便宜ノ為」有給吏員たる区長を置く行政区を設けることなど、大都市に関する特例を定めるにいたった。法人区を置く市として東京、京都、大阪が指定され（明治四四勅二三九、勅二四四）、行政区を置く市として当初名古屋（明治四四内令一四）、後に横浜（昭和二年）、神戸（昭和六年）が指定された。前の三市については従前から有する自治区を法的に確定したものであるが、東京市をのぞいては、その実質において行政区とほとんど差がなかったといわれている。

(d)　六大都市による特別市制運動も早くから展開されている。古くは明治二二年の市制制定の当時から、本格的には明治四四年の市制大改正以降活潑な展開をみる。東京市は明治二九年以来東京市制案等を帝国議会に提出してきたが、大正一〇年六大都市は同一建議案を提出し、同一二年より共同戦線をはることとし、以来、昭和十年代にいたるまで毎年政府・議会に陳情攻勢を続けた。六大都市の主張する特別市制とは、①　都市を府県から切り離して独立させ府県とほぼ対等同格のものとする、②　府県との間の二重行政・二重監督を排除して独自の行政を執行する、③　衛生、交通、建築、消防、営業・市場取締に関する警察行政を市が直接執行するなどの内容をもつものであり、大正一五年一二月の五二帝国議会では六大都市に関する法律案が衆議院に上程可決されるところまでこぎつけたが、貴族院で「時期尚早」などの反対にあい審議未了に終わった。この間大正一一年に「六大都市行政監督ニ関スル法律」の成立をみたが、わずかに市の公共事務及び委任事務の一部について府県知事の監督を排除するにとどまるものであって、特別市制とは程遠いものであった。

このような六大都市の動きに対して政府は大正一二年に「臨時大都市制度調査会」、昭和四年内務省に「大都市制度調査会」を設けて検討させたが、政府は東京都制の実施を考え、また、東京市も都制という独自の制度の実現を目指すなど六大都市側の足並みも乱れ勝ちであった。ついに第二次大戦中の昭和一八年国策遂行機関としての東京都制の実現とともにわが国最大の都市自治体であった東京市は消滅し、特別市運動も冬眠に入った。なお、税財政上の特別市制である（神戸市会史二巻八七頁）「三部制経済」（府県制一四〇条二項）もまた紆余曲折を経て昭和一五年廃止された。

(3)　第二次大戦後特別市はひととき形ばかりの陽の目をみることになった。

(a)　昭和二一年一〇月二四日の地方制度調査会答申は、五大市については、それぞれ市の区域により特別市として府県から独立させ、特別市には原則として道府県の制度を適用するものとした。

(b)　昭和二二年地方自治法は、この答申を受けて、都について特別地方公共団体としての特別区を設けるとともに、特別地方公共団体としての特別市を人口五〇万以上の市について「法律」で指定するものとし、その性格・権限・組織などはほぼ上記答申通りのものを認めた。あわせて政令で指定する市（京都、大阪、横浜、名古屋、神戸、昭和二二政一七）は、市長の権限に属する事務を分掌させるため区を設け、この区については特別市の行政区の規定が準用されることになっていた（自治法旧一五五条二項。ただし、旧二七一条二項の区長公選の規定は準用されない。自治令旧一二一条の三第一項）。

(c)　法律の指定による特別市の実現を目指して五大市は活潑に運動し、これを阻止しようとした五大府県との間に激しい対立抗争が国会内外で展開された。法律論争としては憲法九五条の住民投票にかけるべき住民は府県住民か市の住民かをめぐって争われたが、ついに司令部の指示に基づいて、上記法律は関係都道府県の選挙人の賛否の投票に付する旨の規定（自治法旧二六五条七項。昭和二二年一二月一二日法一六九）が入って、五大市の特別市昇格は絶望的となった。

(d)　その後、昭和二四年の例のシャウプ勧告は市町村優位の原則をうたい、また昭和二四年末に発足した地方行政調査委員会議（神戸委員会）はその第二次勧告（昭和二六年九月二二日）で、府県事務一三項目を大都市に委譲すべきものとし、特別市制については事務配分によって二重監督、二重行政等の弊害は除去しうるものとし、それ以上に特別市制の必要性については各都市について具体的にとりあつかうべきであるとして判断を保留した。例の政令諮問委員会も大都市に対する事務再配分の必要は認めたものの、特段の判断はしていない。

(4)　(a)　講和条約成立後再燃した特別市運動を目前にしながら、地方制度調査会の昭和二八年一〇月一六日の答申は、大都市制度について差し当たっては事務・財源の配分によって大都市行政の運営の合理化を図るものとし、①　知事の許認可権の整理、②　補完行政を大都市に移譲、③　広域的・統一的処理を要するもの以外を大都市へ移譲、④　大都市と市町村間の連絡調整事務は府県へ、という方針をたてた。

(b)　昭和三一年地方自治法改正（昭和三一法一四）は、この答申を受けて、基礎的地方公共団体としての市町村と包括的・広域的地方公共団体としての都道府県の性格を明確にするとともに、政令で指定する人口五〇万以上の市については一六項目（後に二項目追加、一項目削除）の府県の事務を委譲するなどの内容をもった現行の指定都市制度が生まれることとなった。しかしながら、大都市に関する特例を府県に認めさせるための政治的解決の手段として、特別市の規定は削除され、長い歴史をもった特別市は実際にはついに陽の目をみることなく葬られることになった。

(c)　その後、昭和三八年一二月二七日の第九次地方制度調査会「行政事務再配分に関する答申」は、指定都市のほか人口二五万以上の市には他の市町村よりも多くの事務を配分すべきことをいっている。また、臨時行政調査会の昭和三九年の意見には大都市について特別の言及はないものの市町村優先の考えがうかがわれる。さらに、昭和四四年一〇月一五日第一三次地方制度調査会「都市制度に関する中間報告」（ジュリスト四四五号七四頁参照）は、指定都市については、さらに行財政上の権能を強化する必要があること、その他の都市についても人口二五万以上の市については、特別の権能の付与等都市の規模に応じた行政責任と権能がそなわることとなる制度について検討する必要があるとしている。

二　指定都市制度の内容

(1)　事務委譲等　地方自治法・同施行令その他の法令によって、都道府県または都道府県の機関の事務・権限が指定都市または指定都市の機関に委譲されるなどの事務配分上の特例が指定都市について認められる。

(a)　地方自治法二五二条の一九第一項により、社会福祉（児童福祉、民生委員、身体障害者福祉、生活保護、老人福祉、母子保健）、公衆衛生（伝染病予防、寄生虫予防、食品衛生、墓地・埋葬等規制、興行場・旅館・公衆浴場営業規制、結核予防）、都市計画（都市計画、土地区画整理事業、野外広告物規制）等、市民の日常生活に関係の深い一七項目の事務の全部または一部で政令で定めるものが政令で定めるところによって（自治令一七四条の二六ないし四〇）指定都市または指定都市の機関に委譲されている。

(b)　地方自治法以外の個別法によって事務委譲もしくは事務配分上の特例が認められている場合が相当数存在する。その中には地方自治法別表第二のうち市が処理しなければならない事務（一、一の二ないし四、五、五の二、五の三）、市町村が処理しなければならない事務（二五の四）別表第四のうち市長が管理執行しなければならない事務（一七、一九の四ないし六、二〇、二〇の二ないし六、二二ないし二八）、市町村教育委員会が管理執行しなければならない事務（四）など、地方自治法の別表にあがっているものもあれば、のっていないもの（地方教育行政の組織および運営に関する法律五八条一項、都市再開発法一二七条、公有地拡大推進法二九条、国土利用計画法四四条等）もある。その内容も、規制事務に関するものもあれば、公共施設の設置管理や単に計画策定に関して協議の相手方となるにとどまるものもあり、雑多である。

(c)　個別法により事務委譲はわずかずつながら増加の傾向にあるが、逆に特例が廃止された場合がある。建築規制事務は人口二五万以上の市について認められるようになったためである（自治法別表第四・二・五〇、建基四条参照）が、新住宅市街地開発法五〇条の場合は、都市計画法八七条の趣旨等に照らして都市計画法施行法五六条によって削除されている。

(d)　さらに、指定都市または指定都市の機関が事務を処理・管理・執行する場合であって、都道府県知事もしくは委員会による許認可等の監督をうけるべき場合に、知事等の監督を排除し、これに代えて主務大臣の監督を受けるべきものとしている（自治法二五二条の一九第二項、自治令一一七四条の二六第六項、一七四条の二八第六項、一七四条の二九第五項、一七四条の三一の二第三項、一七四条の三二第七項、一七四条の三三第四項、一七四条の三七第五項、一七条の四二、道路法七五条一項、地方公営企業法施行令二七条、地方交付税法施行令三条、自治令一七四条の起債の許可に関する件）。

(2)　財源委譲等　　事務の委譲には財源の委譲等の財政上の特例が伴わなければならない。主なものとして次のようなものがある。

(a)　道路法一七条によって指定都市の区域内の国道の管理等が都道府県知事から指定都市の市長に移り、また、指定都市の区域内の都道府県道の管理を指定都市が行うこととなるのに伴って、指定都市には、道路の特定財源である軽油引取税交付金、地方道路譲与税、石油ガス譲与税が新たに交付されることになり、また、道路延長等に応じて市町村に交付されている自動車取得税交付金、自動車重量譲与税については、管理する道路延長増等に応じて増額されることになる。

(b)　その他、増収のあるものとして、地方税法人均等割、国有資産等所在市町村交付金および公社有資産所在市町村納付金、交通安全対策特別交付金等があり、また、地方財政法三二条によると指定都市は当せん金附証票法の定めによって、当せん金附証票（宝くじ）を発売することができる。

(c)　地方財政収入にしめる地方交付税交付金の割合は高い（昭和四八年度地方財政計画では歳入の二割）が、指定都市にあっては、基準財政需要額算定における補正係数の増加等によって交付額が増額される。なお、市町村の交付税の額の算定に用いた資料の検査を自治大臣は都道府県知事に行わせることができるが、指定都市については自治大臣が行うことになっている（交付税一七条の三、同令三条）。

(d)　自治体のもう一つの有力な財源である地方債について指定都市にあっては、その起債等の許可は都道府県知事のそれに代えて、自治大臣又は大蔵大臣の許可を受けることとなっている（自治法二五〇条、自治令一七四条、昭和二二年内務・大蔵省令第五号自治令一七四条の規定による地方債の許可に関する件）。

(e)　その他指定都市について財政上認められる特例として、自治法は、契約の締結、財産の取得・処分につき議会の議決事項となる範囲を指定都市と他の市で異なるものとしている（自治法九六条一項七号、自治令一二一条の二、同別表第二）ほか、予算の提出期限についても差をもうけている（自治法二一一条一項）。

(f)　指定都市について認められる財政上の特例は有利なものばかりではなく、不利なものも少なくない。たとえば、災害対策基本法一〇二条の起債の特例による起債、公共土木施設災害復旧事業費国庫負担法の国庫の負担においても、都道府県並みの取扱いを受ける結果多少不利となるほか、個別法により、道路管理、共同溝建設等の費用の負担や踏切道改良費用の補助等、の支出増が、一般的な事務増や人員増に伴う当然の支出増に加えて、生ずることになっている。

(3)　行政区の施設等　事務委譲・財源委譲と並ぶ指定都市のもう一つの重要な特色は、行政区の設置等の行政組織上の特例が認められていることである。

(a)　指定都市は、市長の権限に属する事務を分掌させるため、条例で区域を分けて区を設け、区の事務所（区役所、必置）または出張所（任意）を置く。また、区には事務吏員たる区長（必置）、区助役（任意）、区収入役（必置）、その他区出納員・区会計職員（任意）等の職員がいずれも市長の任命によって置かれる（自治法二五二条の二〇、自治令一七四条の四三ないし四六）。

(b)　区に選挙管理委員会が置かれ、その区における選挙権を有する者の中から、選挙管理委員および補充員が市議会の選挙によって選ばれる（自治法二五二条の二〇第四・五項、自治令一七四条の四七ないし四九）。また、公職選挙法上、都道府県会議員及び市議会議員の選挙は、区ごとに行う（公選法一二、一五条、公選令一四一条の二、一四二条）ほか、市長および市議会議員の選挙に関して選挙期日の告示期間、供託金額、文書図書等の頒布枚数、ポスター数等に変更が生ずる（公選法三三、九二、一四二、一四四条）。また、農業委員会も区ごとに置かれる（ただし、区の区域内の農地面積が一二〇ヘクタール以下の場合には置かないことができる。農業委員会等に関する法律三、三五条）。

(c)　指定都市において行政組織上に変更を生じるものとして、人事委員会の必置（地公法七条）、市の教育委員会が文部大臣の承認を得て委員以外の者から教育長を任命すること（地方教育行政法一六、五八条）、児童相談所、教護院の設置（児童福祉法一五条、三五条二項、五九条の四）等がある。

(d)　新たに設置すべき附属機関として、社会福祉審議会、児童福祉審議会、民生委員審査会、開発審査会、地方心身障害者対策協議会があり（社会福祉事業法六条、児童福祉法八条、民生委員法九条、都計八九条、心身障害者対策基本法三〇条）、新たに設置すべき特別の資格を有する者等として、児童福祉司、児童相談所長等、身体障害者福祉司、母子相談員等がある（児童福祉法一一条、一六条二項、同令一〇条二項、身障者福祉法九条二項、母子福祉法七条、民生委員法一九条）。

(e)　指定都市を包括する道府県の公安委員会の委員については指定都市の意向を反映させるため組織上の特例が認められている(警察法三八条二項、三九条一項但書、四六条の二、なお、自治法二五二条の二一)。また、指定都市は地方行政連絡会議の構成者となり(地方行政連絡会議法二条)、その市長等は首都圏整備審議会、近畿圏整備審議会、中部圏開発整備審議会・同地方協議会等の委員となることになっている(首都圏整備法一九条、近畿圏整備法七条、中部圏開発整備法七、八条)。

(4)　その他の特例　その他指定都市に移行し区制をしくことによって種々の個別法が認めている特例は、百貨店の床面積・売場面積の広さをはじめ、数多く存在するが、指定都市そのものの本質に直接かかわることでもないので、いちいちは省略しよう。ただ、地方公務員の政治行為の制限が、区に勤務する者については区の所管区域外では原則として解除される(地公法三六条二項但書括弧書)ことのほか、種々の法の適用において区域が基準となる場合に、指定都市の区が市町村並みの取扱いを受けることがあることを指摘しておくにとどめる。

三　指定都市制度の問題点

(1)　事務配分上の問題点　市民生活と直結した事務を都道府県から指定都市に移し、いわゆる二重行政・二重監督の弊害をなくすことにより、あわせて区役所を設けることによって身近なところで市民へのサービスを提供することができ、都市行政と市民とが直結するところに指定都市制度の存在理由があるとされている。しかしながら、

(a)　まず、事務ないし権限委譲の範囲が狭いため府県に準ずる地位が認められているというには程遠い状態にあることである。指定都市側は、早くから、数十にのぼる法律上の事務ないし権限の委譲と国・都道府県の監督の排除などの事務の再配分を主張して運動を続けている。また、事務委譲の範囲・程度が個々の事務についても

極めて限られたものであり、悪くいえば窓口サービスにちょっと毛の生えた程度の規制事務が主として与えられているにすぎない。例えば、自治法には都市計画に関する事務があげられているが、重要な都市計画の決定はすべて都道府県知事の手にあり、指定都市の市長がただ協議にあずかるほかは、開発行為の規制その他の執行的な事務を処理するにとどまる（都計法八七条、都計令四五条、自治令一七四条の三八）。

(b)　自治法による妥協の産物としてのわずか一六項目（現行一七項目）の事務委譲を不満とする指定都市側の運動により、個別法による事務ないし権限の委譲が少なからず存在するため、指定都市制度の内容は、流動的であるとともに、安定的であるとはいいがたい状態にある。形を変えた潜在的な特別市運動がなお命脈を保っているわけである。また、事務委譲の形式は、その大部分が「機関委任事務」の手法によっている。昭和三九年の臨時行政調査会の改革意見のように、現実論としては当面、機関委任事務法理の活用によって国家の事務を地方に委譲すべしとする考えも、わからぬでもないが、機関委任事務とはあくまで国家の事務であって、別の見地からすると、問題があるといえよう（機関委任事務返上論も横浜をはじめとする革新市長会にはある。昭和四九年一二月二四日読売新聞参照）。

(c)　東京都や指定都市を中心とする大都市ないし都市圏のかかえている都市問題は、実は、現在の法律上の権限を与えられただけでは対処しきれないものばかりである。自治体独自の環境保全条例ないし公害防止条例をはじめ、土地利用対策要綱、宅地開発指導要綱、日照確保に関する指導要綱等々「権限なき」行政も華々しく展開されている。都市行政は何も国から権限を与えられてはじめて行いうるものばかりではない。都市計画の決定も実際には市町村に原案作成権を認める運用がなされている。

(d)　大都市圏における都市問題は、ひとり人口一〇〇万以上の指定都市や都のみのかかえている問題ではない。人口一〇万あるいはそれ以下の市町村もまた、場合によってはより深刻な問題に悩んでいるし、人口五〇万前後あるいはそれ以下の地方中核都市もやはり困難な問題をかかえている。そこで、かつては都や指定都市にかぎられていた建築基準法上の特例や都市開発資金の貸付に関する法律がその後、適用範囲を拡大したり、また、流通業務市街地の整備に関する法律第三条一項の大都市を定める政令が、やはり指定都市以外の人口三〇、四〇万都市をもその対象とし、また、大気汚染防止法三一条（同令一三条）や水質汚濁防止法二八条（同令一〇条）などが権限を委任する「政令で定める市」の長が指定都市の市長にかぎられていないのも事柄の性質上当然であろう。

(2) 財政上の問題点　(a) 新聞報道等によれば、昭和四七年に指定都市を受けた三市ともに指定に伴う財政上の利害得失についてそれぞれ細かな計算をしたらしい。札幌市でも或る時期の計算で道路財源増約四億、地方交付税増約八億、合計一二億増に対して支出増約八億で、プラス四億円という結果を出したことがある（昭和四五年二月一〇日付読売新聞）。また、北九州市では指定を受けていっきょに地方交付税が四八％増になったといわれており、収入増が指定都市の一つのメリットだと考えられている。

(b) しかしながら、収入増たるや極めてささやかなものであって、毎年いくつも小学校を新設しなければならない人口急増都市（増加率のみならず絶対数でも急増）でもある指定市にあっては、プラス分は小学校一つの用地費だけですべて消えてしまうであろう。指定都市の指定に伴う当然の事務増、人件費増のほか、住民意識の高度化等による行政需要増に応ずるには交付税（道路財源は特定財源で使途が限定されている。）の増加だけでは不十分であって、いやます社会資本整備のための建設事業等にあって、国庫補助率の高い事業に傾斜の度を強めるおそれなしとしない。指定都市自身、財政上のメリットは、それ程強調しないばかりか、むしろ将来の行政需要増を見越して、きびしい見方をしており、指定都市への移行の意義をもっぱら行政上の二重構造の排除による市民サービスの向上に求めている。ただ、プラス・マイナスの結果がゼロであっても、そのプラスの絶対額が仕事の量のキメ手になるため、地方公共団体が収入増に狂奔していることは事実であるから（かつての工場誘致政策がその例）、支出増を伴っても収入増が指定都市の魅力の一つであることは否定できまい。

(c) 指定都市が将来の財政上の見通しについて楽観的になれないのは、北九州市が指定都市に指定された直後大幅の赤字を出したのは五市合併という特殊の事情もあってのことで除くとしても、従来の指定都市がいずれもその公営企業に巨額の赤字をかかえており、しかも交通事業をはじめとする公営企業の赤字が企業内努力によって解消できる余地が乏しく、都市構造そのものに由来するところが大きく、指定都市になるような大都市になること自体に財政上幾多の困難が予想されるからである。しかも、市域の拡がりとドーナッツ現象の拡がりによっては、大阪市に典型的にみるように、都市行政に加えて都市圏行政の必要があるにもかかわらず、税収の減少の傾向がみられるのである。

(d)　指定都市制度をはじめ、行財政制度や税制はこのような現代の大都市構造や都市圏社会に応ずるものとはなっていない。このような状態に対して、都市は宅地開発指導要綱による開発者負担を強化するなどによって多少の打開の途を講じている。しかし、公営企業等については料金改定や人員整理などの合理化すら進展しない面もみられる。開発者負担もそうであるが、公営企業についても受益者負担の考えを都市交通事業における都心立地企業について及ぼすなり、事務所税の類を徴収してこちらにまわすなり、都市構造に応じた受益と負担のバランスの回復のための新たな工夫をこらす必要があると思われる。

(3)　行政区の問題点　　指定都市に行政区をもうける意義は、住民生活に密着した事務を身近な区役所に下ろして行い、キメ細かい住民サービスを行うことによって、とかく疎遠になりがちな都市行政と住民とを直結し住民自治の趣旨を実現しようとする点にあるといわれている。このため、区に下ろすべき事務・権限の範囲、区割りの基準、ひいては都市行政体制のあり方や交通体系・都市計画のあり方なども問題となっている。

(a)　区に与えられる事務は「市長の権限に属する事務」であるから、警察、消防、教育、選挙管理など別の組織が処理すべきもの、また保健所なども、区単位に処理すべきものとし、または住民の便宜のため区役所庁舎敷地に統合して施設をもうけるかどうかは別にして、区役所の事務とはならない。逆に、法律上区又は区長が処理しなければならない事務としては、戸籍、住民基本台帳、外国人登録、戸籍の無料証明、死産届出、就学児童転出入などの届出受理等に関する事務、土地収用、地価公示、森林法、公衆電気通信法、地代家賃統制等に関する公衆縦覧等の事務などがある。これ以外に従来出張所の処理している窓口相談的なものは当然としても、これら以上に、どれだけ区に事務を下ろすかは、住民サービスないし住民自治と行政効率とのかねあいで画一的な基準はない。

しかし、従来指定都市で区への委譲事務や区長の権限等は大体似たり寄ったりで大差はみられない。道路、水道、清掃等はいわゆる「原局」が全市統一的に処理する別だての出張所ないし営業所の類を設けることが多いし、区独自の予算要求は一般事務管理費を区政調整局的なところで調整の上出しうるほかは、別に認められないし、要するに、公証事務、金銭の賦課徴収・給付事務、施設管理事務、相談事務等を行う窓口ないし出先機関の域はこえないものと思われる。ただ、単なる出張所と違って局長に準ずる区長が、区内の市の出先機関等を総合調整するほか、政治シンボル的機能をなにがしか果たすことによって、自治区的な実績を上げる余地は認められよう。

(b)　行政区の区割りの基準としては従来人口一〇万ないし二〇万が目安とされているが、昭和四五年国勢調査では大阪市東住吉区三八万、北九州市小倉区三五万がある一方で、大阪市東区は四万弱というのがある。また、面積にいたっては、大阪市南区の三平方キロに対し札幌市南区の六五七平方キロという川崎市の五倍弱、大阪市の三倍以上、すべての他の指定都市の市域よりも広く、札幌市自身の市域の六割弱という巨大面積区が存在する（これは定山渓出張所の分をのぞくと約一〇〇平方キロになる）。このほかにも、京都市左京区二四七平方キロ、北九州市小倉区の二一一平方キロがあって、アンバランスははなはだしい。区等の数は、大阪二二区八出張所、名古屋一四区九支所、京都九区四支所一八出張所、横浜一四区三出張所、神戸八区一五出張所、北九州五区一二出張所、札幌七区五出張所、川崎五区、福岡五区一出張所である。北九州市の五区が五市合併の産物であることはいうまでもないが、昭和四四年の横浜市の一〇区から一四区への分・増区や上記の出張所の数の多さにみられるように、人口の動きが流動的であっていわゆるドーナッツ現象により、大阪などにみられる都心区の激減、郊外区の激増（指定区ではないが東京都の世田谷区・大田区では人口八〇万となっている）等の動きがある。

(c)　いうまでもなく、区割りの基準は機械的な人口数や面積によるのではなく、人の日常生活行動体系や事務処理能力、住民意識等によって異なってくる。もし区の事務が窓口事務にとどまり電話サービスですべて処理しうる形となるなら、機械化等の導入によって区そのものの存在理由はなくなるし、コンピューターならびに電送処理によって、事実このような方向に進みつつある。多くの都市での都心集中的に交通体系のもとでは区役所に行くより市役所に行く方が便利なことが多い。したがって、区役所を設けることとは、そこに各種行政サービスを集中するとともに、ショッピングセンターやレジャーセンターなりの都心的機能をもあわせて集中させ、交通体系の再編成はもとより、多心的都市計画編成の核として利用するぐらいのねらいのないかぎり、市民にとっては行政効率のため出張所が統合されたものであるにすぎず、区政や区民意識という言葉が虚しく響くに相違ない。

四　大都市圏と指定都市

(1)　指定都市制度に歴史があるのと同様に個々の指定都市もまたそれぞれの歴史と個性とを持っている。大都市圏との関係においても、いわゆる三大都市圏内にあるもの、三大都市圏外にあって地方中核都市的な性格をもつものがあり、大都市圏内にあっても、その中心都市であるものと、衛星都市的性格をもつものがある。

(2)　大都市圏にあっては、大都市圏行政の一環として指定都市制度を検討評価する必要がある。大都市圏にあっては、中心都市であれ周辺都市であれ、通常の都市行政に加えた異質の高度の困難さをもつ問題がある。これは先にもふれたように指定都市以外の中小市町村であれ同様に直面している問題であり、しかも、同一都市圏内において相互に依存し合い、複雑に関連し合っている問題であるため、連合体方式、協力方式、独自の行政組織方式等々の方式はともかく、広域的・統一的に処理していかなくてはならない。

(3) 地方中核都市もまた、三大都市圏におけるとは規模は異なるとはいえ、広域的な都市圏における中心都市として都市圏行政を担って行かなくてはならない。と同時に三大都市圏を中心とする超過密を解消・緩和するため、地方中核都市の今後の成長の如何はわが国の地域的経済構造ならびに生活環境にとって決定的な重要性をもっている。このような見地からすると、地方中核都市については指定都市指定の要件を緩和し、五〇万都市である仙台、広島は勿論、人口三、四〇万であっても金沢をはじめ独特の個性と風格をもった都市を指定都市としてその育成を図るべきである。

(4) 市域の拡がりや人口規模、地域的な経済構造との関連があって、都道府県と指定都市との関係さらに隣接地方公共団体と指定都市との関係は一律ではない。府をはじめ多数の隣接県市町村との関係が問題となる大阪市の場合と、府県と異なる広域で独特の道の道都といわれる札幌市の場合とが、非常に異なる面をもつことは明らかであろう。指定都市制度のあり方は、それ自体としてよりも、都道府県制度をはじめとする全体の地方制度のあり方の中で考えられなければならないことはいうまでもないが、現代の都市圏社会にあっては都道府県と指定都市との関係だけをとりあげても、それぞれ個性があって一律には処理しきれない面が多いのである。

さらには、地方制度のみならず、国家の行政制度全体のあり方も問題としなくてはならない。そして何よりも都市問題に如何に対処するかという国家的決断が必要である。現代の経済構造の下で都市の「生活環境」は「生産環境」そのものである。ここには金を出すべきである。しかし、環境問題や資源問題からみて都市化の進展や都市圏社会のこれ以上の成長が好ましいかどうかには根本的な疑問も存在する。

(ジュリスト増刊「現代都市と自治」、一九七五年)

12 交通の「公共」性と「環境権」

一 公共性と計画の合理性

(1) 夢の終り

交通は人類の歴史とともに古い。また様々の交通施設、交通手段は人類の最もすばらしい発明に数えることができる。ヘルマン・シュライバーの名著「道の文化史」(関訳・岩波書店)は、道路と交通をめぐる人類の数々の物語を伝えて、つきぬ興味と感慨を誘う。航海史と航海物語が水平線の彼方に少年の夢を運び、一八世紀の運河の時代と一九世紀の鉄道の時代が青年にまだ見ぬ都会への旅立ちを約束した。幾多の名画が鉄道と駅その他の交通機関を舞台に展開された。「駅馬車」「道」「鉄道員」「終着駅」そして「禁じられた遊び」のラストシーン。「アンナ・カレーニナ」「オリエント急行」「ロシアから愛をこめて」「夜行列車」等々。交通が人の生活の欠かせぬ一部であってみれば、交通の出てこない映画がありえないのも当然である。わずか五〜六〇年前飛行機もまだ男の夢とロマンと冒険の対象だった(平木国夫「空気の階段を登れ」参照)。しかし、いまやあらゆる瞬間に一〇〇万人の航空客が空中にあるという。二十数年前の年間わずか数千人の海外渡航者が今日数百万人にふくれあがり、東京国際空港は常時ラッシュ並みの混雑となり、航空機の発着も国電・地下鉄並みの有様となっている。かたや自動車の時代である二〇世紀は、シュライバーのいう道路を「死の道」に変えた。交通事故の死傷者数は多くの国で戦場での死傷者数をこえ、またこえようとしている。かくて夢とロマンの時代は終わった。東海道五十三次一二五里一三日の道程を三時間で走り抜けた新幹線がさらに博多にまで走った年、北海道からも今年かぎりのＳ・Ｌが消え去ろうとしている。

(2)　交通の公共性　　交通なくして人の生活はない。交通は生産と生活にとって血液であり、文字通り動脈である。この動脈のあり方その規模・能力等が生産・流通・消費のあり方を定める基本的条件の一つとなり、またこのあり方の如何が、消費生活のみならず、あらゆる人の生活様式を変え、また街の姿を変えるのである。東名高速道路一つが、工場立地や地域の経済構造から人の休暇の過ごし方までを変えた。同時に生産構造や生活様式の変化は新たな交通機関の開発、交通手段の高速化、交通体系の再編成などを求めてやまないのである。

東海道五十三次の時代と異なり、東海道を下るにも鉄道あり、航空あり、船あり、車がある。車にも、バスあり、マイカーあり、トラックがある。さらに交通事業の経営主体も様々である。もともと交通それ自体がはなはだ複雑な多様な内容を含んでいる。朝夕の通勤通学、日常の買物散歩から、都市内交通、都市間交通、地域間交通、国内交通、国際交通による人の動きもあれば、巨大タンカーによる重油の輸送、デパートの配達など物資の流通もある。路上の車の動きにも、パトカー、消防車、救急車もあれば、タクシー、観光バス、暴走族の車もある。道路も、都市において得がたい公共空間となり、火災の類焼を防ぎ、災害時の避難路となり、裏通りでは子供の遊び場となり、車を遮断すれば歩行者天国・遊園地にもなり、建物の日照・採光・通風の確保に寄与し、その地下には電気ガス上下水道等々の埋設物を収容する。また、道路建設を始めとする公共事業が失業対策事業あるいは景気浮揚、景気調整の手段として用いられることも周知のとおりである。草創期の鉄道建設が製鉄産業、石炭産業に刺激を与え、また株式会社制度の確立等に寄与したこと、昭和三〇、四〇年代のわが国の道路投資を中心とする巨大な公共投資が産業基盤整備と経済成長に貢献したこと、昭和四〇年代後半より自動車公害・道路その他の交通施設の建設による大気汚染・騒音または自然破壊に対する反対運動が激化したことなどはよく知られている。このようにして、交通のもつ公共性は極めて複雑であるといわなければならない。

(3)　多様な公共性　交通に関する公共性としては次のように様々なものが考えられる。

公共施設としての公共性。たとえば、土地収用法三条には収用適格事業として種々の公共施設に関する事業が掲げられているが、その中には道路・鉄道等の交通施設に関するものが数多くあげられている（一、四、七、七の二、七の三、九、九の二、一〇、一一、一二項など参照）。これが事業認定（同法二〇条）を経て具体的な公共性を認められた上で収用手続に乗ることとなっている。

公益事業としての公共性。一般公衆の大量輸送機関である鉄道、バス事業等は、電気ガス水道、電信電話等と並ぶ最も典型的な公益事業の一つとされる。一般公衆に生活上必需のサービスを提供するものとして、各種の事業法において、サービス提供義務、平等取扱義務、料金規制等が定められているほか、さらに重要なものについては国営ないし公営の下において広い意味での政府自らがサービスを提供することとしている。幹線鉄道についての日本国有鉄道や地方公営企業法の下での市電・市バスの類がその例である。ここでは公営企業における公共性と経済性、料金体系のあり方と公費負担のあり方などが問題となり、さらに、労働関係調整法、公共企業体等労働関係法等による労使関係の特別の取扱いなども問題とされる。

都市計画としての公共性。交通計画は都市計画の最も重要な要素の一つである。都市施設としての公共施設の中にも当然のことながら、道路その他の交通施設がひろくふくまれており（都計一一条一項一号）、これが都市計画の中にとりこまれて都市計画施設として整備されることになっている（同法四条四項・五項）。都市計画決定および都市計画事業の認可において、その具体的な公共性が判断されることになる。また、実質的意味での広義の都市計画ないし都市政策もしくは都市経営において、交通計画または交通体系がその重要な構成部分をなすものとしての公共性が認められる。

最後に、交通はまた過疎地対策の一環としまたは幹線交通網としてなど、地域開発・経済計画における必須の要素としての公共性が認められる。さらには国際的な交通運輸の手段としての公共性もまた極めて重要である。

かつて県境をこすのに数時間を要するのが当然であった交通事情が今なお郷党意識を育て県人会を育ててきた。新幹線網の完成は、東京から全国主要都市への時間距離をかつての県境への時間距離とすることを約束するものであったが、現在頓挫をきたしている超音速機の開発は世界の主要都市をこの時間距離で結ぶ予定のものであった。将来騒音問題等を解決して、これが完成した暁には人の意識は大いに変わるに相違あるまい。国際間の平和は、平和をスローガンとして念仏のごとく唱え、これを売物としている者の手によってではなく、国際間の交渉を密接周密なものとしそこに生ずる諸問題を現実的に解決しようとする努力の中から実現されるであろう。

(4)　公益論の構造　交通は人の生活の必須の手段であるとともに、生活環境に甚大な影響を及ぼす。ことに生産・生活の高度化による交通需要の増大に応ずる交通手段の高速化、交通機関の大規模化等は、周辺環境への影響の度を深刻化し、環境破壊の一大元凶とすら目されるにいたった。日光太郎杉事件（東京高判昭和四八年七月一三日判例時報七一〇号二三頁）、国立歩道橋訴訟（東京地決昭和四五年一月一四日行裁例集二一巻一〇号一一八七頁。東京地判昭和四八年五月三一日判例時報七〇四号三一頁）、阪神高速道路大阪西宮線工事禁止仮処分申請事件（神戸地裁尼崎支部決定昭和四八年五月一一日判例時報七〇二号一八頁）、大阪国際空港公害訴訟（大阪地判昭和四九年二月二七日判例時報七二九号一一頁）をはじめ、新幹線訴訟、尾瀬沼・大雪における道路建設問題など、環境をめぐる著名事件の多くが公共施設の建設管理に関するものであり、しかもその多くが交通に関するものであった。交通施設、交通事業の公共性は、一般抽象的な公共施設であるがゆえの公共性、公共事業であるがゆえの公共性ではなくて、具体的な計画が対立錯綜する諸利益を考慮して合理的なものであることによってはじめて確保される。公共性とは計画の合理性のことである。たとえば、一個の駐車場、一台のタクシーがそれ自体としては何らの公共性を主張できないのと同様に、たいした交通需要もないところに貴重な自然を破壊して作る道路に公共性を認めることはできないであろう。

法の目的とする公共性が具体的な計画の合理性によってはじめて与えられるというのが現代行政法の構造的特

色の一つをなしている。現代行政が経済・社会生活に直接介入し、現実の諸問題を解決するための政策の手段として法律も生産されてくるようになると、全国一律にある要件をみたせば必ずある効果を生ぜしめるという普遍妥当性を誇った古典的な法律の場合とは異なる様々の構造的特色がみられることになる。

その一つは、法の目的とする公共性が法律の中には与えられていないということである。法の解釈適用によって法の中に抽象的に既に与えられている公共性が具体化されるというのではなくて、当事者の参加も認められ様々の利害関係者間の折衝等をも含む行政過程の中から具体的に公共性が新たに創造されるということである。これは一九七〇年「法学的問題としての公益（Öffentliches Interesse als Juristisches Problem）」という浩瀚な著書を出したピーター・ヘベルレ（Peter Häberle）をはじめ、西ドイツの多くの学者が計画法の特色として述べるところでもある。

特色の第二は、具体的状況依存性である。具体的な公共性すなわち計画の合理性は具体的な状況を抜きにして、これを一般的抽象的に論ずることは許されない。大都市周辺において住宅宅地が不足し宅地需要が極めて強いところにおける住宅団地造成のため（新住宅市街地開発事業、新都市基盤整備事業として）の土地収用に公共性が認められるとしても、宅地需要も皆無ないし乏しいところでは公共性を認めることはできまい。道路などにおいても事情は同様であろう。

ここから次に出てくる第三の特色は、具体的な諸利益の比較衡量の必要である。比較衡量に入れるべき諸利益・諸事情の範囲を画定し、それぞれの具体的状況における重要度に応じた評価など、適正な比較衡量が行われなければならない。このことはいいかえれば、あらゆる状況に妥当するような一般的な価値の序列ないし基準は存在しないということである。

環境に関する利益もまた比較衡量において考慮に入れられるべき重要な利益の一つである。「環境権」という言葉は、政治的・社会的・法学的な複雑な背景をもって誕生した言葉であって、様々な用い方をされているが、環境に関する利益を価値の序列ないし基準において高く評価することを表現する点に共通性がある。しかし、判例上に、法的意味での権利として確立しているとはいいがたい。上記の国立歩道橋訴訟における東京地裁決定も、環境権なるものが認められるかについては多分に検討を必要とするとしていたし、阪神高速道路に関する決定においても、「環境利益不当侵害防止権」とはもっぱら「住居環境」に関するもので「地域環境」に関するものではなかったし、大阪国際空港訴訟判決においては、憲法一三条、二五条は綱領規定であり、直接具体的な請求権が認められているわけではなく、公害の私法的救済の手段としての環境権が認めれているというのは早計であるとしていた。

様々の意義・用法の下で使われているため、一概に評価をすることはできないが、わが国に近時特徴的な憲法規範化の花盛りの傾向をここにもみることが可能である。憲法上の根拠をもった「何々権」というものがまことにおどろおどろしい装いと厚化粧をして次から次へと立ち現われまさしく百鬼夜行の有様である。現代社会においてそれだけ多くの保護すべき生活利益があり、かつ、危機に瀕している状況を表わすものではあろうが、同時に現代社会において様々の異質の諸利益が複雑に錯綜対立している状況を看過し、ある側面のみを一面的に強調する傾きがある。現代の高度の政策的合理性が要求される諸分野において、明快ではあるものの単純きわまりない政策論を憲法規範化して大上段に振りかざしている姿は、いかにも法律学の限界を示しているようで悲しい。これは従来の法律学が法解釈論と政策論との平面的な区別をするところまでしかいたっていないため、法律もまた政策の手段道具として生産される現代において、政策的選択なくして法解釈もありえない状況になると、自己の法解釈を正当化するためには政策論を憲法規範化せざるをえなくなるという方法論上の欠陥ないし限界に由来するものである。しかしながら、いかに言霊の幸ふ国といえ、また、発行部数の大きい商業新聞における護憲団体という奇妙な用例ひとつをみても憲法など自分勝手に何でもほうり込める器にすぎないとしても、憲法規範化の花盛りは憲法そのものの大安売り水ぶくれの類であり、憲法の非規範化の進展にすぎないのではあるまいか。

二　計画裁量の司法統制

（1）　行政裁量のルネッサンス　　公共性が具体的な計画の合理性にかかるとして、この計画の合理性を裁判所が審査しうるかどうかについて、わが国では消極的な見解が少なくない。日光太郎杉訴訟における東京高裁判決が裁量判断の「方法ないし過程」に過誤があるといいつつ、裁量の実体的内容にまで踏み込んでいるのではないかという批判も耳にする。そこで、この点に関する西ドイツの判例の現況を紹介することが極めて有意義と考えられるので、ごく概略を示すこととする。

田村悦一教授の近刊の著書「行政訴訟における国民の権利救済」八四頁に引かれている一九六八年のオセンビュールの論文は、判例の推移は、単に、要件裁量の終焉を告げるばかりでなく、判断余地の存在自体についても「遠くない将来に消滅」し、「過去の思い出として単に文献上でのみ空しく存在するものとなるでろう」という予測を述べている。ところが、はなはだ人騒せなことであるが、このオセンビュールが一九七二年には「行政の判断余地授権のルネッサンスについて」という論文を書くにいたっている。

これは一九七一年一二月一六日の連邦行政裁判所第一部の判決をきっかけとして、その評釈として書かれたものである。事案は、青少年有害図書のリストにある本を入れる決定にかかるが、その決定が社会各層代表と専門家で構成される委員会の全員の三分の二以上の多数決等の要件の下でなされたことなどから、裁判所が独自の調査に基づいてこれに代わる判断を下すことができないとするものであった。これより先すでに一九六九年一二月一二日連邦行政裁判所第四部の余りにも有名な判決が計画裁量（Planungsermessen）の概念を立て、これについては法の基準の解釈適用の審査ではなく、適正に利益の比較衡量をしているかどうかの審査をすべきであるとしていたし、さらに、一九七一年一〇月一九日いわゆる判例統一法に基づく連邦最高裁判所連合部決定もまた租税法に租税等の徴収が具体的場合に不当（unbillig）となるときはこれを免除しうる旨の規定に関し、それが法律要件と法律効果とが不可分に結びついた混合規定（Koppelungsvorschrift）であることを理由として、論理的な解釈適用の問題ではなく具体的状況に指向した妥当性の感覚（Billigkeitsempfindung）の問題であって、裁判所は裁量の瑕疵の審査のみをなしうるとしていた。その後連邦行政裁判所第七部一九七二年一月二一日の判決も、輸入量割当てに関する「商業その他経済政策的要請を考慮して」という概念を将来予測もふくむものであるとし、上記一九六九年一二月一二日判決を引きつつ、裁量の枠内で行われる比較衡量であって、その手続についてのみ審査しうるものとした。

(2)　計画裁量の意義　バッハオフが判断余地説を、ウレも類似の説を唱えたのが一九五五年のことであるから、バッハオフのいうとおり、まことに「遅すぎた」ものであるが、法律要件における判断余地が再び一般的に（試験等の特殊分野にかぎられることなく）認められるかのごとき判例の動きがある。そこでは、法律要件と法律効果が不可分に結合しているという法の構造が重要な意味をもっている。ところで、計画法はそもそも一定要件をみたせば一定効果が生ずるという仮言的命題をプログラムしたものではなく、目的とこれを実現する手段の体系をプログラムしたものであって、要件・効果の分離を前提とする法律要件の解釈適用によっては説明のできない独特の構造をもっている。上記の一九六九年一二月一二日の判決は、計画裁量の特色として、①計画権限には相当程度の形成の自由をふくまなければならないこと、②形成の自由は特定種類の精神作用に基づくものではなく、認識、評定、評価さらに意欲もふくむ複雑異種の要素からなること、③司法審査は、形成の自由がその限界をこえ、法の授権の趣旨にそわない方法で行使されているかどうかに限られることなどをあげている。ここでは、一昨年の第五〇回ドイツ法曹大会公法部会オセンビュールの報告にもいうように、もはや効果裁量でもない、創造的な形成の自由が認められている。行政裁量は、単なる判断余地説のルネッサンスの域をこえて、現代行政法の最も典型的な計画法の広範な分野において、新しいかつて例をみなかった異質のものを創造するにいたったのである。

(3)　計画裁量の審査（その一）　手島孝教授のいう現代行政国家の最新形態である計画国家において、行政はすでに立法の分野を自己の手中におさめ、立法過程のイニシアティブを握っている。いまここに計画裁量の概念を立て司法審査を排除するとなれば、法治国家はいまや危機に瀕することとなろう。しかしながら、この危惧は必ずしも当たっているとはいえない。けだし、計画裁量の独自性の承認は計画裁量にふさわしい司法審査の手法を発展させることとなったのである。

計画裁量に関する代表的な判例である上記の一九六九年一二月一二日の判決も、計画裁量の具体的内容に立ち入り、「交通の障害の程度」「住民の住宅需要」の意味内容の検討から公私の利害の比較衡量の検討をし、適正な比較衡量が行われているかどうかを判断したうえで、建築詳細計画が、極めて抽象的な形で考慮すべき要素などをあげて計画基準を定めた連邦建築法一条四項五項に違反しているとした判決なのである。同判決は「適正な比較衡量の要求に対する違反が生ずるのは、そもそも（適正な）比較衡量がなされなかったとき、具体的状況により考慮に入れられるべき利益が衡量の中に入れられていないとき、関係ある私的利益の意味が誤解され、もしくは関係ある公共の利益の間の調整がそれぞれの利益の客観的な重要性に照らしてこれに比例しない形で行われるときである」といっている。その後、この適正な比較衡量の要求は、連邦建築法などの実定法の規定を離れ、一九七二年一〇月二〇日連邦行政裁判所第四部の判決において、広く一般的に法治国家における計画の比較衡量の要求として拡大され、その後環境上の諸利益が衡量の中にとりいれられる道をひらいたのみならず、この判決は、過程としての比較衡量と結果としての比較衡量とを区別し、判断当時における適正な比較衡量を要求することによって、計画過程の審査への道をひらくことになった。

(4)　計画裁量の審査（その二）　西ドイツにおける計画とは、わが国によくみられるような形式的な「計画」に関する法ではなく、政策の手段として実質的に目的・手段をプログラムした構造をもつ法をさす。そこにおいて、計画とはプロセスであるといわれている。計画裁量の審査は当然に全体としての計画過程の正常性を審査するものでなければならないはずである。この関係でいくつかの注目すべき判決があるが、なんといっても最も重要なのは、地域開発計画に基づく大規模な工場立地を内容とする建築詳細計画・土地利用計画を違法無効とし、これに基づく工場の建設操業の認可の決定を違法とした一九七四年七月五日の連邦行政裁判所第四部の判決であり、原審の一九七二年四月一日ミュンスター高等行政裁判所の判決、第一審の一九七一年七月二日ゲルゼンキルヘン行政裁判所の判決である。

事案と判旨の詳しい紹介は後掲の拙著に譲ることとして、極く大まかな概略をいうと、ＤＥＡでの地域開発の失敗から急遽ＤＥＬＯＧに地域開発が推進されるなどの事情から、いち早く本件工場立地が決定され、これに合わせて地域開発計画の改訂がされ、さらに建築詳細計画の策定・土地利用計画の改訂も行われたため、すでに正規の計画策定手続以前に工場立地は既成事実化され、計画策定手続においては、他の選択可能性はおよそ問題とされず、工場立地に反対する利益は全く考慮されなかった。第一審判決は、住居地域と工業地域が隣接する結果となることに対し、比較衡量において、住民の社会的必要が考慮に入れられず、私的利益の意味が誤解され、また、多くの公共の利益に重要性に応じた配慮がされていないなどの理由から、適正な比較衡量の要求に反するものとしたうえ、個々の工場立地のためにのみなされた地域開発計画の改訂が、そもそも国土計画法上の計画といえるかどうか、そもそも適正な比較衡量自体が存在したかどうかが疑問であるとした。第二審判決は、この最後の計画過程の側面を強調し、建設管理計画（建築詳細計画と土地利用計画）が、連邦建築法一条一項の目的「都市建設発展の秩序づけ」のために策定されたものではなく、また計画策定手続においては工場立地が既成事実化され代替案も皆無で、適正な比較衡量が存在しなかったため、結局、法にいう計画はなかったとした。

この判決に対して、計画過程の現実からみるかぎり代替案のないのがむしろ普通であり、事前のなんらかの決定があってはじめて正規の計画策定手続も動き出すのではないかという批判もあったため、連邦行政裁判所の判決は、まことに詳細をきわめた論旨を展開している。同判決も事前の決定が存在すること、正規の計画策定手続は全体としての計画過程の最終段階に位置することを否定しない。大規模プロジェクトになればなるほど有効適切な計画の策定実施を図るため、事前の約束、とりきめ、協定等が不可避である。このような決定の先取り(Vorwegnahme)の必要性は、手続の民主性の必要性と矛盾対立することになるが、法は後者の有利に決断を下している。したがって、前者については理由づけが必要である。ただし、すべての衡量が先行の事実に拘束されるわけでもないし、すべての先行事実が衡量の欠陥を生ぜしめるわけでもないほか、先行事実に拘束されたということの立証は困難であって、一般には自由に衡量したという推定が働く。そこで、連邦行政裁判所は、決定の先取りには、①先取りをすること自体に実質的に正当な理由があること、②先取りにあたって計画法上の管轄秩序が実質的に維持されていること、例えば、計画がゲマインデの事務であるなら、事前決定にもゲマインデが参加すること、③事前決定の内容が計画への影響を考慮して非難すべきものでないこと、ことに衡量の過程を構成するものとして、事前決定の時点において適正な比較衡量が行われていることを要求し、結論として、この①②はともかく、③の要件を充足しないものとして、原審判断の結論を支持したのであった。

これらの判例をみるかぎり、計画裁量の承認はむしろ裁判所の審査の密度を高めているのではないかという印象すら与える。ことに開発費用負担契約が先行する場合などのように法律外のものが介在する場合で、法律適用説による審査が実際には機能しないときにも、計画過程の統制がありうるのである。

三　財産権の社会的制約

(1)　土地の地域的拘束性

公共施設の立地による周辺の土地への影響は、それぞれの土地が位置する状況に由来する地域的拘束性(Situationsgebundenheit)の側面からも問題も眺めてみる必要がある。この地域的拘束性は、土地の利用に対する制約ないし侵害が、補償を必要とする収用的侵害であるのか、それとも、補償を必要としない土地所有権の社会的制約なのか、の区別において、社会的制約の最も典型的場合の一つであるとされている。

これは元来は自然保護や景観保護の分野で発展してきたものであり、土地の自然的状況から当然に出てくる制約をいう場合が多かった。しかしながら、そこでも単なる事実的要素（土地の位置、自然的状況等）からだけではなく、規範的価値評価的要素（理性的で賢明な土地所有者の判断、理性的、経済的考察方法による客観的判断等）からも地域的拘束性が基礎づけられていた。また、都市近郊農地を緑地帯に編入し、樹林群を自然記念物に指定する類の他にも、高速道路建設に対し沿道居住者から騒音等による被害救済を求めるための差止請求のみならず、収用的侵害を理由とする補償請求をも排斥するにあたって、地域の状況や交通の特殊性を強調したものがある（連邦民事裁判所一九七〇年一〇月三〇日判決 DVBl. 71, 264）。

さらに、土地の地域的拘束性ではなく、機能的拘束性（Funktionsgebundenheit）をいい、土地に、既建築地、建築地、建築予定地ないし農用地等を区別しその特性に応じて異なる法規制に服させるのを当然とする考え（T. Maunz, Bodenrecht vor den Schrunken des Grundgesetzes. DÖV 75, 1）から、さらに土地所有権とくに都市における土地所有権は計画的留保の下に立っているという考えが広く一般にみられることは周知のところであろう。

(2)　都市における土地所有権の否定　　このような傾向はついに一九七二年デュッセルドルフで開かれた第四九回ドイツ法曹大会公法部会において、都市の過密地域における土地所有権を二分し、上級所有権をゲマインデに与え、利用権としての下級所有権を私人に与えるというシャルンベルクの報告に結実し、この趣旨が検討課題として決議の中にとりこまれていることは、これまた周知のところである（ただ、その後土地所有権につきドイツの事情にもふれて書かれたわが国の文献中には、これを無視されているものが多いようであるが）。現代の過密の都市化時代にあって私人の土地利用の自由は許されない。許認可によって建築の自由が回復するのではなく、許認可によってはじめて建築をはじめとする土地利用権が付与されるのだという考え方が諸外国においても認められつつある。都市の土地は裸の土地ではない。下水道管一本をとっても地下鉄工事の一〇分の一程度の建設費を要して建設されている。地下鉄一メートルにつき一、〇〇〇万円以上を要するのに対し、小さな下水道建設でも一メートル一〇〇万円近い建設費を要する。実に巨額の公共投資の上に都市における土地利用が成り立っている。ここでは土地の非効率的利用も許されないとするのが当然である。より効率的な利用をする者への土地の譲渡を直接または間接に実現する法制度を立法政策上どのように作るかは別としても、大都市における土地利用の相隣関係上の民事紛争（日照阻害など）においても、現実の利用形態のみならず、紛争の両当事者について当該地域にふさわしいあるべき利用形態であるかどうかの評価を加味すべきではないかと思われる。そうでなければ、現状固定を前提としてテンデンバラバラに力関係による解決がもたらされるのではないだろうか。

(3)　交通の特殊性　　交通もその多くが土地利用の一形式であるとともに、周辺の土地利用にプラスの意味でもマイナスの意味でも甚大な影響を及ぼす。公共施設の立地の合理性を論ずるにあたって、交通施設とくに大規模な幹線的な交通施設にあっては次のような特殊性が認められる。

(a)　交通施設は交通網・交通体系の一部を構成するものであって、そのようなものとして公共性が認められる。同じ公共施設であっても、学校・公園・ゴミ処理場等がそれ自体で完結した意味をもつのと異なり、交通施設は一部のみでは意味をなさない。新幹線の名古屋駅はそれだけではなんの存在理由もないが、東海道新幹線の一部とし、さらに国鉄網・鉄道網その他の全体の交通網・交通体系の中で存在理由がある。また、東京国際空港も他の国内空港、外国空港、東京周辺または他の空港周辺交通網ならびに全地球的な交通体系の中で存在理由をもっている。

(b)　幹線的な交通施設は人口過密地帯を避けて通ることができない宿命をもっている。鉄道であれ道路であれ、幹線的なものであればあるだけ、むしろ人口の超過密地域に向けて集中し、あるいは、ここより発散するという特性をもっている。もちろん、大空港を大都市から或る距離をへだてたところに置き、この間を別の交通機関で結ぶという程度の修正はあるにせよ、基本的に交通網は人口過密地帯を結んで作られる性質がある。人口過密地帯の人間はそれによってはじめて日々の生存を確保することが可能になる。全面的な交通ストが通勤通学の足を奪うのみならず、食料その他生活必需財貨の入手をも不可能にするのである。

(c)　交通施設は大規模になればなるだけ、より幹線的なものであればあるだけ、その利益を享受するものと不利益を被る者との間の地域的な分裂を激しくする。ある地方公共団体のゴミ処理場についても同種の分裂を生ずるが、受益者も被害者も同じ地方公共団体の住民であるのに対し、交通施設の場合はこれとは異質といえるほどの違いがある。東京周辺の住民に反対運動があるのを知りつつ東北・北海道新幹線の完成を一日千秋の想いで待望しているのは札幌に住む筆者の偽らない気持であるし、東京・大阪国際空港をはじめ各地の空港を現に利用しているとも否定できない事実である。また、大阪国際空港の利用制限に対しイギリスから文句が出たことも新聞に報ぜられていたと記憶する。

(d)　交通施設が交通施設としての機能を増進すればするだけ周辺の環境悪化の影響の度が強くなるというディレンマがある。乗客数が増加し、スピードが高まり、発着数がふえればふえるだけ、それだけ周辺の環境は悪くなる。他の条件が同じであるかぎり、交通施設としての公共性の増大は立地についての公共性にとってプラスの要因と同時にこれと比例してマイナス要素をも増大することとなって、判断に窮することになる。

(4)　環境の地域的特性　　環境基準のなかには全国一律のものといくつかの地域差がもうけられているものとがある。規制基準についても地域差がもうけられるものがある。環境保全の目的からいえば、指定地域についてのみ規制をするとか、ある地域について規制をゆるめるとかの方法は好ましくない。しかし、事実として都心部において自動車等による大気汚染（窒素酸化物、炭化水素等）や騒音が環境基準をこえ、積極的に容認されないまでも、仕方ないものとして消極的にうけいれられていることがある。その環境汚染の程度は、公共施設の建設差止訴訟を十分に成功させるほどのものであっても、自動車通行の差止・減少請求などを目的とする訴訟は耳にしない。その良し悪しはともかく、農村地域より都市地域、郊外より都心部が環境が悪いのが当然とする人の意識、他の地域よりも住居地域の環境が良いものでなければならないとする人の意識がある。交通至便で大都市サービスの享受を至近距離で得られ、なおかつ静穏清浄な環境の中に住むことは理想ではあるが、この両者は現実には両立しがたい。生活上の利便の多いところは、多少生活上の環境が悪くても仕方がないとする判断が、東京大阪のようなうす汚れた過密の大群落の中にさえ今なお人を住まわせている。いいかえれば生活環境というのは数々の生活の利便をもふくんだものである。「環境」とは人間の存在を前提として、その環境をさすものだからである。

環境汚染・環境破壊にも様々の性質の異なるものがある。自動車公害にも、排気ガスによる大気汚染・有害物質の排出のように、全地球的規模の汚染の原因となり、その影響を後代にまで残すものがあり、地域性を問わず即刻中止すべきものがある。他方、自動車公害や新幹線公害のうちにも騒音公害のような全地球的規模での汚染の原因とはならず、回復困難な影響を後代に残すこともない性質のものがある。これについては発生源対策や被害防止工事もさることながら、土地利用計画によって解決すべき性質の事柄である。ただ、予算不足と土地不足とから、交通施設周辺の土地利用計画は困難ではあるが、大規模交通施設が後の世代に対してもつ利便を考慮して、長期的展望の下で解決する努力をなすべきであり、決して環境権の切り売りでごま化してはならない。

四　被害者救済と周辺整備

(1)　適法行為による不法行為　　具体的な計画が合理的であり、公共性が認められるとしても、現に受忍限度をこえる損害を被る者がいる場合に、それを無視してよいわけはない。昭和四四年四月三〇日熊本地裁玉名支部判決（判例時報五七四号六〇頁）のいうように計画（この事件では計画の変更）それ自体としては適法であるが「原告に対する関係においては」不法行為を構成することがありうるからである。西ドイツにおける収用類似の侵害に対する補償は、行政の行動が適法・違法であるか、また有責であるか否かを問わない。また、経済行政法の分野などを中心として、政策の予期せざる変更による法律・計画等の改廃、国家の行動の首尾一貫性や継続性の欠如の結果生ずる損失に対し、信頼保護を主たる根拠として計画保障請求権（Plangewährleistungsrecht）を認める傾向がみられる。他方、土地所有権に対する地域的拘束性などを理由とする社会的制約が極度に高まりつつあるものの、既存の、もしくは近接時点での現実化が予定されている利用の廃止変更を強いる場合については、これまた信頼保護を重要な根拠として補償が認められている。信頼保護思想の万能的利用には批判もあるが、ここに計画過程に生ずる一定限度をこえる損失をそのまま放置することなく救済すべしとする点において共通の発想をみることができる。

(2)　救済方法の多様性　　計画の合理性を担保するには各種の利益の比較衡量が必要であり、そこには環境の利益も考慮すべき重要な要素をなしている。このようにして計画の合理性が確保された上でも、具体的に特定人について受忍限度をこえる損失を生ぜしめる場合には救済が与えられなければならない。ただ、この救済の方法としては損害賠償等の民事救済のほかに様々なものが考えられる。

たとえば、騒音被害の救済の手段として、各種の発生源対策、防音工事のほか、家屋の移転も考えられる。公共施設の発するいわゆる公害のために家屋が移転しなければならないというのは、とんでもないことのようにも考えられるが、公共施設の用地取得のためには強制的な土地収用もあるのであり、予算上余裕さえあるなら、環境上重大な影響を及ぼす周辺土地をも取得することの方がかえって好ましいともいえる。むしろ、現行土地収用制度が私権尊重の見地から公共事業に必要最小限の土地しか収用できないこととし、いわゆる事業損失については原則として別途民訴上の損害賠償請求に委ねることに問題がある。ただ、公共施設用地以外の土地について土地の強制取得に法律上疑義があるというなら、当事者の買取請求などの申出をまって行うなどの方法もある。公共施設の計画が、公共施設の建設土木工事の計画にとどまることなく、公共施設の立地の計画でもある以上、当然、周辺の土地の利用計画をもその内容とせざるをえないはずのものである。ところが、実際においては一体であるべき計画が、行政主体や起業者等の職務範囲や任務、関係私人の法的地位等の差異に応じて、バラバラに寸断されている。周辺住民や地元地方公共団体が事業のマイナス効果を一手に引き受け、損害賠償請求訴訟や各種の行政措置の要求をせざるをえない法律的仕組みが作られているのである。大規模な公共施設の立地が、公共施設の用地取得、用地補償、建設工事にとどまらず、地域の環境はもちろん、経済・社会構造にも深刻な影響を及ぼすにもかかわらず、法律上の仕組みが旧態依然たるところに住民の反対運動が激化せざるをえない重要な一因がある。

(3)　公共施設周辺地域整備法　このような事情は遅まきながら徐々に理解されるにいたり、昭和四二年の閣議決定「公共事業の施行に伴う公共補償基準要綱」のほか、一群の公共施設周辺地域整備法を生むにいたった。①昭和四一年防衛施設周辺の整備等に関する法律、②昭和四二年公共飛行場周辺における航空機騒音による障害の防止等に関する法律、③昭和四五年新東京国際空港周辺整備のための国の財政上の措置に関する法律、④昭和四七年琵琶湖総合開発特別措置法、⑤水資源地対策特別措置法、⑥昭和四九年防衛施設周辺の生活環境の整備等に関する法律（①の全面改正）、⑦昭和四九年公共飛行場周辺における航空機騒音による障害の防止等に関する法律の一部を改正する法律（②の重要改正）、⑧昭和四九年発電用施設周辺地域整備法がそれである。これらの公共施設周辺整備法は、損失補償、公共補償、障害防止工事にとどまらず、各種の関連公共事業を積極的総合的に推進するねらいをもっている。もちろんなお住民対策立法的な消極性もあり、決して十分なものとはいえないが、これらの中には、周辺整備計画を策定し、その実施に要する費用について受益者ないし受益地方公共団体の負担に関する定めを置くなど、公共事業が巨大な利益を生む反面において、巨大な代価を費やすことに鑑み、その間の調整を図るためのメカニズムを部分的ながら実現したものであって、公共施設の計画がそれ自体の建設計画から当該地域ならびに受益地をも包括した総合的な立地計画へと進化する第一歩として評価することができる。被害者の救済もまた、消極的な後始末としてではなく、積極的に前以てこのような計画の中に組み込み、全体としての計画過程において生活機能の再編・再建、生活環境変化の計画的管理を図らなければならない。

(4)　計画の総合性のための手続　西ドイツにおいては法治国家における計画に対する一般的要請として適正な利益の比較衡量がいわれ、さらには計画裁量の統制は全体としての計画過程の正常性の審査にまで及んでいる。適正な比較衡量があってはじめて計画の合理性が確保され、法の目的とする公共性が実現されるのはわが国においても同様である。適正な比較衡量が確保されるためには、このための手続的手当てと制度的枠組みが必要である。

(a)　周辺地域整備計画はこのような制度的枠組みの一つである。これによって、かつては別途の後始末に委ねられていた周辺地域における諸利益やこれへの事業の影響が計画の平面にとりあげられることになる。

(b)　この関係で公共事業のもつ周辺環境への影響の事前調査が極めて重要である。政府も昭和四七年六月の閣議了解「各種公共事業に係る環境保全対策について」において公共事業等を進めるにあたっては、いわゆる環境アセスメントを実施することとし、この考えに立って、昭和四八年度中に瀬戸内海環境保全臨時措置法、工場立地法、公有水面埋立法などの制定改廃が行われた（昭和四九年環境白書一二三頁）。また、中央公害対策審議会防止計画部会環境影響評価小委員会は昭和四九年六月二四日「環境影響評価の運用上の指針について（中間報告）」を出し、さらに、北海道、大阪府、茨城県などで、環境影響評価に関する条例制定への動きがある。

(c)　適正な利益の比較衡量が行われるためには、あらゆる利害が計画策定にあたってとりあげられる制度的枠組みとこれに関する正確な情報とともに、これを手続上に主張する者が必要である。いわゆる住民参加は、この意味で手続の民主化とは別に、計画の内容の合理性そのもののために必要である。また、その前提として、環境影響評価等に関する情報が公開されることによって、全体としての計画過程の正常性が担保されることになる。

(d)　以上に述べるところは、あるべき姿であって、それにいたる道のりははなはだ遠いといわなくてはならない。それは公共性とのたたかいではなくて、公共性へのたたかいなのである。

（注）「計画行政法」については近刊予定の同名の拙著に詳細を論じてあるため、本稿では引用等の注を紙数の関係上一切省略した。

（ジュリスト増刊『現代日本の交通問題』、一九七五年）

13 災害と都市計画法

一 はじめに

(1) 都市計画にとって災害を防止し、都市住民に快適で安全な生活環境をつくり出すことは、その存在理由の最たるものである。快適性や利便性などと並んで安全性が都市計画の目標の一つであるばかりではなく、必要不可欠な基本的条件であり、これなくしては他の目標の達成はおぼつかない。また、歴史的にも都市計画は災害と密接な関係をもって歩んできた。大火災、大震災、戦災などによって、ある都市は滅び、また、ある都市は新しい都市計画をもって生まれ変わってきた。江戸の大火、関東大震災、第二次大戦の戦火、来るべき大震災など、大災害は都市の姿まで一挙に変えるものなのである。都市計画ないし都市計画法には、公衆衛生の流れと公共施設建設の流れ、さらに美観、防衛など様々の流れが合流しているが、現行都市計画法も都市計画の基本理念として「健康で文化的な都市生活」と「機能的な都市活動」をあげている（法二条）。「健康で文化的な都市生活」は安全を最大の要素とするものであり、「機能的な都市活動」にとっても同様だといえよう。

(2) 都市計画の目標の一つ、最も重要な一つは、このように災害を防止し安全を確保することである。しかし、一口で災害と呼ばれるものにも実に様々なものがある。そのすべてを都市計画によって防ぐことは不可能である。たとえば、昭和四三年の現行都市計画法が生まれる前の旧都市計画法一条は都市計画を定義し、その目的に交通、衛生、保安、経済等と並んで「防空」というのがあがっていた。第二次大戦の遺物であるが、都市計画によっても、旧き城塞都市時代はともかく、今日の戦災を防ぐことは不可能である。戦争という名の災害は別の手段によって防がれなければならない。風水害、震災などの自然災害も同様である。都市計画によって台風の発生や地震の発生そのものを防ぐことができないのはいうまでもないことであって、これは人災である火災であっても同じことである。

(3)　そこで、都市計画が災害を防ぐという言葉は、言葉として必ずしも正確ではない。不燃建築物、防火地域、道路等による防火帯などをもうけることによって、火災が大火となるのを防ぐことができる。治水、下水工事等を万全なものにすることによって、水害を防止し軽減することができるし、さらに、北欧などにみられるように、巨大な地下壕を掘ることによって核戦争時代の戦災にもいくらか耐える道もある。また、大地震による大火災の発生などにそなえて避難通路や避難場所を確保するという防災もある。このように防災という言葉は、一つの災害の発生から終わりにいたるさまざまの段階での被害の軽減のための予防ならびに事後措置をふくむ広い多様な内容をもっている。都市は人口密集地域であり、経済活動をはじめ、政治、文化等々の活動が集中している。いったん災害が発生するとその被害は甚大となりやすい。さらに、都市に固有の災害など、多様な災害に対し、それぞれに多様な対応をする必要が強い。人口や都市機能を分散すること自体が、きわめて有効な防災の意味をもつ。君子は危うきに近寄らず、であるし、避難は早きをもって良しとする。危険にみちた都市ことに大都市には住まないことが第一である。

(4)　このように防災の内容は多種多様であるが、他方、これを重要な目標としている都市計画法の内容、性格にも多様なものがある。歴史的にいえば、その多様性はなお複雑の度を加えるが、現行都市計画法、すなわち形式的な意味での都市計画法（昭和四三年法律第一〇〇号。以下「法」と略称する）ならびに関連法令の体系をとりあげても、そこに異なる内容、性格のものが、相互の関連はありつつも、混在している。主なものとして次の四つの側面をあげることができよう。

一つは、「公共施設」の建設・設置の側面であり、第二は、私人の土地利用に対する「規制」の側面であり、第三に、個別の公共施設の建設にとどまらない、ときとしては都市づくりを内容とする「事業」の側面がある。最後に、これらのすべての側面を総合し、統一性を与えるものとして「計画」の側面がある。計画という言葉の内容も多種多様であるが、このような意味での計画の側面が重要である。以下、それぞれの側面について概略検討することにしよう。

二　公共施設の側面

(1)　法一一条は、都市計画の中に盛られるべき都市施設を機能的に列挙しているが、最後に「その他政令で定める施設」をあげている。都市計画法施行令（以下「令」と略称する）の五条は、公衆電気通信用施設のほかに防風、防火、防水、防雪、防砂もしくは防潮の施設がこれにあたるものとしている。まさに各種の防災のための施設が都市施設とされているわけであって、それらが都市計画の中にとりこまれ都市計画施設となる（法四条五項）と、これを整備する事業は都市計画事業となり、その用地の取得（法五六、六九条以下）や事業の施行上さまざまの特典が施行者に与えられることになる。都市計画事業には収用適格事業の性格が与えられ、土地の強制取得ができるほか、都市計画制限や都市計画事業制限の制度も用地取得や事業施行を容易にする目的で作られているわけである。
(2)　公共施設が防災の機能をもちうるのはとくに防災が表立って銘打たれている場合にかぎられない。法一一条に都市施設として列挙されているもののうち、たとえば、河川、運河その他の水路（一項四号）のあり方や下水道などの処理施設（一項三号）の規模、能力などは、水害の防止、軽減にとって重要な意味をもっている。道路などの交通施設（一項一号）のあり方も、交通災害、騒音、大気汚染などの公害の発生、その被害の程度に重大な関係がある。交通のあり方は、災害時の避難行動にとって重要であるばかりでなく、消火をはじめ災害時の救急活動にとっても要をなす重要事である。消防車の通行しうる道路幅員が要求されるのもこのためである。さらに、都市における水道は生活用水の提供など公衆衛生の側面とともに、随処にみられる消火栓が物語るように都市消防の目的をもっている。このように、都市の基礎的施設は、防災の機能をもって設置されている。旧き城塞都市の厚き壁や防風林、堤防、火の見櫓の類は黒々とした夜の沈黙の世界においても都市を守る象徴であった。

(3)　都市施設は、それがさまざまの防災の機能を目的として作られているばかりではなく、それが存在することによって、あわせて防災の意味をもつことがある。その一つは、公共施設が存在し、そこに公共空間があることが防災上極めて重要な意味がある。都市という人、車、建築物等の密集地帯において、公園、緑地、広場、河など存在することが、いかほど人の心を慰めるものであるかは、われわれの日常に体験していることであるが、これらの公共空間の存在は防災上欠かすことができないものである。広く豊かな公共空間の存在は、災害の発生や拡大を防ぐ大きな砦であるし、有効な避難の場所である。公園、緑地、広場などはその代表的なものであるし、不燃性で堅固な学校や行政機関の建物やその周辺の校庭などの空間は、防災の機能をもち、かつ、避難の場所となる。大災害時のテレビ放送にきまったように小中学校が住民の避難場所として映るのも、このような事情を示している。災害の種類、具体的状況などの事情を一切捨象して、大ざっぱなことをいえば、公共空間の割合が大きければ大きいだけ、われわれはより快適で、より安全な生活環境の中で暮らしているということになる。

(4)　このようにして、防災施設としての都市施設の配置、規模・能力等が適正・有効であり、公共空間としての都市施設が広くかつ適正に配置されていれば、防災上ははなはだ望ましい状態にあるといえる。このような都市施設整備のため、用地取得について一般的な土地収用法に対する特例をもうけるなどして、都市計画法は、その便宜をはかっている。しかし、いくら便宜をはかっているといっても、あくまでも、それは「正当な補償」という憲法二九条三項の大原則の下で行われることであって、いくら災害防止のためという大義名分があっても、タダで私有地を取り上げるわけにもいかない。財政上の制約もあって、理想通りの防災機能をもった都市施設を建設することは容易ではない。さらに、かりに財政上の制約がないとしても、土一升金一升の大都市の真中に、私人の利用を排除して、理想通りの公共空間を生み出すことが、建前論ではなく、実際論として住民世論の支持を得られるかどうか、はなはだ疑問といわなくてはならない。

三　規制の側面

(1)　都市における災害防止のためには、公共施設の整備と並んで、私人の土地利用もまた規制されなくてはならない。

その一つは、建築物の規制であって、建築基準法を中心とする法令が、居住者等の生命、健康および財産を保護するため、建築物の敷地、構造、設備及び用途に関する規制をしている。建築基準法のいわゆる単体規定をとりあげても、その構造上の制限が居住者等の安全に重要な理由の一つがあることはいうをまたないし、また、道路に面する義務も消防上の必要などに由来するものである。さらに、建蔽《ぺい》率の制限なども公共空間同様に都市に空間を生み出すために必要である。消防法一七条も、学校、病院、興行場、百貨店、旅館など人の多数来集する建築物について消火用設備等の設置を義務づけている。デパート火災、雑居ビル火災など、都市には大群衆を飲み込み、災害時には群衆心理によるパニックや思わざる大惨事を生みだす建築物群が密集している。

(2)　建築物の建築その他の土地利用の規制には、地域指定にもとづくものがある。建築基準法による建築物の規制も、原則として都市計画区域内において行われるものであるし、その規制の重要な部分は、用途地域制による規制とセットになって行われるものである。この地域制による防災のための規制には、一般的な用途地域制によるものと、特別の防災地域制によるものとがある。

用途地域制による用途規制は、用途の混在をさけ、用途の鈍化を図る点で既に防災の意味をもっている。とくに住居系地域では大規模な工場や危険物を取り扱う工場などの立地が禁ぜられている点などは重要なことだといえよう。住居系地域において良好な生活環境の保全がはかられ、工業専用地域において住宅の建築が禁止されることは、防災上の意味をもっている（なお、法一三条一項二号参照）。

(3)　特別の防災地域制としては、広く一般にみられる「防火地域」、「準防火地域」がある（法八条一項五号、建築基準法六一、六二条、なお二二条参照）。地域内の一定規模以上の建築物について耐火構造ないし簡易耐火構造をとらせ、このような地域を防火のため帯状などの形でもうけて、火災時の延焼をおさえようとするものである。このほか、建築基準法三九条による委任条例によって、津波、高潮、出水等の危険の著しい区域を「災害危険区域」に指定し、建築禁止その他建築制限等ができることとしている。さらに、いくつかの悲惨な災害を契機として、宅地造成等規制法による「宅地造成工事規制区域」、急傾斜地の崩壊による災害の防止に関する法律による「急傾斜地崩壊危険区域」、地すべり防止法による「地すべり防止区域」「ぼた山崩壊防止区域」などの防災地域制がもうけられ、土地の利用行為の禁止、制限、技術的基準の遵守義務や利用行為の許可制などを内容としている。

(4)　現行都市計画法の特色は、周知の通り、市街地内での用途規制などに止まることなく、市街化そのものを計画的で秩序あるものにしようとするところにある。市街化地域と市街化調整区域の区分と、これを担保するための開発許可の制度がそれである。
この市街化区域と市街化調整区域の区分に関する都市計画基準には、さまざまなものがあげられている（令八条）が、溢水、湛水、津波、高潮等による災害の発生のおそれのある土地の区域は市街化区域の中にふくめないこととしている（同条二号ロ）。また、開発許可の基準においても、道路、公園等の公共空地が災害の防止上、支障がないような規模および構造で適当に配置されるよう設計が定められていること（法三三条一項二号）、排水路その他の排水施設が、周辺地域等に溢水等による被害が生じないような構造および能力で適当に配置されるように設計が定められていること（同項三号）、開発区域内の土地が地盤軟弱、がけくずれ等のおそれが多い土地などでは地盤改良、擁壁設置等安全上の措置が講ぜられるように設計が定められていること（同項六号）、開発区域内の土地に災害危険区域、地すべり防止区域等を原則としてふくまないこと（同項七号）、また、大規模開発行為については環境保全上の措置がとられていること（同項九号）などが定められている。他方、非常災害のため必要な応急措置として行う開発行為については開発許可は不要とされ（法二九条九号）、また、危険物の貯蔵または処理用の建築物などは市街化調整区域における立地がみとめられている（三四条七号）。

従来、わが国の建築関係法令において、建築物の敷地の安全に関する規制は不十分であったが、数々の災害を契機として、昭和三六年の宅地造成等規制法、昭和四四年の急傾斜地の崩壊による災害の防止に関する法律などによる部分的手当てを経て、同年施行の都市計画法が一般的な規制をもうけるにいたったのである。

四　事業の側面

(1)　都市計画関係法令上、以上のほか重要なものに都市計画事業その他の事業がある。都市計画事業のひとつは、前述の都市計画施設の整備に関する事業であるが、他のひとつは市街地開発事業である（法四条一三項、一二条参照）。この市街地開発事業には、①土地区画整理法による土地区画整理事業、②新住宅市街地開発法による新住宅市街地開発事業、③首都圏の近郊整備地帯及び都市開発区域の整備に関する法律による工業団地造成事業または近畿圏の近郊整備区域及び都市開発区域の整備及び開発に関する法律による工業団地造成事業、④都市再開発法による市街地再開発事業、⑤新都市基盤整備法による新都市基盤整備事業、⑥大都市地域における住宅地等の供給の促進に関する特別措置法による住宅街区整備事業がある。

市街地開発事業にあっては、道路公園などの公共施設部分の整備にとどまらず、住宅宅地部分や工場敷地部分などもあわせて整備される。個別の公共施設の整備にとどまらない、面的な広がりをもった街づくり、都市づくりが行われるわけであるが、このような性格は、市街地開発事業にかぎらず、同様に面的な広がりをもった都市施設の整備の場合にもみとめることができる。区域の面積が二〇ヘクタール以上の一団地の住宅施設、一団地の官公庁施設、流通業務団地の整備に関する事業がそれであって、これらは都市計画法上も市街地開発事業と同様の取扱いをうけることがある（法一二条の二、五二条の二等）。

(2)　右の市街地開発事業その他の事業にあっては、ひとつには、先に公共施設の側面でのべたことが妥当する。これらの事業によっても、道路、公園、広場等の公共施設が整備され、公共空間が生み出される。公共空間を生み出すための事業の手法には、収用方式をとる新住宅市街地開発事業、工業団地造成事業、第二種市街地再開発事業もあれば、権利変換方式をとる土地区画整理事業、第一種市街地再開発事業、住宅街区整備事業もあり、さらに、両手法併用の新都市基盤整備事業もあるが、いずれにせよ、事業の結果、以前にました公共空間が生み出されることが予定されている。つぎに、もうひとつには、先に規制の側面のうち開発許可についてのべたものがこの場合についてもほぼ妥当する。開発許可が民間開発に関するものであるのに対し、ここでのべる事業はいわば公的開発に関するものであって、事業（計画）の認可等の段階において、開発許可におけると類似したチェックが行われるからである。また、ここでは民間開発におけるより以上の良好な生活環境の創出が期待され、したがって、防災の面でのチェックも、よりきびしいものが行われることが期待されているのである。災害なき環境の創造が事業の理想だといってよい。

(3)　さらに、これらの事業のなかには災害の防止ないし軽減を直接の目的としているものがある。ひとつは、住宅地区改良法による住宅地区改良事業であって、昭和二年の不良住宅地区改良法に遡る歴史がある。これは、不良住宅が密集して、保安、衛生等に関し危険または有害な状況にある一団地を改良地区として指定し、不良住宅の除却等の改良地区の整備ならびに改良住宅の建設等の事業を行うものであり、いわゆるスラム・クリアランスを目的とする。また、旧防災建築街区造成法による防災建築街区造成事業は、都市における災害の防止をはかることを目的の一つとして、関係権利者の共同による耐火建築物の建築を内容とする事業であり、旧「公共施設の整備に関連する市街地の改造に関する法律」による市街地改造事業も、道路等の公共施設の整備にあわせて、これに面する建築物の高層不燃化の事業を行うものであったが、いずれも都市再開発法に吸収された形となって廃止されている。したがって、このような流れをうけて生まれた都市再開発法は、いうまでもなく、都市における防災、このための都市改造を重要な任務とするものであるが、とくに昭和五〇年の法改正で生まれた第二種市街地再開発事業は、安全上・防火上支障がある建築物が密集しているために災害の発生のおそれが著しく、または環境が不良である地域であること、また、災害時の避難用の公園、広場等を早急に整備する必要があることを施行区域の要件の重要な内容とし（都市再開発法三条の二）、これについて収用権が付与されるにいたっている。

(4) 最後に、これらの事業の中には、工業団地造成事業や新住宅市街地開発業、新都市基盤整備事業のように、工業都市、住宅都市などの新しい都市づくりを目的とするものがある。市街地再開発事業や市街地内での土地区画整理事業などが、既成市街地における都市改造によって防災の機能を果たすのに対して、これらは、都市機能を鈍化し、過密を分散することによって、間接的ながら、きわめて重要な防災の機能を果たしている。人口や工場、事務所等の外延的な分散は、ときとして自然破壊ひいては災害の新たな可能性を招くこともなくはないが、既成の過密都市にとっては、過密の分散とともに危険の分散を意味する。しかし、これには計画の側面が不可欠である。

五　計画の側面

(1)　都市計画法は、本来、計画法である。公共施設のための用地取得を容易にし、私人の土地利用を制限し、事業を行うのも、全体としての都市計画のためである。都市計画法上、また、関係法律上の都市計画は、数が多く、その計画のレベルも雑多であるが、これらのものは、具体的な一つの都市または都市圏の全体の中において意味をもっている。法律上の都市計画には、都市施設に関する都市計画、地域地区に関する都市計画、市街地開発事業に関する都市計画など、それぞれに法律上の効果をともなっているが、これらは相互に密接な関係をもちつつ、また変転する時間の流れの中において、全体としての都市形成に寄与している。このような実質的意味での計画のための手段としての意味を都市計画法の体系はもっている。

しかし、他面で、都市計画法は法律として、私人の既得の権利との調整に関する規定を、計画の策定手続等の規定と並んで重要な内容としている。古典的な法律同様に、私人の権利義務に直接関わりのある事柄を中心として出来上っているわけである。

(2)　しかしながら、私人の権利義務から眺めても、その制限の内容が具体的な計画をまたなくては分からないというところに計画法の特色のひとつがある。同様に、防災という見地からみても同じことがいえる。土地計画法は、上記のような様々な手段を与えている。しかし、これらが現実に防災のためにどの程度有効なものとして用いられるかは、法律の文字面の上からはうかがい知ることができない。ひとえに現実の具体的な状況とこれとの関連における具体的な計画の内容、時期などによることである。

計画法のもうひとつの重要な特色は、計画の策定実施の過程への多数の法主体の協働的な関与である。ここでは形式的な行政官庁の法理や行政行為の法理などは、その意義が乏しい。むしろ、行政官庁の法理によるタテ割り行政や行政行為の法理による手続上への関与の限定は、都市計画にとって、マイナスの意味をもつことさえ少なくない。都市計画にかぎらず、都市問題にとってタテ割り行政は有効な対応ブレーキであった。また、都市計画法は、計画策定手続への住民の参加の手段として、公聴会方式と公告縦覧・意見書提出方式の二つをみとめている（法一六、一七条）が、これが住民の意見を十分に吸収、反映しうるものであるかについては疑問を禁じえない。

(3) 通常の行政手続上には十分の満足が得られない住民は、反対運動の形をとり、ときとして、訴訟の場に登場することがある。

市街化区域と市街化調整区域に関する都市計画決定が抗告訴訟の対象となるとした京都地裁昭和五一年四月一六日判決（行裁例集二七巻四号五三九頁）、用途地域（準工業地域）の指定について争うことをみとめた宇都宮地裁昭和五〇年一〇月一四日判決（判例時報七九六号三一頁）、収用委員会の裁決取消訴訟において都市計画事業の認可を争うことができるとした名古屋地裁昭和五一年六月二三日判決（行裁例集二七巻六号九一七頁）など、都市計画関係事件は、近時少なからず散見される。また、空港訴訟、日光太郎杉事件、国立歩道橋訴訟等々の環境訴訟の多くは、実質的意味での都市計画に関連するものであった。この種の訴訟について、ハーバード大学のスチュワート教授は利益代表訴訟としての性格を与え、古典的な行政法のモデルが妥当しなくなったと論じている（R. B. Stewart, The Reformation of American Administrative Law, Harvard Law Review, vol. 88, p. 1669）。その内容は別の機会に論ずることとしたいが、この種の訴訟においては事柄の性質上、具体的な計画の合理性が問われざるをえない。単なる被害者ではなく、計画の合理性を確保するためには考慮に入れなければならない利害を主張するもの、その代表者ないし代弁者が登場している。ここでは、訴訟の対象のとらえ方、訴えの利益、仮の救済、取消事由、計画裁量の司法審査のあり方など問題が多い。上記の宇都宮地裁判決が反対運動に誠実に対応しなかったことを違法事由としていることなども問題の一つであるが、しかし、計画の合理性の中には、手続上、地域住民の意見が反映され、計画にフィードバックされる手続があることが一つの重要な要素としてふくまれていると考えられる。災害をのがれて安全に生活することは、一般的な環境の利益をこえた緊急・高度の利益である。生命・健康に対する危害を理由とする環境訴訟や消費者訴訟については裁判所の門を広く開くべきであろうし、行政手続上にも関与する機会が与えられるべきであろう。近時問題となっている環境アセスメントの類も、安全性の評価も当然その内容とすべきものだと思われる。安全は環境保全の核心だといってよい。

(4)　上記の事業の側面の終わりに、新しい都市の建設が過密の解消の機能をもつことをのべた。しかし、これらの都市計画事業は、三大都市圏を中心とする都市圏の中で行われることが要件とされている。既成都市地域の過密は幾分解消されるものの、大都市圏の過密は促進される仕組みになっている。ここ十数年来の急激な都市化現象、過密・過疎の現象は自然発生現象ではない。また、民間の自発的行動だけの集積ではない。国家の政策が関与した、さらに促進した側面は極めて大きかったといわなくてはならない。狭義の都市計画法はこのような大きな波の流れにとって部分的、追随的に対応する小さな波にすぎなかったと思われる。大都市圏のあり方を問題とするときは、開発行政全体のあり方、経済政策全体のあり方を問題としなければならないはずである。工業再配置促進法など多少の法令もあり、また、近時、地方都市育成もしきりに唱えられているものの、大都市圏の過密解消にどれだけ本格的に取り組むか、今後の現実、具体的な措置の集積にまつほかはない。これは今後の課題というべきであるが、近時の首都圏整備審議会による首都圏基本計画にも思想の一端がうかがわれるように、過密の解消こそ、危険を分散し、都市における災害を予防軽減する重要な方法である。

このように災害は、都市計画の目からみても、都市計画をこえた全体の計画の中で考えられなくてはならないのである。

六　むすび

(1)　「災害は人災である」という言葉がある。この言葉は為政者を非難するために用いられることが多い。たしかに今日の大都市や都市圏の過密現象の発生に国の政策上の責任がないとはいえない。また、大都市問題を前にして、国のタテ割行政が後手に廻ったことも否定しない。「災害は忘れた頃に来る」ともいい、「のど元過ぎれば熱さ忘れる」ともいう。災害があれば人は騒ぐが、やがて災害復旧工事の続いている間にも人の記憶はうすれていく。災害発生前に前もって、巨大な投資を災害防止のために用い、来るか来ないかわからない災害のために大幅に私人の権利を制限するようなことは、建前論としてはともかく、現実に一般の支持を得ることはむずかしい。災害復旧行政は、地方公共団体にとって、国から金を獲得するための目玉商品の最たるものの一つであるが、災害予防行政はあまり陽の当たらないものである。災害予防行政に万全であるとはいいにくい。

(2)　しかし、災害との闘いは、一面、既得権との闘いである。さまざまの災害について、これを予防し、被害を軽減するための自然科学的処方箋を書くことは比較的たやすい。問題はそれから先である。都市には多数の住民が生活し、経済活動が集中し、権利関係が錯綜している。そこに防災事業が行わなくてはならない。計画とは白紙の上に計画図を描くことではない。既得の権利をもつ者、さまざまな利害関係者を説得し納得してもらうことである。忘れた頃に来る災害の予防について、また、のど元過ぎれば熱さを忘れ、今日明日の生活、経済活動に心を奪われている人々を説得しつくし、しかも、経済的にも巨額の補償を用意して行わなくてはならない。今日の都市社会では、災害との闘いは人間との闘いであり、既得権との闘いである。現に地盤沈下等のため災害発生のおそれ著しいことが一般人の常識と思われるところでも、防災事業は遅々として進まない。また、いわゆる住民参加による計画の合理性の確保にも、なお、長い試行錯誤の時間が必要である。

(3)　災害は、このような人間の愚行をあざ笑うように忘れた頃にやって来ては、都市を破壊して去っていく。そのときだけは人々は騒ぎ、やがて忘れていく。このような繰返しの中で、ときとして大災害が都市の大部分を破壊しさり、人の力でなんともできなかった既得権の類をも根こそぎ破壊しつくして、新しい全体的な都市計画を可能とすることがある。皮肉なことだが、大災害をまたなくては災害に強い都市は生まれないようである。百万遍ついやされる饒舌な議論や、失礼ながら雑誌の特集なんぞよりも、一つの事実が人を説得する力が大きいのである。

建前論ばかりの「よければいいじゃないか」論と、現実の事実の壁にぶつかれば「悪いけれど止むを得ない」論しかなく、計画の論理や利害の調整のための困難な手続の開発に無関心であるわが国民性のもとでは、災害防止のためには災害をまたなくてはならない状態はなお長らく続くことであろう。現実の必要に目覚める日と、大災害がわれわれの生存そのものを奪う日と、どちらが早いかは、安全は政府の考えるべきものであり、また、安全がタダでよいと考えているらしい国民についてはいうまでもあるまい。

（法律時報四九巻四号、一九七七年）

14 土地利用基本計画と国土利用計画

一 国土利用計画

国土利用計画法上、国土利用計画には全国計画、都道府県計画、市町村計画の三種がある。

(1) 全国計画は、国が全国の区域について、国土の利用に関する基本的事項を計画に定めるものであって、内閣総理大臣が、国土利用計画審議会と都道府県知事の意見をきいて案を作成し、閣議決定を経て定める。内閣総理大臣は、全国計画の案を作成するにあたっては、国土利用の現況および将来の見通しに関する調査を行うとともに、都道府県知事の意向が十分に反映されるよう必要な措置を講ずるものとされている（国土利用五条）。全国計画は、国土利用に関する他の国の計画および都道府県計画の基本となるものである（六条・七条二項）。

(2) 都道府県計画は、都道府県が都道府県の区域について国土の利用に関し必要な事項を計画に定めるものであって、あらかじめ、市町村長の意見をきかなければならないほか、市町村長の意向が十分に反映されるよう必要な措置を講ずるものとし、また、国土利用計画地方審議会の意見をきくとともに、さらに、都道府県の議会の議決を経て定められる。都道府県は、計画決定後、遅滞なく、内閣総理大臣に報告し、その要旨を一般に公表しなければならない。内閣総理大臣は、この報告を関係行政機関の長に送付しなければならず、関係行政機関の長は都道府県計画について意見を申し出ることができ、この意見の申出があったとき、内閣総理大臣は、関係行政機関の長に協議するとともに、国土利用計画審議会の意見をきいて、都道府県に対して、必要な助言または勧告をすることができるものとされている（七条）。都道府県計画は市町村計画の基本となる（八条二項）。

(3)　市町村計画は、市町村が市町村の区域について国土の利用に関して必要な事項を計画に定めるものであって、都道府県計画が定められているときはこれを基本とするとともに、地方自治法二条五項の基本構想に即するものでなければならない。また、市町村が、市町村計画を定める場合には、あらかじめ、公聴会の開催など住民の意向を十分に反映させるために必要な措置を講ずるものとし、さらに、市町村の議会の議決を経なければならない。市町村計画を定めたときは、市町村は遅滞なく、これを都道府県知事に報告し、その要旨を一般に公表しなければならず、この報告をうけたとき、都道府県知事は、国土利用計画地方審議会の意見をきいて、市町村に対して、必要な助言または勧告をすることができるものとされている（八条）。

二　土地利用基本計画

土地利用基本計画は、国土利用計画法上、都道府県知事が、その都道府県の区域について定めるものであって、その策定手続、内容、性格等に次のような特色がみとめられる。

(1)　都道府県知事は、土地利用計画を定める場合には、あらかじめ、市町村長の意見をきかなければならないほか、市町村長の意向が十分に反映されるよう必要な措置を講ずるものとし、また、国土利用計画地方審議会の意見をきくとともに、関係行政機関の長に協議したうえでする内閣総理大臣の承認をうけなければならない。

(2)　土地利用基本計画は、上記の全国計画（都道府県計画が定められているときは、全国計画および都道府県計画）を基本とするものとする。

(3)　土地利用基本計画の内容は、都市地域、農業地域、森林地域、自然公園地域、自然保全地域の五地域を定

めることと、土地利用の調整等に関する事項を定めることである。前者は、縮尺五万分の一の地形図上に図面表示され（国土利用令二条）、後者は文章表示されることになっている。前者の五地域については、それぞれ別途に開発行為等の土地利用行為を規制するため、個別の法律にもとづく地域制がすでに存在している。都市計画法にもとづく都市計画区域や市街化区域・市街化調整区域の区分、農業等振興地域の整備に関する法律による農業振興地域、森林法にもとづく保安林、保安施設地区などの地域、自然公園法にもとづく国立公園、国定公園などの地域、自然環境保全法にもとづく（原生）自然環境保全地域などがそれである。これらの五地域は相互に重複する場合がありうるが、重複地域について重複理由を明らかにしたり、重複地域における土地利用の調整などの必要事項が後者によって示されることになる。

(4)　土地利用基本計画の性格ないし効果は、国土利用計画法上、土地の取引規制における価格規制と並ぶもう一方の用途規制の一内容とされ、そのかぎりで規制基準となっていることである。すなわち、申請または届出に係る土地に関する権利の移転または設定後における土地の利用目的が「土地利用基本計画その他の土地利用に関する計画に適合しないこと」が、規制区域における土地取引の許可の消極要件とされ、また、広くその他の地域において、取引中止の勧告その他必要措置を講ずべきことの勧告をすることができる要件とされている（一六条一項三号・二四条一項二号）。従来の上記の都市計画法などの個別の法律が、開発行為等の土地の利用行為の段階で用途規制を行っているのに対して、ここではそれ以前の土地取引の段階で用途規制を行っているわけである。また、用途規制の内容として、「その他の土地利用に関する計画」と並んで土地利用基本計画をあげていることに照らしてみると、土地利用基本計画における用途規制の内容は、従来の個別法にもとづく「その他の土地利用に関する計画」による規制とは異なる独自のものの存在がみとめられているかのようであるが、この点は必ずしも明確といいがたい（なお、一〇条参照）。さらに、土地利用基本計画は、従来の個別法にもとづく五地域の地域区分を内容とし、土地利用の調整等に関する事項を内容とする結果として、従来の個別法にもとづく土地利用計画の上位計画としての性質をもつものとされている。

三　国土利用計画と土地利用基本計画の相互関係

土地利用基本計画と国土利用計画との相互関係は、国土利用計画法上、土地利用基本計画が国土利用計画のうちの全国計画（都道府県計画があるときは全国計画と都道府県計画）を基本とする（九条九項）ということによって関連づけられている。また、全国計画は、国土利用に関して全国計画以外の国の計画の基本となることとされているから（六条）、たとえば、都市計画法上、都市計画の上位計画とされている国の計画（都計一三条参照）なども全国計画に適合することが要請され、これを通じて間接的にも土地利用基本計画の内容が全国計画を基本とするものとなることとなっている。さらに、都道府県計画と土地利用基本計画の策定の主体・手続等を比較すると、前者は、都道府県を主体とし、国土利用計画地方審議会および市町村長の意見の聴取、市町村長の意向の反映、議会の議決、内閣総理大臣の助言・勧告という手続をとり、後者では、都道府県知事を主体とし、国土利用計画地方審議会および市町村長の意見の聴取、市町村長の意向の反映、内閣総理大臣の承認という手続をとる。前者における議会の議決の存在は後者にみられない特色であるが、その他の手続関与者は実質的にほぼ一致している。このような手続構成によっても両者の実質上の調整が期待されているといってよい。

ただ、国土利用計画は国土利用に関する長期構想であるのに対し、土地利用基本計画は私人の行為の規制基準としての性格をもっている。前者は、都道府県計画や市町村計画において、議会の議決や公聴会の開催等による住民意向の反映がみられるといっても、土地に即した私人の権利制限はもちろん、地形図に土地利用が具体的に表示されることもない定量的な数量表示による国土利用の長期構想にとどまる。これに対して、土地利用基本計画は、将来の個別法による規制との関連に若干の問題を残しているとはいえ、規制基準としての性質をもつものであって、この両者は全く次元を異にしているのである。そして、私人の権利制限と直接の関連を有する土地利用基本計画において、伝統的な行政官庁の法理によって、規制権限が法律所管の省の大臣に帰属すべきものとする考えにもとづき、機関委任事務を処理するものとしての都道府県知事が、内閣総理大臣の承認の下に計画を策定すべきものとし、議会や住民の関与を排除しているのである。もちろん、その内容である個別法における地域決定等にあたって、住民の関与の余地もないではないが（都計一六条参照）、これを総合すべき上位計画策定の段階においては、これらが排除される仕組みとなっているのである。

（稲本洋之助・真砂泰輔編『土地法の基礎』、一九七八年）

15 計画における整合性と実効性
――法制度・行政法学からのアプローチ――

私は、二年前に『計画行政法』（学陽書房刊）という本を書きまして、そのときはまさか二年後に計画行政学会ができるということは全く予測しておりませんでした。ましていわんや、こういうところに引き出されることは予測もしておりませんでした。私のやっておりますのは行政法学でありまして、法律学をやっております。同じ行政を取り扱っておりましても河中先生の行政学と非常に違いまして、法制度というのを取り扱うわけでありま す。この法制度といいますのは、先ほど来、計画というのが非常に硬直なものか弾力的なものかというお話がございますけれども、そういう面からいいますと非常にかたい、固まった制度でございまして、法がいかなるところで生産をされる、どういう手続で生産をされる、あるいはその解釈運用がどういう機関でどういうように行われる、というのが非常に固まっているわけであります。こういう古典的な決定の過程、法というものを使って、それが生産される、解釈適用されるということになります。国会は法律を作りまして、行政府がこれを運用する、あるいは裁判所がそれを適用するという古典的な決定過程があるわけです。これにはそれだけの歴史的な由来もありますけれども、それだけの非常に重要な価値が認められるわけでございます。

一 「法律による行政」から「計画による行政」へ

そこで、こういう古典的なものの見方からしますと、現在非常に隆盛をきわめているかに見えます計画行政というのは、ちょっとはずれているところがあるわけでありまして、それについては消極的な評価もないわけではない。言いかえますと、古典的な決定過程、これは憲法に基礎を置くわけでありますけれども、そういうものの見方から見て、その決定過程はずれている。特に行政上の計画が隆盛をしている。行政を中心とするいろんな長期の経済計画ですとか、長期の総合開発計画ができまして、それを具体化するような形でその後の各種の法律が定められたり、予算が定められる。これは憲法の危機であるというとらえ方もないではないわけであります。

たとえば九州大学の手島孝教授などの本によりますと、現代行政国家を非常に精力的に論じられている方でありますけれども、現代行政国家の一番あらわれているのが計画であって、これは、現在のわが国の憲法価値というものが非常な危機に瀕しているというとらえ方をされます。そこで、法律による行政にかえて計画による行政というのが隆盛をきわめているのは、何とかバランスをとらなくてはいけない。計画に関する諸権限というものを議会に取り戻さなくてはならない。こういう見地からの非常に消極的な、あるいは悲観的な見方というのが、一方でないわけではありません。以上が憲法論からする批判でございます。

憲法、憲法とあまり言いたくもないのでございますけれども、憲法の七四条というのを見ますと、法律の公布には総理大臣と主任の大臣の副署を要するという規定がございます。一体何で法律の公布にこんな署名とか副署が出てくるか、何でもないことじゃないかと受け取られるかもしれませんし、現にそういう受け取り方がされておるわけでありますが、私は非常に重要な規定だと理解しております。といいますのは、法律について主任の大臣がいるということは、言いかえますと法律について所管の省があるということでございます。本日は、行政の方がたくさんいらっしゃいますから、くどくど申し上げるまでもございませんけれども、いわゆる行政のセクショナリズムということが、計画との関係でしきりにいわれるわけでありますけれども、憲法的な根拠というものが、明治憲法、それから現在の憲法を通じて存在しているわけでありまして、法律による行政ということを抽象的に振りかざすということでは、説明のつかない問題がある。結局、法律は形の上では憲法で普通使われているような意味を持っているわけですけれども、現実にはその法律の生産適用の過程といいますのは、所管の省を中心として利害の調整が行われるという仕組みでありまして、これは憲法の瑕疵だけではなくて、実際上にいろんな瑕疵がある。非常にメリットがあるというふうに見えます。非常にかたい制度ではありますけれども、それは責任の所在というのを非常にはっきりさせるという意味でのメリットがございます。お話しの最後で言いますが、そういうシステムに比較しまして、計画行政というのは、場合によっては責任の所在というものを不明確にするおそれがあるのではないかという感じを持っているのであります。

それから、法律制度というのは非常にかたい制度でありますが、現在論じられておりますいろいろな計画行政、現実の諸問題に対処するために、総合的な政策をとります場合にはいろんな計画の手段が必要なわけでありますけれども、そういうものを法律制度の中に取り込むということは非常に容易であります。こういう意味で法律それ自体といいますのは、計画もそうだと思いますが、使いよう次第であり、制度として確立した法律制度といいますのは計画行政にとってそういう意味ではこれを確実なものとするプラスな面がありうるわけであります。他面、非常にハードな制度、かたい制度でありますから、すでにいろいろ確立している法律制度がございますので、これが計画行政の進展にとってマイナスになるということが多々あるわけであります。特に現代的な諸問題を取り扱います場合には、計画行政の進展とともに、いろいろ権利制限というのも非常に広がってまいります。しかし、そういうものにとって従来の法律制度あるいは法的な確信あるいは意識というものが、マイナスになる場合も少なからずあるわけであります。

以上は序説でありまして、あと三つだけお話をさせていただきたいと思います。一つは制度としての計画、その次に、実質的意味での計画行政、最後に行政の責任という点で論じさせていただきたいと思います。

二　制度としての計画

そこで、制度化された計画でありますが、これは西谷剛さんの本とか論文などを拝見いたしますと、現在、すでに法律条例等に根拠を持って存在をしている計画というのが、これは大分前のことですが、三〇〇以上もあるということであります。そういう法律的に形を整え制度化されております計画といいますと、これまた種々雑多のレベル、種々雑多のものがございますけれども、そういうものを見ますと、今日のテーマであります整合性なり実効性をその内容としているものが少なからず存在します。たとえばその整合性を取り上げますと、ご承知の国土利用計画法があります。いろいろな計画、全国計画を基本とするとか、あるいは都市計画法の都市計画基準に関する規定をみますと、都市計画決定に当たってはこれこれこういう計画を基準とするという類のものがございます。あるいは先ほど言いました法律が各省所管であります関係上、多数の省庁が関係するものについてはお互い協議をしましょう、というように法の規定の上に整合性というのを制度化をしているというのが見受けられます。

他方、実効性でありますが、これについても必ずしもすべてではございませんが、いろいろ社会的な問題が生じるとか、あるいはいろいろ地域開発に関連した計画を内容とする立法が生まれますと、それに伴ってその実効性を担保する、あるいは元来のねらいがそういうところであったかもしれませんけれども、法律が生まれたということを背景としてそこに予算がつくとか、あるいは税制上、金融上の優遇措置がとられますとか、一つの法律ができるということがその計画の持つ実効性に形式的にも、実質的にも非常に寄与をしている、こういう側面がございます。

それから、今日お集まりの皆様方には非常にご関心のある長期計画ですとか、そういう大きな計画から見ますと、非常に小さなことかもしれませんけれども、現在、わが国の実定法にはかつてなかったような新しいタイプのいろんなものが生まれております。その一つに計画許可などと呼ばれているものがございまして、おおむねこれは業界調整ですとか、競争制限的な働きを持つものではございますけれども、経済規制の諸分野で一つの計画が策定されていることを前提にして、人の権利の制限をするというものが経済法の分野でたくさんございます。もう一方、土地利用の分野でもご承知の都市計画を始め、あるいは首都圏、近畿圏における工場制限、既成都市地域における工場立地の制限でありますとか、そういう土地利用の分野でも、そこに計画があるということを前提として人の権利の規制がある、こういうものがございます。

以上は、まことに抽象的でありますけれども、すでに計画というものが現在の課題として法律の中に取り込まれている、ということであります。しかし、このように形の上で書かれているということが、本当に整合性なり実効性を持つのであろうか。こういう疑問を発しますと、しばしば指摘されておりますように、様々の計画の間での体系的な整合性、法律の条文の上で何々計画を策定する場合には何々計画を基準にしろとか、あるいはその計画自体の構造において基本法とあるいは実施法、基本的な実施計画というようなものがとられておりましても、本当にそれが整合性を持っているのか、あるいはそういうふうな構造があります場合にも、それはいわゆる上から作られるのか、下から積み上げられるのか、それともただ寄せ集められるのか。よく悪く言われますが、いろいろな事業計画を束ねて首都圏整備計画ですか、そういうのが作られたということがかつてございましたが、そういうようにただ形式的に法律の文字づらの上でそういうことが出てくる、計画ということがたまたまある。それを取り上げて計画行政あるいは行政計画というのでは済まないのではないかという気がするわけであります。

三　実質的意味での計画行政法

私、現在、法律の世界、行政法の世界でも、一昔前とあるいは通念として考えております行政法とはがらりと変わっていると思います。これは私が現代行政法と呼んでおるところのものでありまして、その特色というのは、計画法である、あるいは計画法としての特色を持った法律がたくさんあるということではないかと思います。どういう特色があるかといいますと、外国の学者の言葉を借りますと、従来の古典的な法律というのは条件というのをプログラムしたものである。これはドイツの学者が言っているのですが、たとえばある処分要件が満たされればある法律効果を持つ。建築基準法という法律を例にとりますと、建築基準法の要件を満たせば、全国一律どこでも同じ条件で家を建てられる。これが古典的な法律のイメージでありました。

昭和五〇年一二月八日に、武蔵野市の有名なマンション指導要綱事件について東京地裁八王子支部の決定がありました。武蔵野市ではいわゆる日照権問題を機縁に指導要綱というのを定めまして、いろいろなことをやっておりましたけれども、あれに対する八王子支部の決定なども、そういう権利義務を制限するのは、法律の定めによらなくてはいけない、法律で定めるべきだ。要綱行政、まあ地方であの当時の日照権問題を契機とする都市環境のためにいろいろな政策を糾合いたしまして、中には指導要綱に従わないと水攻めにするとか、非常に問題のあるものも多うございましたけれども、そのような法とか、それを政策の手段として活用するということに対しては、否定的な見解がござじます。

そういう古典的な法律の観念が従来の法律ですけれども、それに対して計画法というのは何かというと、目的をプログラムしている。全国一律にある要件を満たせば当然に適用があるというようなものではなくて、ある目標というのを法律自体設定いたしまして、そのために様々な手段を総合的に用いよう、こういうのであります。

その典型的な例といいますのは基本法、第二次大戦後、基本法という名前の法律がたくさんできました。この中には、教育基本法、原子力基本法、中には観光基本法というものもございますけれども、多くは経済諸分野の中小企業とか、農業とか、そういう分野の基本法であります。それから有名な公害対策基本法というのがございますが、こういう基本法というのは、目的をうたい、その現実のために様々の法令群、それから予算その他の行政措置、こういうものを定める。その特色といいますのは、目的をプログラムする。したがって、ある政策体系がありましてその政策を実現するための手段として法というものがとらえられているわけであります。したがいまして、これは、かつてのかたい法ではなくて、いろいろな具体的な状況に依存をするわけです。何をやろうか、いかなる内容のことをやるべきかというのが、具体的な状況に依存をする、あるいは他の政策とからまって運用されるという面があります。

もう一つの重要な特色は、法の非完結性だと思います。元来、古典的な法律でも、議会の作りました法律というのは抽象的なものでございますから、それを具体化する場合に、行政の裁量というのが非常に多いわけでございますけれども、しかし、この計画法ではただそういう裁量が広いというだけではなく、法そのものが非完結的である。たとえば公害関係法令を見てみますと、法律のレベルでは確かに様々の汚染因子に応じた規制法というのができあがっておりますけれども、公害行政法の性格それ自体というのは法律のレベルで終わっておりません。たとえば大気汚染防止法という法律がございますが、そこでの基本的な仕組みはあるのですが、規制基準というのが政令ないし省令、それ以下の行政レベルで決められる。その行政レベルで決められたことによって、公害行政そのものの性格ががらりと変わるということがありうるわけであります。それから、土地利用関係で様々の計画というものがございますけれども、そこでも法律そのものによってはいかなる内容の行政が行われるか、いかなる内容の権利規制が行われるかということが予測の可能な枠を越えておるわけで、そこにもやはり具体的な計画というのが介在して、初めてそういう内容がはっきりするという関係にございます。

そこで、先ほどもちょっと河中先生が触れられましたけれども、ずいぶん前から行政学会の方では、公共性ということが論じられているわけであります。行政というものを単に技術的なものとはとらえませんで、非常に価値関係的なものとしてとらえて公共性を論ずるということが行われてまいりました。わが国の実定制度の上でも、あるいは法律のレベルでも、公共性ということを論ぜざるを得ないという状況に直面をしております。これは開発計画などに関連して論じられると思いますが、いわゆる環境訴訟等の分野では、そういう具体的な公共性、たとえば空港を作るとか、原子力発電所を作るとかが、現にいま訴訟の対象になっておるわけでありますけれども、そういう計画の具体的な合理性でありますとか、公共性というのが問われざるを得ない、こういう状況になっております。

それから、実質的意味での計画行政法の特色のもう一つは、この過程に参与する者が非常に多数を数えるということであります。法主体の多様化ということであります。かつての古典的な法律のように、専門的な官僚団というものがこれを所管する、独占的に管理をするということではございません。いろいろな利害関係者が関係をいたします。審議会の形をとって関与する。その審議会も、米価でありますとか、中央社会保険医療協議会ですとか、そういう三者構成の審議会のような形の場合もありますれば、場合によって反対運動という形をとる。それがいろんな形で影響を及ぼす、こういうことがございます。この計画というのは、最初に申しました古典的な法律制度と違った決定の過程をとるわけであります。

最後にもう一つの特色は、行政手段が非常に多様化をしております。従来の行政法学が取り扱ってきたようなものとは違って、非常に非権力的な手段とか、あるいは非常に多様化されて、行政のやり方が非常に複雑になっている、こういうことでございます。詳細は時間がありますれば後で申し上げますが、最後に、行政の責任について ごく簡単に触れたいと思います。

四　行政の権限と責任

従来の法律学で、私どもが考えておりました従来の関心というのは行政の権限というところにありました。しかもその権限といいますのは、権限が法律による行政で、法律の枠を越えない、はみ出さないというところに関心がございました。いわば消極的な法律を執行する責任、その中にとどまる。このために法律学、法律制度あるいは裁判でこれを活用しようというところに関心がございました。ところが最近、これは全般的ではございませんが、いろんなところで行政の責任が問われるということが問題となってまいりました。たとえば国家賠償、国に賠償請求をする訴訟というのがございますけれども、その訴訟は昭和四〇年も後半になるまでは、国あるいは行政の不作為というものが原因で賠償が認められるということはまれでございました。ところが昭和四九年、広い意味での計画と関連するものとして、高知での園芸農家が使い捨てたビニールが河川に流れ、漁場を汚したという事件で賠償が認められたりしました。四九年には三つぐらい有名な事件がありますが、こういうものによって国の不作為、行政の不作為が訴訟上責められるという事件が出現いたしました。かつてはなかったことですが、どんどん広がりまして、極端な、判断の相違にもよりますが、たとえば昭和五〇年の千葉地裁、それから五二年の東京高裁がその例であります。千葉県で野犬が横行し、野犬にかまれて子供がなくなりました。それについて千葉県の責任を認めたなどというのが、五二年の東京高裁でありました。それから、五三年度に入りましても、ご承知のスモン訴訟などを見ますと、北陸のスモン訴訟、東京スモン訴訟の判決が出ましたが、ここでも行政の積極的な責任を問うという姿勢が顕著であります。特に最後の東京スモンを例に挙げますと、五三年八月でありますけれども、薬事法という法律――法律による行政の原理から言いますと法律に根拠のないことはできないはず――、ところが薬事法には、一度医薬品の製造承認を与えますとそれを取り消すという法律の規定はないわけであります。

昭和四二、三年ごろ、サリドマイド禍が騒がれました折に、薬事法の改正ということが問題になったようであります。諸外国でも法律の改正があったようですが、わが国は法律の改正がございませんで、ただ一片の、いくつかの通達が出ただけでありました。これをとらえまして、東京地方裁判所は役所の通達によって薬事法という法律の性格が変わった。いままでの消極的な警察取締法というものから消費者あるいは医薬品を利用する者の健康福祉を守る、こういう積極的な責任を負わされた性格の法律に変わった、こういうことを言われる。これは、かつて耳にもしたことのない驚くべきものの見方でございまして、その具体的な内容については、とかくの批判も十分あり得ようかと思います。これは最高裁判所ではございませんけれども、しかし、そういう下級審判決などに散見されるものの見方というのは、行政の責任というものを非常に消極的なものから積極的なものに認めよう、こういうことであろうかと思います。

そういう行政の責任、それから先ほど申しました法というものが、ただ単に、全国一律に機械的に執行しておればよいというものではなく、ある政策目標を掲げてこれの実現をはかる、こういう性格のものになりつつあるということであり、行政の責任ということが非常に重要になってきたわけであります。

この関係で、あと一つ、二つ付け加えておきますと、国家賠償を始めといたしまして、行政の責任ということを追及する。国家賠償に限りませんで、行政の責任を追及する。そこで、新しい問題が生じた場合、総合的な対応政策を必要とする分野については、様々の計画が生まれてくるというゆえんであろうと思います。こういう関係で、一体行政の責任というのは、民間あるいは個人の責任、先ほどは野犬の例を挙げましたけれども、危険は個人の責任負担で避けるべきもの、危険を防止するとか管理するとか、あるいは環境を管理するとか、そういう行政の責任、民間の責任との関係で行政の責任はいかにあるべきかということが反省されているかと思います。これは、国家賠償の問題でも考えられているわけですけれども、こういうことであります。

もう一つは、先ほどの様々な法主体が計画に参与するということから考えまして、結局計画行政というのは、古典的な社会における法律を軸とした決定過程というものが変わりつつあるのではないか。その決定過程が非常に複雑化してきているのではないか。住民参加とか、あるいは諸外国の人の言葉によりますと、当事者自治主義でありますとか、共同決定でありますとか、あるいは社会的な対話の制度化、こういうことを言っておるのでありますけれども、これは、ただそういう性格づけを与えるというだけではなくて、法律学で申しますと、結局これは裁判が一つのテコになるわけでございます。環境訴訟を中心とする行政裁判というのは、古典的な法律の場合ですと、議会が定めました法律を行政が忠実に実行しているかどうかということを判断する。しかし、今日はそうでありません。そういう複雑な行政過程において様々な計画を立てます場合には、様々な利害の調整をしなくてはならない。様々な利害がそこに適正に反映されているかどうかという形で、とかく適正に反映されないような社会的なグループというものが訴訟の原告などになります。そうして、裁判所の行政に対するコントロールの仕方というものも、そういうような形で適正な利害の反映が行政過程で行われているかどうかという見地から裁判をしようという傾向があるわけであります。

こういうことは諸外国でも認められておりまして、ハーバード大学のハーバード・ロー・レビューにスチュワートという人が書いておりますけれども、行政法というのは変わりつつある。interest representation としての行政法、利害を代表するものとしての行政法などということを書いております。同時にこの論文では、法というものが立法過程で利害の調整を済ましていない、むしろ行政過程で利害の調整をせざるを得ない。そういう利害を代表するようなものとして、そういう場を提供するものとして行政ということが考えられる。しかし他面では、そういうのは一体よいのであろうか。行政の効率性ということがどうなるのかということを検討されておるのでありますけれども、計画行政というのは、そういうふうに行政法の構造にも非常に複雑なものを持ち込んでいる、こういう現状であります。

補足　損失補償と利害の調整

一つだけ付け加えさせていただきます。ただいま問題提起と必ずしもカバーはいたしませんが、非常に関係があると思いますので申しあげたいと思います。

先ほど行政の責任というところで国家賠償を例にあげましたが、もう一つこれと似たものに損失補償というものがあります。行政がいろいろ活動をします場合に、国家賠償の方は行政が何か悪いことをやった、あるいは為すべきことを為さなかったということに対するものとして賠償がありますが、損失補償というものをもう一つの例として取り上げたいと思います。

なぜ取り上げるかと申しますと、特に計画でも経済計画といわれているものじゃなくて開発計画の分野で、これは昭和三〇年代、四〇年代、現在もそうですが、わが国では急激な開発、大規模な開発計画がございまして、それに伴う紛争というのがございました。本来はちゃんと法律に基づいて計画がたてられ、それが実行されるべきでありますが、それが非常に深刻な社会的紛争を呼びおこしているのはご承知の通りであります。これに対する、対応の一つの仕方として損失補償があります。私はこれを公共施設の周辺整備法と呼んでおりますが、従来のものの考え方では、たとえば開発計画に伴い土地を収用するという場合、考え方としては利害の調整ということで、収用される財産権を補償しましょうということであります。これは憲法に根拠がございまして、財産権を保障されている以上はこれを奪う場合においては損失を補償しなければならないというのでございます。

ところが、開発計画の進展の過程でそういう財産権の補償をする、損失の補償をするというだけではすまないような状況がでてまいりました。それは場合によりますと、ゴネ得とか補償の積み上げとかいうことでもありましたけれども、それだけではすまない。なぜかといいますと、これは従来の言葉ですと公共収用あるいは土地の収用ということでありますけれども、その実質の内容がただ土地所有権を奪うだけに終わらない。すなわち開発計画の実行の一環として土地の収用が行われます場合には、それはただ個人の財産を奪うという意味だけじゃなくて、たとえば大きな空港ができるとか開発のためのダムによって村が水没するとか、成田空港とか熊本の蜂ノ巣城事件などがございましたけれども、こういう場合にはただ財産を奪うだけじゃなくて、一つの地域社会の経済構造を急激に変えてしまう、あるいは過疎化を急速に促進化しますとか、あるいは大部分を奪われるために共同生活機能が寸断されますとか、こういう問題が生じてまいりました。

これらに対応する仕方として、実際の行政実務上の取り扱いとしては公共補償というのを、これは閣議決定でありますが、公共補償基準要綱などというのを作り地元市町村に新しい道路、新しい学校、消防の組織等を作るとか、そういう補償をやってきております。ところが、それだけではすまなくなりまして、ただおカネで補償するだけではすまなくなって関連公共事業というのを行うようになりました。これがまた法律化されてしまいました。例をあげますと、昭和四七年の琵琶湖総合開発特別措置法でありますとか、翌四八年の水源地域対策特別措置法ですとか、四九年の発電用施設周辺地域整備法ですとか、最近にいたりましては飛行場周辺についての立法の重要な改正というのが続けられております。

こういう例をみますと、批判的にみれば地元対策的なもの、非常に小手先的なものとみる見方もございますけれども、たとえば琵琶湖総合開発特別措置法とか水源地域対策特別措置法とか、発電用施設周辺地域整備法などをみますと、そういう非常に開発的な効果の大きい事業というのは、他方において巨大な利益を受ける人間があると同時に、地元はおおむね大きなマイナスを受けるわけであります。しかし、受益者である地方公共団体の、あるいは受益者である電力会社、あるいは電気利用者、こういうものが受ける利益と地元の負担のバランスを図りましょう、何がしの受益者からはおカネをとり、周辺地域整備計画というのを作り、そうして、従来関連公共事業としてやってきたものを計画的に取り入れて、そこでやりましょうというのが、公共施設周辺地域整備法と呼ばれている一群の法律であります。

これは非常に不完全なものでありますけれども、これがすなわちただ公共施設を建設するというだけじゃなくて、それのもつ意味のとらえ方が変わってきたのではないか。ある地域での非常に大きな影響を及ぼす工事の全体をつかまえて、従来個別にあるいは反対運動のような形で処理されてきたものを組み込んでいこう。そういう全体のプロセスをつかまえて、その中で利害の調整をはかろう、こういうことがでているわけであります。

そこで、計画の実効性なのか整合性なのかどちらの範疇に入るのかは分かりませんけれども、重要なことは、やはり計画といいますのは非常にいろいろなことをやります場合に、もっている問題の多面性といいますか、先ほど加藤先生が行政の政治化ということを言われましたけれども、政治というのは結局利害を調整するということではないかと思うわけです。利害の調整をどういうように土俵上にあげて、利害の調整をやるかということであろうと思いますが、こういうものが現れてきているということを一つ付け加えさせていただきたいと思います。

加藤　はい、ありがとうございました。それでは河中さんお願いします。

（計画行政二号、一九七九年）

16 行政計画

一　多様な行政計画

行政国家とよばれる現代国家においては、いずれにおいても、行政による多種多様な無数の計画の存在がその特色をなしている。第二次大戦後のわが国でも実に多くの計画が、あるいは法律にもとづき、あるいは地方公共団体の条例にもとづき、または法令にもとづかずに、つぎからつぎへと生まれている。大分前の調べによれば、法律にもとづくものだけでも三〇〇をこえているとのことである。行政の時代は同時に計画の時代だといってよい。主だった有名なものをあげるとつぎのようなものがある。

(1)　経済計画としては、経済自立五ヵ年計画（昭和三〇年）、新長期経済計画（昭和三二年）、国民所得倍増計画（昭和三五年）、中期経済計画（昭和四〇年）、経済社会発展計画（昭和四二年）、新経済社会発展計画（昭和四五年）、経済社会基本計画（昭和四八年）などがある。

(2)　国土ないし地域開発計画もまた数が多い。全国に関するものとして、全国総合開発計画（昭和三七年）、新全国総合開発計画（昭和四四年）、第三次全国総合開発計画（昭和五二年）があり、ブロックに関するものとして、北海道総合開発計画、東北開発促進計画、九州地方開発促進計画、北陸地方開発促進計画、中国地方開発促進計画、四国地方開発促進計画などがある。また、大都市圏整備に関するものとして、首都圏整備計画（基本計画・

整備計画・事業計画）、近畿圏整備計画（基本整備計画・事業計画）、中部圏開発整備計画（基本開発整備計画・事業計画）があり、工業開発に関するものとして、新産業都市建設基本計画をはじめとする多くの計画がある。なお、昭和四九年の国土利用計画法では、国土利用計画（全国計画・都道府県計画・市町村計画）と土地利用基本計画を定めるものとしている。

(3)　経済計画の類は、長期ないし中期の予測にもとづいて目標を設定し、各種の政策手段を総合するところに共通性がある。後々の法律や予算をゆるやかな限度で事実上拘束することがあるとしても、それ自体としては法的拘束力がないことを特色としている。しかし、経済規制に関する法律上の計画の中には私人に対する関係で法的拘束力をもっているものがある。石油業法において石油供給計画が石油精製業許可の基準となり、卸売市場法において中央卸売市場整備計画が中央卸売市場開設の許可の基準となっているのがその例である。これらは計画許可ないし調整許可とよばれる。

(4)　土地利用規制の分野にも法的拘束力をもった計画がいくつか存在している。その代表的なものは都市計画法上の都市計画であって、都市施設に関する都市計画や市街地開発事業に関する都市計画にあっては、用地取得や事業施行上の障害を予防する見地から都市計画制限が課されたり、地域地区に関する都市計画（用途地域制など）では、建築物の建築その他私人の土地利用行為が規制され、さらに、市街化区域および市街化調整区域に関する都市計画にあっては、計画的に市街化をはかる見地からする開発許可制の基準となっているのである。

二　行政計画の存在理由と問題点

このような現代行政国家における行政計画の盛行ぶりは、現代社会の構造と密接な関係がある。すなわち高度工業化社会における経済活動の高度化・巨大化にともなう経済諸分野の相互依存と利害関係の対立緊張衝突の程度の高まりと公共部門の巨大化による私人の生活や経済活動の公行政への依存性が高まっている結果として、行政が社会領域へ操作的ないし形成的・積極的に関与する必要が生じたからである。都市問題、環境問題、資源、雇用、老人福祉等々、現代緊急の諸問題のいずれもが、他から切り離されて孤立した問題ではなくて、他の諸問題と相互に密接不可分の関係にあるとともに、個別の対策ではなく、総合的な政策によって応ずべき性質のものばかりである。また、この種の問題は短期決戦によって一挙に解決がつくようなものではない。変動きわまりない過程に操作的に介入することによって、物の流れ方を若干変え、問題のあらわれ方を多少変えるというのがその実態に近いといえよう。

そこで、行政計画は、このように複雑で総合的な対応を必要とする問題について、長期的ないし中期的予測にもとづいて目標を設定し、この目標達成に向けて各種の政策を体系的に整序しようとするものである。目標設定性、政策手段の総合性などによって行政計画が特色づけられている。現代の複雑な問題に対応するための行政の合理化の代表的なものが行政計画だといってよい。そこでは各省各庁の壁が破られ、さらに政府部門と民間部門の壁がとりはらわれて、総合的な政策体系の中に組み込まれているのである。それればかりではない。古典的な権力分立の壁さえもとっくに破られて、政策形成・立法のイニシァティブが行政の手中に与えられている。法律さえもが計画という政策体系の一環として、政策の手段として用いられることが珍しくない。総合的な開発計画があって、それを実現する手段として法律が制定され、予算が配分されている。政策間の総合調整機能が計画に期待されているわけである。

以上に述べるところは主として前の(1)と(3)の計画について妥当する。(2)と(4)の計画許可ないし調整許可などの基準として直接私人に対する関係で法的拘束力をもった計画は、個別的法律にもとづき個別の行政分野において私人の行為を規制するために用いられるものであって、必ずしも総合的な性格をもつものではない。しかし、ここでも業界調整と消費者保護、開発と環境保全など対立錯綜した利害の調整が計画において行われている。いいかえると、法律それ自体としては非完結的なものであって、法の目的とする公共性なり権利制限の理由となる公共性が計画によってはじめて与えられているのである。

三　計画に対する統制

現代行政国家における行政計画の隆盛ぶりは、現代的課題に対して積極的・総合的に、すなわち計画的に対応するという必要性によるものであるとしても、伝統的な法律による行政の原理や行政の民主的統制の見地からすると、幾多の重要な問題点がある。立法や政策の作成について行政府にイニシァティブがみとめられるのみならず、ときには長期ないし中期の経済計画や開発計画の実現のために法律が制定されたり予算が配分されるなど、行政計画が立法府の活動を指導しているかのごとき現象がみられたり、個別の法律にもとづいて私人に対して法的拘束力をもった計画が策定される場合にあっても、計画内容は法律上の予測可能性をこえた創造的・形成的活動によって与えられているのであって、とうてい法律の具体化とはいいがたい現象や建築基準法や水道法という個別の法律が、いわゆる「行政権限の融合」（本書〔二五一頁〕参照）や「水攻め」の道具となって、都市自治体の独自の都市政策の手段として政策的に運用されるという現象がみられるのがその例である。

学説の中には、このような行政権優位の現象に対して、憲法諸原理間の均衡を回復する見地に立って、計画に関する立法府の権限の強化、あるいは、そのための手段として、法律事項の拡大などを主張するものがある。たしかに、諸外国の中には、経済計画をはじめ重要な計画の策定にあたって、基本方針決定とか最終決定など策定過程の主要な段階に議会の関与をみとめ、また、わが国で行政による計画事項とされているものが法律事項とされているものがあって、十分検討に値する方向であるといえよう。ただ、立法と政策のイニシァティブが行政にある現状において、形式的に議会権限を強化しても、かえって行政権の強化に結果したり、後の段階における法律・予算にとって拘束となるのではないのかとする見地からの消極説も存在している。いずれにせよ、国家機関の間の形式的な権限分配ではなく、全体の構造変化の中でバランスをとることを考えなくてはなるまい。

行政計画は、各省各庁、古典的な権力分立や国と地方との事務配分等の壁を破るのみならず、政府部門と民間部門との壁をも破っている。一般的に政府部門と民間部門の区別が複雑に入り組んで不明確なものとなっているうえに現代の緊急の課題がいずれもいわゆる官民一体となって、または、それぞれが機能を分担しつつ協働して対応すべき性質のものだからである。これを反映して計画策定の手続においても民間人が関与することがあり、これは審議会の形をとることが多い。審議会の構成にはいろいろなタイプがあるが、関係行政機関の長・職員、国会議員、地方議会議員その他地方の代表者、学識経験者のほか、社会各層の代表者が構成員とされていることがある。実際に誰が学識経験者や社会各層の代表者とされているかが問題ではあるが、かぎられた範囲ながら民意の反映をここにみることができる。

四　計画行政における行政計画

行政計画は、行政活動の一形式や法形式の一つであるにとどまることなく、現代行政の構造的変化のあらわれであるというべきである。行政計画についても、その法根拠、法効果、これに対する議会の統制や司法による統制を論ずることができる。しかし、それだけにとどまっていては、その核心的な性格がわからないのである。とくに「計画」という名前のものの形式的存在がみとめられなくても、現代的諸問題に対応するために生産された法が政策の手段として、関係者間の協働によって運用されるという現象が普段にみられる。外国の学者によれば、当事者自治とか関係者自治という言葉が用いられることがある。たとえば審議会構成が、生産者と消費者、第三者的なものという三者代表的な委員で成り立っていて、そこで法内容の重要なものの実質が決定されているという場合（米価、社会保険医療費など）、ここで行政の民主的統制を論ずるとき、職業公務員団が法律を独占的に運用をして、これを立法や司法がコントロールするというのとはまったくちがった性質の問題が提供されているのである。関係ある社会的階層あるいは利害関係団体の間の取引として物事がきめられている。社会全体における物事の決定の仕方そのものが変わっているのである。

また、大規模公共施設の立地を争う訴訟をはじめとする、いわゆる環境行政訴訟について、周辺地域住民の原告適格や抗告訴訟における違法事由が何かなどが論じられるとき、ここでもやはり、ただたんに、法律適用の正当性や被害者の救済には尽きない問題があるといわなくてはならない。問題は立地の公共性が具体的計画の合理性によってはじめて与えられるものであり、計画の具体的合理性が確保されるためには、適正な利益の比較衡量が不可欠である。そこで、

①計画策定手続においては、適正な利益の比較衡量が行われるため、比較衡量のハカリに乗せられるべき利害を主張すべき者に関与の機会が与えられたうえで、②実際にも適正な利益の比較衡量が行われなければならない。③また、右の利害を主張する者には、計画の合理性を訴訟上に争う原告適格がみとめられ、④訴訟においては、右の①②の両側面から、すなわち全体としての計画策定過程の正常性という見地から、計画の合理性が審査されることになるのである。

この場面では、ただたんに、行政手続の準司法化でも、行政の司法審査でもなく、全体としての社会における物事の決定過程のあり方が問題となっているのである。情報公開と住民参加によって、環境上重要な影響を及ぼす行為の許認可過程の一面をガラス張り化しようとする、いわゆる環境アセスメント法令のねらいとするところも、従来の決定過程の偏りを是正して、その正常化をはかるとともに、現場主義ないし当事者自治的側面を加味しようとしている。それは民主的統制とか直接民主主義という言葉だけではとらえきれない。社会全体の利害調整機能や決定過程のあり方の変化をともなっているのであり、このような構造的変化は、計画法としての現代行

政法の構造に由来するものであって、行政計画もこの計画行政のあらわれとして理解されるべきであろう。

〔参考文献〕西谷剛・計画行政の課題と展望——行政計画と法律——（昭和四六年、第一法規出版）、手島孝・現代行政国家論（昭和四四年、勁草書房）、同「行政国家の憲法問題」公法研究第三六号（昭和四九年、日本公法学会）、同・行政国家の法理（昭和五一年、学陽書房）、遠藤博也・計画行政法（昭和五一年、学陽書房）、同・行政法Ⅱ（各論）三一五頁以下（昭和五二年、青林書院新社）。

（山田幸男ほか編『演習行政法（下）』、一九七九年）

17　公共性の変貌と現代行政法

一　公共性の変貌

(1)　はじめに

有名な大阪空港公害訴訟の弁護団の書いたものの中に「公共性とのたたかい」と題するものがある。いわゆる公害訴訟や環境訴訟と言われるものの大部分が、空港、幹線道路、新幹線鉄道などの交通施設、さらにごみ処理場、火葬場などの公共施設、公共事業が争われたものである。公共施設、公共事業による被害者たちが損害賠償や差し止めを求めて訴訟を提起し、場合によっては実力行使にまで訴えて公共事業を阻止しようとしている。新東京国際空港のように、国内のみならず、世界の耳目をひいた深刻な紛争をさえ生んだのである。これらは「公共性」の名による加害者に対して被害者の起こした抵抗としての性格をもっている。もちろん支援団体の中にはさまざまの目的をもつものもあるであろうが、激しい抵抗を生むエネルギーの源泉は、恐らく日本人に特有の被害者意識に根ざすものではないかと推測される。忠臣蔵以来、堪忍袋の緒が切れた結果の行動は、日本人の心の中に心情的な正当性を獲得するもののようである。「公共性へのたたかい」ではなくて、「公共性とのたたかい」と題されるゆえんである。

ところで、本原稿依頼の会誌編集委員会の企画書の中には「土木屋受難の時代」という言葉があった。反対運動等の矢面に立ち、利害調整に苦慮している立場を表わしたものであるが、立場こそ違え、ここにも被害者がいたわけである。「こんな私に誰がした」という歌の文句が流行《はや》ったわが国で、自他ともに認める加害者を見出すことは至難の技であるらしい。

しかしながら、誰も彼もが被害者意識に立ち、自ら定めた加害者と相戦うというのでは、長期的にみてお互いにとってもマイナスであろう。そこで、現在さまざまの形をとって争われている「公共性とのたたかい」を「公共性へのたたかい」に変える工夫をする必要がある。本文は、第一に公共性の内容の変化をみ、ついで、現代行政法の構造の変化にその根拠をたずね、最後に、若干の処方箋を検討することとしたい。即効的な特効薬などあるわけはないが、将来の舞台づくりのための地ならしにとって、ごくごくささやかな寄与が認められれば大変しあわせである。

(2)　土地収用における公共性の変化

まず、わかりやすい例から始めることにしよう。都市計画法六九条は、都市計画事業を公用収用適格事業として土地収用の特権を与えている。もちろん土地区画整理事業のような権利変換型の事業もあるが、用地取得型の事業については、私人の土地を強制的に取得する途が開かれているわけである。ところで、都市計画事業のひとつである市街地開発事業の中には、「新住宅市街地開発法」による新住宅市街地開発事業や「首都圏の近郊整備地帯及び都市開発区域の整備に関する法律」と「近畿圏の近郊整備区域及び都市開発区域の整備及び開発に関する法律」による工業団地造成事業が数えられている。ごく簡単に言って、これらは住宅都市づくり、工業都市づくりを目的としている。そこで、これらの事業では、道路、公園、広場などの公共施設、その他各種の公共的施設や公益的施設の用地のほかに、当然のことながら、住宅の宅地や工場敷地の用地もまた、強制的に取得されることになる。宅地や工場敷地は、これまた当然、造成後は一般市民や民間企業に分譲されて、私人の利用に供されることとなっている。私人の土地が強制的に取り上げられ、しかも、その土地が私人の利用に供される結果となる。現に筆者の同僚の多くが、札幌近郊の大麻団地や北広島団地に居を構えているが、もともと農家が苦労して開拓した土地がその大部分を占めている。農家の土地を取り上げてサラリーマンの住宅地とすることにいかなる公共性があるのであろうか？　私人が利用するのでは私用であって、そもそも「公用」収用とは言えないのではないのか？

憲法二九条三項は、私有財産は正当な補償の下にこれを「公共のために用ひる」ことができる、として「公用」収用制度の憲法上の根拠を置いているが、「公用」とは元来は公共が用いることを意味し、主として道路、公園、学校等々の公共施設の用地を取得するためのものであった。もちろん、公用収用権を付与された公共施設は拡大の一途をたどり、今日、都市計画施設の整備に関する事業が、これまた都市計画事業とされて公用収用権が与えられている。都市計画施設たりうる都市施設の中には、流通業務施設や一団地の住宅施設も含まれている。しかしながら、前の新住宅市街地開発事業や工業団地造成事業においては、決して個々の住宅宅地や工場敷地のために土地収用が認められているわけではないことに注意すべきである。さらに、住宅団地一般や工業団地一般のために土地収用が認められているのではなくて、新住宅市街地開発事業は、人口集中のため宅地不足の著しい都市の周辺においてのみ認められるものであるし、工業団地造成事業にいたっては、既成市街地（既成都市区域）において、工業等制限区域（工場等制限区域）によって工業等の立地が制限されている首都圏と近畿圏においてのみ認められたものである。したがって、ここにみられる「公共性」とは、個々の施設の公共性とは全く性格を異にするものであり、都市問題または大都市圏問題を解決するための広義の都市計画または大都市圏における土地利用計画を実現するための一手段として、すなわち、より大きな「計画の一環」として「公共性」をもつといった性格のものであることがわかるのである。

(3)　都市再開発における公共性の変化

都市再開発においても似たようなことが認められる。旧来の法律による都市再開発の手法は、いずれも個別の目的、個別具体的な内容をもった公共性を追求するものであった。例えば、「住宅地区改良法」による住宅地区改良事業は、不良住宅が密集して、保安、衛生等に関し危険または有害な状況を除去する、いわゆるスラムクリアランスを目的としている。また、旧「防災建築街区造成法」による防災建築街区造成事業は、都市における災害防止を主たる目的とし、関係者が共同で耐火建築物を建築する事業であった。さらに、旧「公共施設の整備に関連する市街地の改造に関する法律」による市街地改造事業は、道路などの公共施設を整備することを目的として、道路などの公共施設に面した宅地なども併せて超過収用し、公共施設の整備とともにこれに面する建築物の高層不燃化の事業を行うものであった。

これらに対して、現行の都市再開発法による市街地再開発事業は、「市街地の土地の合理的かつ健全な高度化と都市機能の更新を図る」という、まことに一般的な広範な意味での都市再開発を目的としている。もちろん、施行区域の要件としてさまざまのことが定められているから、決して無限定に抽象的な都市再開発を目的として市街地再開発事業を行うことはできないけれども、旧来の手法と比較すれば、格段と一般抽象的な都市再開発の目的のために、関係権利者の特別多数の同意を要件としつつ、強制的な権利変換を認め（第一種市街地再開発事業）、また、より加重された施行区域の要件のもとで土地を収用することを認めている（第二種市街地再開発事業）、したがって、都市再開発においても、法の目的とする公共性の内容が、単純な個別的なものから、より複雑で包括的なものへと変化し、土地利用の高度化と都市機能の更新という、いわば都市再開発そのものとも言える一般的なもののために認められるものになっているのである。

⑷　地域制における公共性の変化

最後にもうひとつだけ例をあげることにしよう。それは、先刻ご承知の市街化区域と市街化調整区域の区分、すなわち「線引き」であり、それを前提とする開発許可の制度である。今日ではもうすっかりおなじみのものとなったが、これができ上がるときには、違憲ではないかとの憲法論さえあったのである。これまた、従来の地域地区制と比較すると、異質のものがあったからである。

まず、用途地域制を中心とする従来の地域地区制では、市街地内で用途を特化ないし純化して、これを配分・配置するものであるのに対し、市街化区域・市街化調整区域の線引きは、単なる市街地内の土地利用規制にとどまるものではなく、市街地そのもの、あるいは市街化の規模・範囲・段階そのものをも規制する土地利用計画であることである。無秩序な市街化を防止し、計画的な市街化を図ることを目的としている。次に、その規制の内容において、若干特別の保全地域制にみられる例外を除いて、一般の用途地域制では単に建築物の用途規制や形態規制があるにとどまり、全面的な建築禁止とはほど遠いのに対して、市街化調整区域においては、農林漁業用建築物、経過措置その他大規模開発など例外の場合を除いて、ほぼ全面的に開発行為が禁止され建築が禁止されるに至る。線引き一本の違いで、地価にも大幅な差が出てくるわけである。そのほか、市街化区域内農地の宅地なみ課税の問題や生産緑地制など、この線引きが、静態的な地域地区の現状追随的な色分けではなく、動態的な将来展望に基づく市街化の過程の計画化であり、都市施設整備の計画や市街地開発事業の計画を全体として、総合化する上位計画としての意味をもつなど、種々の政策を体系化するものであることを示している。権利制限の理由がそれだけ複雑になっているわけである。公共性の内容の複雑化と権利制限内容の厳しさが、ときに違憲論をよんだ原因といってよい。

二　現代行政法の構造的特色

(1)　計画の合理性＝公共性

右に取り上げたものは、ほんの少例にすぎないが、現代行政法の目的とする公共性、言いかえると、それによって私人の権利が剝奪・制限される根拠となる公共性の内容が、はなはだ複雑なものとなっていることを示している。個別具体的に明確な内容をもったものから、複雑でわかりにくいものになっている。特に、全体としての問題の複雑性から、権利制限の根拠と権利制限の内容とのつながりが直接的ではなくて、間接迂遠の感をまぬがれないのである。たとえば、誰しも右記の近時の立法なり法改正の招くに至った都市問題解決の必要性は理屈として納得できる。しかし、いざ自分の土地がこのために収用されたり、権利制限の対象となる場合を想定すると、にわかに納得しがたいものがあると思われる。「本当にそんなことをやる個別具体的な必要性があるのか」とか「何も自分の所有地を選ばなくても他により適当なところがあるのじゃないか」「そもそも別により適当な方法があるのではないか」等々の不満がいっきょにわきでるに違いない。いつの時代でも、土地の強制的な収用は、当の土地所有者にとっては迷惑な話である。しかし、収用された土地が小学校の用地になるとなればあきらめもつこうが、分譲されて他人の住宅地になるというのでは釈然としない人が多いであろう。「都市再開発法」が事業施行区域の要件のひとつとして「当該区域内の土地の高度利用を図ることが、当該都市の機能の更新に貢献すること」というのをあげているが、当事者を納得させることは、きわめて困難な言葉だと思われる。公共性の内容が複雑化して、視野の中に取り入れるべき要素が多様化し拡大しているとともに、利害関係もまた錯綜しているからである。

そこで、公共性とは個別具体的な計画の合理性であると言わなくてはならない。右にあげた例は、いずれも何がしかの計画の存在を予定している。しかも、その計画が現実具体的に合理的であって、初めて公共性をもつと言える。ただ、法律上の抽象的な文言を振りかざすだけでは、権利を剝奪・制限しうるだけの公共性を主張できないのである。

(2) 計画法の構造

筆者はかねてより、現代行政法の構造的特色を表わす言葉として、「計画行政法」ないし「計画法」という呼び名を用いている。ひとつには「計画」という言葉が、法令上にしばしば用いられるためであるが、それだけにとどまらず、実質的にみて、古典的な法律のイメージによって想い浮かべるものと、全く異なる性格をもった法令群、あるいは法目的の実現形態が存在することを特に指摘したいがために、この言葉を用いているのである。例えば、古典的なイメージでとらえられた「建築基準法」という法律は、全国一律・画一的に適用され、全国どこでも同じ条件で建築できることを定めている。これに対して、「計画法」と呼ばれるものには、次のような特色が認められる。

まず第一に、古典的な法律が仮言的命題に基づいて条件をプログラムしているのに対し、計画法は目的をプログラムしているという基本的構造をもっている。したがって、ある条件を満たせば全国一律に同じことが行われるというのではなくて、ある目標を定めて、目標実現のための政策手段を体系化するという特色がある。ここから、法律自体の政策手段性あるいは価値指向性、変動的あるいは操作的プロセス性、時間的要素の重要性、「計画法」の規定内容の非完結性、具体的な状況依存性などの特色がでてくる。

第二の特色は、計画過程に関与する国家機関、公共団体、関係当事者、一般市民その他の者の地位の特殊性にある。古典的な法律の場合のように、議会が法律をつくり、行政官吏がこれを解釈適用し、関係市民が消極的な受け身の当事者となる、といった単純な形をとらないことが多い。ここでも、「計画法」の目標たる公共性の複雑さや上記のプロセス性を反映して複雑な関与の形をとっている。まず、法律の制定以前に、公式・非公式の場において各界の意見が反映された長期的な経済計画や地域開発計画のたぐいがすでにあって、これを具体化するために、個々の法律が制定されるということが少なくない。さらに、法律制定後においても、審議会、公聴会、意見書提出などの公式の場を通じ、ときには圧力団体や反対運動の圧力などという非公式の場を通じて計画が策定され、それによって初めて、私人の権利制限の内容が具体化されることがある。公共性の具体的内容が、関係者が複雑に関与しあったプロセスの中から生み出されてくるという現象があるわけである。

(3)　立法の非完結性

その他、第三の特色として、計画の実効性を担保するための手段の多様化（行政指導、契約・協定、融資、補助金、税制など）をあげることができるが、紙数の関係上これを割愛し、焦点をしぼって論ずることにしよう。

これまで公共性の内容の複雑性だとか、公共性の具体的内容がプロセスの中から生み出されてくるだとか、それ自体まことにわかりにくい表現をしてきたものを別の角度から言いかえると、それは法律の空白性ないし立法の非完結性ということである。立法段階で法律の内容が完結的には与えられていないのである。もちろん、古い法律でも、たとえば、「刑法」一七五条にいう「わいせつ」が何を意味するかは、社会一般の通念や常識によって補充される必要があり、そのため時代による変遷をまぬがれない。しかし、近時の計画法にみられる規定内容の非完結性は、これと性格を異にする。「わいせつ」がどうかについて人の意見が分かれるであろうが、何が法の意味するものであるかは最高裁判所の判断で決着をつける制度的な仕組みがとられている。これに対し、「計画法」の場合は、個別の計画策定をまたないことには、法律の内容は私人の権利を制限しうる程度に具体化していない。税金の場合でも、細かくいえば、課税処分のないかぎり具体的な納税義務は不明確と言えるが、この場合には、あらかじめ、あらましの予想はついている。しかしながら、「計画法」による権利の制限は、法律の文字面のうえからはあらかじめ予測することが、はなはだしく困難である。ある種の税金に関する立法に対して激しい反対運動が起こりうるが、都市計画関係の立法についてては、まずそのようなことはない。ことは具体的な計画をまって始まるのであって、これが両者の差異をよく示している。決して立法者の怠慢からではなく、事柄の性質上、具体的な公共性の内容を決定するにあたって必要不可欠な利害の調整が立法過程ではつけられないで、具体的な計画段階に持ち越されているため、この段階に至って初めて、利害関係者の利害が表面に立ち現われてくる。ここにおいてこそ利害の調整が行われなくてはならない。大都市問題や過密過疎問題など、「計画行政法」が対応すべき現代的課題の多くは、具体的状況への依存度と他の政策との関連度の高いものであって、全国一律の画一的処理になじまないものであるため、立法では利害調整の大枠しか定められないのである。

(4)　行政過程の独自性

「計画行政法」における立法の非完結性は、もう一度言葉を換えて言えば、行政過程の固有性ないし独自性である。立法過程において、公共性の内容が完結的に与えられているのではなくて、行政過程において初めてその具体的内容が与えられる。ただ単に法律を解釈適用すれば事足りるというのではなくて、ここにおいてこそ利害の調整が行われなくてはならない。編集者の言われるところの「土木屋受難の時代」は、「現代行政法」の「計画法」としての構造それ自体の中に、その原因をもっている。まず、これを十分に理解して出発することが何よりも肝要である。すなわち、現場における利害調整の難役は、逃げることができない性質のものなのである。

行政過程の独自性をさらに特色づけるものとして、現地主義と当事者自治主義をあげることができよう。

現地主義とは、現地における利害調整の仕組みをさしている。近時、周知のとおり、地方公共団体における先導的試行とか、開発をめぐる紛争の収拾の試みが目につく。人はよくこれを地方自治の問題としてとらえる傾向があるが、その中には単なる地方自治ではなく、問題の性質と前記の法構造上の特色から、現地において利害の調整を迫られる。ことに、公共性の具体的内容の決定にあたって、利害の対立が激しく、とりわけ開発等に反対の利害関係者をもつ地元が、この紛争の渦中に巻き込まれざるを得ない、という性質の問題が少なくないのである。したがって、地方自治としてよりも現地主義としてとらえるのがより正確であろう。

したがって、また、利害関係者がさまざまな形をとって計画策定過程や紛争収拾過程に関与することを、いわゆる住民参加や市民参加の問題としてとらえることも、やはり正確を欠くように思われる。彼らは決して「住民一般」や「市民一般」ではない。彼らは利害関係をもつところの当事者である。しかしながら、筆者は、同時に彼らは決して消極的な被害者たる地位にとどまるものではないことを強調したいと思う。利害関係者は、表面的には、自己の利害である私益の主張者であるかのごとくにみえるかもしれない。しかし、その利害は具体的な計画の合理性を確保するため不可欠の利益衡量のハカリに乗せるべき利害であり、一種の公益である。当事者に全面的かつ最終的な発言権が与えられるわけではないが、手続上にある程度の意見反映の仕組みが設けられなくてはならない。人のいう直接民主主義ではなく、いわば当事者自治主義である。

三　計画法的対応のあり方

(1)　「公共施設周辺地域整備法」

現代行政法の構造の下においては、法の目的とする公共性が具体的な計画の合理性によって与えられるものとなり、立法過程においてではなく、行政過程において、しかも、現地において、利害関係をもつ当事者の関与のもとで、利害の調整が行われなくてはならなくなったとするならば、このような構造の変化に応じた対応の仕組みをつくり上げることこそ、緊急の課題でなくてはならないはずである。そのような対応の若干の例を最後に取り上げることにしよう。

筆者が「公共施設周辺地域整備法」と呼ぶ一群の法令は、「新東京国際空港周辺整備のための国の財政上の特別措置に関する法律」「琵琶湖総合開発特別措置法」「水源地域対策特別措置法」「発電用施設周辺地域整備法」「防衛施設周辺の生活環境の整備等に関する法律」「公共飛行場周辺における航空機騒音による障害の防止等に関する法律」などをさしている。おおむね昭和四〇年後半の立法にかかるものであり、これらの立法に至る歴史はさまざまな著名事件に代表される開発をめぐる紛争の歴史であったことは、周知のとおりである。これらの法律は、良かれ悪しかれ、さまざまな紛争に直面して生まれた周辺地域対策立法ないし地元対策立法としての性格をもっている。そういう意味でのマイナス評価は、いずれの立場の人からも耳にしたことがある。しかしながら、筆者は、これらの立法には、非常に重要なプラス面を否定できないと考える。というのは、右にいう現地における利害調整システム化の端緒をそこに見出すからである。従来の利害調整の仕組みは一口にいってバラバラの個別的処理に委ねられていた。用地取得段階での被収用者に対する損失補償、公共団体のうける被害に対する公共補償、事業開始後の騒音等の被害に関する損害賠償、行政措置としての少数残存者補償や離職者補償あるいは生活再建措置、地域経済構造への打撃を緩和するための関連公共事業等々、これらを要求する場合の法的根拠もさまざまならば、その相手方もまたバラバラであり、その多くを事実上の力関係に委ね、したがって、周辺住民を反対運動に追い込まざるを得なかったのである。

重要な公共施設は、巨大な開発効果を生む反面において、地元に巨大なマイナスという代償を伴うのが常である。あらかじめ、この代償を考慮に入れないような計画は、計画としての合理性を欠いている。右の立法における周辺地域整備計画のたぐいは、現段階においてまことに不十分ながらこの点を若干改善し、従来の仕組みの基本的なあり方に反省を迫る意味で、評価に値すると考えるのである。

⑵　環境影響事前評価制度

いわゆる環境（影響）アセスメントの制度である。これにも、トータルな環境のアセスメントか、単なる環境影響のアセスメントか、また、その効果は、実体的な開発の許認可に直接関連づけるか、ただ、手続上に環境情報の公開と住民意見の反映にとどめるべきか、等々、さまざまな議論があることは周知のとおりである。

しかし、これまで述べてきた本文の立場からして、一定規模以上の開発を行い、相当程度以上の環境影響を生じさせるものは、あらかじめ、これを予測・評価したうえで、これに関する情報を公開し、利害関係を有する者から意見を述べる場を設けることは当然のことと言わなくてはならない。適正な利害の比較衡量が行われて初めて計画は合理性をもち、法の目的とする具体的な公共性が担保される。とすれば、その前提として、開発に伴うマイナスの影響について、開発者は、当然、事前の評価をしたはずであり、これを公開して、世間の批判をあおぎ、利害関係者からの意見を聴き、さらに、これらに十分に応え、他を説得しうるものでなくてはならないはずだからである。あらかじめ、環境に対するマイナス影響を予測・評価したうえでつくられたものではないような開発計画は論外であるが、このようなアセスメントが内々のものではなく、情報公開、意見反映というプロセスをとること自体に、上記の現地主義や当事者自治主義の面からいって、特別の意味が認められるのである。外国の学者の中にも、「手続の中から公益が生み出されてくる」という者があるが、ここでいう手続とは、当事者が関与した右のようなプロセスをさしている。

⑶　環境行政訴訟のあり方

公共施設の設置・管理をめぐり、また広く公共事業をめぐって、いわゆる環境訴訟が多発している現状にあるのも、これまた周知のところであり、恐らく事業を進める立場からは「土木屋受難の時代」の象徴的な出来事として受け取られているであろうことは容易に推測がつくところである。

この種の環境行政訴訟において往々にしてみかける開発事業者あるいは行政側の態度は、あるいは、当事者の原告適格を争い、あるいは事業計画の争訟対象としての適格性を争い、あるいは自らの所管法律上の要件における判断事項ないし権限事項でないことを争うなど、消極的な逃げの姿勢に終始しているかのごときものがあることである。一口に言って、古い法制度、古い行政制度、古くさい法理論を金科玉条として振りかざしている観がなきにしもあらずである。かりに法律上に処分要件として周辺環境への配慮がうたわれていないとしたら、所管庁の怠慢でこそあれ免責の事由となり得ないはずであるが、これを自己正当化のために主張するなど、問題に対して正面から答える姿勢にややもすると欠けることがあるのは大変残念でならない。筆者は、決して、原告適格や争訟の対象性、あるいは環境行政訴訟における違法事由などをむやみと広げればよいと考えるものではない。しかしながら、上記の行政過程の独自性にかんがみ、また、プロセスの中から公共性が生み出されているとするならば、裁判所もまた、このような現代行政法の構造変化に対応して、このような現代型の行政過程の正常性を確保するため、応分の寄与をなすべきである。すなわち適正な利害の比較衡量にあたって考慮に入れるべき利害の主張者に原告適格を認め、行政過程において、客観的にみて適正な利害の比較衡量がなされたと言えるだけのプロセスをたどったかどうか、また、実際にも、適正な利害の比較衡量がされているかどうかの審査をなすべきである。

(4)　責任の分散と集中——結びに代えて——

紙数の関係上、あまりにも淡いデッサンであって、読者のご理解をいただけたかどうか心もとない次第であるが、筆者の主張したい眼目は、現代行政法における公共性の構造が変わっている以上、制度の全体をこれに合わせろということである。特に、当然に生じてくる利害の衝突を単なる力関係によるなりゆきまかせに委ねるのではなく、あらかじめルール化し、制度化する努力をすべきだということである。さまざまな紛争のあげくに公共施設周辺地域整備法に基づく措置がとられるに至った。紛争の泥沼化のあとでやるよりも、あらかじめ広い枠組みを用意しておくほうが、お互いさま賢明でないかと考えるのである。計画とは、あらかじめプロセスを管理するところに意味があるからである。

ところで、先にみた現地主義なり、当事者自治主義には容易に気がつくように、責任の分散という重大なマイマスを伴う。よく言われる環境アセスメントによって開発事業が遅延し、効率性の点から問題があるとは、別の面から言うと、遅延について誰に責任があるのかという問題である。当事者自治主義に合わせて想定された前記の枠組みは、当事者を被害者的立場から責任ある主体としての地位に高めることをねらいのひとつとしている。当事者もやはり、単なる利益の主張者でなく、一種の公益の主張者として行政過程における独自の地位を承認させる以上は、行政過程の全体のあり方について無責任ではあり得ないはずである。この点については、マスコミ報道のあり方を含めて、今後の重要な課題と言わなくてはならない。しかし、言うまでもなく、従来の行政体制からみて、責任の分散であり、一種の無責任体制ということになりかねない。ここにおいて、行政の責任は少なくなるどころか、従来よりの責任に加えて、関係当事者が責任ある主体として行政過程に関与できるような環境づくり、さらに制度の枠組みづくりをなすべき責任を負うに至ったと言わなくてはならない。

被害者意識をもった者に責任意識は育たない。被害者意識は責任を他に転嫁する心理の仕組みでないかと考える。現代の困難な課題に挑戦するために、われわれはまず被害者意識という甘えを棄てることから始めるべきであろう。

（注記・参考文献）

紙数の関係上まことに意をつくさないものとなった。左記の拙著、拙稿を参照いただければ幸いである。

(1)　計画行政法、学陽書房、一九七六年。

(2) 行政過程における公共の福祉、ジュリスト、四四七号、一九七〇年。
(3) 土地所有権の社会的制約、ジュリスト、四七六号、一九七一年。
(4) 公共性概念の検討、ジュリスト、五五一号、一九七四年。
(5) 交通の公共性と環境権、ジュリスト、総合特集2、一九七五年。

(土木学会誌六四巻四号、一九七九年)

18 公共施設周辺地域整備法について

一 序説

(1) 岐阜地裁昭和五五年二月二五日判決（判例時報九六六号二二頁）は、徳山ダム建設による水没予定地区の住民から、環境権、人格権、財産権の侵害により回復しがたい損害を被ることなどを理由として提起された水資源開発公団を相手方とする無名抗告訴訟としてのダム建設差止請求訴訟を取り扱っている。原告主張の重点は、水源地域対策特別措置法八条にいう生活再建措置は、憲法二九条に規定する「補償」にあたるから、これを怠ることは憲法二九条に違反するというのであった。これが違法事由であるとともに、請求を根拠づける事由の一つである財産権の内容であった。この点に関する判決の内容は次のとおりである。

「ダム建設に伴い生活の基礎を失うこととなる者についての補償も公共用地の取得に伴う一般の損失補償の場合と異ならず、あくまでも財産権の保障に由来する財産的損失に対する補償、すなわちその基本は金銭補償であり、本来これをもって右にいう合理的な補償というべきであり、かつ、これをもって足りるところ、これのみでは、財産権上の損失以外の社会的摩擦、生活上の不安も考えられるため、前記水特法（「水源地域対策特別措置法」の略称、遠藤注）の諸規定により、これらを緩和ないし軽減する配慮に出て、財産上の損失、補償とは別にとくに水特法八条において、生活再建措置のあっせん規定を定めたものであり、要するに右規定は関係住民の福祉のため、補償とは別個に、これを補完する意味において採られる行政措置にすぎないと解すべきである。」このようにして、生活再建措置の懈怠による損害は、憲法二九条違反による損害ということはできず、本件差止請求の根拠とはすることができないとされたのである。

(2)　昭和五五年法律三四号ならびに三五号による都市計画法の改正によって「地区計画等」に関する都市計画という新顔の都市計画が登場した。「地区計画等」とは、「地区計画」と、幹線道路の沿道の整備に関する法律（昭五五法三四。以下「沿道整備法」と略称）九条一項による「沿道整備計画」をいう（都計四条九項、一二条の四第一項）。

「沿道整備計画」は、都市計画区域（市街化区域外では政令で定める地域）内において「沿道整備道路」に接続する土地の区域で、道路交通騒音により生ずる障害の防止と適正かつ合理的な土地利用の促進を図るため、一体的かつ総合的に市街地を整備することが適切とみとめられる土地の区域について定められることになっている（沿道整備法九条一項）。「沿道整備道路」は、幹線道路網を構成する道路のうち、自動車交通量、自動車交通騒音が政令で定める基準を超え、隣接地域に相当数の住居等が集合し、または、超えること集合することが確実と見込まれるものであるなどの要件をみたすものであって、当該道路および関連道路の整備の見通し等を考慮したうえでなお、交通騒音障害防止と適正かつ合理的な土地利用の促進とを図るため必要があると認められるとき、都道府県知事が区間を定めて指定することができるものである（同五条一項二項）。

また、「沿道整備計画の内容」は、種類、名称、位置、区域等のほか（都計一二条の四第二項）、次の事項のうち当該地域の特性上必要と認められる事項である（沿道整備法九条二項）。

(a)　建築物の沿道整備道路と面する部分の長さの敷地の沿道整備道路に接する部分の長さに対する割合（いわば「建築物の接道割合」）の最低限度、建築物の高さの最低限度、建築物の構造に関する騒音上または遮音上必要な制限、壁面の位置の制限、建築物の容積率の最低限度、建築物等の用途の制限、その他建築物等に関する事項

で政令で定めるもの
(b)　緑地その他緩衝空地、道路その他政令で定める施設（都市計画施設をのぞく）の配置および規模
(c)　前二号のほか、土地利用に関する事項その他沿道整備に関する事項で政令で定めるもの
さらに、「沿道整備計画」が定められると、
(1)　区域内における土地の区画形質の変更、建築物の建築等の届出制がとられ、届出にかかる行為に関して、計画に適合するため必要な措置をとることを市町村長が勧告することができる（同一〇条一項二項三項本文）。
(2)　開発許可の一般的基準の中に計画適合性がとりいれられた（都計三三条一項五号）。
(3)　沿道整備計画の内容のうち特に重要なものを市町村条例でとりあげて建築規制をすることが可能となった（建基六八条ノ二）。

その反面、市町村が計画実施の必要上区域内の土地を買い入れる場合の国の資金の貸付け（沿道整備法一一条）のほか、区域内における遮音機能をもった緩衝建築物の建築に対する道路管理者による建築物建築および敷地整備費用の一部負担（同一二条）、上記の市町村条例による防音構造に関する制限が定められた際の既存建築物の防音工事に関する道路管理者による助成、促進措置（同一三条）、上記の計画適合勧告をしたとき、土地に関する権利の処分のあっせん等の措置を講ずる市町村長の努力義務（都計五八条の二第四項）に関する規定がもうけられている。

(3)　もう一つ昭和五五年の法改正により新しい都市計画として加わったものに地域地区の新顔としての明日香村における歴史的風土の保存及び生活環境の整備等に関する特別措置法（昭五五法六〇。以下「明日香村特別措置法」と略称）三条一項の規定による第一種歴史的風土保存地区または第二種歴史的風土保存地区がある（都計八条一項一一号）。明日香村特別措置法には、その名称の示すとおり、「歴史的風土の保存」と「生活環境の整備等」という二つの内容がふくまれている。

前者の「歴史的風土の保存」に関する内容としては、「明日香村歴史的風土保存計画」(明日香村特別措置法二条)、「第一種歴史的風土保存地区」および「第二種歴史的風土保存地区」に関する都市計画(同三条)にかかわる規定がもうけられている。この部分は古都における歴史的風土の保存に関する特別措置法(以下「古都保存法」と略称)の特別法としての性格をもつものである。「明日香村歴史的風土保存計画」は、古都保存法五条一項の歴史的風土保存計画として、明日香村の区域の全域について定められるものであって、第一種歴史的風土保存地区と第二種歴史的風土保存地区との区別に関する事項、これら両地区内における行為の規制に関する事項、その他、土地利用、施設整備、土地買入れ等に関する事項を内容とする。また、「第一種歴史的風土保存地区」と「第二種歴史的風土保存地区」は、古都保存法七条の二後段の特別保存地区とされ、同法による規制手続等に服することとなるものであるが、前者は「現状の変更を厳に抑制し、その状態において歴史的風土の維持保存を図るべき地域」であり、後者は「著しい現状の変更を抑制し、歴史的風土の維持保存を図るべき地域」であって、第一種と第二種とで土地利用規制の強弱を異にしている。明日香村の区域は区分されて必ずこれらの地区のいずれかに定められることとなっている。

明日香村特別措置法の「生活環境の整備等」に関する内容としては、「明日香村整備基本方針」にもとづく「明日香村整備計画」(明日香村特別措置法四条)、この計画に関する国の「特別の助成」(同五条)、「地方債についての特別の配慮」(同六条)、「財政上及び技術上の配慮」(同七条)、明日香村整備基金に対する「資金の補助」(同八条)がある。「明日香村整備計画」は、右の基本方針にもとづいて奈良県知事が定めた明日香村における生活環境および産業基盤の整備等に関する計画であって、内閣総理大臣の承認をうけたものである。道路、河川、下水道、都市公園、住宅、教育施設、厚生施設、消防施設、農地・農業用施設・林業用施設の整備に関する事項のほか、文化財保護に関する事項、その他地域振興に関する事項で特に必要とみとめられるものをその内容とする。この計画にもとづいて明日香村が行う事業経費などについて、右にあげるような手厚い助成措置が講じられる。

ているわけである。

(4) 以上、近時の判例、立法にみられる整備計画とこれに関する行政措置は、単に住民対策的に行われている文字通り「単なる行政措置」にすぎないかにみえる。また、水源地域対策特別措置法、沿道整備法、明日香村特別措置法は、それぞれ特有の必要にもとづいて制定された「特別措置法」にすぎないのであって、共通に論ずべきものをもたないかにみえる。しかしながら、これらの法律にもとづく整備制度には、相違点とともに、相当程度に明らかな共通点も見出されるものであるため、相互に比較することによって、それぞれの特色を浮かび上がらせることができるばかりではなく、すでに相当数存在している類似制度に性格づけを与え、将来の方向づけを与える手懸りが得られるものと思われる。

本稿では、すでに立法上の制度化をみている次の法律にもとづく整備制度をとりあげて検討することとしたい。

①昭和四一年防衛施設周辺の整備等に関する法律、②四二年公共飛行場周辺における航空機騒音による障害の防止等に関する法律、③四七年琵琶湖総合開発特別措置法、④四八年水源地域対策特別措置法、⑤四九年発電用施設周辺地域整備法、⑥四九年防衛施設周辺の生活環境の整備等に関する法律（上記①の大改正）、⑦四九年上記②の大改正、⑧五三年特定空港周辺航空機騒音対策特別措置法、⑨五五年幹線道路の沿道の整備に関する法律、⑩五五年明日香村における歴史的風土の保存及び生活環境の整備等に関する法律。

これらの法律は、大きく分けると、主として空港などの騒音対策等を目的とし、事業損失の補償と密接な関係をもった第一グループと、大規模公共施設等による地域社会への影響を緩和するための地域振興対策等を目的とし、生活再建措置と密接な関係をもった第二グループとに分けることができる。上記の①②⑥⑦⑧⑨が第一グループであり、③④⑤⑩が第二グループに属するものと一応いうことができよう。このほか、法律の根拠にもとづかない行政措置や予算措置などが多いが、紙幅の関係上省略することとし、必要ある折にふれて言及するにとどめたい。第一グループは、いわば、公共「施設周辺」整備法であり、第二グループは、いわば、公共施設「周辺地域」整備法である。この区別も、後に明らかとなるように、便宜的なものであって、必ずしも絶対的なものではない。

二　公共施設周辺整備法

⑴　まず第一グループからとりあげることにしよう。このグループの立法の内容については三つの時期に分けて取り扱うのが便宜である。

第一期は、昭和四一、四二年の上記の①②の立法が登場したばかりの初期の段階である。②はその名称の示すように空港周辺における航空機による騒音障害対策を主たる目的とするが、①では、これに加えて、艦船または舟艇のひん繁な使用、防衛施設整備のための土地または土地の定着物の形質の著しい変更、電波のひん繁な発射（防衛施設令一条）や重車両のひん繁な使用、射撃、爆撃その他火薬類の使用のひん繁な実施（同四条）などの自衛隊の行為等による音響その他の障害がその対策目的とされている。この当時の立法による対策の方法内容は比較的簡単なものであった。

(a)　特定施設（学校、病院、その他政令で定める施設）に対する防音工事の助成（公共飛行場五条、公共飛行場令四条、防衛施設三条二項、防衛施設令七条）。防衛施設周辺にあっては、これに加えて、特定施設（農・林・漁業用施設、道路、河川、海岸、防災施設、上下水道、その他政令で定める施設）に対する障害防止工事の助成（防衛施設三条一項、防衛施設令三条）。

(b)　学習、集会等のための共用利用施設の助成（公共飛行場六条、公共飛行場令五条）または民生安定施設の助成（防衛施設八条、防衛施設令一二条）。

(c)　指定区域内の建物等を指定区域以外の区域に移転し、または除去するときの通損補償（公共飛行場九条二

項、防衛施設五条二項）。指定区域内の土地の買入れ（公共飛行場九条三項、防衛施設五条三項）。

(d)　経営上の損失の補償。公共飛行場周辺においては農業または漁業（公共飛行場一〇条、公共飛行場令九条）、防衛施設周辺では、これに加えて、林業、一定の船舶運航事業または内航運送業（防衛施設一三条、防衛施設令一六条）がその対象である。

(2)　第二期は、昭和四九年の上記の⑥⑦による法改正によってもたらされたものである。昭和四九年は大阪国際空港訴訟の第一審判決（大阪地判昭和四九年二月二七日判例時報七二九号三頁）が下された年であるだけに、騒音対策が多様化し、よりキメ細かくなるとともに、周辺整備計画が登場し、計画化が進められることになるのである。

(a)　従前の特定施設に加えて、一般の住宅についても防音工事の助成が行われることとなった（公共飛行場八条の二、防衛施設四条）。これとともに指定区域も細分化されて、航空機騒音障害が著しい第一種区域と障害が特に著しい第二種区域とが区別された。第一種区域内の住宅に対して右の防音工事の助成がされ、第二種区域内にある建物等の移転除却に対して通損補償、同区域内にある土地の買入れが行われるものとされた（公共飛行場九条、防衛施設五条）。

(b)　右の第二種区域のうち新たに障害が発生することを防止し、あわせてその周辺における生活環境の改善に資する必要があると認めて指定する第三種区域については、緑地帯その他緩衝地帯として整備することとした（公共飛行場九条の二、防衛施設六条）。

(c)　政令で指定された周辺整備空港について空港周辺整備計画を策定することとし（公共飛行場九条の三）、この計画を実施するなどの業務を行う組織として空港周辺整備機構が周辺整備空港ごとに設立されるものとされた（同一八条以下）。

空港周辺整備計画の内容は左の事項について定められるものである。

①後記③イ・ロに掲げる整備を行うための第一種区域にある土地の取得

②第一種区域内から住居を移転する者の住宅等の用に供する土地の取得・造成その他①の実施を促進するための措置

③前記①により取得された土地、その他周辺整備空港の設置者、地方公共団体または空港周辺整備機構が所有する第一種区域内にある土地についてする、イ　緑地帯その他緩衝地帯の整備、ロ　航空機騒音によりその機能が害されるおそれの少ない施設の用に供するための整備

④右の③によって整備された土地の管理または処分

⑤以上の事項の実施主体

以上の①ないし③を総合すれば、空港周辺整備計画は、空港周辺の土地の利用転換事業を主要な内容の一つとしていることがわかるであろう。それは周辺整備空港指定の要件の一つに、第一種区域が既に市街化されているか、または市街化すると予想されるため、航空機騒音障害の防止・軽減とあわせて、生活環境の改善に資するため計画的な整備を促進する必要があると認められることをあげている点にもあらわれている。

(d)　防衛施設周辺については、右の空港周辺整備計画は採用されていないが、多少これと似たものに特定防衛施設周辺整備調整交付金の制度がある（防衛施設九条）。これは、防衛施設のうち、その設置または運用が周辺地域における生活環境やその開発に及ぼす影響の程度、範囲等を考慮して、その周辺地域を管轄する市町村がその区域内で行う公共用施設の整備について特に配慮する必要があると認められるときに、特定防衛施設および特定防衛施設関連市町村を指定することによって行われる。整備調整交付金による整備の対象となる公共用施設は、交通・通信、スポーツ・レクリエーション、環境衛生、教育文化、医療、社会福祉、消防、産業振興という広範に及ぶ施設である（防衛施設令一四条）。

(3)　第三期は、上記の⑧の立法によって始めてとられたものであって、周辺における土地利用規制に踏み切っ

た点で画期的な意味をもつものであった。

⑧は、おおむね一〇年後における航空機騒音と宅地化の両面からみて航空機騒音障害防止と適正かつ合理的な土地利用の必要性がみとめられるなどの要件をみたした空港を「特定空港」として指定し、これについて都道府県知事が「航空機騒音対策基本方針」を定めることとする。ついで、この基本方針にもとづいて、都市計画区域内の地域において、地域地区に関する都市計画のひとつとして、「航空機の著しい騒音が及ぶこととなる地域」については「航空機騒音障害防止地区」が、「航空機の特に著しい騒音が及ぶこととなる地域」については「航空機騒音障害防止特別地区」が定められることとなっている。これらが定められると、学校、病院、住宅その他これに類する建築物（特定空港五条一項、特定空港令六条）は、「航空機騒音障害防止地区」内においては防音上有効な構造としなければならないし、また、「航空機騒音障害防止特別地区」内においては、原則として建築が禁止される（特定空港五条一項、二項）。その反面、「航空機騒音障害防止特別地区」内における土地に対する通損補償（同七条）、土地の買入れ（同八条）、既存建築物等の移転の補償など（同九条）の措置が講じられる。

(4)　先に紹介した⑨の沿道整備法にもとづく沿道整備制度は、ここでいう公共施設周辺整備制度のひとつであり、また、その第三期に属するものとして土地利用規制を重要な内容としているところに特色がある。幹線道路建設にあたって、自動車交通騒音のほか、振動、大気汚染、日影等の公害ないし事業損失が発生するため、反対運動等を契機として、すでにいくたの沿道環境整備制度が存在している。昭和四九年四月一〇日建設省都計発四四号道政発三〇号「道路環境保全のための道路用地の取得及び管理に関する基準について」、五一年二月二三日建設省計用発四号「公共施設の設置に起因する日陰により生ずる損害等に係る費用負担について」、五一年七月二一日建設省道監発二三号道政発三三号「高速自動車国道等の周辺における自動車交通騒音に係る障害の防止について」、五二年一〇月二六日建設省都政発四二号道政発六〇号「幹線道路の周辺地域における生活環境の整備の促進について」などがその例である。これらにおいては、整備促進事業、費用負担などの行政措置、財政措置にとどまったのに対して、上記のとおり、沿道整備法による沿道整備計画が定められると、計画適合勧告のほかに、開発許可制、市町村条例を通して、開発行為、建築行為などの土地利用に対して規制が行われることになっている。ただし、特定空港の場合にあっては、地区の種類に応じて規制の内容が法律上に明確に定められていたのに対して、ここでは具体的な沿道整備計画や市町村条例をまたないことには規制の内容が明確にはならないし、また、政令で定める基準に従うものとされているとはいっても、それぞれの計画によって内容が異なる可能性が十分にある点で独特の特色をもっている。それは空港周辺における航空騒音障害のあらわれかたが比較的単純な形をとるのにくらべて、沿道における自動車交通騒音障害等のあらわれかたが、道路構造、道路交通事情、沿道土地利用状況などに応じて複雑に変化するものであることに由来するものであると思われる。ただ、両者ともに消極的に障害防止にとどまることなく、積極的に適正かつ合理的な土地利用を図るという目的を加味することによって、都市計画の一種として規制を根拠づけているところが注目に値するところである。第二期においてみられた土地利用転換の思想が、第三期にいたって土地利用規制に転化した契機の一つをなすものが都市計画的発想であり、沿道整備法では規制内容が具体的計画によって与えられるものである点に、独自性がみられるのである。

三　周辺地域整備法

(1)　第二グループの立法（上記③④⑤と⑩）による周辺地域整備制度は、大規模公共事業等が地元の地域社会に与える打撃を緩和しようとするものであり、いわば地域ぐるみの生活再建措置というべきものを内容とするものである。従来からも大規模公共事業等に伴う、過疎化の促進、地場産業の衰微、地域共同体機能の解体、環境の悪化などに対して各種の関連公共事業が行われてきた。周辺地域整備法にもとづく地域整備計画はこれらを総合して産業基盤整備、生活関連施設整備等の整備事業等を行うとともに、これらの事業にかかる費用負担について特別の仕組みが用意されているのである。

まず、③の琵琶湖総合開発特別措置法は、いわば近畿圏の水がめである琵琶湖の水資源としての開発利用とくに淀川下流地域における水需要にこたえるための開発利用による水位変動が琵琶湖ならびに周辺地域におよぼす各種の影響を緩和することを主たるねらいとし、あわせて周辺地域の各種の開発と水質その他の自然環境の保全との調和などを図ろうとするものである。このため琵琶湖総合開発計画においては、琵琶湖および周辺地域の保全・開発に関する基本方針のほか、次の事業の概要が定められる。(イ) 洪水防御のための治水、(ロ) 水質保全のための下水道、し尿処理、(ハ) 淀川下流地域の水需要のための水資源開発、(ニ) 水道、工業用水道、農業用用排水施設に整備、(ホ) 流域内の森林の造林・保育、林道整備、治山、(ヘ) 湖辺の都市公園、自然公園、景観・自然環境保全のための土地保全、用地取得、(ト) 観光レクリエーション資源開発、(チ) 水産資源の保護・培養、水産物流通・加工施設、漁港整備などがそれである（琵琶湖二条）。また、とくに右の(ハ)の水資源開発事業の実施によって琵琶湖および周辺地域について生ずべき「不利益を補う効用を有する事業」で、その経費の全部または一部を地元の地方公共団体が負担した場合に、水資源開発事業によってもうけられた施設を利用してする水道事業、工業用水事業または水道用水供給事業の対象事業水道等の給水（予定）区域をふくむ、いわば受益的立場にある地方公共団体と経費の負担について協議するものとされている（同一一条）。「不利益を補う効用を有する事業」としては、下水道、し尿処理、水道、農業用用排水、造林、都市公園、自然公園、水産物流通・加工等の施設の整備・維持管理、水産資源保護培養開発事業、漁港整備、湖岸・湖底・湖水の清掃などの事業があげられている（琵琶湖令四条）。このように大規模公共事業によるマイナス効果をこうむる地方公共団体とプラス効果を享受する地方公共団体の間において、マイナス効果を緩和し補完する事業の経費について、協議により受益者の負担を求めるという利害調整の仕組みが用意されているところが注目に値するところである。

(2)　つぎに④の水源地域対策特別措置法こそは、ダムによる地域社会の大半の水没の場合にみられるように、周辺地域整備制度の最も典型的なものを内容とするものであるということができる。琵琶湖総合開発の場合には地元の地方公共団体の場合もまた琵琶湖やその周辺の地域を各種の目的のために開発し利用している受益者のひとつに数えられるのであるが、それに対して、ダム建設により村落が水没する場合にあっては、もっぱら他の受益者のために作られた人工的な水がめによって地元は不利益ばかりを引き受けることになるわけである。

ただ、水源地域対策特別措置法は、「その建設により相当数の住宅又は相当の面積の農地が水没するダム」であることを要件の一つとする「指定ダム」のほか「その建設により湖沼及び湖沼の周辺地域の生産機能又は生活環境に著しい影響が及ぶこと」と「その建設により二以上の都府県が著しい利益を受けること」とを要件とする「指定湖沼水位調節施設」についても、これらの建設により「その基礎条件が著しく変化すると認められる地域」などの要件をみたす地域が「水源地域」として指定されることとなっているから、後者は琵琶湖の場合と似通った面をもっている。「水源地域整備計画」の内容となる事業は、①指定ダムにかかわる水源地域にあっては、土地改良事業、治山・治水事業、道路、簡易水道、下水道、義務教育施設・診療所の整備に関する事業等のうち「当該水源地域の基礎条件の著しい変化による影響を緩和するため必要と認められる事業」であり、②指定湖沼水位調節施設にかかわる水源地域にあっては、土地改良事業、河川・下水道の整備に関する事業等のうち「当該水源地域の基礎条件の著しい変化による影響を緩和し、又は湖沼の水質を保全するため必要と認められる事業」である（水特二条、三条、五条）。

ここでも整備事業にかかわる経費について、これを負担した地方公共団体が次の受益的立場にある者との協議によって、負担する経費の一部をこれに負担させることができるものとされている（同一二条）。受益者的立場にある者の一つは、指定ダム等（指定ダムと指定湖沼水位調節施設）を利用して河川の流水を水道、工業用水道または発電用に供することが予定されている者であり、他の一つは、指定ダム等を利用して河川の流水をその用に供することが予定されている水道、工業用水道等の給水区域、かんがい用に供する土地の区域、指定ダム等の建設により洪水等の災害が防止・軽減される地域、これらをふくむ地方公共団体である。

なお、水没関係住民の生活再建対策と水没関係地域の振興対策を目的とする水源地域対策基金制度が、昭和五一年利根川・荒川、五二年木曽三川、五四年淀川についてそれぞれもうけられている。それらの基本基金は、国からの補助のほか、受益的立場にあるものをふくめた関係府県からの出えんによるもので構成されている。

(3)　上記⑤の発電用施設周辺地域整備法は、電源開発促進税法、電源開発促進対策特別会計法とともに、いわゆる電源三法を構成するものである。

同法は、発電用施設の設置予定地点のうち「その地点の周辺の地域において住民の福祉の向上に必要な公共用の施設を整備することがその地点における発電用施設の設置の円滑化に資するため必要であると認められること」などを要件として指定された地点の周辺地域（指定地点が属する市町村の区域およびこれに隣接する市町村の区域）について公共用施設の整備計画が作成されることとされている。整備計画の対象となる公共用施設は、道路、港湾、漁港、都市公園、水道、その他通信、スポーツ・レクリエーション、環境衛生、教育文化、医療、社会福祉、消防、国土保全、熱供給の施設、農林水産等にかかわる共同利用施設（発電施設四条一項、発電施設令五条）であって、当該周辺地域の住民の福祉の向上を図るため特に必要があると認められるものである。なお、この周辺地域には、上記の目的から特に必要があるときにはさらにこれに隣接している市町村の地域がふくまれる（発電施設四条三項、同条一項後段）。

この整備計画にもとづく事業にかかわる経費については、琵琶湖や水源地域の場合のような受益的立場にある者の負担に関する規定はもうけられていないで、国の交付金の交付に関する規定がもうけられている（同七条）。この国による交付金は、電源三法の他の二法である電源開発促進税法にもとづく電力会社から販売電力量に応じた電源開発促進税の徴収、これを歳入とする電源開発促進対策特別会計法にもとづく特別会計の設置によって、すなわち電源三法が三位一体となることによってまかなわれることとなっている。したがって、ここでも終局的には受益者である電力消費者の料金によって負担されることとなるわけである。同様の見地から、近時、立地地域優遇を内容とする地域別料金制、立地地域に対する電源開発促進税の非課税の提案がみられるのは周知のとおりである。

（注）電源三法ならびに地域別料金制などにつき、藤原淳一郎「電源三法と核燃料税」（自治研究五四巻五号・七号）、同「電気料金決定原則をめぐる法律問題」（法令解説資料総覧一六号一七九頁）参照。

(4) 先に紹介した明日香村特別措置法にもとづく明日香村整備計画は、地域整備計画の一種といっても、以上の琵琶湖周辺、水源地域、発電用施設周辺の地域の場合と比較すれば、いくつかの点で相違点が見出される。

(a) まず、上記三つの場合とは、いずれも開発と地元の地域社会との調和が問題となっていたのに対して、明日香村の場合には、歴史的風土の維持保存という、開発とは逆の保全と地元の地域社会との調和が問題となっている。よく対比される開発と保全との関係がここでは逆転しているところに他にみられない独自性がある。

(b) つぎに、他の三つの場合には、地元の地域社会のうける不利益の内容が、大規模公共事業による地域の経済的・社会的構造の変化や生業・生活環境の悪化といった事実上の影響にかかわる次元のものであったのに対して、ここでは飛鳥地方の遺跡等の歴史的文化的遺産がその周囲の環境と一体をなして形成している歴史的風土を保全するため、明日香村の全域について、とくに第一種歴史的風土保存地区については現状凍結的な、厳しい内容をもった土地利用規制をするという法的規制にもとづいて生ずる不利益が問題となっているのである。

(c) 最後に、他の三つの場合には、それぞれ受益者的立場にある者に対する経費の負担が重要な内容の一つであったのに対して、ここでは類稀な国民的遺産を維持保存するという全国民的（人類的？）利益が不利益のもととなった法的規制の根拠であって、特定の受益者を見出すことができないため、手厚い特別の助成、明日香村整備基金に対する二四億円を限度とする資金助成などはすべて一般の国費をもって行われることとなっている。

なお、明日香村整備計画にもとづく事業あるいは右の基金にもとづいて行われる事業の内容は、ただ消極的に現状凍結的な土地利用制限によって地元の地域社会に生ずる不利益を補うにとどまることなく、より積極的に歴史的風土にふさわしい景観・環境等を形成しようとするものをふくんでいる（例、明日香村特措八条二号参照）。いずれにせよ、明日香村の全域が土地利用の凍結および制限の対象となるという特殊性があるとはいえ、法的規制にもとづく不利益について、特定の地方公共団体については特別の法律による地域整備制度がもうけられたことは特筆に値することであろう。

四　問題点の検討

(1)　公共施設とその周辺　公共施設の建設、設置、管理等の問題を考えるにあたって、その隣接または周辺の土地または地域をもあわせて考慮すべき場合が少くない。従来からも、河川保全区域（河五五条）、沿道区域、特別沿道区域（道四四条、高速道一四条、一六条、二五条）など、公共施設を保全し、その機能を維持し、もしくは、その利用に関する障害や危険を防止するなどの目的から、隣接または周辺の土地の区域を指定し、これらの目的からする作為や不作為を命ずることが立法上に定められ、講学上にも公用制限の一種としての負担制限であるなどの説明がされてきた。公共飛行場周辺についても同様の制限がみとめられている（航空四九条、五二条）。また、有名なトルコ風呂と遊園地事件（最判昭和五三年五月二六日判例時報八八九号九頁、同昭和五三年六月一六日判例時報八九三号一九頁）の示すとおり、学校、児童福祉施設など特定の公共施設の周辺についてはそれにふさわしい施設環境を保全するため、一定の営業施設の立地が禁止・制限されることがある（風俗四条の四第一項、旅館三条三項）。さらに、高知落石事件（最判昭和四五年八月二〇日判例時報六〇〇号七一頁）が示すように、隣接地からの落石などによって生じた被害について公共施設の設置管理の責任がとわれることが近年とくによくみられるようになっている。公共施設建設をめぐる環境訴訟や環境アセスメントをとっても、公共施設を周辺地域と切り離して考えることができないことがよく示されている。

このような公共施設の周辺部分に焦点を合わせた論稿としては西谷剛氏の「公共施設の建設をめぐる諸問題」(日本土地法学会『土地の所有と利用』一四六頁)がある。そこでは、公共施設の用地である「収用領域」と「原因となる公共施設にミクロに着目したにじみ出し地域」というべき「拡大領域」とを区別し、ついで、拡大領域の分類としては、「安全領域」、「環境領域」、「総合整備領域」の三つを区別したうえ、さらに、拡大領域の法的問題として、「適用法の多元性」、「行政主体の多元性」、「利益と不利益の競合」がのべられたあと、最後に、展望として、「手続法を中心とする多様な手段の導入と計画法化」がのべられている。豊富な具体的事例にもとづいて示唆に富む議論が展開されているが、本稿の公共施設周辺整備法(制度)は「環境領域」と「総合整備領域」のところで、周辺地域整備法(制度)は「総合整備領域」のところで取り扱われている。

(2)　公用収用の公共性　　公共施設の周辺の土地または地域をめぐる問題が公共施設法の多くの分野で重要な意味をもっていることは、すでにこれまでの簡単な説明からも明らかと思われるが、とくに公共施設の用地取得の場合における公共性を論ずるにあたっても欠かすことのできない重要性をもっている。

公共用地取得にあたって、その公共性は、公共施設一般の公共性、都市計画次元での公共性、開発行政次元での公共性の三つが大きく区別されるべきであることはこれまで屢〻指摘してきたところである(例、『行政法Ⅱ(各論)』第三編、「土地収用と公共性」行政法の争点二六四頁)。とくに開発行政の手段としての公用収用については、小学校や近隣都市公園のような単純な公共施設のための土地収用とは区別して取り扱われなくてはならない特色がみとめられる。用地取得手続の側面では、周知のとおり、昭和三六年の公共用地の取得に関する特別措置法が、上記の公共施設周辺地域整備法の法令群に登場する公共施設を中心とする開発効果の大きい公共施設に関する事業を「特定公共事業」とし、事業の迅速化を図る見地から手続上の特例をもうけている。また、古くは昭和二八年の閣議了解「電源開発に伴う水没その他による損失補償要綱」において、薪炭生産補償、謝金などの生活権補償的な内容をもった補償基準が定められることによって、この種の公共事業の特殊性に応じた配慮が払われていた。しかるに、右の特別措置法施行の年である昭和三七年に閣議決定をみた「公共用地の取得に伴う損失補償基準要綱」においては、「少数残存者補償」、「離職者補償」をのぞいて、このような補償を切ってすてられることとなった。このような大規模開発事業のプラス効果のみに着目し、地元地域社会に与えるマイナス効果に配慮しない考えが現実において破綻をきたしたことは昭和四〇年に入って陸続として登場してきた公共施設周辺地域整備制度がこれをよく示している。

都市計画の次元における公共性が問題となる都市施設たる公共施設が、それ自体の公共性によってではなく、都市計画の中にとりこまれることによって、都市計画施設としてその公共性がみとめられるのと同様に、また、環境訴訟で問題となる公共施設が周辺環境に配慮してはじめて公共性がみとめられるのと同様に、開発行政の手段としての公共施設もまた、周辺の土地や地域社会に対する配慮をつくしたものであってはじめて公共性がみとめられるというべきである。たんに公共施設であるがゆえの公共性というのでは、単なるフィジカルな公共土木工事にすぎないのであり、たかだか受益的立場にある者に配慮したにすぎない片手落ちのものであって、開発計画として合理性がみとめられないのである。問題は、公共施設であるがゆえの公共性ではなく、それは当然の前提としたうえで、具体的な立地計画が開発計画として合理的であるかどうかである。地元の生活道路を寸断した結果のままに放置した新幹線や高速道路が合理的といえないのと全く同様に、人為的な過疎化の促進など地元社会への急激かつ深刻な経済的・社会的影響を放置したままの大規模公共事業がそもそも開発計画の名前に値するといえるであろうか。

(3)　生活再建と事業損失

まず、個別的な生活再建措置に関する立法例としては、①昭和三二年国道開発幹線自動車道建設法九条、②昭和三六年公共用地の取得に関する特別措置法四七条、③昭和四三年都市計画法七四条、④昭和四七年琵琶湖総合開発特別措置法七条、⑤昭和四八年水源地域対策特別措置法八条をあげることができる。これらを通覧して、二つの点を指摘することができる。

(a)　生活再建措置をうける資格を有する者をみると、①では「建設に必要な土地等を供したため生活の基盤を失う者」であり、②では「特定公共事業に必要な土地等を提供することによって生活の基盤を失うこととなる者」であり、③では「都市計画事業の施行に必要な土地等を提供したため生活の基盤を失うこととなる者」であり、④では「事業の実施によって土地に関する権利、漁業権その他の権利に関し損失を受けたため生活の基盤を失うこととなる者」であり、⑤では「事業の実施に伴い生活の基盤を失うこととなる者」である。したがって、①②③においては、公共用地等を提供した被収用者ないし被買収者であることが生活再建措置をうける資格の要件となっていたのに対し、④⑤においては、それは必ずしも必要要件とされていない。④においては、権利に関して損失を受けたことが要件となっているため、中間的であるといえるが、⑤においては、およそこのような要件が脱落している。生活再建措置をうけるべき者の範囲が拡大しているといえる。

(b)　他方で、生活再建措置を講ずべき者についてみると、①では「政府」であり、②では申出の相手方であり、かつ、生活再建計画の作成者であるのは「都道府県知事」であり、生活再建計画のうち用地提供者の対償となる事項を実施するのが「特定公共事業を実施する者」であるのは当然として、その他の事項は「国及び地方公共団体」である。③では「施行者」であり、④では「総合開発事業を実施する者」であり、⑤では「関係行政機関の長、関係地方公共団体、指定ダム等を建設する者及び整備事業を実施する者」である。それぞれの事業に応じて施行者を異にし、事業への国または地方公共団体などのかかわり方を異にしているから、一概に表面的な比較をすることはできないけれども、次第に事業の施行者が正面にあらわれてくる傾向にあるということができよう。

(a)(b)をあわせると、いまだ具体的な法的義務といえないまでも、事業による周辺への影響を配慮することが事業施行者の責任の範囲に属するものと考える意識が次第に定着しつつあるといえよう。

つぎに、事業損失の補償について近時注目すべき判決がでている。道路法七〇条第一項のいわゆるミゾ・カキ補償に関する高松高裁昭和五四年九月一七日判決（行裁例集三〇巻九号一五七九頁）がそれである。同条が「当該道路に面する土地」であることと「通路、みぞ、かき、さく、その他の工作物」であることを補償の要件としているところから、物理的障害が生じた場合の補償を規定したものであり、地下道建設のためガソリンスタンドが消防法等によりガソリンタンク移設を余儀なくされた場合の損失はその補償の対象ではないとした原告主張を排斥し、「同条は、（中略）物理的障害に基づく損失を例示として挙げるが、単に物理的障害だけでなく、法規制上の障害に基づく損失もまた、同条による補償の対象に含まれると解すべきである。（中略）公共事業による特別の犠牲が、物理的障害による場合と法規制上の障害による場合とで、損失を受ける者にとってなんら変わるところはなく、後者の場合をことさら損失補償の対象から除外する合理的理由を見出し難いからである」とし、また、危険物に内在する財産権の制限に由来するから自己負担すべきであるとする原告主張を排斥して、「いやしくも設置時において適法であり、かつ、将来の違法状態の到来を予測し難い場合であって自己の責には属さない後発的事態の発生により移設を余儀なくされたとき、常に、危険物の所有者の故をもって移設費用の自己負担を強いることは酷にすぎる背理」であるとした第一審判決（高松地判昭和五四年二月二七日行裁例集三〇巻二号二九四頁）をそのまま支持している。一つの判決事例をもって一般の傾向をのべることは独断のそしりをまぬがれないが、かねて高田コンメンタール（高田賢造『新訂土地収用法』三九七頁）においても、道路法七〇条と類似した土地収用法九三条について「著しい騒音、振動、或いは営業上の損失等について、社会通念上受忍すべき限界をこえる限り、本条の類推適用を期待してしかるべきものと考える」とされていたものが、判例上にその表現を見出したものであって、やはり周辺への各種の影響を放置することが許されず、いわば社会的費用を内部化すべきものとする考えが次第に顕在化しつつある一例であると評価することができよう。

(4)　利害調整メカニズムと費用負担　　社会的費用を内部化するにあたって重要な問題の一つは、受益者的立場にある者の費用負担である。とくに公共施設周辺地域整備法が対象としている大規模公共事業においては、事業のプラス効果を享受する受益者とマイナス効果をこうむる被害者とが地域的にも分裂する傾向をもっている。しかも、プラス効果が大きければ大きいだけ、マイナス効果も大きいというジレンマをもつことが少なくない。そこで、この両者の利害を調整する方法として上記の第二グループの周辺地域整備法においては、整備計画にもとづく整備事業などに要する経費を受益的立場にある者に負担させる仕組みが用意されていた。第一グループにおいても、空港使用料（特別着陸料）とジェット機利用料金を通じてする航空会社と航空機利用者の費用負担、道路関係諸税、高速自動車道利用料金、緩衝建築物に対する道路管理者の費用負担（沿道整備一二条）、防音工事に対する道路管理者の助成（同一三条）などを通じてする道路管理者、道路利用者の費用負担などがみられるのである。

公共施設の設置にあたって、用地取得費と建設費のみで事足れりとする発想、また、利用料金の決定にあたって、その分だけ算入すればよいとする発想では、マイナスの社会的費用を考慮外においた偏った資源配分となりかねない。上記のガソリンスタンド事件が示唆するように、具体的な費用を誰が負担すべきかについては多様な要素がからんで判断が困難となることが少なくない。日照問題において、日照を阻害する者が隣接地の上空空間を買うべきか、逆に、日照を享受する者が隣接地の上空空間を買うべきかは、それぞれの法社会や地域によって異なる解答が出てくる可能性がある。第一グループの立法において、第一期、第二期の立法と第三期の立法とでは、もちろん建築時期ならびに地区・地域指定という時間的差異が厳然と存在するものの、その発想の上では防音工事費用の負担について異なった物の見方がうかがわれるように思われる。さまざまの整備計画において、具体的に誰がどの程度の費用を負担し、全体としてどのような負担の配分、分担がみられるべきかは、今後の重要な検討課題となるであろう。

(5)　紛争アセスメント　本稿で公共施設周辺地域整備法として総称した一群の法令群は、異色である明日香村特別措置法の場合を別として、いずれも激しい社会的紛争の産物であるということができる。開発とこれに反対する地域住民等との対立は、松原・下筌ダムをめぐる蜂の巣城事件、新東京国際空港事件に象徴される数多くの社会的紛争を生んできた。その紛争過程の中で、さまざまの関連公共事業の優先的・集中的施行などの行政措置が試みられ、次第に形をなして、予算措置による周辺整備制度などを経て、立法上の承認を得た結果が公共施設周辺地域整備法となったわけである。今なお、新幹線鉄道騒音・振動障害防止対策要綱（昭和五一年日本国有鉄道）のように、上記の第一グループの第一期に相当する内容のものが行政措置として行われるものがあるなど、全体としてバラエティに富むのみならず、流動的でもある。数多くの訴訟も係属中であることは周知のとおりである。

そこで、今後の方向としては、このような紛争を予防し、または、紛争に適正に対応する見地から、あらかじめ、用地提供者や周辺地域社会について、とるべき各種の行政措置を体系的に整理した手法を用意しておき、問題点をもれなく事前に検討し、対応策を講じておくべきだという考え方が当然登場してくる。いわば、環境アセスメントが公共事業による周辺環境への影響を事前に予測し、評価するのと同様に、公共事業が関係者や周辺地域社会に及ぼす経済的、社会的影響などを事前に予測・評価し、関連する整備事業や個別的、集団的な生活再建措置などの対応策についても予測（計画）、評価し、これらに関する情報を公開し、関係住民の意見を反映させようとするものであり、紛争アセスメントないし社会影響アセスメントとでも呼ぶべきものである。さらに進んで、より積極的に、公共施設建設計画それ自体が、このような広義の地域整備開発計画の中に組み込まれてはじめて、その公共性が担保されるとする考え方がありうるであろう。開発効果の大きい大規模公共事業にあっては、繰り返し機会あるごとに主張するように、土地収用とは土地を収用すること、すなわち財産権の強制取得に尽きるものではなくて、土地の上にある生活を変え、地域の経済的・社会的構造に深刻かつ急激な変化をもたらすものである。この変容の過程こそを管理する能力をもった計画でなくして計画の名に値しないというべきである。即地的、即物的な財産権の補償をもって事足れりとし、その余の事を地元の住民や地方公共団体の後始末に一切をまかせて、当然生ずべき社会的費用を内部化しない計画は、環境アセスメントなき施設の立地と同様に合理性をもつものとはとうていいえないのである。このような見地からすると、最初にとりあげた徳山ダム事件判決は、現在の時点ではあるいはやむをえないものであるかもしれないものの、水特法がとくに「事業の実施に伴い生活の基盤を失うこととなる者」に対する生活再建措置を関係行政機関の長、関係地方公共団体のほか、「指定ダム等を建設する者及び整備事業を実施する者」の責務としていることとあわせ考えると、将来、紛争アセスメントないし社会影響アセスメントを欠き、具体的な経過において生活再建措置があまりにもズサンであるという場合には、単なる「行政措置」であるという理由で済ますことは許されず、異なる結論を導く可能性もあると思われるのである。環境訴訟において環境アセスメントを欠く公共施設の建設が差し止められているのと全く同様だからである。なお、「生活の基盤を失う」ことが「回復困難な損害」にあたらないとは思われない。むしろ、その典型的場合の一つであるとすらいえるであろう。

（注）　民事訴訟法がご専門であり北海道環境影響評価審議会の会長である小山先生に献呈するには当初「紛争アセスメント」が適当であると考えたものの、何分研究不足で制度の簡単な紹介と問題点の指摘だけに終わったことは日頃のご学恩に対して申訳ない次第である。ただ、公共施設周辺整備制度については、近年、建設省をはじめ各種の民間研究機関（とくに紛争アセスメント研究所）における調査研究が進展しているほか、日弁連においても来年の札幌における大会のテーマをこれに定め、現在実態調査を進めている旨仄聞している。したがって、将来、理論的・実証的研究の格段の発展が期待できるのである。

（北大法学論集三二巻三・四合併号、一九八一年）

19　大阪国際空港訴訟大法廷判決をめぐって——公共性

一　序　言

(1)　大阪国際空港訴訟に関する最高裁昭和五六年一二月一六日大法廷判決が、いわゆる公共性についてのべるところは、主として、上告理由第四に対して答えた次の部分である（傍点は筆者）。

「本件空港の供用のような国の行う公共事業が第三者に対する関係において違法な権利侵害ないし法益侵害となるかどうかを判断するにあたつては、上告人の主張するように、侵害行為の態様と侵害の程度、被侵害利益の性質と内容、侵害行為のもつ公共性ないし公益上の必要性の内容と程度等を比較検討するほか、侵害行為の開始とその後の継続の経過及び状況、その間にとられた被害の防止に関する措置の有無及びその内容、効果等の事情をも考慮し、これらを総合的に考察してこれを決すべきものであることは、異論のないところであり、原審もまた、この見地に立つて考察を加えた結果前記の結論に到達したものと考えられる。

上告人は、右の結論に対し、原審は上記の考察、判断を行うにあたつて本件空港の供用の公共性ないし公益上の必要性を不当に低く評価し、反対に被害を極端に重視し、上告人が採つた被害の防止、軽減の措置を十分に斟酌していないとしてこれを論難するのであるが、本件において主張されている公共性ないし公益上の必要性の内容は、航空機による迅速な公共輸送の必要性をいうものであるところ、現代社会、特にその経済活動の分野における行動の迅速性へのますます増大する要求に照らしてそれが公共的重要性をもつものであることは自明であり、また、本件空港が国内・国際航空路線上に占める地位からいって、その供用に対する公共的要請が相当高度のものであことも明らかであって、原審もこれを否定してはいない。しかし、これによる便益は、国民の日常生活の維持存続に不可欠な役務の提供のように絶対的ともいうべき優先順位を主張しうるものとは必ずしもいえないものであるのに対し、他方、原審の適法に確定するところによれば、本件空港の供用によって被害を受ける地域住民はかなり多数にのぼり、その被害内容も広範かつ重大なものであり、しかも、これら住民が空港の存在によって受ける利益とこれによって被る被害との間には、後者の増大に必然的に前者の増大が伴うというような彼此相補の関係が成り立たないことも明らかで、結局、前記の公共的利益の実現は、被上告人らを含む周辺住民という限られた一部少数者の特別の犠牲の上でのみ可能であって、そこに看過することのできない不公平が存すること を否定できないのである。更に、原審の適法に確定するところによれば、上告人は、本件空港の拡張やジェット機の就航、発着機の増加及び大型化等が周辺住民に及ぼすべき影響について慎重に調査し予測することなく、影響を防止、軽減すべき相当の対策をあらかじめ講じないまま拡張等を行ってきた、というのであり、これらの経過に照らし、かつまた、右の拡張等がそれなりの公共的必要に応ずるものであったとしても、そこにはいったん成立した既成事実に基づいておのずから生ずる需要の増大に対し更にこれに応えるという一種の循環作用もある程度介在していると思われることをあわせ考慮するときは、原審がこれらの点にかんがみ上告人において公共的必要性を強く主張することには限界があると判断したことにも、それ相当の理由があるといわなければならない。そしてまた、上告人が比較的最近において開始した諸般の被害対策が、少なくとも原審の口頭弁論終結時までの間については、被害の軽減につき必ずしもみるべき効果を挙げていないことも、原審が適法に確定しているところである。してみると、原判決がこれら諸般の事情の総合的考察に基づく判断として、上告人が本件空港の供用につき公共性ないし公益上の必要性という理由により被上告人ら住民に対してその被る被害を受忍すべきことを要求することはできず、上告人の右供用行為は法によって承認されるべき適法な行為とはいえないとしたことには、十分な合理的根拠がないとはいえず、原審の右判断に所論の違法があるとすることはできない。」

(2)　ここで公共性は、違法性判断における重要な判断要素の一つとしてとらえられている点で、第一審判決、原審判決と共通している。また、右に引用するかぎりにおいて、最高裁判決は、原審判断をそのまま支持しているかのごとくである。しかしながら、原審判決は、右のような違法にもとづいて、損害賠償請求のみならず、差止請求をも容認しているのであるから、差止請求については上告理由第一点に対する答えとして最初にこれを却下してしまっている最高裁判決との間には天地雲泥の差があるといわなくてはならない。このように、最高裁判決においては、差止請求の適法性そのものが否定されているため、「航空機の離着陸を差止めることは、内外の航空輸送上重大な影響を及ぼすものであり、前記の環境庁長官の勧告も、右のような国民の生活時間帯を考えその必要性の極めて大きいことを考慮して本件空港の場合は午後一〇時以降の発着を行わないものとするにとどめたと思われること、以上の点を考慮すると、損害賠償請求の関係は別として、差止請求の関係では、午後九時から一〇時までの航空機の発着については、受忍限度内にあるものといわざるを得ない」とする第一審の判断（大阪地判昭和四九年二月二七日判例時報七二九号三頁以下、七二頁）と「右一時間の差止めを認めた場合、外国関係を含め、各方面に及ぶ重大な影響は十分推察しうるところである。しかし、どのように公共性が大きいからとて、本件空港の特殊性と、それに起因して周辺住民が一方的に受ける重大かつ広範囲にわたる被害を無視することはとうていできないのであって、右時間帯の差止めを認容するほかなく、これによって生ずる事態の収拾については、本来設置すべきでなかった場所にB滑走路を設置し、被害の発生にかかわらず、ジェット機の就航をここまでひろげる結果を招いた被告に最大限の努力を期待せざるをえない」とする原審の判断（大阪高判昭和五〇年一一月二七日判例時報七九七号三六頁以下、七二頁）とのうち、いずれの判断をとるべきかという実体的判断にはついに立入らないままに終ったのである。したがって、また、上告理由第四点一の1にいう差止めを認める場合の受忍限度と損害賠償を認める場合の受忍限度の程度の差異ならびに前者における判断要素の内容などについてふれるところがないことはもちろん、右に原審判断引用中に「公共的必要性を強く主張することには限界がある」とある部分に相当するものは「公共性を主張することには限度があるものとみなければならず、被害軽減のためには空港の利用制限によりある程度の不便が生ずることもやむをえない」と続く文章においてであって、およそ最高裁の考えとは異なるものであるにかかわらず、これをしもそれ相当の理由があるとするなど、この点に関する最高裁の考え方は明確とはいいがたいのである。

ごく簡単にいって、最高裁は、差止請求、被上告人中二名の者に関する先住性、将来における慰藉料請求の諸点については上告人主張を採用し、損害認定の方法ならびに右にのべる限定づきながら違法性の点については、被上告人主張ないし原審判断を採用し、結果的には第一審判決と近似したものとなるという、三方一両損のような妥協の産物としかいいようのない判決を下しているわけであって、多岐に分かれた補足意見、少数意見の集大成としてやむをえないとはいうものの、そこに首尾一貫した固有の判断を見出すことは極めて困難であるため、内在的批判は断念せざるをえないのである。

二　さまざまの公共性

(1)　公共性が多義的な概念であり、かつ、多次元的なものであることは、これまで機会あるたびにのべてきたとおりであって、紙幅の制約もあって、ここではくりかえさない（拙稿「交通の公共性と環境権」ジュリスト総合特集2『現代日本の交通問題』二五六頁、同「土地収用と公共性」ジュリスト増刊『行政法の争点』二六四頁、拙著『計画行政法』など参照）。

交通に関する公共性としても、①公共施設としての公共性、②公益事業としての公共性、③都市計画次元での公共性、④開発行政次元での公共性など、多様な次元を異にした公共性が考えられる。

また、これらの公共性は、いずれも一般抽象的なものとして考えられてはならないのであって、交通需要や交通体系のあり方、関連する社会経済的事情、周辺の土地利用状況をはじめ、これまた多様な次元における土地利用計画との関連など、多種多様の事情の具体的な比較衡量による総合的判断が個別的に要求されるのである。公共性とは、具体的な計画なり行政措置なりの合理性であるともいいうるからである。ところが、この点についての判断は、第一審、原審、最高裁と進むにつれて極度に簡略化、抽象化の度を高めている。原審判断においてすでに「一々検討するまでもなく、右のような航空の抽象的な公共性は容易に肯認されるとともに、それ以上に詳細な判断に立入る必要はない」としていた（前掲六九頁）が、最高裁にいたっては、「航空機による迅速な公共輸送の必要性」をいうものであるとされたうえ、「現代社会、特にその経済活動の分野における行動の迅速性へのますます増大する要求に照らして、それが公共的重要性をもつものであることは自明」であるとされたのみならず、原審で「原告らのいうつくられた需要がありうることなどは、航空自体の公共性を否定する理由とするに足りない」とされていたのに対して、「既成事実に基づいておのずから生ずる需要の増大に対し更にこれに応えるという一種の循環作用もある程度介在していると思われること」を最高裁はあわせ考慮しているところに独自性がみられる。

(2) 最高裁は、また、「本件空港が国内・国際航空路線上に占める地位からいって、その供用に対する公共的要請が相当高度のものである」としつつ、「しかし、これによる便益は、国民の日常生活の維持存続に不可欠な役務の提供のように絶対的ともいうべき優先順位を主張しうるものとは必ずしもいえないものである」として、その公共性の程度が相当高度であるものの絶対的なものではないという評価を与えている。

交通施設や交通機関、交通事業の公共性にいかなる評価を与えるかは極めて困難な問題である。全面的な交通ストや災害時の交通杜絶の事態を想定すれば容易にわかるように、交通なくしてわれわれの日常生活そのものが成り立たないし、「国民の日常生活の維持存続に不可欠な役務の提供」も交通抜きでは考えられない。裁判所職員のストを短時間であれ「国民生活に重大な影響がある」ものとして違法視するのが最高裁の変らぬ考えであるが、交通なくして裁判の利用もおぼつかないことは事実である。そういう意味で交通には第一級の重要性がみとめられる。土地収用法三条の収用適格事業の第一に道路があげられ、労働関係調整法八条一項の公益事業の第一番目に運輸事業があげられているのもこのためである。しかし、以上にいう交通はトータルにとらえられたものであり、かつ、一般抽象的にいわれるものであるにすぎない。最も一般的な交通施設である道路においても、具体的な公共性が問題となりうることは、日光太郎杉訴訟をはじめ、本件空港訴訟や新幹線訴訟同様の環境訴訟の存在が示しているとおりである。

(3)　つぎに、交通施設が他の公共施設と異なる特色のひとつは、全体としての交通網ないし交通体系の一環として存在し機能しているということである。道路は道路網の一環として、鉄道は鉄道網の一環として、空港は航空路網の一環として存在している。まさしく環判事の意見が「本件空港は、国の内外にわたる航空路網の一つの結び目であり、（中略）本件空港を事業者の使用に供している国の行為は、全国にわたる国の事業活動の一環としてとらえるべきであり、これを本件空港という特定の空港の管理行為と見る見解には賛同し難い」とするとおりである。のみならず、道路、鉄道、航空などが、バラバラではなく、それらが一体となって全体としての都市内・都市間、国内・国際間、全地球的規模など、さまざまの次元の交通体系を構成するものであることもまたいうまでもない。

(4)　さらに、交通は、特に経済的活動に限られることなく、人のさまざまの活動の手段であり、または、これを動きの側面からとらえたものであるため、交通体系は社会的経済的構造と深い関わりをもっている。とくに地域社会の土地利用計画や都市計画の骨格を形成するものといえる。このため、都市計画次元での公共性や開発行政次元での公共性が問題とされざるをえないのである。たとえば、交通計画のない都市計画というものは考えられないわけである。ところが、問題は、交通が地元の都市計画や土地利用計画にとって、プラスの意味ばかりではなく、マイナスの意味をもつところにある。とくに空港、新幹線鉄道、幹線自動車国道などの大規模交通施設にあっては、そのプラスの効果が大きければ大きいだけ、周辺の地域社会にもたらすマイナスの効果も大きくなるという大変困った特色がみとめられる。右の最高裁判決が、住民の受ける利益と被る被害との間に彼此相補の関係が成り立たないといっているとおりであって、いわゆる迷惑施設とよばれるものには利益の享受者と被害者とが地域的に分裂する傾向がみられるが、ここにあってはその乖離がとくに著しいわけである。

このように、交通施設それ自体の公共性である利用の増大が、他の条件が同じであるかぎり、同時にマイナスの効果をも増大させるものとすると、受忍限度における利益の比較衡量は全くディレンマにおちいることとなって、進退に窮することとなる。これによっては問題の解決を図ることができないのである。

三　公共施設とその周辺

(1)　右のようなディレンマに直面し、また、これより発生した激しい社会的紛争をきっかけとして、昭和四〇年代に入ってから、公共施設の周辺または周辺地域の整備を目的とした諸立法が登場することとなった。①昭和四一年防衛施設周辺の整備等に関する法律、②昭和四二年公共飛行場周辺における航空機騒音による障害の防止等に関する法律、③昭和四五年新東京国際空港周辺整備のための国の財政上の特別措置に関する法律、④昭和四七年琵琶湖総合開発特別措置法、⑤昭和四八年水源地域対策特別措置法、⑥昭和四九年発電用施設周辺地域整備法、⑦同年防衛施設周辺の生活環境の整備等に関する法律（上記①の大改正）、⑧同年上記②の大改正、⑨昭和五三年特定空港周辺航空機騒音対策特別措置法、⑩昭和五五年幹線道路の沿道の整備に関する法律がそれであって、公共施設周辺地域整備法と総称することができる（拙著『計画行政法』二五〇頁、同『行政法Ⅱ（各論）』三一〇頁、拙稿「公共施設周辺地域整備法について」北大法学論集三一巻三・四号一六一九頁参照)。また、その実態等については、昭和五六年九月二五日日本弁護士連合会第二四回人権大会シンポジウム第二分科会レポート「『公共施設と公害――飛行場・鉄道・道路における周辺対策の実態とそのあり方――』」をはじめ、紛争アセスメント研究所による社会的紛争関係のレポートなどに詳しいので、ここでは参照するにとどめておきたい。

(2)　ただ、ここで特筆に値するのは、右の⑨の立法による航空機騒音障害防止地区と航空機騒音障害防止特別地区、⑩の立法による沿道整備計画においては、住宅、学校、病院等の防音構造化や立地の禁止など、周辺の土地について土地利用規制が定められていることである。これはすでに⑧の立法による空港周辺整備計画においてみられた土地利用転換の思想にうかがわれた、消極的障害防止にとどまることなく、積極的に適正かつ合理的な土地利用を図るという目的を加味することによって、都市計画の一種として規制を根拠づけている(都計八条一項一六号、一二条の四)ところが注目される。

元来、都市計画の目的とするところは、都市機能の高度化・効率化などと並んで、都市生活環境の保全を図ることである。このため用途地域制をはじめとする地域地区などにおいては、住工混在の言葉によって象徴されるような相矛盾する用途の混在をさけ、用途の純化・特化による土地利用の計画的配置を大きなねらいとしている。ところが、沖縄の普天間飛行場の滑走路南西延長線上約五〇〇メートルのところに第一種住居専用地域がある(上記の日弁連レポート六二頁参照)という驚くべき例をはじめとして、空港が住居地域に接している例が少なくない。本件大阪空港周辺も一部地区が準工業地域に変更されたのをのぞくほぼ全域が住居地域であるというのである(判例時報七二九号四八頁参照)。都市計画基準をはじめ都市計画法上の各種の規定を文字面からみるかぎりにおいては信じられないような事態だというほかあるまい。

(3)　右の⑨の立法は、さしあたり新東京国際空港への適用が予定されているものであって、本件とは直接のかかわりをもたないものであるが、考え方として問題となることの一つは、いわば被害者の規制を行うことが妥当かどうかという問題である。

(a)　被害防止のために潜在的な被害者たりうるものを規制することは、建築基準法三九条による災害危険区域、都市計画法施行令八条二号ロのいわゆる線引きの基準として市街化区域にふくめないこととされる「災害の発生のおそれのある土地の区域」など、従来からもその例がなかったわけではない。しかし、これらは立法趣旨においては文面から分るように自然災害を念頭に置いていると思われる（ただし、高知地判昭和四九年五月二三日判例時報七四二号三〇頁参照）。

(b)　用途地域の一つである工業地域内においては学校、病院の立地が禁止され、同じく工業専用地域内においてはこれに加えて住宅の立地が禁止されている（建基別表第二(ト)(チ)参照）点で、先の航空機騒音障害防止地区等と類似している。しかし、用途地域は都市内における都市機能の特化・配分の目的に仕えるものであって、当該都市にとって外在的な大規模公共施設のために、しかも、その周辺地域を規制することとは異質であるとする反論が可能である。

(c)　土地収用事例に屢〻登場する高圧送電線の線下地の強制使用においては、送電電圧の大きさに応じて、保安上の見地から線下地の土地使用が制約を受けるのに対して補償をする点で、航空機騒音障害を収用補償の問題として処理しているアメリカの法制と類似している。

(d)　発生源対策と周辺土地利用規制をふくむ周辺対策の区別は、空港騒音にあっては、困難である。けだし、緩衝緑地帯ひとつをとりあげても、これを空港自体の一部と考えることもできれば、その周辺とも考えることができるからである。なお、発生源対策を常に優先させるべきであるとは必ずしもいえないことは右の線下地規制の事例や反対運動に関する事例（東京地判昭和五三年九月二九日判例時報九三一号七九頁）が示している。

四　国賠法一条か二条か

(1)　差止請求を別として、損害塡補が賠償なのか補償なのかは、かねて事業損失の性格論をめぐって議論があるところである。周辺対策についても、いずれの延長線上で理解すべきか問題がある。右の線下地補償事例や最高裁判決自体「特別の犠牲」という言葉を使っていることなど、ここに根本的問題があるのであるが、紙数の制約上割愛せざるをえない。

(2)　賠償の問題であるとしたうえで、国賠法の適用があるものとしたところで、つぎに一条によるべきか、二条によるべきかが問題である。最高裁の多数意見は、二条によるべきものとした原審判断をそのまま支持している。

国賠法二条の管理瑕疵の判断にあたって、近年、避難対策などのいわばソフトな措置をとるべき義務があわせて強調される傾きがある。本件でも周辺対策の実効性の評価が大きく結論を左右している。ところが、これらの対策の主体や内容からみて、営造物管理者の責任範囲内におさまりきれるものばかりかどうかに疑問が感ぜられる。そこには「一条と二条とが合体してはじめてみとめられる責任」（拙著『国家補償法上巻』一三〇頁）がいわれているように思われてならない。はたして加治川水害訴訟控訴審判決においては「水防上の管理瑕疵責任」（東京高判昭和五六年一〇月二一日判例時報一〇一八号二九頁以下、五九頁）を論じている。本件空港訴訟においても、周辺対策や都市計画次元に視野を広げたとき、問題が国賠法二条にとどまるべきか、疑問はつきない。しかし、本稿ではもはや論ずべき余裕がないため、すべて他日を期すほかはない（拙著『国家補償法下巻』に現在執筆中である）。

（判例評論二七六号（判例時報一〇二五号）、一九八二年）

20　都市再開発について

一　都市を訪ねて

この一・二年のあいだに、筆者が訪問、滞在し、あるいは遊んだのは、つぎの諸都市である。

まず、国内では、居住地である札幌は別として、福岡、長崎、熊本、大分、湯布院、広島、神戸、大阪、高槻、京都、金沢、奈良、名古屋、東京、横浜、横須賀、会津若松、仙台、新潟、函館、小樽、旭川。

つぎに、海外では、カナダのバンクーバー、トロント、合衆国のニューヨーク、バージニア州フォート・リー、ワシントンＤＣとその近郊マウントバーノン、アレキサンドリア、ボストンとその近郊ケンブリッジ、イギリスのロンドン、オックスフォード、フランスのパリとアンジェ、スイスのジュネーブ、チューリッヒ、西ドイツのミュンヘン、ローテンブルク、ヴェルツブルグ、ハイデルベルク、マインツ、ボン、デュッセルドルフ。

それぞれ二〇あまりずつ、あわせて四〇ほどの都市を忙しくとび歩いているかのようであるが、国内の諸都市は学会のほか公務、雑用によるものであり、海外の諸都市は、もっぱら今年の春の短期在外研究の際の訪問地である。したがって、いずれも短期滞在であって、長いところでたかだか二、三週間のものである。五年、一〇年同一都市に滞在、居住している生活者と異なり、旅人の目で上っ面を見たものであるにすぎない。しかし、美味、美酒、美術、美観などを求めて、巷を徘徊彷徨する性癖をこの時とばかりに発揮し、また、ショッピングを趣味

（ほとんどビョーキというと叱られるが）とする女房につきあわせられ、さらには、親切な友人知己にあちらこちらつれていってもらったおかげで、それぞれの都市の目ぼしいところをかなり観ることができた。加えて、比較的短期の間に、あっちこっちと違ったところに行ったため、おのずから相互に比較対照をすることもできたように思われる。

印象はさまざまだが、全体として印象深かったことをあげると、つぎのようなものである。

まず、いずこも同じ自動車社会であって、自動車公害、なかんずく騒音公害に悩まされていない都市はなかった。どこへいってもウルサかった。加えて、航空機騒音も相当なものである。日本は国土がせまいから航空機騒音問題があるが、国土のひろいアメリカなどでは航空機騒音がないなどというのはウソで、フォート・リーのような一見閑静な住宅街にも騒音が道路と空から襲ってくる。ワシントンＤＣでも航空機騒音が首都ならびに観光地としての雰囲気をこわしていた。

しかし、アメリカにおいても、ヨーロッパにおいても、自動車騒音をおぎなってあまりある豊かな自然があふれている。かずある印象のなかで最も印象深かったものは、ヨーロッパの農村地帯の美しさである。北海道にいて少しは広大な風景になれているつもりであった筆者にとっても、その広大さは予想をはるかにこえていた。フランスだけでもわが国の一・五倍の国土をもち、しかもその大部分が平坦地である。帰ってから世界地図帳を眺めてタメ息がでた。したがって、バスや列車で走れど走れど三六〇度見わたすかぎりの地平線まで緑の農地がひろがっている。生まれてはじめての大地と大空という言葉を実感した。そこに、地平のはてからはてまで一直線に走るさまざまな並木道をみて以来、北大のポプラ並木はあまりにも恥ずかしくて、ヨーロッパ人にみせられなくなった。フランスにかぎらず、ドイツ、ロンドン郊外においても、また同様である。アメリカももちろん、車でちょっと都市をでればもう大自然の中にある。自動車社会も自動車騒音も、全体からみると一部であって全部ではない。可住面積でいって、日本は西ドイツの三倍、イギリスの五倍、アメリカの一五倍の車が走っているそうだから、諸外国との比較ではどだい話にならない状態というべきであろう。また、ヨーロッパでは、パリの石づくりをはじめ建物の構造が堅固であるため、屋外の騒音が室内まで侵入しない。交通ひんぱんな道路に面した都市の建物も奥の寝室は静かである。

つぎに、自動車をシャットアウトした広大な空間が都心部にもひろがり、市民の散策といこいの場となっている。ニューヨークのセントラルパークとワシントンのスミソニアン前のモールを見て、札幌の大通公園がみじめに思われてきた筆者は、ロンドンのハイドパークでまた驚かされた。すぐ隣につながっているケンジントンとあわせて二七〇万平方メートルだというから農場こみの北大キャンパスの敷地（あるいは大阪市南区の面積）と同じくらいの公園が世界の大都市のど真中にどんとあって、市民が自由な散策、乗馬、討論（スピーカーズコーナー）などの場としている。そのほか、漱石記念館が近くにできたクラナッハ・コモンズをはじめ、かずかずのコモンズなどの心なごむ広場が無数に散在し、ご近所の老人たちが日なたぼっこなどをしている。また、パリには石ダタミながら、有名な広場がそこここにあり、凱旋門をぬけて少しいくと、もうブローニュの森がひろがっている。さらに、ミュンヘンをはじめとするヨーロッパの諸都市では、都市の中心に市の庁舎があり、その前に広場があり、マルシェ・マルクトとよばれる花や野菜、果物、雑貨の市場が開かれ、そこに背景の空間をどっしり占領した中世以来の教会が尖塔の影を落としていることが多い。市庁舎といっても、札幌市役所のような墓石さながらの殺風景な高層ビルではない。定刻に時計から人形があらわれでて愉しい踊りもみせようという古風ゆかしい建物である。わが国の日曜祭日かぎりのよそよそしい歩行者天国とちがって、広場では毎日自動車の心配もなく、老若男女、年寄りも子供も、市民も旅人も嬉々としてたわむれ、路上の音楽師の演奏に耳をかたむけ、静かないこいを味わっている。

ひとくちにいって、都市がその都心においても、市民の生活の場に、楽しみといこいの場になっている。途方もなくうらやましかったのはこれである。

二　都市の魅力とは

都市の魅力とは何であるか。日頃、自然に親しもうなど恰好のいいことを言いつつ、申し訳程度にたまにハイキングをするのが関の山で、実際には、公害にまみれた人混みを求めて、盛り場をウロウロする時間がはなはだ長い自分自身の心の中をのぞきこんでみれば、要するに、それは面白いからである。何が面白いか、といわれても、答えに困る。面白いものはイロイロあるというほかない。

ショッピング好きの女房につきあって、デパートあたりではうんざりする時もあるが、一緒に街を歩いて、自分も結構楽しんでいることがある。それは種々雑多なものが巷にあって、好奇心を満たし、また色彩デザインなどが審美眼をたのしませてくれるからである。買うたのしみではなく、観るたのしみ、新奇なものと出会うたのしみである。ひとくちにいって、都市にはゴチャゴチャいろんなものが混在している、何かがある。また、何かありそうである。未知なもの、既知のものをふくめて、その全体の雰囲気が面白い。

伝統のあるヨーロッパの諸都市では、歴史的文化的遺産がそのへんにゴロゴロころがっている。パリのように都市景観の全体がそのようなものだといって大げさでない。歩くだけで楽しい。また、美術館、博物館など、ミュージアムと名のついたものだけでも、四〇ばかり観て歩いたが、これまたみものだった。伝統的建造物や都市景観は、ただ保存されたものばかりでなく、戦禍による破壊から昔どおりに再建されたものが少なくないことを知って驚いた。大津市と姉妹都市でもあるヴェルツブルクのレジデンツ宮殿では、復元の過程が写真にとられている。好意的に案内を買ってでた職員が最後にこれを指して、「ヒロシマ、ナガサキ、ノー、ノー」といった。戦禍にもめげずにやられている伝統的な、また由緒ある建造物、都市景観などの維持保存、再建復元には、執念のようなものさえ感じられた。市民の心のよりどころであり、市民住民にとって都市の魂のようなものだからであろう。ミュンヘン大学のバドゥーラ教授から、「ローテンブルクは外観はドイツ中世だが、中身はアメリカである。むしろヴェルツブルクがよい」といわれていったのだった。たしかに、市庁舎の塔から見下ろしたローテンブルクは中世絵巻きさながらだが、下界に下りると観光地として俗化しすぎていた。なるほどと納得した。

伝統的建造物などに比較的とぼしいカナダやアメリカにおいても、魅力的な街づくりに努力がそそがれている。なかでも面白かったのは、古い倉庫群を改造してショッピングセンターとしているもので、バンクーバーのグランビル・マーケット、ボストンのクインシー・マーケット、ワシントンＤＣ近郊アレキサンドリアの魚雷製造工場跡などにその例がある。わが国でも古いレンガ造り倉庫や石造倉庫などを喫茶店やレストランに使っているものが多い。小樽の北一ガラスなど、その成功例のひとつだが、外国の例ではひときわそのスケールが大きい。奇抜なもののとりあわせから独特の空間が形成されて人を魅きつけるわけである。トロントのイートン・センター、背後の運河との高低差を活用したワシントン郊外ジョージタウンのジョージタウン・パークなども、空間形成が面白かったが、倉庫跡や工場跡をそのまま利用しているところでは、意表をついた空間との出会いが楽しさを倍加させている。しかも、グランビル・マーケットやアレキサンドリアなどでは、ショッピングセンターというより、むしろ芸術センターであって、さまざまの分野の新進の芸術家たちに創作の場を提供しており、そこで創作の過程をみることができる。売られているものは、工場で大量生産されたものではなくて、手づくりの創作品がその中心である。それに加えて、生鮮食料品の市場もあれば、ちょっとしゃれたレストランもある。混然たる都市の原型のようなものだから、人が集まってくる。今にして思えば、小樽運河は残念なことをしたと思わざるをえない。

六月下旬おとずれたマインツはちょうど祭の真最中で、例の市庁舎、有名なドームの教会のある広場へとつづく。普段から歩行者天国で小粋な商店がつらなる通りや、ややひろくこの日のために歩行者天国となったらしい通りには、ラインガウをはじめさまざまのメーカーのワインの出店が並んで、にぎわっている。ライン川での船が出る河畔にジェットコースターなどの大がかりな遊具がいくつもそろえられて、子供らを招き入れている。なかには生きた本物の小馬のメリーゴーランドもあって驚かせる。ハイネッケンだったが、大テントをたてた急造のビアホールにご老人たちが続々と招待券を手に急ぎ足で入場している。また、ライン河畔に延々と芸術家たちの作品の展示即売の出店が続き、ランプ細工などが人を魅き寄せている。立飲みのワイン、ビールのハシゴと流れてくる音楽、さんざめきが雰囲気をもりたてて、たいへん楽しかった。似た楽しさは、チューリッヒでも味わった。ジュネーブをひとまわり小さくしたチューリッヒは都市の大きさが手ごろで親しみやすい。湖水が河口に流れでるあたりの小島のレストランで、軽快な音楽にあわせてダンスに興じる人々をみながら飲むビールは、格別うまかった。この小さな二つの都市には都市の原型をみる思いがした。

重厚な石の都パリも、明るいカフェテラスがいたるところで疲れた足を休める場を提供してくれる。そのおかげで石の重苦しさを緩和し、軽やかな雰囲気をかもしだして、人間的な都市となっている。ロンドンのパブも同じである。わずか九軒しか探訪しなかったが、昼間からビアジョッキを傾けて雑談に花を咲かせている。林立するビル群が人を威圧する感のあるニューヨークのマンハッタンも、ビルのあしもとではすこぶる楽しい街であることを知った。街全体コンパクトだから、中心から二、三〇分も歩けば、セントラルパークあり、メトロポリタン、グッゲンハイム、モダンアート等々の美術館あり、五番街あり、ブロードウェーあり、少し南にでればソーホーやチャイナタウンあり、いたるところに世界さまざまの料理を食べさせるレストランがある。だから雑然、混在、ゴチャゴチャといった都市の魅力にみちている。また、新しい大型ビルの中には、人為的にこのような魅力に富んだ空間をとりいれたものが少なくない。異種多様な店舗を入れ、大胆な吹抜け空間を活用し、先に紹介した倉庫群や工場群をショッピングセンターや芸術センターとしたものと類似した空間をビル内に作り出したものである。この手の空間は郊外の大型ショッピングセンターでもよくみかけることができた（強いて言うと在来デパート型に対するパルコ型か）。

三　都市再開発とは

いま目の前に『苦悩する都市再開発。大阪駅前ビルから』(1)という本がある。ご承知のとおり、駅前の再開発ビルが目算ちがいもあって、まったくはやらないで、いまやゴーストタウン寸前、よって行政よ何とかしてくれ、という問題をとりあつかっている。別段頼まれたわけではないが、具体的に都市再開発とは何か、を知るのに適当な本であろう。閲読を勧めたい。というのは、同じ話をいくらも聞くからである。記憶はさだかではないが、北海道でも、苫小牧だとか、釧路だったかで、やはり再開発ビルがテナントの入らないユーレイビルとなり、赤字をうめるため地元自治体が追加の支出をしたりなど、という話が新聞にのっていたことがある。だとすると、これは一般的な傾向であるらしい。ただ、大阪よ、お前もか、という気持は強い。四国生まれのせいもあって、関東よりは関西を身近に感じ、日頃、「関西の芸人は利口が馬鹿を演じている。関東の芸人は馬鹿が利口ぶっている」などといって、また、何事によらず新しいものは関西から発し、東京の成り上がりは田舎者の集まりにすぎないなどといって、関西の肩をもってきた身としては、関西の伝統にうらづけられた創造性の発揮に大いに期待をかけてきた。ところが、経済の地盤沈下に意気も消沈してか、訴訟事件となる社会問題などへの対応についても歯がゆいことが多くなった。大阪といえば商売の本場ではないか。それが駅前にユーレイビルを建てて何事であるか。それで尻ぬぐいに行政依存とは関東の体質に毒されたか。雑誌「土地住宅問題」にボヤキを連載されている足立忠夫先生ではないが、関西びいきとしてはボヤキのひとつも出ようというものである。

一〇年ちょっと前に『都市計画法50講』という本を出したとき、はしがきに、「都市というと、われわれは高層ビル群や高速自動車道を想いうかべる。いつか浜松町の世界貿易センタービルの展望室から夕日に映える高層ビルを眺めながら、ふと墓場を連想したことがあった。高層ビルは墓石によく似ている。しかし、都市は、建築物や道路など人工的造型のほどこされた構築物によって構成される物理的存在をいうのではない（中略）。都市とは、人間の生活の場である」と書いたことがある。若気のいたりでキザなことを書いたものだが、読者の中には、はしがきの部分が一番面白いという、喜ぶべきか悲しむべきか悩むようなほめ方をするひともいて、改訂版ではのぞいてある。ただ、さきほどの『苦悩する都市再開発』の本のカバーにある大阪駅前ビルの写真をみると、まことに墓石そっくりであるのに苦笑させられる。札幌市役所と好一対である（口の悪い人は、札幌市役所は地下鉄の南北線・東西線の交差する上に位置するところから、さらに十字架を背負っているともいう。地下鉄建設による地価高騰が庶民の住宅地をはるか彼方に追いやったことに対する呪詛という十字架であろうか）。

駅前ビルが墓石であるなら、ユーレイビルとなるのも当然ということになる。言葉遊びでは関係者に対して失礼だが、その形態のみならず、実際の機能においても、駅前再開発ビルは墓石であることが多い。なぜか。それは都市の魅力を殺していることが多いからである。たとえば、札幌などと並んで、小樽の駅前ビルは再開発事業の成功例に数えられることが一般的である。とくに役所の目からみてそうであるらしい。ちゃんと全国チェーンの大型店舗も入っている。しかし、市民がこれをみていう言葉は「昔は良かった」という慨嘆である。昔の駅前は三角市場ももっと広かったし、庶民が気軽に入れる一杯飲屋も多かった。庶民のくつろぎいこう場であったが、いまはいかにもよそよそしい。個性を失った、ただの駅前になってしまった。市民の魂を殺した墓碑として駅前再開発ビルが存在している。これはなにも筆者の年配以上のものの、年寄りのクリゴトではない。列車から小樽の駅前に降り立った若者たちの足どりのおもむく方向をたどってみれば、明らかであろう。彼らは古い大きな石造倉庫を改造した北一ガラスへと向かうのであり、また、その途中に点在するこれまた古い建物を改造した喫茶店、レストラン、手づくりショップなどへ急いでいるのである。失われた魂の再建を、若者たちが手づくりで求めているといってよい。そこには、アメリカでも、ヨーロッパでもみられた共通の志向がある。非人間的でつめたいコンクリートやガラスでできた墓石型の高層ビルではなく、人の好奇心にこたえ、美感や情緒に訴える人間的な空間である。ガラスはガラスでもオフィスビルのガラスではなく、ロマンを語る手づくりガラスである。自動車が直進する道路ではなく、人間くささのある曲りくねった道であり、小路、路地である。大阪のミナミの宗右衛門町あたりを再開発ビルの中に入れようとするバカはいないであろう。

このようにみてくると、都市再開発には、都市の魅力を殺すものと、都市の魅力を創造するものとの二つがあることがわかる。でっかい高層ビルを建てて事終わるとするものは前者の例である。都市再開発法を使い、市街地再開発事業として行われたものに、その例が少なくないようである。後者はどうやら法律上の市街地再開発事業にはなじまないようである。また、日本中いたるところで、古い街並みが消え、より高層のビルがふえていっている。低層住宅を何軒かこわして高層ビルを建てることが都市再開発であるなら、その例は無数にみられる。しかし、法律上の市街地再開発事業として行われるものは、ほんのひとにぎりであり、全体からみれば無視できるものである。とすれば、重要なことは、全体としてさまざまの形をとって進行している都市改造をどちらの方向にもっていくべきか、ということであろう。いうまでもなく、都市の魅力を創造する方向に向かわせたい。

（1） 大久保昌一・角橋徹也編著『都市文化社』一九八五年。

四 都市再開発の行くえ

将来の都市再開発の行くえをさだめるものは、いうまでもなく人の意識である。渋谷、原宿、六本木、代官山などのチマチマしたところをウロウロするより、若者が池袋のサンシャインビルを目指すようになれば、あるいは非人間的な高層ビルや自動車専用といわんばかりのひろい直線道路をつくることが都市再開発の主流となるかもしれない。しかし、筆者はそのようなことにはならないであろうと思っている。そのような都市観はずいぶん前から古くさいものになっている。ほんの一部ながら、わが国でも直線道路にかえて曲線を採用したり、歩道部分をひろくとったり、生活者の意識を重視した都市づくりが進行しつつある。それはやはり世界の大勢だといってよい。都市が人の生活の場でなくてはならない以上、機械的な機能本位ではあまりにも無味乾燥、殺風景でやりきれない。ゴチャゴチャした都市の魅力にみちた空間が要求されるであろう。老人が安心してくつろげる空間、子供が遊べる空間、ビジネスマンが勤務時間が終わっても逃げ出したくならない、うるおいのある空間が必要である。雑多なもののなかから好奇心を満足させ、人の潜在能力を目覚めさせるものとの出会いを期待させる空間でなくてはならない。細分化され、分裂した人間のコマ切れの必要にではなく、丸ごとの人間の欲求に応えるものがほしい。ヨーロッパの伝統的諸都市はこのような基本的欲求にこたえるものをもっている。アメリカの諸都市も人為的であれ、類似の空間づくりにはげんでいる。個性的で、市民が自己の存在を同一化できるような魅力ある都市づくり、それが日本においても都市再開発の今後の方向となるであろう。京都にまで地下鉄ができて、全国一律の画一的な地下街が出現するなどというのとは、ちょうど逆の方向である。これからは個性的な魅力を競う時代にならなければならない。

本稿で筆者が都市の魅力づくりを強調するのはなぜかといえば、それはこれが住宅再開発の前提と考えるからである。通勤圏の異常な拡大ぶりの話を聞くにつけ、その社会的損失ははかはりしれない。一企業の視野からみてもかなりのマイナスであろう。早々と店じまいする都心の商店街もあわれでならない。いわんや宅地開発による自然破壊たるや、民族の将来も危ぶまれるばかりである。際限もなく都市間に切れ目なくダラダラとつづく開発は、わずか三〇年の間に美しかった日本の自然景観を一変させてしまった。今さら手遅れであろうが、これ以上はもうたくさんである。住宅空間もまた、既成市街地の再開発によって供給する方向をとらなければならないであろう。そのために、法律上にも誘導や規制の手段を考案しなければならないかもしれない。しかしながら、なんといっても必要なことは、都市の既成市街地の中に生活者からみて魅力ある空間がなくてはならない。生活の場とするだけの魅力がなければ、いくら職住近接とか住宅再開発を叫んでも人が都心に帰ってこないであろう。

ジュネーブでは、駅前広場につづく歩行者天国（一時のものではないらしい）の路上でビールを飲みながら、道路に面した建物の五階あたりの窓で、日光浴を愉しむ娘さんの水着姿を観賞できた。パリでも、カルチェラタンの中心オデオン座近くのホテルの窓からは、向かいの商店の三階や屋根裏部屋の居室がのぞかれた。ニューヨークのマンハッタンでさえ、こわいこわいといわれるセントラルパークの不思議の国のアリス像あたりの小さな児童遊園地は、赤ん坊や幼児があふれ、また、ジョギングに汗を流す人の姿がたえない。もちろん、セントラルパーク界隈の高級住宅街は庶民にとって高嶺の花であるが、ニューヨーク、ロンドン、パリといった世界の大都市でさえ、業務機能が人の生活を追いはらうにいたっていないことは、注目に値することというべきであろう。ニューヨークをはじめ、世界の大都市は、多種多様な異民族をかかえるという、われわれには想像を絶する困難な課題をかかえながら、着実に再開発を進めている。財政危機の真只中にあるニューヨークも、市民参加のもとに再開発プロジェクトが動いている。ちなみに、ここにいう市民参加とは「文句はいうが、金を出さない」という日本型住民参加ではなく、「金を出し、建設的意見を出す」という市民参加である。都市がビジネスだけの場でなく、自分みずからの生活の場であるからだろう。「おらが故郷《くに》さ」ならぬ「われわれの都市《まち》」だからであろう。職場と生活の場が異なる現在のわが国では、市民はどちらの都市にでも育たない。住民に市民としての帰属感、一体感をもたせる都市づくりが必要である。このため、第一段階として、上記のような意味での都市の魅力づくり、第二段階として、職住近接のための住宅再開発をおこなうべきである。第二段階も高層ビル作りではなく、第一段階によって人の気持ちを魅きつけ、しかる後、住宅部分面積や居住者数による固定資産税減免と都心部の再開発必要区域における固定資産税の文字通りの「時価」評価の組み合わせなど、ソフトな手法を活用すべきであろう。

　最後に、第三段階として、自動車の追放とこれに代わる都市交通通信体系の整備がある。都心に生活の場をよびもどすため、不要不急の自動車は排除すべきである。再開発によって車の入れない狭い道路を拡幅しようとするのは本末転倒、むしろ、車両制限令を強化して、往復二車線が確保できない道路は、パトカー、消防車、救急車等の緊急車両をのぞいて立入を禁止すべきである。狭い道路はなにもわが国だけの特色ではない。ヨーロッパの都市にはいくらでもある。ロンドンでもパリでも二車の交差困難な道路が少なくない。ニューヨークの道路も一部の高速道路をのぞいて、むやみにひろくない。昔のなつかしい道路の感じが強い。

巷間、都市再開発について、キナくさい話が横行している。あえて原点に立ちかえって抽象的な話をしたのは、このような時流にくみしたくなかったからである。青春をすごした根津神社界隈、団子坂、とくに関東大震災前の姿をとどめている根津藍染町や谷中、日暮里あたりまでビルが林立したのでは、筆者自身淋しいからである。それにつけても、浪花のど根性を発揮して、関西こそは心あたたまる人間味にあふれた都市づくりをみせてくれることを心から期待して、拙稿をとじることとしたい。

（都市問題研究三七巻一二号、一九八五年）

（補注）

1　都市再開発法については、拙稿『都市再開発法の位置づけ』ジュリスト四三〇号二二頁以下（本書*8*）、拙著「都市計画法50講」〔改訂版〕二一七頁以下、二三七頁以下、など参照

2　都市計画に関する考え方については、多数の文献があるが、ジェーン・ジェコブス（中江利忠・加賀谷洋一訳）「都市の原理」鹿島出版会、一九七一年、R・セネット（今田高俊訳）「無秩序の活用」中央公論社、一九七五年、など参照

3　都市再開発の最近の動きについては、特集・規制緩和と再開発の諸問題（土地住宅問題一一三号）、特集・都市の再開発（建設月報四〇六号）、など参照

21 都市計画・建築法制の課題

一 最近のエピソード

(1) 都市計画、建築法制ひろくは生活環境行政法全般にかかわる最近の話題として、つぎのようなものがある。ひとつは、東京都心部の地価の狂乱的な高騰ぶりである。一坪一億円をこす例も珍しくないとの話であって、日本経済の国際経済にしめる昨今の地位向上から、外国の銀行・証券業等が都心部に進出立地を求めるための事務所需要の急増・激増による。国有地や国鉄用地払下げ問題もこれに拍車をかけるのではないかとうれえられている。しかも、都心部の土地の売却者が租税特別措置法による買替え資産の免税扱いを利用するため、地価高騰の波が、都心部をはなれた郊外住宅地から、さらに、札幌のような地方都市にまで及ぼうとしている。東京都は、早速、東京都土地取引適正化条例を制定して、その沈静化をはかろうとしているが（例、ジュリスト八七二号特集・地価の高騰と土地取引規制、成田頼明「条例による小規模土地取引の規制」同二八頁、本間邦博「東京都土地取引適正化条例の概況」同三五頁）、その実効性ははなはだ疑問に思われる。

昨年（昭和六〇年）の国勢調査の結果も、いっときのUターン現象、Jターン現象ももののかは、再び東京ないし首都圏への一点集中型の国土構造を近未来のものとして予想させるものであって、これを前提とした高度情報化社会における全国の交通・通信・情報等のネットワークづくりがもとめられている。

(2)　もうひとつ、これまた国際経済と関連づけていわれるものに、貿易摩擦解消のための内需拡大がある。わが国の経済が昭和四〇年代より公共事業ないし公共投資依存型のものとなっていることはよく知られている。さしあたっての円高不況業種・地域救済のためにも、一般的な景気回復のためにも、公共投資の出動が求められるのも自然の勢いである。さらに、上記の近未来のための戦略的な国土構造の骨格形成のためにも、大規模公共事業が求められるであろう。なおあわせて、迫り来る高齢化社会にそなえて社会資本の充実もいわれている。

ところで、すでに昭和四〇年代から始まった公共投資依存型経済は、国家財政に厖大な累積赤字をいわばツケとして残している。財政再建ないし財政健全化は緊急の課題として国民の肩にのしかかっている。第二臨調による行政改革、国鉄の分割・民営化もこれを大義名分のひとつにかかげて行われた。そこで、右にいう内需拡大、戦略的な国土形成、高齢化社会準備等々の名分のもとに要求される数々の公共事業について、国家財政上、公共投資によってまかなうことがはなはだ困難な事情がみとめられる。このため、「民間活力」の導入、その呼び水ないし民間活力の活性化のための「規制緩和」が声高に合唱されるにいたった。レーガン政権下のアメリカ、サッチャー政権下のイギリスなど、諸外国にもみられる規制緩和（deregulation）、民営化（privatization）の傾向は、行革における許認可事務等の簡素化などのお手本とされたようであるし、関西新空港、東京湾横断道路などの大型プロジェクトへの民活導入は既定事実として進行中である（例、昭和六一年法律四五号「東京湾横断道路の建設に関する特別措置法」参照）。

(3)　先週、税の週間の初日に国税モニターの懇談会があって、その時もらった例年の「国税と北海道」というパンフレットの四頁に昭和五九年度道民一人当たりの国税負担額と配付額として、「国から配付された資金の額は、道九一〇七億円、市町村七一九二億円、そして北海道開発局の開発費（直轄分）三五一三億円を合わせると一兆九八一二億円になります。つまり、私たちが納めた国税八九五五億円の約二・二倍の資金が、郷土の発展のために使われたことになります」とある。同頁には、国税納付額と配付額とを対比して、北海道をはじめ、宮城をのぞく東北各県、福岡をのぞく九州各県などの赤字県を赤色で、ほぼ両者同額となる愛媛県を黄色に、他の黒字の都府県を青色に塗りわけた日本列島の地図がかかげられている。税に関する域際収支の概要を示すものである。しかしながら、右の数字を額面どおりに受け取って地域間不公平を論ずるのが早計であることはいうまでもないところである。まず、納税地と経済活動が実際に行われた土地とは一致しない。所得税の納税地は納税義務者の住所、居所等であり（所税一五条）、法人税の納税地は、内国法人の場合、その本店または主たる事務所の所在地である（法税一六条）。われわれ札幌住民がニュー・トーキョー経営のサッポロビール園でビールを飲み、東京資本のスーパー・デパートで買物をしても、これにともなう企業収益にかかわる国税は東京で納められる可能性が高い。ついで、公共事業費の一割が北海道に投入されているとはいうものの、公共事業の受注者は、会計法令上、一般争入札を基本とし（会計二九条の三、予会令七〇条以下）、地元の土木建設業者にかぎられているわけではない。むしろ、現実には東京に本社をおく大手土木建設業者がその主要部分をしめている。大規模プロジェクトとなればなるだけ、この傾向は顕著であろう。まとめて簡単にいうと、私法上も公法上も、本社機能ないし中枢管理機能が集中している東京に富が集中する仕組みが法制度上にとられている。それゆえに東京が巨大都市として成長を続けているわけであって、なにも東京の人間が他の地方の人間と比べて、納税格差や所得格差の数字どおりにより勤勉だからというわけでは毛頭ない。また、地域格差是正を名分にかかげて他の地方を場として、行われる大規模公共事業が実際には逆の効果をもつのが通常であるのもこのためである。

(4)　先月（昭和六一年一〇月）中央公害対策審議会は、公害健康被害補償法上の大気汚染にかかわる第一種地域（同法二条一項、四条一項、五二条以下等参照）の指定を全面的に解除する答申を環境庁長官に提出した。数々の批判が報道されている。

二　問題へのアプローチ

⑴　法は、全国一律に同じように適用されることを基本としてできあがっている。民商法などの私法であれ、税法・会計法令などの公法であれ、全国民に平等に適用をみることをたてまえとするものである。したがって、人口・富の大都市集中や地域格差があるとしても、それは事実の次元の問題であって、法のあずかり知らぬことというべきだということになるかもしれない。このような法のイメージをもって、都市問題に対応するものとすれば、おそらく国の関係省庁は、自分の手持ちの法令の枠内において、細分化された個別問題の狭い範囲に視野を限定して、法令を形式的に画一的に運用することによって事足れりとするであろう。そこには、そもそも都市問題自体が存在しない。あるいは、たかだか抽象的な都市問題一般が法とは無縁の政策課題として存在するにとどまることになるであろう。

しかしながら、右の問題の一端を示したように、税法上の納税地の規定や会計法令上の一般競争契約に関する規定のように、およそ都市問題に対して無色であり中立的と考えられるものでさえ、実はきわめて深いかかわりがある事実に注意しなければならない。短期譲渡所得課税のように地価対策を政策課題としてもうけられたものではない買い替え資産の租税特別措置が現実には地価高騰を地方に波及させる効果をもっている。ましていわんや過剰な営業規制等に由来する業界の行政依存的体質が、民間企業相互間の集積の利益と並んで、政府、主要地方支分部局、県庁所在地などへの民間企業管理部門（本店・支店等）の立地をもたらす主要な理由に数えられるものであってみれば、法のあり方と都市問題との関係の根は深いというべきであろう。

⑵　都市計画・建築法制は、用途地域制の存在によって知られるように、地域特性に即して土地利用規制をするものであるところに、その構造的な特色をもっている。すなわち、市街地については、第一種住専、第二種住

専、住居、近隣商業、商業、準工業、工業、工業専用の各地域を指定し、そのそれぞれの地域特性に応じた用途・構造の規制をしようとする。また、市街化区域と市街化調整区域の線引きによって、市街化を増進するような土地利用と農林漁業的な土地利用の区分をはかっている。さらに、このような内容をもった都市計画自体がそれぞれの都市の個性に応じて定められるべきものであることはいうまでもない。なお、このような都市計画の存在を前提とした違反建築物是正のための強制段階においても「ひとり行政代執行法の解釈運用についての都知事もしくは担当職員の作為、不作為の法的評価をもって足れりとせず、広く都政全般の状況および展望にかかわる」（東京高判昭和四二年一〇月二六日高民集二〇巻五号四五八頁）ものとして、個別違法事件処理としてよりは、都市問題として広がりのある問題の中でとらえようとするものがあることが注目される。いわゆる要綱行政の展開も、かつて中高層建築物による日影の法令による規制を欠くなどの立法の不備をおぎなう苦肉の策として行われたものであったが、これまた地域特性をもつ問題であったがゆえに、自治体独自の対策が考案されざるをえなかったといってよいであろう。

ところが、最高裁昭和六〇年七月一六日判決（民集三九巻五号九八九頁）は、要綱行政の一環として行われる行政指導について、原則として建築主が任意に協力・服従しているかぎりにおいてみとめられるものとする立場をとり、建築主の不協力が「社会通念上正義の観念に反するものといえるような特段の事情が存在」するときには、その例外をみとめる余地を残している。この例外が具体的にいかなる場合にみとめられるものか必ずしも判然としないが、かなり消極的な立場をとったとみてよいように思われる。また、昭和五八年八月二日付建設省事務次官名で各都道府県知事ならびに各政令指定都市市長あてに出された「宅地開発等指導要綱に関する措置方針」においては、自治体による指導要綱の行きすぎ例を指摘するにとどまらず、さらに進んで、最低画地規模、道路、公園などについて関係法令横並び的な標準による基準値や細かな技術指針まで示している。行政指導が相手方の任意の協力を得て行われる事実上の措置にすぎないとする立場をとりつつ、全国一律の基準をもうけようとすること自体が解《げ》せないことであるが、これまた全国一律的な取扱いの志向が示されている。

(3)　全国一律の画一的取扱いか、地域特性に即した取扱いか、この両者いずれによるべきであろうか。

基本的には後説をとるべきであると考える。その理由の第一は、わが国の都市計画・建築法制に関する実定法構造全体の趣旨とするところが、全国一律の画一的規制を目的とするものではなく、地域特性に応じた差異をみとめるものだとみられるからである。それこそ都市計画の存在理由だといってよい。理由の第二は、また、それが現実に合っていることである。たとえば、東京都と富山県の住宅面積の平均を比較しても三倍近い差があるし、東京都と札幌市の宅地面積や人口当たり公園面積の平均を比較しても大差が現実に存在している。この現実の差異を前提としつつ、同一基準を用いたのでは、形式的には平等でも、実質的にははなはだしい不平等となって、一方にはきびしく、他方にはゆるやかなものとして働くのは必定であろう。

しかしながら、問題は、この地域特性の判断を誰にゆだねるか、である。地元住民、地元自治体、より広域団体、あるいは国であるべきか、である。というのは、地域特性は当該地域のみを視野において出てくるものばかりではなく、他の地域との関連から生じてくるものが少なくないからである。そもそも今日の都市問題は、社会的分業のひとつのあらわれである地域的分業も問題であると考えられる。この分業は、一つの都市の中にみられるばかりではなく、圏域レベル、全国レベル、さらには国際的なレベルでみとめられる。都市と農村、各地域間の物流、それぞれのレベルでの交通・通信体系などが、このような分業を前提としつつ、相互の依存関係に応じた系統的・体系的な連関づけの必要を示している。したがって、それぞれのレベルにおける分業の体系で当該地域に期待されるべき役割に応じて地域特性も考えられるべきであるという側面が否定できない。東京、大阪を中心とする大都市圏、その他地方中核都市とよばれる都市とその周辺をふくむ都市圏では否応なく、全国レベルでの機能分担の役割をになわざるをえないであろうし、東京などでは、あわせて国際経済都市としての役割分担が期待されざるをえないであろう。とすると、このような地域連関性からする地域特性の判断は、当該地元の住民、自治体だけの専権にゆだねてよいであろうか、という疑問は、やはり否定することができない。したがって、全国一律か、地域特性かといえば、地域特性をとるべきだが、その地域特性は、全国的視野ないし圏域的視野、ときには国際的視野からとらえられなければならないものだというべきである。ひらたくいって、都市計画はより広域の土地利用計画と調和するものでなければならない。

(4)　ひるがえって、わが実定制度は、この点についてどうなっているかをみると、計画間調整どころか、計画それ自体の存在があやしいのである。

まず、都市計画はといえば、都市計画法上に、市街化区域および市街化調整区域に関する都市計画、地域地区に関する都市計画、都市施設に関する都市計画、市街地開発事業に関する都市計画など（同法一五条一項・二三条参照）の個別計画があり、さらに、個々の計画としては、特定街区に関する都市計画（一七条三項）、臨港地区に関する都市計画（二三条四項）、道路、下水道に関する都市計画はあるものの、それぞれがバラバラものとしてあって、一つの都市全体について統一的な都市計画があるわけではない。また、地域地区に関する都市計画は、とかく現状追随的であるといわれるほか、既存不適格建築物など例外が許容されている。さらに、都市施設や市街地開発事業に関する都市計画は、予算化、事業予定のものが列挙される例であるが、ときに長年事業化されないまま絵に描いたモチに終わっているものも珍しくない。

ついで、より広域的な土地利用計画としては、国土利用計画法上、国土利用計画として全国計画、都道府県計画、市町村計画の三種があり、また、都道府県の区域についてさだめられる土地利用基本計画があるが、都市計画に対する上位計画としての実質をもつものであるかどうかははなはだ疑わしい。さらに、都市計画法上、施設に関する国の計画が都市計画の上位計画とされている（同法一三条一項）が、これがどれだけ地元の都市計画等と調和がとれたものであるかは、公害訴訟のあれこれを想起するだけで明らかなとおりである。そのほか、上位計画とされる首都圏整備計画の類も関係省庁ならびに関係地方公共団体の事業計画の寄せ集めにすぎないと評されている。

計画とよぶに値するものがないとなると、計画の調整はおぼつかない。都市問題は、さきほどの地域連関性の問題に準じていうと、同時に、政策の連関性の問題でもある。ところが、市街化区域内農地の宅地並み課税の問題に端を発した、自治体による課税農地への助成から生産緑地地区制の誕生の経過をみてもわかるように、政策の相互連関とか調整どころか、ひとつの政策の効果を減殺し無効ならしめる政策が他の行政主体によってとられることさえみられる。都市の混乱は、所有権の絶対、建築自由の原則という私的自治、私的分野における決定主体の多元性によってばかりではなく、各省庁セクショナリズムなど、政府部門における決定主体の多元性によってももたらされているところがはなはだ大きい。このようなセクショナリズムを克服して都市問題とくに大都市圏問題を解決するだけの政治力がないために、全国一律の法律づくり、制度づくりによってお茶をにごしているわけである。

三　変動の過程における利害調整

(1)　都市問題について政府なり自治体なり悪玉を作って、これを責めるということはたやすい。しかし、それでは問題解決には一歩も近づかない。政府や自治体の施策にはいろいろ問題があるとしても、それはそれなりの理由があるわけであって、究極の悪玉とは結局は、われわれ自身ということになる。すなわち、地域地区に関する都市計画が現状追随的であり、予算がつき事業化がきまったものしか都市施設や市街化開発事業に関する都市計画にのらないというのも、日本国民の大多数が零細地主として土地に執着しているから、何をやるにしても抜本的な思い切ったことができないからにほかならない。都市問題における最低線であるというべき防災問題ひとつとっても既得権との戦いのため遅々として施策が進まないことはご承知のとおりである。国の内外をとわず、すぐれた都市景観や広大な都市空間などの観光の名所は、往々にして絶対君主や封建領主の作ったものであることは、この反面の真理を物語っている。

とすれば、われわれ自身の心の中をふりかえってみて、どうすれば、土地に執着する零細地主の心情を解きほぐすことができるか、を考えてみるほかはない。それは、都市計画事業への協力なり、あるいは、都市自体の急激な変動の過程において、自分の生活のなりゆきに不安を感じないことであろう。誰しも生活の便利さや環境の悪化を望まない。まして公共事業であれ民間プロジェクトであれ、他人様の行為によって悪化することには強い反撥を感じるのは、まことに自然の心情であろう。

(2)　このような見地らすると、従来からもいわれてきたものであり、今後ともその充実が期待されるものに、つぎのようなものがある。

(a)　公共事業のための土地収用、用地買収にあたっての生活権補償。昭和三七年の閣議決定「公共用地の取得に伴う損失補償基準要綱」はこれを排除しているが、その後の議論や実務をふまえて再検討すべき時期にきている。または、少なくとも、運用において、これを加味する工夫が必要である。ちなみに、土地収用法七一条の地価固定主義は、昨今の円高等による物価安定から修正率が一を割っている一方で、地価の狂乱的高騰により、立法当時の状況と大きく乖離した状態が生じている。これもあわせて再検討すべきであろう。

(b)　都市再開発事業における弱小権利者の保護と生活空間の保障。このための公共補助アップのための工夫が必要である。たとえば、都市再開発法による市街地再開発事業の手法はしだいに弾力化されてきているが、なお、各種の公共事業とセットとして行えるようにすることにより、右の要請に応えることなどが考えられる。

(c)　公共施設周辺地域整備制度（拙稿「一二の法律」月刊法学教室六六号六九頁参照）の充実。ここでも公共事業だけでなく、その周辺地域に視野を広げた関連施策の集中的な実施が求められている。

(d)　公共事業、市街地再開発事業等々の関係者の生活再建措置の充実、体系化。フィジカルな環境影響に関する環境アセスメントは当然のこととしつつ、社会経済的影響に関する紛争アセスメントなどを有効に活用する必要がある。

(3)　土地等にかかわる税財制についても検討の必要がある。

(a)　土地収用、用地買収等の際の減免措置の時期による制限の検討。

(b)　買い替え資産による租税特別措置を通ずる地価高騰の波及の阻止。東京都心が坪一億円しようが自然の勢いだから当然の話で、前記東京都条例は疑問がある。しかし、問題は税制を介して他の自然の勢いがないところにまで波及するところにある。

(c)　その他、上記の生活再建の過程において打撃をやわらげるための税制上または融資等の措置の充実。

四　環境の保全

(1)　上記の宅地開発等指導要綱に関する措置方針は、昭和五八年二月中曽根内閣の「規制の緩和等による活力ある民間活動の誘導、住宅建設・都市再開発の推進等について検討するよう」との指示、同年四月五日経済対策閣僚会議の「今後の経済対策について」の中における「規制の緩和等における民間投資の促進等」を受けて出されたものとのことである（建設省計画局民間宅地指導室・住宅局市街地建築課監修『宅地開発等指導要綱に関する措置方針の解説』六九頁以下）。

諸外国における規制緩和は、どちらかというと営業規制の緩和により自由競争原理の回復による民間活力の増進を行うものであるとの印象をもっていたが、わが国の場合、電電公社と国鉄の民営化は別として、この面での規制緩和はあまりみられないで、土地利用規制分野での規制緩和が表面に出ているところに、その特色がある。上記の大気汚染指定地域解除もその一環かと勘ぐりたくなる。たしかに、いおう酸化物による大気汚染に関するかぎり、かつてのすさまじいばかりの公害汚染状況が解消したことは評価をしなくてはならない。しかしながら、環境の保全が国の最重要課題の座を下りたかのごとき受け取り方はみとめることができない。むしろ、問題はより深刻化しているとみるべきであろうと考える。

(2) その一例は、交通公害の深刻化であり、交通騒音被害が表面にでているものの、しかも、その解決の方途もないまま深刻の度を加えるばかりであることである。さしあたり、交通公害の深刻化であり、交通騒音被害が表面にでているものの、各種の調査はしだいに大気汚染被害、窒素酸化物その他有害物質による健康被害のおそれを告げはじめている。わが国の場合、可住地面積あたりの自動車台数は、ヨーロッパ諸国の三ないし五倍、アメリカ合衆国の一五倍という数字がいわれているから、右の不安が現実のものとなったとき、深刻な被害の第一はまずわが国において始まるものと思われる。

また、影響は、酸性雨、酸性雪の存在が示すように、一国の範囲をこえ、地球的規模で広がるおそれがある。われわれは、都市交通体系のあり方、公害のない交通システムの開発にもっと真剣にとりくまなければならない。

さらに、忘年会、新年会の季節、酒を飲む機会がふえるが、この際日本酒を飲むとどうも悪酔いをする。ところが、近時、有志で純米酒、本醸造などのいい酒をとりよせて飲む機会をもったとき、宿酔《ふつかよい》もしないという体験をした。してみると、一般の日本酒は話のように不純物や添加物が混入していて、あまりよろしくないことが知られる。ほんの一例にすぎないが、しのび寄る公害の恐ろしさは、今こそ本番の季節を迎えたの感がする。

(3) 都市計画の存在理由は、都市機能の高度化、効率化と並んで、環境の保全であることはいうまでもない。単なる公害防止にとどまらない快適環境の創造が叫ばれて久しいが、都市再開発の気運も盛り上がっている今こそ、この目的実現を再開発の中にくみこむべきであろう。ゆとりやうるおいのないところではこれらの高度情報化社会に必要な人の知的生産活動もおぼつかない。都市機能の発揮のために、まさに環境の保全、快適環境の創造が求められているといってよいであろう。

人はいう。しのび寄る公害のため、高齢化社会到来の不安は夢物語と終わって、もっと若年死の時代が来ると。

これが杞憂に終ることを祈りつつ、今こそ環境保全をといいたい。

（ジュリスト八七五号、一九八七年）

22　土地収用と公共性

一　序　説

(1)　土地収用は公用収用の代表的なものであり、また、公用収用は公用負担の一種であるというのが伝統的教科書における説明である。そこにおいては公用収用や公用負担における「公用」は自明のこととして議論の前提におかれていた。すなわち、伝統的学説においては、土地収用の公共性は議論の対象とされることなく、これを前提としたうえで、補償の内容・範囲や収用手続上の諸問題などが論ぜられてきたわけである。土地収用が当時の国民感情において明確な国家目的のためであるとか、地域社会の一般人の利用に供せられる道路、学校の用地のために用いられていた時代には、土地収用の公共性が問題とされることが少なかったことも当然といえよう。しかしながら、新幹線鉄道、高速自動車道、空港のような大規模交通施設であって騒音等の公害を発生するものだとか、ダムや空港、住宅団地のように面的収用を必要とするものであって地域社会に急激かつ深刻な影響をもたらすもののために土地収用が用いられるに及んで、土地収用の公共性がきびしく問われるにいたった。社会的にも松原・下筌ダムをめぐる蜂の巣城事件や成田空港事件など、深刻な紛争を生じさせたのもそのあらわれであった。数多くの環境訴訟において、空港、新幹線鉄道、高速自動車道などの公共施設、公共事業の公共性が問題とされている。これらも共通の問題であって、強制的な収用の場合にかぎって問題となるものではなく、ひろく公共施設、公共事業などの公共性の全般が問題とされている、しかも、大部分は法の明文の規定に反していないものについて、その公共性が問われているところに今日の問題の特色があるといえるのである。

(2)　もちろん土地収用は法に根拠をもち、その公共性担保のための法の仕組みが用意されている。まず、憲法二九条三項は「私有財産は、正当な補償の下に、これを公共のために用ひる」ものとし、「公共のために用ひる」場合にかぎって土地収用をみとめることを明らかにしている。また、土地収用に関する一般法である土地収用法三条は、土地収用をなしうるだけの公共性をもった事業を収用適格事業として列記するとともに、その二〇条は、具体的に土地収用をするにあたって公共性を担保するため、事業が収用適格事業であること、起業者が事業を遂行する意思と能力を有する者であることのほか（同条一号・二号）、事業計画が土地の適正かつ合理的な利用に寄与するものであること（三号）と土地を収用する公益上の必要があるものであることということを事業認定の要件としている。さらに、都市計画法は、都市計画事業を土地収用法三条の収用適格事業であるとし（六九条）、都市計画事業の認可・承認をもって土地収用法上の事業認定に代えるものとしている（七〇条一項）が、都市計画事業の認可・承認の要件の一つとして都市計画適合性があげられ（六一条一号）、その都市計画の決定にあたっては、公聴会の開催等、案の公告縦覧、意見書提出、関係市町村の意見聴取、都市計画地方審議会への付議などの手続がふまれることになっている（一五条以下）。

このように、法制度もやはり土地収用の具体的な公共性を確保するための要件を定め、そのための手続をそれなりに用意しているということができる。このような法の定めに違反した場合、土地収用は具体的公共性を欠き、違法とされるのは当然である。

(3)　土地収用が裁判上違法とされた例は稀であるが、周知のとおり、有名なものに日光太郎杉事件がある。上記の土地収用法二〇条三号の要件の存否に関する建設大臣の判断について東京高裁昭和四八年七月一三日判決（行裁例集二四巻六・七号五三三頁）は次のようにいう。

「この要件の存否についての判断は、具体的には本件事業認定にかかる事業計画の内容、右事業計画が達成されることによってもたらされるべき公共の利益、右事業計画策定及び本件事業認定に至るまでの経緯、右事業計画において収用の対象とされている本件土地の状況、その有する私的ないし公共的価値等の諸要素、諸価値の比較衡量に基づく総合判断として行われるべきものと考えられる」「同控訴人がこの点の判断をするにあたり、本来最も重視すべき諸要素、諸価値を不当、安易に軽視し、その結果当然尽すべき考慮を尽さず、または本来考慮に容れるべきでない事項を考慮に容れもしくは本来過大に評価すべきでない事項を過重に評価し、これらのことにより同控訴人のこの点に関する判断が左右されたものと認められる場合には、同控訴人の右判断は、とりもなおさず裁量判断の方法ないしその過程に誤りがあるものとして、違法となる」「控訴人建設大臣の判断は、この判断にあたって、本件土地付近のもつかけがえのない文化的諸価値ないしは環境の保全という本来最も重視すべきことがらを不当、安易に軽視し、その結果右保全の要請と自動車道路の整備拡充の必要性とをいかにして調和させるべきかの手段、方法の探求において、当然尽すべき考慮を尽さず……、また、この点の判断につき、オリンピックの開催に伴なう自動車交通量増加の予想という、本来考慮に容れるべきでない事項を考慮に容れ……、かつ、暴風による倒木（これによる交通障害）の可能性および樹勢の衰えの可能性という、本来過大に評価すべきでないことがらを過重に評価した……点で、その裁量判断の方法ないし過程に過誤があり、これらの過誤がなく、これらの諸点につき正しい判断がなされたとすれば、控訴人建設大臣の判断は異なった結論に到達する可能性があったものと認められる。してみれば、本件事業計画をもって土地の適正かつ合理的な利用に寄与するものと認められるべきであるとする控訴人建設大臣の判断は、その裁量判断の方法ないし過程に過誤があるものとして、違法なものと認めざるをえない。」

本件の場合は、立法上の要件の解釈・認定上に手がかりがあった事例であるが、このような立法上の手がかりを欠く場合においても、やはり諸利益、諸価値の適正な比較衡量により合理的な判断過程をとるべきは当然といわなくてはならない。

二　公共性の拡大と変質

(1)　上記のように都市計画事業には収用適格事業として土地収用の特権が与えられている。この都市計画事業のひとつである市街地開発事業の中には、「新住宅市街地開発法」による新住宅市街地開発事業や「首都圏の近郊整備地帯及び都市開発区域の整備に関する法律」と「近畿圏の近郊整備区域及び都市開発区域の整備及び開発に関する法律」による工業団地造成事業が数えられている。ごく簡単にいうと、これらは住宅都市（団地）づくり、工業都市（団地）づくりを目的としている。したがって、これらの事業では、道路、公園、広場などの公共施設、その他各種の公共的施設、公益的施設のための用地のほかに、純然たる私用に帰する住宅宅地、工場敷地のための用地もまた強制的に収用されて、事業後、一般市民や民間企業に分譲され、その私用にゆだねられることになっている。たとえば、農家の土地をとりあげてサラリーマンの宅地にしているわけであるが、一体サラリーマンの宅地利用にいかなる公共性があるのであろうか？「私用」のための収用では、憲法二九条三項にいう「公用」収用とはいえないのではないか？

都市計画事業のもうひとつは都市計画施設の整備に関する事業であるが、この都市計画施設たりうる都市施設の中には流通業務施設や一団地の住宅施設もふくまれている。そこで、公共施設における「公共」性の概念も拡大し、住宅施設までもふくむことになったと理解することもできないわけではない。しかしながら、上記の新住宅市街地開発事業や工業団地造成事業においては、決して、個々の住宅宅地や工場敷地のために土地収用がみとめられているわけではないことはもちろん、住宅団地一般や工業団地一般のための土地収用がみとめられているわけでもないことに注意する必要がある。新住宅市街地開発事業は、人口集中のため宅地不足が著しい都市の周辺においてのみみとめられるものであるし、工業団地造成事業にいたっては、既成市街地（既成都市区域）において工業等制限区域（工場等制限区域）によって工業等の立地が制限されている首都圏と近畿圏においてのみみとめられているにすぎない。したがって、ここにみられる「公共性」とは、個々の施設の公共性とは全く性質を異にするものであり、都市問題または大都市問題を解決するための広義の都市計画または大都市圏における土地利用計画を実現するための一手段として、すなわち、より大きな「計画の一環」として「公共性」をもつといった性格のものであるといわなくてはならないのである。計画に乗ることによって公共性が担保されるともいえよう。

(2)　また、新都市基盤整備法による新都市基盤整備事業も都市計画事業のひとつである市街地開発事業であるが、ここでは土地収用と土地区画整理とが組み合わせられた独特の手法をとっている。すなわち、施行区域内の各筆の土地について公共施設用部分等（根幹公共施設ならびに開発誘導地区）の面積などから導かれる収用率を乗じた面積を収用したあとで、土地整理（土地区画整理に相当）によって、これを公共施設用地等に集約することとしている。したがって、土地収用の段階において、即地的にみるかぎり、当該被収用地そのものが公共施設等の用地として用いられるわけではない。被収用地のひとつひとつは特別の意味はなく、その総計の面積に相当する土地が将来公共施設用部分等にあてられることになっているため、土地整理にあたって、ただ面積のうえで集約的な換地のための従前地として確保する目的で収用されているにすぎない。これは抽象的な面積だけの収用ということができよう。先買区画整理事業（公有地拡大四条一項三号参照）の一種ともいえるが、これまた、大都市地域における住宅地不足緩和という大都市圏の土地利用計画のための新都市基盤整備事業のための手段であればこそ、その公共性がみとめられているといえよう。

三　計画行政法における公共性

(1)　以上、都市問題や大都市問題解決のために考え出された都市計画事業を例にとつて、公共性の内容が「計画の一環」として与えられるものであることが示された。このことは何らかの計画に乗りさえすればよいということではなくて、計画自体が合理的なものでなくてはならないことを意味する。すなわち、具体的な問題の状況や他の政策等との関連において計画が合理的だといえるものであってはじめて、具体的な公共性が与えられるのである。同一規模の住宅団地をつくる場合でも、住宅宅地不足の著しい人口急増都市周辺部においては、都市における住宅問題解決のため土地収用がみとめられてもよいであろうが、住宅問題の全くないようなところで土地収用をやるだけの公共性をみとめることは困難であろう。しかし、ひるがえって考えてみると、これはなにも現代型の都市計画事業にかぎらず、あらゆる公共事業について、また用地取得にあたって土地収用を用いるかどうかにかかわりなく、あてはまることである。たとえば、たいした交通需要もないのに貴重な自然を破壊して道路を作ることに何の公共性があるであろうか。土地収用がされなかった場合または土地収用がされない段階では、土地収用法二〇条のような立法上の手がかりを欠くため、法律要件の解釈認定上の裁量問題とはならないが、およそ行政上の決定が合理的なものでなくてはならないことは当然であって、具体的な合理性を欠く行政措置は違法といわなくてはならない。

(2)　このように個別具体的な計画の合理性によって、個々の法が目的としている公共性もしくは私人の権利を剝奪・制限するに値するだけの公共性が与えられるというのが、今日広く一般的にみられる計画（行政）法の特色である。

都市問題をはじめ現代の複雑な諸課題に対応することが予定されている計画法の特色の第一には、古典的な法律の条件プログラム性に対する計画法の目的プログラム性ないし法律自体の政策手段性、特色の第二には、計画過程に関与する国家機関、公共団体、関係当事者、市民などの地位の特殊性、その特色の第三として計画の実効性もしくは法目的実現の担保のための手段の多様性などを数えることができる。このような特色をいわゆる権力分立の側面から眺めてみると、立法過程の非完結性と行政過程の独自性ないし固有性として特色づけることができる。刑法における「わいせつ」の概念にしろ、租税法における納税義務の内容にしろ、確定的には裁判所の判断や行政庁の処分をまたないことにははっきりしないことが多い。個別的な解釈適用の段階にいたらなければ法律の内容が具体的にはわからないというのはよくあることである。しかしながら、これらの場合には法律上から権利制限等のあらましの予測がついている。ある種の税金に関する立法に対して激しい反対運動が起こるのはこのためである。しかし、都市計画関係の立法に対してはこのようなことはあまり起こらない。それは具体的な計画によって、いわば我が身に火の粉がふりかかってはじめて激しい反対運動が生ずるのが常例である。これは両者の差異をよく示しているのであって、後者の立法例においては、決して立法者の怠慢からではなく、事柄の性質上、具体的な公共性の内容を決定するにあたって必要不可欠な利害の調整が立法過程ではつけられないで、具体的な行政過程においてはじめて利害の調整がされなければならないという事情に由来するのである。

(3) 行政過程が独自の固有性をもち、そこにおいてはじめて利害の調整が行われるということは、一面において、行政に形成的自由を伝統的な行政裁量以上にみとめることを意味する。しかしながら、この形成的自由は行政に恣意を許すものであってはならない。先の日光太郎杉事件判決が示すように、行政に裁量をみとめることは、それについて司法審査をしないことではなくて、それにふさわしい司法審査をすることを要求するにすぎないからである。計画行政法における裁量についても二つの側面からその制約を考えなくてはならない。

ひとつは、やや実体的な側面からであって、西ドイツにおいては計画裁量論として判例学説上に論ぜられているものである。計画策定等にあたって、考慮に入れるべき利害を考慮に入れているかどうか、それぞれの利害に与えられた評価がバランスのとれたものであるかどうか、考慮に入れるべきでない利害を考慮に入れていないかどうかなど、適正な利害の比較衡量がされているかどうかを問題とするものである。これは個別的な立法上の文言に手がかりがある場合にかぎらず、広く一般的に実質的な民主的法治国家の要請であるとする考え方が強いといえる。

もうひとつは、やや手続的な側面から計画策定等の全体のプロセスが適正な利害の比較衡量を行うにふさわしいものであったかどうかを問題とするものである。とくに環境上その他マイナスの影響をうける現地当事者に情報が公開され、意見を反映する機会が与えられることによって、決定過程の密室性や偏りを是正しようとする考えである。近時の環境アセスメントに関する立法、行政実例、判例などに、このような考えをみることができる。

四　土地収用における公共性の類型

(1)　土地収用における公共性の内容を問題とするとき、わが国の実定法上、これについて三つの類型を見出すことができる。それぞれの類型に応じて、収用の手続ならびに利害調整の仕組みを異にしているため、一口に土地収用または公用収用といっても、そこに性格のちがいがみとめられるからである。

(a)　第一類型は、公共施設一般または公共事業一般のための土地収用である。最も一般的な場合である。このための手続および利害調整の手段である補償については土地収用法が定めをおいている。公共事業のため財産権を強制的に取得するため、関係権利者を当事者とする手続をもうけ、財産権中心の補償をするという考え方によってできあがっている。しかし、現実に問題となる土地収用は、一般的な土地収用の手続によらないことが多いし、また、このような判断枠組みによっては処理しきれない問題が多いのである。

(b)　第二類型は、都市計画法による都市計画事業として行われる土地収用である。公共事業一般の公共性ではなく、都市計画としての公共性がその目的であり、事業施行期間中は土地収用をなしうるなどの収用手続上の特例（都計七一条ないし七三条）のほか、計画段階、事業認可承認段階での土地の買取請求、土地建物等の先買い（五二条の二ないし五七条の六、六五条ないし六八条）、生活再建措置（七四条）など、特別の利害調整の仕組み等をもうけている。

(c)　第三類型は、開発行政の手段として行われる土地収用である。水源・電源ダム、新幹線鉄道、国際空港、幹線高速自動車国道のように開発効果の大きい公共施設の建設や都市計画事業のうち工業団地造成事業のように大都市圏行政の一環として行われる事業などがこれに属する。ここにおける公共性は国土利用計画や大都市圏土地利用計画など、開発行政レベルでの公共性が問題となっている。土地収用手続上、これらのうち主なものは特定公共事業として、公共用地の取得に関する特別措置法の手続によりうることとなっている。そこでは、収用裁決を緊急裁決と補償裁決に二分することによって、事前補償の原則にもかかわらず、概算見積りによる仮補償金の払渡し等によって収用の効果を生じるなど手続の迅速化を図る反面、仮住居による補償、建物による補償、生活再建措置などの利害調整措置を講じている。世間の耳目をひいた社会的紛争の多くは、この第三類型の土地収用をめぐって生じたことに注意しなければならない。

(2)　第三類型の公共事業の特色は、巨大な開発効果を生む反面において、地元の地域社会に対しては、過疎化の促進など地域の経済・社会構造に急激かつ深刻な打撃を与え、地域住民の生業・生活環境の劣悪化をもたらすなど、甚大なマイナス効果を生じさせる点にある。単純な一般の公共事業同様に、収用対象たる財産権に関する関係者を手続の当事者とし財産権の補償のみをすれば事足れりとする第一類型的な判断枠組みによって、さらに加えて、特別措置法により法律上の手続の簡略化、迅速化によって、事を処理しようとした誤った発想が深刻かつ悲惨な紛争を生じさせたのである。それは公用収用における公共性を議論の対象外の前提においた伝統的行政法学の罪でもあった。このような状況に対しての現実の紛争の中から徐々に生まれたのが、公共施設周辺地域整備法とよばれる法令群である。

公共施設周辺地域整備法には二つのグループを区別することができる。第一グループは主として航空機騒音に関するものであって、昭和四一年防衛施設周辺の整備等に関する法律、四二年公共用飛行場周辺における航空機騒音による障害の防止等に関する法律、四九年防衛施設周辺の生活環境の整備等に関する法律（四一年法改正）、四九年上記四二年法大改正、五三年特定空港周辺航空機騒音対策特別措置法などをあげることができる。第一グループが事業損失の補償の延長線上に位置づけられるのに対し、第二グループには、四七年琵琶湖総合開発特別措置法、四八年水源地域対策特別措置法、四九年発電用施設周辺地域整備法など、いわば地域ぐるみの生活再建措置を講じようとするものをあげることができる。紙数の関係上、詳細は後掲の参考文献にゆずるが、いずれも第三類型の公共施設や公共事業について、新たな利害調整の枠組みを用意しようとするところに積極的意義が見出される。大規模開発事業にともなうマイナス効果に対して十分な配慮を尽くさなくては、具体的な公共性は確保されたといえないのである。

(3)　以上の三類型は判断枠組みであって一つの事業がそのいずれにも該当するということがありうる。その際、ある枠組みによっては公共性がみとめられるが、別の枠組みによってはこれが否定されることも起こりうる。たとえば、大都市圏内で行われる都市計画事業が、大都市圏内の土地利用計画に適合し都心部の過密解消をするものとして公共性がみとめられるものの、大都市圏全体の過密を促進するものとして、国土利用計画上から疑問視されることがあるのがその例である。

〔参考文献〕
遠藤博也・計画行政法
同・都市計画法50講（改訂版）第四七・四八講

同・行政法Ⅱ（各論）第三編
同「行政過程における公共の福祉」ジュリスト四四七号
同「土地所有権の社会的制約」ジュリスト四七六号
同「公共性概念の検討」ジュリスト五五九号
同「交通の公共性と環境権」現代日本の交通問題・ジュリスト増刊総合特集二号
同「公共性の変貌と現代行政法」土木学会誌六四巻五号
同「財産権補償と生活権補償に関する覚書」建設月報三六八号
宮田三郎「計画裁量」専修法学論集二八号六九頁
村上芳夫「公共事業紛争と行政計画」法と政治二九巻二号四七頁
芝池義一「計画裁量概念の一考察」現代行政と法の支配一八七頁
同「西ドイツ裁判例における計画裁量の規制原理」法学論叢一〇五巻五号一頁
村上博「ドイツ連邦共和国における計画法理論研究序説」法政論集八一号一一二頁
松原・下筌ダム研究会・公共事業と基本的人権
足立忠夫・行政と平均的市民
華山謙・補償の理論と現実
日本土地法学会・転機に立つ土地収用・交通公害
日本リサーチセンター紛争アセスメント研究所・紛争アセスメント関係レポート

（ジュリスト増刊『行政法の争点〈新版〉』、一九九〇年）

著者紹介──

遠藤博也（えんどう・ひろや）

〈略歴〉

1936年6月10日　徳島市に生まれる
1960年3月　東京大学法学部第二類卒業
1965年3月　東京大学大学院法学政治学研究科博士課程修了（法学博士）
1966年2月　北海道大学助教授（公法講座担任）
1970年8月　北海道大学法学部教授（公法講座担任）
1992年4月6日　逝　去

〈主要著作〉

行政行為の無効と取消（1968年，東京大学出版会），都市計画法50講（1974年，有斐閣），計画行政法（1976年，学陽書房），行政法Ⅱ（各論）（1977年，青林書院新社），行政法入門（原田・小高・田村共著）（1977年，有斐閣），教材行政法判例（熊本・秋山・畠山共編）（1977年，北大図書刊行会），講話行政法入門（1978年，青林書院新社），行政法学の基礎知識⑴⑵（広岡・田中舘共編）（1978年，有斐閣），国家補償法（上巻）〔現代法律学全集61〕（1981年，青林書院新社），講義行政法Ⅱ（行政救済法）（阿部泰隆共編著）（1982年，青林書院新社），国家補償法（中巻）〔現代法律学全集61〕（1984年，青林書院新社），講義行政法Ⅰ（総論）（阿部泰隆共編著）（1984年，青林書院新社），行政法スケッチ（1987年，有斐閣），実定行政法（1989年，有斐閣）

行政過程論・計画行政法　行政法研究Ⅱ

2011年(平成23年)7月30日　初版第1刷発行

著　者　遠　藤　博　也
発行者　今　井　　貴
　　　　渡　辺　左　近
発行所　信山社出版株式会社
〒113-0033　東京都文京区本郷6-2-9-102
TEL 03（3818）1019
FAX 03（3818）0344

Printed in Japan　印刷・製本／松澤印刷・渋谷文泉閣

ISBN978-4-7972-5872-1 C3332　012-050-015

広中俊雄 編著　〔協力〕大村敦志・岡孝・中村哲也

日本民法典資料集成

第一巻 民法典編纂の新方針

【目次】

来栖三郎著作集Ⅰ～Ⅲ

《解説》安達三季生・池田恒男・岩城謙二・清水誠・須永醇・瀬川信久・田島裕
利谷信義・唄孝一・久留都茂子・三藤邦彦・山田卓生

信山社

外尾健一著作集〔全8巻〕

労働者の権利が具体的には無に等しかった状況のなかから、基本的人権として法の体系のなかに定着し、今日にいたるまでのわが国の労働法の軌跡の一端を体験し、観察して来た著者の論文を、テーマ別にまとめた著作集。

1　労働権保障の法理

2　団結権保障の法理

3　労働権保障の法理〈1〉

4　労働権保障の法理〈2〉

5　日本の労使関係と法

6　フランス労働協約法の研究

7　フランスの労働組合と法

8　アメリカのユニオン・ショップ制

蓼沼謙一著作集〔全8巻+別巻〕

第Ⅰ巻　労働法基礎理論
労働法一般・方法論／労働基本権／
略歴・主要著作【作成】盛誠吾・石井保雄／【解説】毛塚勝利・石井保雄

第Ⅱ巻　労働団体法論
労働組合／不当労働行為／団体交渉／労働協約／【解説】石井保雄

第Ⅲ巻　争議権論（1）
争議権基礎理論／【解説】石井保雄

第Ⅳ巻　争議権論（2）
ロックアウト論／労働争議法の諸問題／【解説】石井保雄

第Ⅴ巻　労働保護法論
労働基準法／労働契約／就業規則／個別労働条件／【解説】毛塚勝利

第Ⅵ巻　労働時間法論（1）
労働時間法制／労働時間／【解説】毛塚勝利

第Ⅶ巻　労働時間法論（2）
年休権論

第Ⅷ巻　比較労働法論
アメリカ法研究／書評・紹介（サヴィニー、ジンツハイマー等）／
【解説】藤原稔弘

別　巻　労働法原理　H. ジンツハイマー 著
楢崎二郎・蓼沼謙一 訳

遠藤博也著『行政法研究（全4巻）』の刊行にあたって

Ⅰ　行政法学の方法と対象
Ⅱ　行政過程論・計画行政法
Ⅲ　行政救済法
Ⅳ　国家論の研究
　　──イェシュ、ホッブズ、ロック

栞
信山社
23. 7. 13

本書は先生ご逝去の時（一九九二年）から関係の先生方のお力添えをいただき鋭意準備を整えて参りましたが、やっと刊行の運びとなりました。遠藤博也先生のお仕事はなおその魂魄とともにこの世に存在しておられるように思い、ここに生前からのご厚意に感謝して刊行致します。

（信山社、二〇一一年七月一三日）

遠藤博也：その行政法研究の特徴と成果

――遠藤博也先生のご経歴と業績――

畠山武道

故遠藤博也教授は、昭和四一年二月に助教授として着任以来、二六年間にわたり北大法学部で、行政法を中心とする研究・教育にあたられた。その間、多数の業績を発表されたが、ここでは、教授の行政法理論を特徴づけると思われるいくつかのキーワードを提示し、それにそって教授の業績の一端を振り返ることにしよう。

なお、文献の引用は、後出の業績一覧に依拠し、著書については書名のみを、論文については、論文名と発表年次のみを付記するにとどめる。

一　利益衡量

遠藤教授の行政法研究の第一の特徴は、利益衡量的な視点である。その視点ないし発想は、教授の論稿に底流として一貫して流れており、終生、変わることがなかったといえる。ただし、ここでは、「利益衡量」の意義を、それほど厳格には考えず、たとえば遠藤教授が、行政行為論については、一般抽象的な行政行為の本質論や性格論から求められている解答をひきだすのではなく、行政行為を具体的法律関係の中において具体的事情に即して検討すべきことを強調されるように、具体的な利益状況とその状況に応じた判断を重視し、概念法学的・演繹的思想を排除することを、一般的に広く指すこととしたい。

博士論文であり最初の著書である『行政行為の無効と取消（一九六八）』は、利益衡量的な視点を明確にした最初の著作である。この著書の意義は、従来の概念論的、規範論的な瑕疵論を排し、具体的な利害状況・利益状況を念頭に概念の区分や解釈論を展開すべきことを主張したことである。たとえば、従来の瑕疵論によれば、無効と取消の区別は瑕疵が重大・明白かどうかで区別され、取消と撤回の違いは、瑕疵が原始的な瑕疵か後発的な瑕疵かで区別された。しかし、同書は、具体的な利益状況の違いに着目して「職権取消」と「裁判による取消」という区別を提唱し、明白性の意義や公定力の及ぶ範囲についても、それぞれの場合を区分して、細かい解釈論を展開している。その後、職権取消と裁判取消の対比、取消と撤回の相対化などの主張が、広く支持されつつあるが、遠藤教授の主張は先駆的意義を有するものといえる。また、本書では、行政過程論的な発想が、すでに随所に見られることも注目される。

ただし、本書は、行政行為の無効と取消に関するドイツ・フランスの判例・学説が膨大な文献を駆使して縦横に分析されているため、従来の見解を崩すような優れた指摘が随所にみられる一方で、遠藤教授が、行政法理論体系の中心的なテーマであった行政行為の瑕疵論に対して、どのような体系を新たに提示するのかという点が、読者に十分理解されたとはいいがたい。むしろ、「**行政行為の無効と取消の区別の基準**（一九七二）」、「**行政行為の瑕疵**（一九七九）」、「**違法行為の転換**（一九七九）」、「**職権取消の法的根拠について**（一九八四）」などに、さらに明解で、こなれた説明がみられる。

利益衡量的な思考は、瑕疵論（ただし、遠藤教授は、「瑕疵」にかえて、「欠陥」という言葉を用いている。『**実定行政法**』一一三頁）のみならず、実定法の理解や解釈においても発揮される。その発想を実定法において広く示したのが多くの土地法・都市法に関する論稿であり、なかでも、「**公共施設周辺地域整備法について**（一九八一）」は、利害調整メカニズム、ないし費用負担調整の仕組みとしてこれらの多数の法律・法制度を統一的に把握し、さらに社会影響アセスメントにまで発展させることを課題として提示した貴重な作業である（なお、『**行政法スケッチ**』第一二章参照）。また、『**都市計画法五〇講**（一九七四、改訂版一九八〇）』は、都市法研究のための基礎作業であると同時に、優れた法律解説書でもある。その他、「**都市再開発法の位置づけ**（一九六九）」、「**政令指定都市と行政区の問題**（一九七五）」、「**土地収用と公共性**（一九八〇）」など。

しかし、遠藤教授の利益衡量論の総仕上げ・到達点は、大著『**国家補償法（上）（中）**』であるように、筆者（畠山）にはおもえる。この著書において、遠藤教授は、損害塡補・被害者救済的機能、利害調整・資源配分的機能、行政の活動を規制する行為規範機能という三つの機能（役割）を国家補償法の中心的課題とすべきことを提案する。記述は、特に具体的事実関係を重視し、ケース毎の考慮事項、被害法益の判断要素、財政的制約その他の特殊事情の有無、他のケースとの比較検討など、詳細かつ膨大な作業量に裏打ちされたもので、執筆の苦労がしのばれる。

しかし、その後、同書が注目されることになったのは、国家補償法の役割・機能として利害調整・資源配分的機能を強調し、「なすべき行政措置に必要な財政支出が、一般に予想される危険に比較して客観的な期待可能性がなく、現実に生じた損害との関連においても、手落ちとしてとがめだてするのは実際上酷だと判断される場合に、その責任を否定するという考えは十分なりたちうる」（五六頁）と述べて、学説が責任成否の判断の際に判断要素として考慮することを躊躇してきた財政的制約を、正面から取り入れたところにある。周知のように、昭和五九年の大東水害訴訟最高裁判決は予算制約論を判示し、それがその後の水害訴訟を支配することになったが、遠藤教授の論稿は、最高裁判決以前に公表されたものだけに、とくに、その影響が注目される（なお、『実定行政法』二九一頁参照）。

また、「行政法における法の多元的構造について（一九八五）」「危険管理責任における不作為の違法要件の検討（一九八五）」なども、一種の利益衡量論であって、その提唱する「違法性相対化論」が議論を呼んだことも、周知のとおりである（『国家補償法（上）』一七六頁、『行政法スケッチ』第六章参照）。

二　危険管理責任

遠藤教授の危険管理責任論も、その後の判例学説の発展に大きく寄与した。危険管理責任とは、行政活動の対象となるべき社会の中においても多様な危険が存在することに着目し、警察権限を適正に行使するなどによって社会に存在する危険に対処すべき行政庁の責任をいう。この種の行政責任は、規制権限行使義務、行政介入請求権などともいわれるが、行政権力自体が内包する危険責任と区別して、行政庁の危険管理責任を自覚的に議論したのは、遠藤教授が最初である。この考えは、『行政法Ⅱ（各論）』一四七頁でまず示され、『国家補償法（上）』三七七頁以下、『実定行政法』二九八頁以下、「危険管理責任における不作為の違法要件の検討（一九八五）」などによって、さらに事例別・

類型別に詳細な検討がなされている。この考えは、たとえば阿部泰隆『国家補償法』一八〇頁（一九八九）の「行政の危険防止責任」論など、有力な学説に受け継がれている。

また、遠藤教授は、行政庁の危険管理責任を認める一方で、私人にも責任の分担を強く求め、私人の危険管理責任を強調していたが（『行政法Ⅱ（各論）』一四九頁、「**危険管理責任における不作為の違法要件の検討**（一九八五）」四八二頁）、私人の危険管理責任論は、「動物園の猿」という比喩はともかく、解釈論的な範疇にまで練り上げられることのないままに終わった。

三　行政過程論

行政法解釈にあたって具体的な利益状況を考慮すべきことは、従来の通説を形成してきた美濃部・田中理論も、ある程度、主張してきたところであって（例えば、取消権・撤回権の制限、法規裁量と自由裁量の区別等）、個々の法令の適用や解釈にあたって当事者の利益を考慮するという程度の主張では、それほど画期的なものとはいえない。むしろ、利益衡量の仕方こそが問題であるといわなければならない。そこで、遠藤教授が展開したのが、行政過程論である。遠藤教授の行政過程論は、『行政行為の無効と取消』にもみられるが、その後、「**複数当事者の行政行為―行政過程論の試み**―（一九六九）」、「**行政法学の方法と対象について**（一九七七）」、「**戦後三〇年における行政法理論の再検討**（一九七八）」、「**行政過程論の意義**（一九七七）」、「**行政過程に関する判例の検討**（一九八二）」、「**規制行政の諸問題**（一九八三）」などの論稿によって、本格的な展開をみることになった。

遠藤教授の行政過程論は、やや晦渋であるが、対象としては、従来の行政行為論が念頭におかれ、行政行為を具体的法律関係の中において具体的事情に即して検討すること、抽象的な行政行為一般の本質ではなく、行政行為が具体的にいかなる全体の過程の中で、何を処分要件とし、そのため他の処分手続といかなる関係にたっているかなどを検討すること（「**戦後三〇年における行政法理論の再検討**（一九七八）」一七四頁）が、基本的な課題とされる。

では、従来の行政行為論との関係はどうなるのか。教授は、その点を、「行政過程論も、行政行為の存在を否定するものではなく、行政行為や行政手続などを部分的プロセスや全体としてのプロセスに焦点をあてる行政過程論のレンズを通して具体的に精細にみることによって、具体的な問題点をめぐる議論を活性化させよう」（同一七三頁）とするものであり、行政過程論は、「物の考え方」「行政上の諸現象をどのようにとらえるかという物の見方である」（「行政過程論の意義」（一九七七）」五八七頁）とも説明される。

しかし、そうすれば、さらに、行政過程論とは別に、何によって行政活動の適法律性、適目的性を判断するのかという問題が生じる。そこで、遠藤教授が、個々の行政行為や単一の行政処分の効力を考察するだけでは足りず、全体の過程を考える必要があるとしてあげたのが、行政過程全体の正常性という基準である。たとえば、「**行政権限の競合と融合**（一九六九）」、「**トルコ風呂と児童遊園―行政過程の正常性をめぐって**（一九七五）」、「**手続による行政の原理と行政過程の正常性**（一九七八）」などが、その具体的な例証である。また、この考えは、対象を計画化された行政全体の合理性へと拡大することによって、次にみる計画行政論へと連なっていく。

このような行政過程全体の正常性を強調する論旨に対しては、行政法規のもつ規範的・拘束的意義を相対化しかねないとする批判が強い。しかし、遠藤教授の見解を行政作用全体に及ぼすことにはためらいがあるとしても、宅地開発指導要綱事件に典型的にみられるような一連の指導行政、誘導行政については、教授の見解が、伝統的な法律の留保論・法律の優位論より、はるかに有益で生産的であるように、筆者にはおもえる（畠山「石油ヤミカルテル事件最高裁判決の検討―行政指導分析に関する従来の理論の再検討」経済法学会研究年報六号七一頁参照）。

ただし、遠藤教授の行政過程論は、必ずしも厳密に定義された方法論ではなく、また、多数の実定法を咀嚼した上で縦横に議論が展開されているので、議論の背景を知らない一般の読者が、その輪郭や実際の意図を理解するのは困難な場合が少なくない。行政過程論が注目をあびながら、広く支持されるまでには至らなかった原因のひとつが、ここにあるといえよう。行政過程という言葉は、遠藤教授以外にも、いく人かの有力な行政法学者によって用いられており、それらの論者の主張が出そろうのをまって、再度、本格的な議論がされるべきであろう。

四　計画行政

さて、個々の行為の法適合性からはなれて、行政過程全体の正当性・妥当性を議論し、判断するために、遠藤教授の提示したもうひとつの理論的枠組みが、「計画行政法」である。「計画行政」とは、特定の「〇〇計画」を指すものではなく、そのような特定の計画が存在していない場合においても、法律そのものが計画実現の手段として政策体系の中に位置づけられ、法律や各種の行政措置が、目的＝手段の関係で幾重にも重層しているような一般的法構造をさす。すなわち、そこでは「異種複数の行政権限を体系的に組織化し、それが全体として新たな行政機能を生み出し、これによって、一定の目的が動態的に達成されることを狙いと（し）、そこには、常に具体的状況依存性と多数の政策との関連性とがある」（「**土地所有権の社会的制約**（一九七二）」一〇三頁）という状況認識ないし問題関心が議論の出発点である。遠藤教授の問題関心は、このように、法律自体が政策化し、法律の規範的な意義が希薄化した現代行政を、どのようにコントロールするかということにあったものといえよう。『計画行政法』は、その本格的な論証であり、「**都市再開発法の位置づけ**（一九六九）」、「**行政過程における公共の福祉**（一九七〇）」、「**土地所有権の社会的制約**（一九七二）」、「**計画における整合性と実効性**（一九七九）」、「**規制行政の諸問題**（一九八三）」など、さまざまの論稿を通してその雄弁な主張が展開されている。

遠藤教授の計画行政法も、論点・内容が多岐にわたるために、方法論については論者によってさまざまの受けとめ方があり、個々の論点や指摘には多くの論者が納得するものの、計画行政論が、どのような方向へ、どのような形で収斂していくのか（あるいは、しないのか）という点は、結局、判明しないままに終わったようにおもえる。遠藤教授の問題提起を正面からうけとめ、さらに実証的な研究を積み重ねることによって、その行政過程論を、学界共通の遺産とすることが、われわれ後進の任務である。

五　公共性

公共性というキーワードも遠藤教授が好んで用いられたものである。公共性分析の必要を最初に提示したのが「**行政過程における公共の福祉**（一九七〇）」であり、「**土地所有権の社会的制約**（一九七二）」、「**公共性概念の検討**（一九七四）」、「**交通の公共性と環境権**（**交通問題**）（一九七五）」、「**公共性**（一九八二）」などを含む多数の論稿で、問題が議論されている。公共性とは、従来、公共の福祉として一括されてきたものと、部分的に重なるが、行政機能の拡大は、行政作用の目的である公共の福祉の内容を著しく拡大するとともに、公共性の意味を不明確なものにしている。そこで、遠藤教授によれば、公共性の判断にあたって、「一般抽象的スローガンで一刀両断できるような単純きわまりない場合は稀で、複雑困難な比較衡量が要求され」、「公共性の判断が具体的状況に依存する結果として、考慮すべき諸要素・諸利益について、具体的状況を抜きにした一般抽象的な価値の序列をつくることは不可能である」（『**計画行政法**』四九頁）。こうして、「公共性とは、具体的な計画なり行政措置なりの合理性であ（り）」、公共性分析とは、「多種多様の事情の具体的な比較衡量による総合的な判断」（「**公共性**（一九八二）」一五頁）であるということになるのである。

このような遠藤教授の公共性論に対しては、従来の行政法学が、「行政の公共性・公益性を法律上すでに確定したものとして前提し、その内容を具体的に分析することなく、価値中立的、無媒介的にさまざまな法律技術論ないし法解釈論を展開してきた」ことを批判する点では問題意識を共通にしつつ、「公共性論は、諸利害の対立・矛盾を調整・克服し、市民的生存権的公共性確立のための立法論や解釈論を導くにあたっての法的基準を明らかにするところに、その法律学的作業の重点を見いだす」（室井力「国家の公共性とその法的基準」室井力編『現代国家の公共性分析』一五頁（一九九〇））べきであるとする観点からの批判がされている。しかし、遠藤教授は、すでに指摘したように、「考慮すべき諸要素・諸利益について、具体的状況を抜きにした一般抽象的な価値の序列をつくることは不可能である」と述べて、一義的な法的基準の定立を最初から度外視しており、議論はすれ違いに終わっている。私見（畠山）は、法解釈論としてはともかく、法制度論・制度批判には、資源配分、費用便益性、費用効果性、効率性、公平性などのさまざまの法的基準以外の基準が必要と考えており、遠藤教授の主張に、より魅力を感じる。

しかも、遠藤教授の公共性分析は、まったく無原則な利益衡量ではなく、「現代行政の構造の著しい変貌は、公共の福祉の内容だけではなく、その具体化の過程にも重大な変革を生じさせずにはおかない」という観点から、ヘーベルレを引用しながら、「公益はむしろ創造的活動を通じて形成される」（『**計画行政法**』四八頁）と述べていたことを忘れるべきではない。すなわち、公共性が、決定過程の公開、プロセスへの参加などの手続的側面を同時にもつということが、遠藤教授の主張の眼目であり、その点では、室井教授の最近の主張（同前八頁）と軌を一にするのである。「**都市再開発法の位置づけ**（一九六九）」、「**土地所有権の社会的制約**（一九七一）」、「**公共性の変貌と現代行政法**（一九七九）」、「**土地収用と公共性**（一九八〇）」などは、利害の錯綜する土地法制における公共性をより具体的に検討したものである。また、『**行政法スケッチ**』第四章、『**実定行政法**』五頁以下も参照。

六　請求権的行政法理論

従来の行政法理論体系のなかにあっても、せいぜい「私人の公法行為」なる範疇でしか捉えられなかった私人の地位を、理論上も実際上も重視し、さらには中心に据えて、行政法理論を作りなおすという構想は、見果てぬ夢のごとく、常に行政法学者の脳裏に去来する考えであった。遠藤教授は、「行政行為の抽象的性格によって事を決しようとする従来の行政法学は、議論が抽象的であるのみならず、なによりも個別実定法と乖離する傾きがあった」という批判のうえに、「取消請求権をはじめとする請求権を中心とした行政法の体系」の構成を提案された（「行政法上の請求権に関する一考察（一九八八）」一〇四一頁。他に、「**取消請求権の構造と機能**（一九八九）」、「**収用裁決取消判決の第三者効について—取消請求権に関する一考察**（一九八九）」、「**取消請求権に関する一考察**（一九九〇）」参照）。その基本的な構図は、私人の権利自由を前提に、許認可手続・給付手続など、請求権実現・具体化のための行為過程、権利の救済回復をはかる是正措置のための手続、賠償・補償など利害調整のための手続、権利実現のための訴訟手続を配するというもので、『**実定行政法**』は、その全体像を示したものである。

本書は、「主として法学部学生のための教科書」として書かれたものであるが、国家補償・行政訴訟を除いて、従来の行政法教科書の体系と著しく異なること、聞きなれない用語が氾濫することなどから、講義で使用するには、若干の勇気を必要とする。しかし、従来の教科書の多くが、基本的に田中行政法学の体系を祖述し、あるいはその概念の多くを言い替え、もしくは裏返して利用したものにすぎなかったのに比べると、本書は、行政手続法もふくめて、従来の教科書に記載された事項を、ほとんど漏れなく網羅し、明確な意図のもとに徹底して組み替えた点で際だった特徴を有しており、類似の試みを圧倒するものといえる。

本書の試みが成功しているかどうかは、今後さらに検討される必要があるが、すでに若い世代の研究者からは、「実体法主体の行政法の構想を総合的な形で示すものとして注目に価する」（高木光「当事者訴訟と抗告訴訟の関係」雄川一郎先生献呈論集『行政法の諸問題（中）』三六七頁）として、遠藤教授の試みを高く評価する声があがっており、今後の世代の研究者への影響が注目される。

七　国家論

最近の遠藤教授が全力投球していたのが、**国家論研究**である。その準備・構想は、精緻かつ壮大なもので、博覧強記な二つの論稿「**戦争と平和の法―ホッブスの自然状態について**（一九九〇）」、「**キーヴィタースとレース・プーブリカ**（一九九一）」を通読するだけで、その尋常でない打ち込みぶりがうかがわれる（なお、ジュリスト一〇〇一号八頁の筆者の追悼文［後掲］参照）。したがって、ここで遠藤教授の論稿を批評することは不可能である。この短文では、遠藤教授が、国家論研究に情熱を傾けるに至った理由に関し、筆者なりの推測を記すにとどめよう。

遠藤教授の国家論研究は、『**行政法Ⅱ（各論）**』の「制度の枠をとり払ったとき、行政とは何かといえば、国家作用の一つではなく、社会管理機能であるといえよう。（略）近代行政法の対象となる行政が国家作用の一つとされることは、社会管理機能が国家に集中されていることを意味する。そのすべてではないまでも重要の社会管理機能を国家が独占していること、いいかえると、近代国家は、かつて社会に遍在していた社会管理機能を自らの手に集中し、かつて社会管理機能の担い手であったものを解体し、抽象的に自由平等なバラバラの個人と相対立することをいみするのである。（略）この歴史的過程のあり方は国によって様々であるが、この過程の中から、封建的制約をとりはらった自由な所有権などに基づく私法の体系とこれと対立する公法の体系や、権力分立、地方自治などが生まれてくる」（九頁）という記述が、出発点になっているようにおもえる。

このような国家論の視点には、無論、伝統的なマルクス主義者からの批判を含めて、さまざまの批判がありうる。しかし、遠藤教授の国家論研究は、国家や国家成立に関する歴史的研究ではなく、近代国家論あるいは近代市民社会論の論理構造の分析に、そもそもの目的をおいたものである。また同時に、社会管理機能が国家に独占されている結果として、社会管理機能の主体ではなく、行政の相手方もしくは利害関係人としての地位に貶められ、その執行を職業的な公務員集団に委ねるしかなくなった私人(市民)の自己回復の試みであり、それを当然視して理論体系を築いてきた近代行政法理論を相対化しようとした野心的な試みであったという評価を、ここではしてみたい。

遠藤教授は、原典にかえって国家論を研究するために、病室でギリシャ語、ラテン語の勉強をしておられた。古典古代から現代まで、さらには日本の近中世までをも視野にいれた壮大な試みの未完に終わったことが、重ねて残念でならない。

八　まとめ―普遍的なもの、変わらないもの

『行政法スケッチ』を手にした読者は、遠藤教授が、たいへんな読書家で、法律書以外の哲学書、文学書、歴史書等に広く目を通していたことに、すぐに気づかれるだろう。特に、第一六章は、教授の面目躍如というところである。また、教授は、クリスチャンではなかったが、聖書に理解が深く、日曜学校に通ったこともあると話しておられた。これらの事実から、遠藤教授が、一方で、果てる事なく続く立法改正や判決の整理・解説からの避難口を求め、さらに、普遍的で変わらないもの、すなわち実定法の改正や判例の変更に左右されない「市民と行政の一般理論」を構想し、そこから、長年の関心を温めていた国家論研究へと傾倒していったと推論するのは、おそらく短絡にすぎるだろう。

しかし、今日のシステム化された情報化社会において、一人の研究者が、膨大・最新の情報を独占し駆使する国・自治体・企業等に立ち向かうのは、槍で風車に立ち向かう以上に難しい。情報の量や早さに一喜一憂している限り、行政法研究者は、急速に変化する行政現象を永遠に後追いするしかない。そのむなしさに気づいたとき、行政法に関する理論の役割とはなにか、さらに、その研究を生業《なりわい》とすることにいかほどの意味があるのか、という問いかけが始まる。しかし、それを遠藤教授に問いかける方法は、いまとなっては、四次元空間における再会(『行政法スケッチ』のむすび)を願う以外に、残されてはいない。

(北大法学論集四三巻三号より転載)

遠藤博也先生ご経歴

昭和一一年　六月一〇日　徳島市に生まれる
昭和三五年　三月　東京大学法学部第二類卒業
昭和三七年　三月　東京大学大学院法学政治学研究科修士課程修了
昭和四〇年　三月　東京大学大学院法学政治学研究科博士課程単位取得退学
昭和四一年　二月　北海道大学助教授（公法講座担任）
昭和四一年　三月　東京大学大学院法学政治学研究科博士課程修了（法学博士）
昭和四二年一〇月　北海道収用委員会予備委員（昭和四四年一月まで）
昭和四四年　一月　北海道収用委員会委員（平成四年四月まで）
昭和四四年　九月　札幌市公害対策審議会委員（昭和五四年九月まで）
昭和四五年　八月　北海道大学法学部教授（公法講座担任）
昭和四六年　五月　北海道公害対策審議会委員（平成四年二月まで）
昭和四八年　七月　札幌市居住環境審議会委員（昭和五四年七月まで）
昭和四八年一〇月　日本土地法学会理事（平成四年四月まで）
昭和四九年　一月　北海道自然環境保全審議会委員（昭和五一年三月まで）
昭和四九年　八月　北海道公害審査会委員（平成四年四月まで）
昭和五二年一一月　建設省沿道環境整備制度研究会委員（昭和五三年三月まで）
昭和五四年　八月　北海道大学評議員（昭和五七年一二月まで）
昭和五七年一二月　北海道大学法学部長（昭和五九年一二月まで）
北海道大学大学院法学研究科長（昭和五九年一二月まで）
北海道大学評議員（昭和五九年一二月まで）
昭和五九年一一月　北海道環境影響評価審議会委員（平成四年四月まで）
昭和六〇年　二月　札幌市がけ地対策調査専門委員（昭和六一年四月まで）
昭和六〇年　七月　札幌市スパイクタイヤ問題対策審議会委員（昭和六一年九月まで）

昭和六一年　四月　日本計画行政学会理事（平成四年四月まで）
昭和六一年　六月　北海道都市環境指標作成検討委員会委員（昭和六三年三月まで）
昭和六三年　六月　社団法人北海道都市再開発促進協会顧問（平成四年四月まで）
昭和六三年一〇月　北海道公文書開示審査委員会委員（平成四年四月まで）
平成　元年一〇月　日本公法学会理事（平成四年四月まで）
平成　元年一一月　公共用地審議会委員（平成四年四月まで）
平成　四年　四月　六日　逝　去

遠藤博也先生業績一覧

（北大法学論集四三巻三号をもとに作成）

Ⅰ 著　書

一九六八年

行政行為の無効と取消　東京大学出版会

一九七四年

都市計画法50講　有斐閣

一九七六年

計画行政法　学陽書房

一九七七年

行政法Ⅱ（各論）　青林書院新社

行政法入門（原田・小高・田村共著）　有斐閣

教材行政法判例（熊本・秋山・畠山共編）　北大図書刊行会

一九七八年

講話　行政法入門（〔講話〕と略）　青林書院新社

行政法学の基礎知識（1）（2）（広岡・田中舘共編）　有斐閣

一九八〇年

都市計画法50講〔改訂版〕　有斐閣

一九八一年

国家補償法（上巻）〔現代法律学全集61〕　青林書院新社

一九八二年
講義行政法Ⅱ（行政救済法）（阿部泰隆共編著）　青林書院新社
一九八四年
国家補償法（中巻）〔現代法律学全集61〕　青林書院新社
講義行政法Ⅰ（総論）（阿部泰隆共編著）　青林書院新社
一九八七年
行政法スケッチ（〔スケッチ〕と略）　有斐閣
一九八九年
実定行政法　有斐閣
一九九〇年
行政法入門〔新版〕（原田・小高・田村共著）　有斐閣

Ⅱ　論　説

一九六八年
イェシュにおける憲法構造論―憲法と行政法との関連に関する一考察　一（北大法学論集一八巻三号、〔本書第四巻*1*〕）
一九六九年
行政権限の競合と融合（北大法学論集一九巻四号、〔本書第二巻*1*〕）
複数当事者の行政行為―行政過程論の試み一、二、三（北大法学論集二〇巻一号～三号、〔本書第二巻*2*〕）

都市再開発法の位置づけ（特集・都市再開発法の課題）（ジュリスト四三〇号、〔本書第二巻*8*〕）
一九七〇年
行政過程における公共の福祉（特集「公共の福祉」の現代的機能）（ジュリスト四四七号、〔本書第二巻*3*〕）
取消訴訟の原告適格『実務民事訴訟講座8　行政訴訟Ⅰ』（日本評論社、〔本書第三巻*5*〕）
一九七一年
土地所有権の社会的制約（臨時増刊）（特集・土地問題）（ジュリスト四七六号、〔本書第二巻*9*〕）
一九七二年
行政行為の無効と取消の区別の基準（特集・判例展望）（ジュリスト五〇〇号、〔本書第一巻*11*〕）
一九七三年
景表法上の公正競争規約認定判決に対する消費者（団体）の不服申立資格の有無―いわゆる果汁規約と主婦連の原告適格をめぐって―（ジュリスト五三八号、〔本書第三巻*12*〕）
一九七四年
「公共性」概念の検討（特集・大阪空港公害訴訟）（ジュリスト五五九号、〔本書第二巻*10*〕）
一九七五年

政令指定都市と行政区の問題
　ジュリスト増刊　総合特集1〔現代都市と自治〕
　　（有斐閣、〔本書第二巻*11*〕）
公共施設と環境訴訟　（季刊環境研究九号、〔本書第三巻*9*〕）
トルコ風呂と児童遊園―行政過程の正常性をめぐって―
　　（〔講話〕所収）時の法令九一二号）
交通の「公共」性と「環境権」
　ジュリスト増刊　総合特集2〔現代日本の交通問題〕
　　（有斐閣、〔本書第二巻*12*〕）

一九七六年

損失補償の基本原則
　不動産法大系7『土地収用・税金』　（青林書院新社）
公権の放棄　公法関係と民法一七七条　行政法違反の法
　律行為　（『ワークブック行政法』有斐閣）
自治立法論　（『行政法（3）地方自治法』有斐閣）
勧告審決取消訴訟の原告適格
　　（ジュリスト六〇七号、〔本書第三巻*13*〕）
行政庁の釈明義務　上水道と下水道　法律と条例　行政
　庁の調査義務　行政行為の事後的違法　行政手続上の
　権利　行政庁の作為義務　権利の内在的制約　当事者
　訴訟的義務づけ訴訟
　　（〔講話〕所収）時の法令九二五号～九四九号）

地方公共団体における計画行政の課題
　　（日本都市企画会議年報三号）

一九七七年

行政法学の方法と対象について　田中二郎先生古稀記念
　『公法の理論』下I　（有斐閣、〔本書第一巻*1*〕）
行政過程論の意義
　　（今村献呈）北大法学論集二七巻三・四合併号、
　　〔本書第二巻*4*〕）
災害と都市計画法　（法律時報四九巻四号、〔本書第二巻*13*〕）
競馬の公共性とおもちゃのピストル　環境行政訴訟の問
　題点（一～三）　内閣総理大臣の権限　公務員の期限
　付任用　地方自治と行政争訟　酒屋、たばこ屋、まあ
　じゃん・ぱちんこ屋　公企業あれこれ　計画許可ない
　し調整許可　営業規制と消費者保護　都市施設の設置
　　（〔講話〕所収）時の法令九五二号～九八五号）

一九七八年

国土総合開発法と国土利用計画法、土地利用基本計画と
　国土利用計画、（〔本書第二巻*14*〕）基礎法律学大系実用
　編12『土地法の基礎』　（青林書院新社）
行政行為の意義、公定力、不当利得
　　（『行政法を学ぶ　I』有斐閣）
戦後30年における行政法理論の再検討

（公法研究四〇号、〔本書第一巻*2*〕）

土地収用法の性格と土地収用手続の諸問題
（全国収用委員会連絡協議会研究集会講演録）

公共施設の管理　法律に暗い老人　公共施設の利用
（（〔講話〕所収）時の法令九八八号～九九四号）

手続による行政の原理と行政過程の正常性
（札幌市例規通信一〇〇号記念特集号、〔本書第二巻*5*〕）

一九七九年

行政行為の瑕疵〔本書第一巻*12*〕、行政計画〔本書第二巻*16*〕、行政権限の融合〔本書第二巻*6*〕、演習法律学大系３『演習行政法』
（青林書院新社）

公共性の変貌と現代行政法
（土木学会誌六四巻五号、〔本書第二巻*17*〕）

経済法と現代行政法
（経済法二二号、〔本書第一巻*3*〕）

計画における整合性と実効性
（計画行政二号、〔本書第二巻*15*〕）

一九八〇年

財産権補償と生活権補償に関する覚書
（建設月報三六八号、〔本書第三巻*10*〕）

土地収用と公共性　ジュリスト増刊〔行政法の争点〕
（有斐閣）

一九八一年

公共施設周辺地域整備法について
（（小山退官記念）北大法学論集三一巻三・四合併号、〔本書第二巻*18*〕）

土地利用規制と行政指導
（法令資料解説総覧20号、〔本書第三巻*15*〕）

行政過程に関する判例の検討
（今村教授退官記念『公法と経済法の諸問題』（上）有斐閣、〔本書第二巻*7*〕）

一九八二年

公共性（特集・大阪空港公害訴訟上告審判決）
（判例時報一〇二五号、〔本書第二巻*19*〕）

田中先生の行政手続法論（特集・田中二郎先生と行政法）
（ジュリスト七六七号、〔本書第一巻*4*〕）

一九八三年

権力と参加
（岩波講座『基本法学６―権力』岩波書店、〔本書第一巻*5*〕）

規制行政の諸問題
（『現代行政法大系』第一巻　現代行政法の課題（有斐閣、〔本書第一巻*6*〕）

現代型行政と取消訴訟
（公法研究四五号、〔本書第三巻*1*〕）

法の不備と行政責務
（法と社会研究　第２輯（有斐閣）

一九八四年

職権取消の法的根拠について
（田上穣治先生喜寿記念『公法の基本問題』有斐閣、〔本書第一巻7〕）

一九八五年

注釈地方自治法74条（『注釈地方自治法』第一法規）

行政法における法の多元的構造について
（田中二郎先生追悼論文集『公法の課題』有斐閣、〔本書第一巻8〕）

一つの行政　二つの法・裁判　三つの法根拠　四つの基本原則　五つの法過程　六つの法局面　なぜか行政行為の諸分類　八つの行政委員会　民法七〇九条と憲法二九条（〔スケッチ〕所収）月刊法学教室五五号～六三号）

危険管理責任における不作為の違法要件の検討
（〔富田追悼〕北大法学論集三六巻一・二合併号、〔本書第三巻8〕）

都市再開発について
（都市問題研究三七巻一二号、〔本書第二巻20〕）

一九八六年

国家賠償法総説『基本法コンメンタール　行政救済法』
（日本評論社）

時効一〇年　一一時間目に来た男　一二の法律　行訴一三条・請求と訴え　武器平等の原則　取消判決の効力　行訴四四条・仮の救済　一七条の憲法　一八番・本稿のまとめ
（〔スケッチ〕所収）月刊法学教室六四号～七二号）

国家賠償法の基本論点
（法学セミナー三八四号、一九八六年、〔本書第三巻7〕）

一九八七年

都市計画・建築法制の課題〔特集・転換期の日本法制〕
（ジュリスト八七五号、〔本書第二巻21〕）

一九八八年

行政法上の請求権に関する一考察
（〔山畠退官〕北大法学論集三八巻五・六合併号、〔本書第三巻2〕）

一九八九年

取消請求権の構造と機能
（雄川一郎先生献呈論集『行政法の諸問題』下　有斐閣、〔本書第三巻3〕）

収用裁決取消判決の第三者効について―取消請求権に関する一考察
（〔藪・五十嵐退官〕北大法学論集三九巻五・六号（下）、〔本書第三巻6〕）

一九九〇年

取消請求権に関する一考察

（高柳信一先生古稀記念論集『行政法学の現状分析』勁草書房〔本書第三巻*4*〕）

戦争と平和の法―ホッブスの自然状態について―
（深瀬・小川退官）北大法学論集四〇巻五・六合併号（上）、〔本書第四巻*2*〕）

土地収用と公共性（ジュリスト増刊〔行政法の争点〕（新版）有斐閣、〔本書第二巻*22*〕）

一九九一年

キーヴィタースとレース・プーブリカ――ロックの市民社会について
（石川退官）北大法学論集四一巻五・六合併号、〔本書第四巻*3*〕）

一九九二年

国家賠償請求訴訟の回顧と展望
（特集・国家賠償法判例展望）ジュリスト九九三号、〔本書第三巻*19*〕）

Ⅲ　判例評釈・判例解説

一九六六年

免職処分取消請求事件
（法学協会雑誌八三巻一号、〔本書第三巻*11*〕）

一九六八年

不服申立期間の徒過と「やむを得ない事由」
（別冊ジュリスト17〔租税判例百選〕）

残地収用の性格、未登記無届権利者と換地予定地指定なき移転命令
（別冊ジュリスト19〔土地収用判例百選〕）

更生処分の取消訴訟係属中に再更生および再々更生処分が行われた場合と訴えの利益
（ジュリスト年鑑〕一九六八年版　ジュリスト三九八号）

工場誘致奨励金打切事件
（臨時増刊〔昭和43年度重要判例解説〕ジュリスト四三三号、〔本書第三巻*16*〕）

明治憲法前の法令の効力
（別冊ジュリスト21〔憲法判例百選〕新版）

一九六九年

基本権類似の権利
（別冊ジュリスト23〔ドイツ判例百選〕）、〔本書第一巻*9*〕）

設権的行政処分の取消
（別冊ジュリスト25〔フランス判例百選〕、〔本書第一巻*10*〕）

一九七〇年

違法性の承継、瑕疵の治癒、違法行為の転換
（別冊ジュリスト28〔行政判例百選〕（新版））

一九七三年

更生処分の取消訴訟係属中に再更生および再々更生処分

が行われた場合と訴えの利益
（ジュリスト増刊〔昭和41・42年度重要判例解説〕）

一九七四年
宅造法上の規制権限の不行使と国家賠償責任
（臨時増刊〔昭和49年度重要判例解説〕ジュリスト五九〇号）
明治憲法前の法令の効力
（別冊ジュリスト44〔憲法判例百選〕第三版）

一九七五年
宅造法上の規制権限の不行使と国家経営責任
（ジュリスト臨時増刊『昭和四九年度重要判例解説』、〔本書第三巻*17*〕）

一九七九年
違法性の承継、瑕疵の治癒、違法行為の転換
（別冊ジュリスト61〔行政判例百選Ⅰ〕）、〔本書第一巻*13*・*14*・*15*〕）

一九八〇年
明治憲法前の法令の効力
（別冊ジュリスト69〔憲法判例百選Ⅱ〕）

一九八六年
処分事由の追加
（別冊ジュリスト88〔公務員判例百選〕）、〔本書第三巻*14*〕）
パトカーに追跡された逃走車両（加害車両）が第三者に生じさせた損害について国家賠償責任が否定された事例
（判例評論三三四号（判例時報一二〇九号）、〔本書第三巻*18*〕）

一九八八年
明治憲法前の法令の効力
（別冊ジュリスト96〔憲法判例百選Ⅱ〕第二版）

Ⅳ その他

一九七七年
今村成和教授の経歴と業績
（〔今村献呈〕北大法学論集二七巻三・四合併号）

一九八六年
いま、国家賠償責任訴訟は（特集・シンポジウム）
（法学セミナー三一巻一二号）

一九八七年
公法学会第二部会討論要旨（シンポジウム　現代行政の手法）
（公法研究四九号）

遠藤博也先生を思う

畠山武道
（はたけやま・たけみち＝当時、北海道大学教授）
早稲田大学大学院法務研究科教授

遠藤博也先生が、一九九二年四月六日　早朝、亡くなられた。最近の先生は、八時に登校、五時に帰宅、夕食後は九時前後に就寝という規則正しい生活をおくられ、心身ともに好調にみうけられた。また、私とは、昨年一一月一一日、国税局のきき酒会に参加し、先生は酒類判定コンテストで優勝して大いに鼻を高くしておられた。それだけに、その後ほどなく入院し、逝去されたことが、今でも信じられない思いである。先生は、心から北大法学部を愛され、また、多くの教職員、院生、学生が先生の人柄を慕い、先生に接するのを楽しみにしていただけに、五五歳という若さで先生を失った悲しみは、はかりしれないほど大きい。

葬儀の後、親族の方々と、研究室で先生を偲んだ。書架や床には文献が山積みされ、机の上も、わずかにノートを広げることのできるスペースをのぞいて、文献があふれていた。中でも、最近購入した「アウグスティヌス著作集」「荻生徂徠全集」、Loeb Classical Library の中のプラトン、アリストテレス、キケロなどのシリーズや、独、仏、伊、ラテン語で詳細に書き写されたキケロ・マキュアベリに関する多数の研究ノートなどが目をひいた。さらに、新しい教科書や著書の目次、構想などを細かくメモ書きしたポケット・ノートの数々が、突然に研究を中止せざるをえなかったご本人の無念さを物語っていた。先生は、よく「普通の学者の三倍は勉強したよ」と話しておられたが、筆の速さは学界でも有名だっただけに、これらの著書が日の目をみることなく終わったことは、学界にとっても大きな損失である。

遠藤先生は、温厚で誰とでも気軽に親交をもたれ、学部長のころの教授会運営も、名人芸であった。また、法学部教職員ビール・パーティーも、先生が学部長のときに始められたものであり、先生の美声がその彩りであった。同時に、その反骨ぶりも相当なもので、公法学会で、遠藤先生が、恩師である田中二郎博士ほかを公然と批判されたのを覚えている人も多いことであろう（公法研究四〇号一八二頁参照）。

さらに、改めて述べるまでもないが、『行政行為の無効と取消』（東京大学出版会）、『計画行政法』（学陽書房）、『国家補償法（上・中）』（青林書院）、『行政法スケッチ』（有斐閣）、『実定行政法』（有斐閣）などの代表的著作は、孤立や批判に臆することなく、反権威の立場を貫いた先生の生き方の所産ともいえる。また、余談であるが、北大行政法スタッフのユニークな顔ぶれも、先生の人望に負うところが大きい（という声もある）。

法要のとき、田鶴夫人が、「遠藤なら、きっと、葬式はにぎやかにススキノでやってくれ、といったでしょう」という遺言（？）をもらされたが、参加者で違和感をもったものはいなかった。もはやススキノを徘徊し、最近は小唄に凝っていた先生の美声をきくことはできない。ススキノの灯が目に入るたびに、北海道の人と自然をこよなく愛した先生のことを思いだしたい。

〔ジュリスト一九九二年六月一日号（一〇〇一号）〕

日本立法資料全集

塩野　宏編著

高木　光解説

行政事件訴訟法

塩野宏・小早川光郎編

仲　正・北島周作解説

行政手続法 (全6巻)